国家双高"铁道机车专业群"系列活页工作手册式立体化教材
——铁道机车运用与维护专业

机车电机电器

主　编　◎　王秀清　　钟恩松　　宋慧娟
副主编　◎　海　　方　　单绍平

西南交通大学出版社
·成　都·

图书在版编目（CIP）数据

机车电机电器 / 王秀清，钟恩松，宋慧娟主编. — 成都：西南交通大学出版社，2023.7
ISBN 978-7-5643-9305-2

Ⅰ.①机… Ⅱ.①王… ②钟… ③宋… Ⅲ.①机车－牵引电机－高等职业教育－教材②机车－牵引电器－高等职业教育－教材 Ⅳ.①U260.332

中国国家版本馆 CIP 数据核字（2023）第 093524 号

Jiche Dianji Dianqi
机车电机电器

主编	王秀清　钟恩松　宋慧娟
责任编辑	梁志敏
封面设计	何东琳设计工作室
出版发行	西南交通大学出版社 （四川省成都市金牛区二环路北一段 111 号 　西南交通大学创新大厦 21 楼）
邮政编码	610031
发行部电话	028-87600564　028-87600533
网址	http://www.xnjdcbs.com
印刷	四川森林印务有限责任公司
成品尺寸	185 mm×260 mm
印张	22.25
字数	551 千
版次	2023 年 7 月第 1 版
印次	2023 年 7 月第 1 次
定价	57.00 元
书号	ISBN 978-7-5643-9305-2

课件咨询电话：028-81435775
图书如有印装质量问题　本社负责退换
版权所有　盗版必究　举报电话：028-87600562

前言

铁路运输是我国重要的运输方式,据国家统计局在《中国统计年鉴 2021》公布的数据,截止到 2020 年年底,我国铁路营业里程已达到 14.63 万千米。国务院印发的《"十四五"现代综合交通运输体系发展规划》中预计,到 2025 年,我国铁路营业里程将达到 16.5 万千米,其中高铁营业里程 5 万千米,我国将从高铁大国迈向高铁强国。

当前,我国铁道机车车型多,运输任务重,为了给铁路运输提供坚实可靠的人才保障,快速提升企业在职人员和职业学院学生的实际运用和检修的专业水平,编者在消化吸收 HXD 型电力机车相关技术资料的基础上,参阅了大量文献,从实际需要出发,编写了《机车电机电器》一书。

本书是郑州铁路职业技术学院"双高"校铁道机车专业群课程专业教材,依据铁道机车专业群对应的电力机车司机及电力机车检修等岗位要求,从生产实际出发,将分项目化主教材和工单式实训手册相结合。其中,项目化主教材共分六个项目,项目一、二、三主要讲解各种电机,项目四、五、六主要讲解各种电器;工单式实训手册以实践教学内容为主,选取了八个实训项目。本书内容选择 HXD_3、HXD_{1C}、SS_{4G} 三个典型的电力机车车型的电机电器展开编写,内容丰富,实用性强,可作为铁道机车运用与维护专业的教学用书,也可作为电力机车运用与检修人员和相关工程技术人员的岗位培训教材。

全书由郑州铁路职业技术学院王秀清、钟恩松和宋慧娟任主编,海方和单绍平任副主编。钟恩松编写项目一、项目四中的任务一和任务二、实训三、实训四;王秀清编写项目二、项目四中的任务三~九、实训一、实训二;宋慧娟编写项目三、实训六、实训八;海方编写项目六、项目五中的任务一和任务二、实训五、实训七;单绍平编写项目五中的任务三。

本书在编写过程中,得到了郑州铁路职业技术学院和中国铁路郑州局集团有限公司的大力支持,郑州局集团公司徐宜发、郑州机务段刘汉峰对编写工作给予了具体的指导和帮助,在此一并表示感谢。

由于作者水平所限,难免有疏漏和不当之处,恳请读者给予批评指正。

编 者
2023 年 1 月

数字资源列表

序号	资源名称	资源类型	页码	资源位置
1	直流电机的启动调速	三维动画	11	项目一 任务二
2	异步电动机等效电路	二维动画	40	项目二 任务二
3	牵引电动机保持额定磁通的恒磁通运行方式	二维动画	43	项目二 任务三
4	牵引电机	教学视频	43	
5	牵引电机的安装位置	二维动画	43	
6	牵引电机的牵引力传递	二维动画	43	
7	牵引电机的冷却	教学视频	54	项目二 任务四
8	变压器	教学视频	79	项目三 任务一
9	变压器原理	二维动画	83	项目三 任务二
10	受电弓的结构	教学视频	116	项目四 任务一
11	受电弓的原理	教学视频	121	
12	主断路器原理	二维动画	146	项目四 任务二
13	真空断路器的结构	教学视频	150	
14	真空断路器的原理	教学视频	154	
15	高压隔离开关	三维动画	158	项目四 任务三
16	高压隔离开关的结构	二维动画	159	
17	高压隔离开关的位置	二维动画	159	
18	SA96的控制原理	二维动画	160	
19	高压隔离开关	教学视频	170	
20	高压接地开关	三维动画	174	项目四 任务四
21	高压接地开关的安全防护	二维动画	175	
22	高压接地开关的安装	三维动画	176	

23	高压接地开关的结构	二维动画	177	项目四任务四
24	高压接地开关的联锁	二维动画	178	
25	高压接地开关的位置	三维动画	178	
26	高压接地开关	教学视频	178	
27	高压接地开关的操作	二维动画	178	
28	高压接地开关的三视图动作原理	二维动画	178	
29	电压互感器的结构	二维动画	181	项目四任务五
30	电压互感器高压端子	二维动画	181	
31	电压互感器外形图	二维动画	181	
32	高压电压互感器	三维动画	181	
33	电压互感器的位置	三维动画	181	
34	电压互感器	教学视频	182	
41	高压连接器的结构	二维动画	185	项目四任务七
40	高压连接器的高压导电部分	二维动画	185	
43	高压连接器十字轴支撑部分	二维动画	185	
42	高压连接器的支撑绝缘子	二维动画	186	
45	高压连接器的连接动作过程	二维动画	186	
44	高压连接器的分离过程	二维动画	186	
46	高压连接器	教学视频	186	
35	避雷器	教学视频	187	项目四任务八
36	避雷器的结构	三维动画	189	
38	避雷器的位置	二维动画	189	
37	避雷器的绝缘电阻试验	二维动画	190	
39	避雷器直流参考电压测试	二维动画	190	
47	电器触头	二维动画	194	项目五任务一
48	司机控制器	教学视频	216	项目六任务一
49	司机控制器	二维动画	216	

目 录

理论篇

项目一　直流电机 ·· 003
　　任务一　直流电机的结构及原理 ··· 003
　　任务二　直流电机的启动、反转、调速、制动 ······················ 011
　　任务三　直流电机的机车应用 ··· 015

项目二　交流电动机 ·· 031
　　任务一　认识三相异步电动机基本结构 ································· 032
　　任务二　三相异步电动机工作原理 ··· 037
　　任务三　三相异步牵引电动机的运行方式和特性调节 ········· 042
　　任务四　HXD$_3$型电力机车 YJ85A 牵引电机 ························ 052
　　任务五　HXD$_{1C}$型电力机车牵引电机维护与检修 ················ 060

项目三　主变压 ·· 079
　　任务一　变压器的基本知识 ··· 079
　　任务二　变压器的工作原理 ··· 083
　　任务三　HXD$_3$型电力机车牵引变压器检查与维护 ············· 088
　　任务四　HXD$_{1C}$型机车牵引变压器检查与维护 ···················· 099
　　任务五　SS$_{4G}$型机车牵引变压器检查与维护 ······················· 107

项目四　高压电器 ·· 115
　　任务一　受电弓维护保养与检修 ··· 115
　　任务二　主断路器维护保养与检修 ··· 141
　　任务三　高压隔离开关维护保养 ··· 158
　　任务四　高压接地开关维护保养 ··· 174
　　任务五　高压电压互感器的检修与维护 ································· 179
　　任务六　高压电流互感器的检修与维护 ································· 182
　　任务七　高压连接器的检修与维护 ··· 184

  任务八 避雷器的检修与维护 187
  任务九 25 kV 高压套管和车顶绝缘子的维护保养 190

项目五 电器基本知识 194
  任务一 电弧的产生和灭弧装置 194
  任务二 电器触头 204
  任务三 传动装置 208

项目六 低压电器 216
  任务一 开关与按钮 216
  任务二 接触器 224
  任务三 继电器 231
  任务四 司机控制器 242
  任务五 传感器 252

实 训 篇

实训一 HXD_3 型电力机车牵引电机维护检查与试验 277

实训二 HXD_3 型电力机车牵引变压器维护检查与试验 291

实训三 HXD_3 型机车受电弓维护保养及检修作业 297

实训四 HXD_3 型机车主断路器维护保养及检修作业 304

实训五 HXD_{1C} 型电力机车高压隔离开关检修 313

实训六 BTE25.04D 高压接地开关维护检查与试验 323

实训七 HXD_{1C} 型电力机车 TBY1-25 型电压互感器检修 329

实训八 LMZ3-0.72 型高压电流互感器检查及试验 341

参考文献 347

理论篇

项目一　直流电机　▶▶▶

项目概述

机车牵引的电气化水平很大部分随牵引电机结构性能及牵引控制技术的发展而发展。因此对于机车牵引技术，最早实现的是直流电机的牵引运行。

任务一　直流电机的结构及原理

教学目标

1. 知识目标

（1）理解直流电机的发展历程。
（2）掌握直流电机的基本模型结构。
（3）能够正确描述直流发电机和电动机的工作原理。
（4）掌握直流电机的结构组成及额定值。

2. 能力目标

（1）能够描述直流电机的结构组成和工作原理。
（2）能够按照作业标准完成直流电机的拆解和组装。

知识课堂

直流电机是电能和机械能相互转换的旋转电机之一。当其作直流发电机使用时，将机械能转换成直流电能输出；作直流电动机使用时，则将直流电能转换成机械能输出。因此，直流电机具有可逆性，是直流发电机和直流电动机的总称。

一、直流电机简单模型

图 1-1 所示为直流电机简单模型。N、S 为定子上固定不动的两个主磁极，主磁极可以采用永久磁铁，也可以采用电磁铁，在电磁铁的励磁线圈上通以方向不变的直流电流，便形成一定极性的磁极。

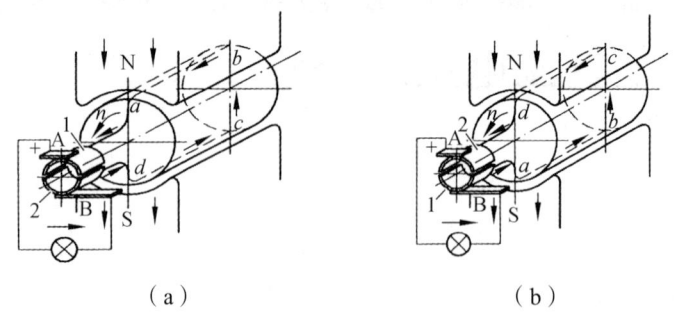

(a)　　　　　　　　　　(b)

图 1-1　直流电机简单模型

在两个主磁极 N、S 之间装有一个可以转动的、由铁磁材料制成的圆柱体；圆柱体表面嵌有一线圈 abcd（称为电枢绕组），线圈首末两端分别连接到两个弧形铜片（称为换向片）上。换向片及间隙中的绝缘材料构成一个整体，称为换向器，它固定在转轴上（但与转轴绝缘）并随转轴一起转动，整个转动部分称为电枢。为了接通电枢内电路和外电路，在定子上装有两个固定不动的电刷 A 和 B，并压在换向器上，与其保持滑动接触。

二、直流电机工作原理

（一）直流发电机工作原理

1. 感应电动势的产生

当直流发电机的电枢被原动机拖动，并以恒速 v 逆时针方向旋转时，如图 1-1（a）所示。线圈两个有效边 ab 和 cd 将切割磁力线而感应产生电动势 e，其方向用右手定则确定。导体 ab 位于 N 极下，导体 cd 位于 S 极下，感应电动势方向分别为 $b\rightarrow a$，$d\rightarrow c$。若接通外电路，电流从"换向片 1→A→负载→B→换向片 2"。电流从电刷 A 流出，具有正极性，用"+"表示；串流从电刷 B 流入，具有负极性，用"-"表示。

当电枢转过 90°时，线圈有效边 ab 和 cd 转到 N、S 极之间的几何中心线上，此处磁密为零，故此时瞬时感应电动势为零。

当电枢转过 180°时，导体 ab 和 cd 及换向片 1、2 位置互换，如图 1-1（b）所示。导体 ab 位于 S 极下，导体 cd 位于 N 极下，线圈两个有效边产生的感应电动势方向分别为 $a\rightarrow b$，$c\rightarrow d$，电势方向恰与开始瞬时相反。外电路中流过的电流从"换向片 2→A→负载→B→换向片 1"。由此可见，电刷 A（B）始终与转到 N（S）极下的有效边所连接的换向片接触，故电刷极性始终不变，A 为"+"，B 为"-"。

由以上分析可知，线圈内部为一交变电动势，但电刷引出的电动势方向始终不变，为一单方向的直流电动势。

2. 感应电动势的波形

根据电磁感应定律，每根导体产生的感应电势 e（单位为伏特）为

$$e = B_x L v \tag{1-1}$$

式中　B_x——导体所在位置的磁通密度（T）；

L——导体切割磁力线的有效长度（m）；
v——导体切割磁力线的线速度（m/s）。

电动势的波形如图1-2所示。

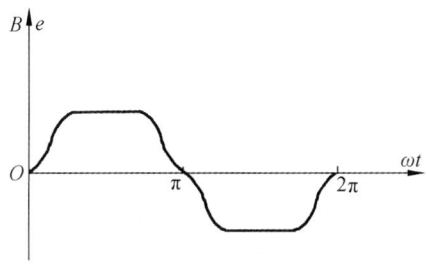

图1-2　线圈内电动势波形

通过电刷和换向器的作用，及时地将线圈内的交变电动势转换成电刷两端单方向的直流电动势，如图1-3所示，但它是一个大小在零和最大值之间变化的脉振电动势。

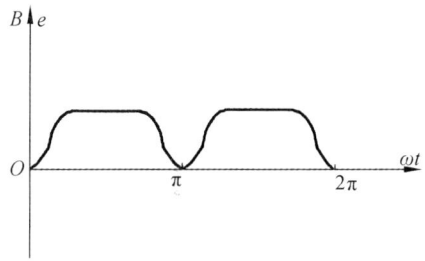

图1-3　电刷两端的电动势波形

对于图1-1所示的直流电机简化模型，由于电枢只嵌放了一个线圈，所以感应电动势数值小，波动大。为了减小电动势的脉动，实际电机中，电枢上放置了许多线圈组成电枢绕组，这些线圈均匀分布在电枢表面，并按一定规律连接起来。图1-4表示一台两极直流电机，电枢上嵌有在空间互差90°的两个线圈产生的电动势波形，由图可见，其脉动程度大大减小了。实践证明，若每极下线圈边数大于8，电动势脉动的幅值将小于1%，基本为一直流电动势，如图1-5所示。

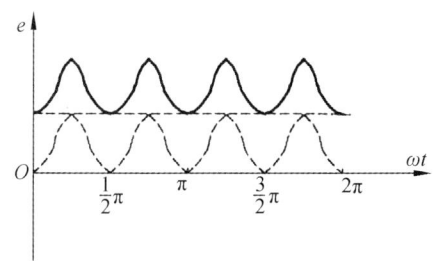

图1-4　两个线圈换向后的电动势波形

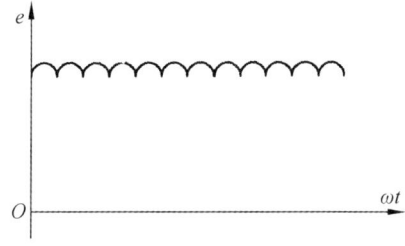

图1-5　多个线圈电刷两端电动势波形

3. 直流发电机产生的电磁转矩

如图1-6所示，当直流发电机电刷两端获得直流电动势后，若接上负载，便有一电流流过线圈，电流 i 与电动势 e 的方向相同。同时，载流导体在磁场中必然产生一电磁力 f，其方向用左手定则确定。电磁力对转轴形成一电磁转矩 T，T 与电枢旋转的方向相反，起到了阻碍作用，故称为阻转矩。直流电机要维持发电状态，原动机就必须输入机械能克服电磁转矩 T，这样就实现了将机械能转换成电能。

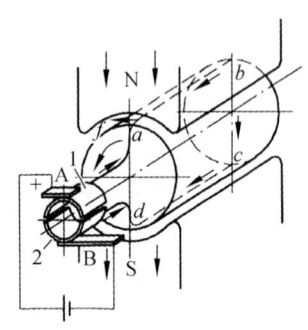

图 1-6 直流电动机工作原理图

（二）直流电动机工作原理

图 1-6 所示为两极直流电动机工作原理。直流电动机结构与直流发电机相同，不同的是电刷 A、B 外接一直流电源。图示瞬时电流的流向为 "+→A→换向片 1→a→b→c→d→换向片 2→B→-"。根据电磁力定律，载流导体 ab、cd 都将受到电磁力 f 的作用，其大小为

$$f = B_x L i \tag{1-2}$$

式中　i——导体中流过的电流（A）。

导体所受电磁力的方向用左手定则确定，在初期瞬时，ab 位于 N 极下，受力方向从右向左，cd 位于 S 极下，受力方向从左向右，电磁力对转轴形成一电磁转矩 T。在 T 的作用下，电枢便逆时针旋转起来。

当电枢转过 90°，电刷不与换向片接触，而与换向片间的绝缘片相接触，此时线圈中没有电流流过，$i=0$，故电磁转矩 $T=0$。但由于惯性，电枢仍能转过一个角度，电刷 A、B 则又将分别与换向片 2、1 接触。线圈中又有电流 i 流过，此时，导体 ab、cd 中电流改变了方向，即为 b→a，d→c，且导体 ab 转到 S 极下，ab 所受的电磁力 f 方向从左向右，cd 转到 N 极下，cd 所受的电磁力 f 方向从右向左。因此，线圈仍然受到逆时针方向电磁转矩的作用，电枢始终保持同一方向旋转。

在直流电动机中，电刷两端虽然加的是直流电源，但在电刷和换向器的作用下，线圈内部却变成了交流电，从而产生了单方向的电磁转矩，驱动电机持续旋转。同时，旋转的线圈中也将感应产生电动势 e，其方向与线圈中电流方向相反，故称为反电动势。直流电动机若要维持继续旋转，外加电压就必须高于反电动势，才能不断地克服反电动势而流入电流，这样就实现了将电能转换成为机械能。

直流电机具有可逆性，即一台直流电机既可作发电机运行，也可作电动机运行。当输入机械转矩将机械能转换成电能时，电机作为发电机运行；当输入直流电流产生电磁转矩，将电能转换成机械能时，电机作为电动机运行。

三、直流电机分类和基本结构

按照能量传输方向,直流电机可分为直流发电机、直流电动机;按照功能划分,直流电机可分为控制电机和动力电机;按照励磁方式划分,直流电机可分为他励电机、并励电机、串励电机和复励电机。

直流电机主要由静止的定子、旋转的转子两大部分组成,如图 1-7 所示。除此之外,电机结构中也包含定转子之间气隙和通风器等其他部分。

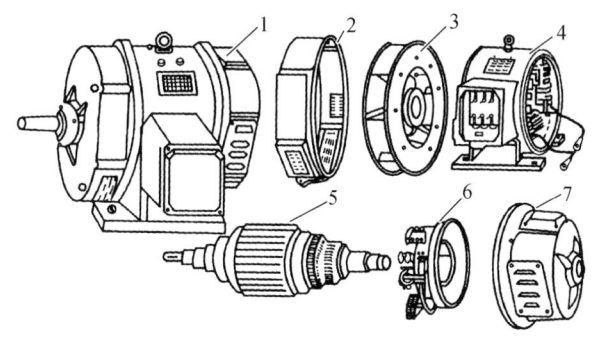

1—直流电机总成;2—后端盖;3—通风器;4—定子总成;
5—转子(电枢)总成;6—电刷装置;7—前端盖。

图 1-7 直流电机结构

(一)定 子

直流电机定子的作用是产生磁场和作为电机的机械支撑,主要由机座、主磁极、换向极和电刷装置等组成。

1. 主磁极

机座兼起机械支撑和导磁磁路两个作用。它既用来作为安装电机所有零件的外壳,又是联系各磁极的导磁铁轭。机座通常为铸钢件,也有采用钢板焊接而成的。对于换向要求较高的电机,可采用叠片结构的机座。

2. 主磁极

主磁极如图 1-8 所示,由主极铁心和主极线圈两部分组成。主极铁心一般用 1~1.5 mm 厚的薄钢板冲片叠压后再用铆钉铆紧成一个整体。小型电机的主极线圈用绝缘铜线(或铝线)绕制而成,大中型电机主极线圈用扁铜线绕制,并进行绝缘处理,然后套在主极铁心外面。整个主磁极用螺钉固定在机座内壁。

3. 换向极

换向极又称为附加极,它装在两个主极之间,用来改善直流电机的换向。换向极由换向极铁心和换向极线圈构成。换向极铁心大多用整块钢加工而成。但在整流电源供电的功率较大电机中,为了更好地改善电机换向,换向极铁心也采用叠片结构。换向极线圈与主极线圈一样也是用圆铜线或扁铜线绕制而成后,经绝缘处理再套在换向极铁心上,最后用螺钉将换向极固定在机座内壁。

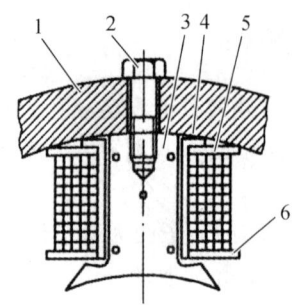

1—机座；2—主极螺钉；3—主极铁心；4—框架；5—主极绕组；6—绝缘垫衬。

图 1-8　主磁极

4. 电刷装置

电刷装置的作用是通过电刷与换向器表面的滑动接触，把转动的电枢绕组与外电路相连。电刷装置一般由电刷、刷握、刷杆、刷杆座等部分组成，如图 1-9 所示。电刷一般用石墨粉压制而成。电刷放在刷握内，用弹簧压紧在换向器上，刷握固定在刷杆上，刷杆装在刷杆座上，成为一个整体部件。

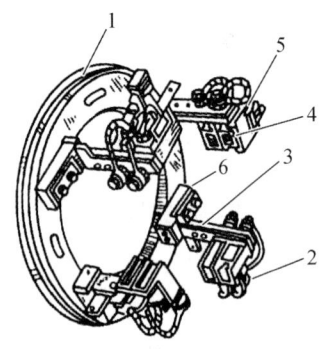

1—刷杆座；2—弹簧；3—刷杆；4—电刷；5—刷握；6—绝缘件。

图 1-9　电刷装置

（二）转　子

转子又称为电枢，主要由转轴、电枢铁心、电枢绕组和换向器等部分组成。

1. 转轴

转轴的作用是用来传递转矩的，一般用合金钢锻压而成。

2. 电枢铁心

电枢铁心是电机磁路的一部分，也是承受电磁力作用的部件。当电枢在磁场中旋转时，在电枢铁心中将产生涡流和磁滞损耗，为了减小这些损耗的影响，电枢铁心通常用 0.5 mm 厚的电工钢片叠压而成，电枢铁心固定在转子支架或转轴上。电枢铁心冲片如图 1-10 所示，沿铁心外圈均匀分布有槽，在槽内嵌放电枢绕组。

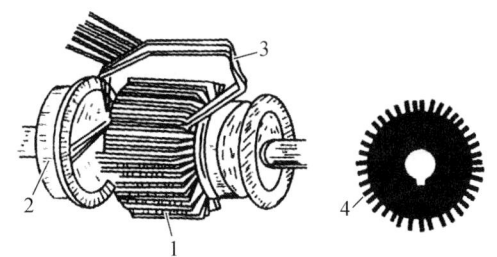

1—电枢铁心；2—换向器；3—绕组元件；4—铁心冲片。

图 1-10 电枢铁心和铁心冲片

3. 电枢绕组

电枢绕组的作用是产生感应电势和通过电流产生电磁转矩，实现机电能量转换，它是直流电机的主要电路部分。电枢绕组通常用圆形或矩形截面的导线绕制而成，再按一定规律嵌放在电枢槽内，上下层之间以及电枢绕组与铁心之间都要妥善地绝缘。为了防止离心力将绕组甩出槽外，槽口处需用槽楔将绕组压紧，伸出槽外的绕组端接部分用无纬玻璃丝带绑紧。绕组端头则按一定规律嵌放在换向器铜片的升高片槽内，并用锡焊或氩弧焊焊牢。

4. 换向器

换向器的作用是机械整流，即在直流电动机中将外加的直流电流逆变成绕组内的交流电流；在直流发电机中将绕组内的交流电势整流成电刷两端的直流电势。换向器的结构如图 1-11 所示。换向器由许多换向片组成，换向片间用云母片绝缘。换向片凸起的一端称为升高片，用以与电枢绕组端头相连；换向片下部做成燕尾形，利用换向器套筒、V 形压圈及螺旋压圈将换向片、云母片紧固成一个整体。在换向片与换向器套筒、压圈之间用 V 形云母片绝缘，最后将换向器压装在转轴上。

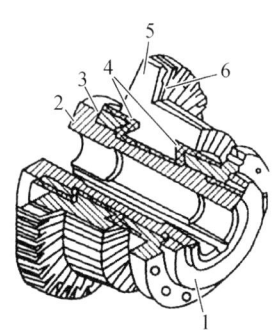

1—螺旋压圈；2—换向器套筒；3—V 形压圈；4—V 形云母环；5—换向铜片；6—云母片。

图 1-11 换向器

5. 其他部分

1）气隙

定子和转子之间有一定大小的间隙，称为气隙。气隙保证了转子的运动，且影响着磁通量的大小。在小容量电机中，气隙通常为 1~3 mm；在大容量电机中，气隙可达 10~12 mm。

2)通风器

直流电机在能量转换过程中,总有一部分能量不能被有效利用,而是以热能的形态散失到周围大气中。这些热损一方面使电机输出功率减小,效率降低;另一方面使电机发热,绝缘性能降低,影响电机的运行性能及使用寿命。通风器(即风扇)实现了电机的散热冷却,保证电机的额定温升及正常运行。当电机旋转时,风扇将冷却的空气吸入电机,对换向器、励磁绕组、电枢铁心和电枢绕组进行冷却,然后再经风扇从出风口排出机外。

四、直流电机的额定值

每一台电机都有一块铭牌,上面标注着各种额定数据,以下简要地介绍这台电机的型号、规格、性能。铭牌是用户合理选择和正确使用电机的依据。

根据国家标准要求设计和试验所得的一组反映电机性能的主要数据,称为电机的额定值。

1. 额定功率 P_N

P_N 是指电机按规定的工作方式运行时所能提供的输出功率。发电机的额定功率是指接线端子处的输出功率;电动机的额定功率是指电动机转轴的有效机械功率,单位为千瓦(kW)。额定功率、额定电压和额定电流的关系为

发电机 $\qquad P_N = U_N I_N$ (1-3)

电动机 $\qquad P_N = U_N I_N \eta_N$ (1-4)

2. 额定电压 U_N

U_N 是指在额定输出时电机接线端子间的电压,单位为伏(V)。

3. 额定电流 I_N

I_N 是指电机按照规定的工作方式运行时,电机绕组允许流过的最大安全电流,单位为安(A)。

4. 额定转速 n_N

n_N 是指电机在额定电压、额定电流和额定输出功率时,电机的旋转速度,单位为转/分(r/min)。

此外,还有额定效率 η_N、工作方式、励磁方式、额定励磁电压、通风量、绝缘等级、额定温升等。额定值是选用或使用电机的主要依据,一般希望电机按额定值运行。但实际上,电机运行时的各种数据可能与额定值不同,它们由负载的大小来确定。若电机的电流正好等于额定值,称为满载运行;若电机的电流超过额定值称为过载运行;若比额定值小得多,称为轻载运行。长期过载运行将使电机过热,降低电机寿命甚至造成损坏;长期轻载运行又使得电机的容量不能充分利用。这两种情况都将降低电机的效率,都是不经济的,故在选择电机时,应根据负载的情况,尽可能使电机运行在额定值附近。

任务二　直流电机的启动、反转、调速、制动

教学目标

1．知识目标

（1）理解直流电机各种工况及作用。
（2）掌握直流电机启动、反转、调速的方法。
（3）掌握直流电机的制动的分类及原理。

2．能力目标

（1）能够描述直流电机各种工况的基本方法。
（2）能够按照作业标准完成直流电机各种工况的实验测试。

动画：直流电机的启动调速

知识课堂

直流电动机能否启动取决于电刷 A、B 外接的直流电源，直流电源使得电机的气隙中有磁场存在，根据左手定则，电枢旋转使得电枢导体切割磁感线，在电枢绕组中产生感应电动势 E_a，直流电机的感应电动势是指电机正负电刷间的电动势。电动势的大小不仅取决于磁通量的大小和转速的高低，还和绕组的导体数和连接方法有关。即直流电机感应电动势的公式为

$$E_a = \frac{pN}{60a} = C_e \Phi n \qquad (1\text{-}5)$$

式中　　Φ——每极磁通（Wb）；

　　　　N——电机转速（r/min）；

　　　　C_e——电机电动势常数，$C_e = pN/60a$。

其中 p、N、a 分别表示电机的极对数、电枢导体总数及电枢绕组支路对数。对于给定的电机，C_e 是一个常数。

一、直流电动机的启动

1．降低电源电压启动（降压启动）

在启动瞬间，给电动机加较低的直流电压；随着电动机转速的升高，电枢电势 E_a 逐渐增加，同时端电压 U 也人为地不断增加，U 与 E_a 的差值使启动过程中电枢电流保持在允许范围内，直到电动机端电压上升到额定值，电动机启动完毕。采用降低电源电压的方法启动并励电动机时必须注意：启动时必须加上额定励磁电压，使磁通一开始就有额定值，否则电动机启动电流虽然比较大，但启动转矩却较小，电动机仍无法启动。

降压启动的优点是在启动过程中无电阻损耗，并可达到平稳升速，但需要专用电源设备，多用于要求经常启动的大中型直流电动机。

2. 电枢回路串电阻启动（变阻启动）

直流电动机在电枢回路串入适当的启动电阻 R_{st}，按照把启动电流 I_{st} 限制在（1.5~2.5）I_N 的范围内来选择启动电阻的大小。在启动过程中，随着转速 n 的升高，电枢电势也升高，电枢电流相应地减小。为了保持一定的转矩，应逐渐将启动电阻切除，直到启动电阻全部切除，电动机启动完毕，达到额定转速稳定运行。

变阻启动能有效地限制启动电流，所需启动设备简单、广泛应用于各种中小型直流电动机，如工矿机车、城市电车上多采用电阻启动。图 1-12 所示为串励电动机电枢串接电阻时的机械特性。但变阻启动过程中能量消耗大，不适用于经常启动的大中型直流电动机。

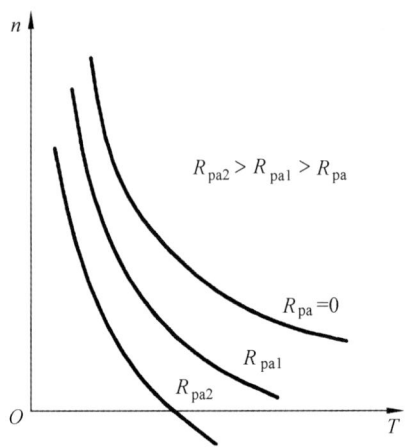

图 1-12　串励电动机电枢串接电阻时的机械特性

二、改变直流电动机转向的方法

直流电动机的旋转方向取决于电磁转矩方向，而电磁转矩 $T = C_T \Phi I_a$ 的方向取决于磁通 Φ 与电枢电流 I_a 相互作用的方向，故改变电动机转向的方法有两种：

（1）改变磁通（即励磁电流）的方向。

（2）改变电枢电流的方向。

若同时改变磁通方向及电枢电流的方向，则直流电动机的转向会维持不变。直流电动机常采用励磁绕组反接法，如图 1-13 所示。

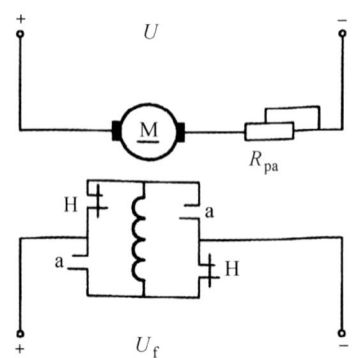

图 1-13　励磁绕组反接法电路

由图 1-13 可见，利用电器触头 H、a 的闭合与断开将励磁绕组进行反接，改变励磁绕组中电流的方向即改变了磁通的方向，可以达到实际改变直流牵引电动机转向的目的。

三、直流电动机的调速

在电动机机械负载不变的条件下，用人为方法调节电动机转速的行为叫作调速。

电动机转速公式为

$$n = \frac{U - I_a(R_a + R_{pa})}{C_T \Phi} \tag{1-6}$$

式中　R_{pa}——电枢回路串接的电阻。

由式（1-6）可知，影响电动机转速的 3 个因素是电源电压 U、电枢回路串接的电阻 R_{pa} 和气隙主磁通 Φ。只要改变以上 3 个因素中任何一个，都能达到调节电动机转速的目的。

1. 电枢回路串接电阻调速

图 1-12 所示为串励电动机电枢串接电阻时的机械特性。在某一负载下，电阻越大，转速越低。

2. 改变电源电压调速

图 1-14 所示为串励电动机电压降低时的机械特性。在某一负载下，电压越低，转速也越低。为保证电机安全运行，电压只能以额定电压为上限下调，也称为降压调速。

3. 改变主磁通调速

图 1-15 所示为串励电动机磁通减弱时的机械特性。在某一负载下磁通越弱，转速越高。一般电机的额定磁通已设计得使铁心接近饱和，因此，改变磁通只能在额定磁通下减弱磁通，所以又称为削弱磁场调速。削弱磁场需要在励磁绕组的两端并联电阻，一般电动机励磁功率只有电机容量的 1%～5%，因此用于削弱磁场的并联电阻容量也很小。

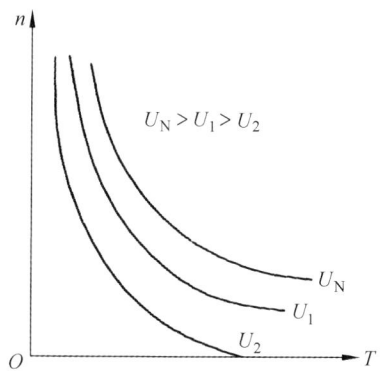
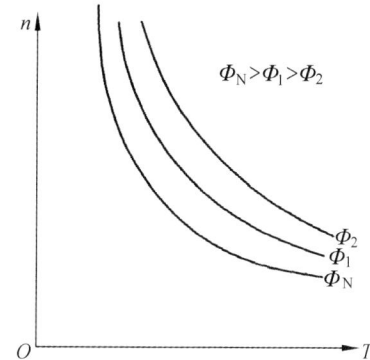

图 1-14　串励电动机电压降低时的机械特性　　图 1-15　串励电动机磁通减弱时的机械特性

直流电动机为扩大调速范围，可以把几种方法配合使用。

四、直流电动机的制动

电动机在运行过程中,有时需要尽快使电动机停转或从高速运行转换到低速运行,这就需要在电动机轴上加一个与转向相反的转矩(称为制动转矩)来实现,称为电动机的制动。

制动转矩若是由机械制动闸产生的摩擦转矩,称为机械制动;而若是电动机本身产生的电磁转矩,称为电气制动。直流电动机的电气制动可分为能耗制动和再生制动两种。

1. 能耗制动

图 1-16 所示为串励牵引电动机采用能耗制动的电路。电气制动时,励磁绕组由单独的励磁电源供电,并保持励磁电流方向不变(磁通方向不变),将电枢绕组从电源上断开并立即接到一个制动电阻上。这时电枢绕组外加电压 $U=0$,而电机转子靠惯性继续旋转,切割方向未变的磁通,所感应的电势仍存在且方向不变。因此,产生的电枢电流(制动电流)为

$$I_a = \frac{U - E_a}{R_a + R_L} = \frac{-E_a}{R_a + R_L} = \frac{-C_e \Phi n}{R_a + R_L} \tag{1-7}$$

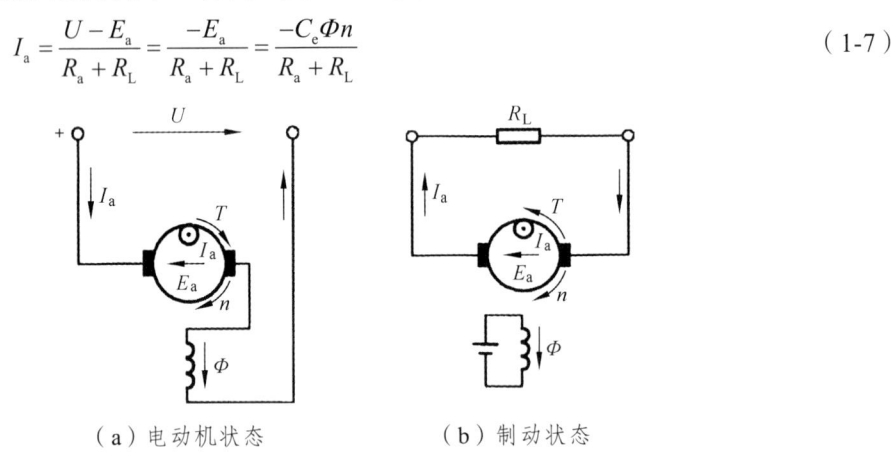

(a)电动机状态   (b)制动状态

图 1-16 能耗制动时的电路原理接线图

由式(1-7)可见,电枢电流 I_a 改变了方向,磁通 Φ 的方向未变,电磁转矩 $T = C_T \Phi I_a$ 则改变了方向。因此,T 与 n 的方向相反,T 成为制动转矩,使电机转速很快下降。

在制动过程中,电机靠惯性继续旋转,在磁场不变的情况下,产生感应电动势的方向不变并输出电流,变成一台他励发电机,把动能转换成电能,消耗在制动电阻上,故称为能耗制动。

调节制动电阻 R_L 或调节励磁电流改变磁通的大小,都可以改变制动电流的大小,以调节制动转矩的大小。另外,电机的转速越高,制动转矩越大,制动的效果越好;而低速时,制动转矩相应变小,需要配用机械制动,使电机迅速停转。

能耗制动所需设备简单,成本低,操作方便。不足之处是动能转换为电能后消耗在制动电阻上,变成热能散发到大气中,没有被利用;另外,电机不易迅速制停,因为当电机转速 n 较小时,E_a 较小,I_a 也较小,制动转矩相应较小,此时,应采用减小制动电阻 R_L 来增大电枢电流 I_a,以提高低速区的制动转矩。

2. 回馈制动

由于外界原因,有时电动机的转速会大于理想的空载转速。如电力机车在下坡时,重力加速度的作用使车列速度增高,电机感应电动势 E_a 随之增大,若 $E_a=U$,则 $I_a=0$,电机就不需

要从电网输入电能,由本身的位能自动滑行并继续加速。转速继续升高,将使 $E_a>U$,则 I_a 反向,电机自动转换为发电运行状态。此时,电力机车下坡的位能通过电机转换成电能,回馈给电网,因此称这种制动为回馈制动。

由于此时电枢电流 I_a 反向,电磁转矩也随之反向,起到制动作用,车速越高,制动转矩越大,如图 1-17 所示。转速增高到一定程度,下坡时的位能产生的动力转矩与电机的制动转矩和摩擦阻转矩相平衡时,将恒速稳定运行(n 点)。

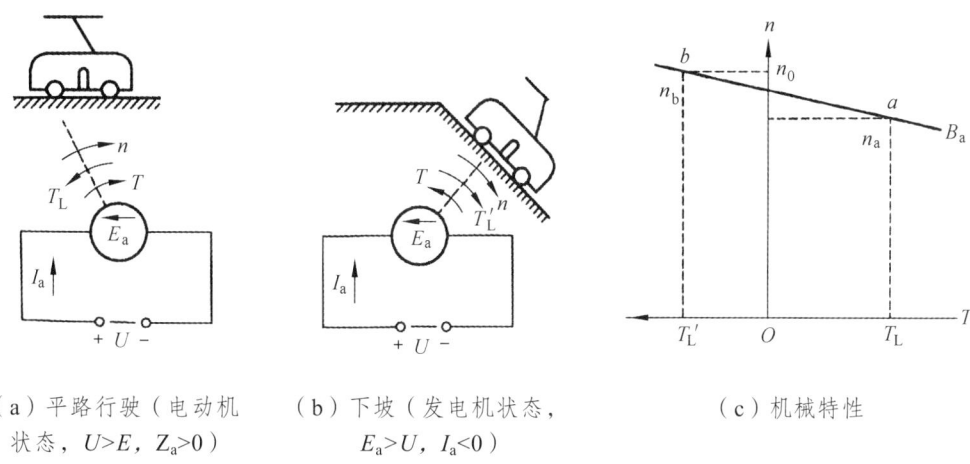

(a)平路行驶(电动机状态,$U>E$,$Z_a>0$)

(b)下坡(发电机状态,$E_a>U$,$I_a<0$)

(c)机械特性

图 1-17 动车下坡时的回馈制动

他励和复励电动机回馈制动时,需要保持励磁电流方向不变,电枢回路的接线不变。串励牵引电动机进行回馈制动时,由于串励发电机在许可范围内工作不稳定,需要将串励绕组改接为他励,由较低的电压供电以得到所需要的励磁电流。

任务三　直流电机的机车应用

教学目标

1. 知识目标

(1)理解直流电机在机车中应用的发展趋势。

(2)掌握电力机车中脉流牵引电机的结构。

2. 能力目标

(1)能够正确描述直流电机的原理。

(2)能够自主学习并扩展直流电机在电力牵引中的应用。

知识课堂

SS₄型和 SS₄改型电力机车采用的 ZD105 型脉流牵引电动机。随着 20 世纪 80 年代电力电子技术及电力电子器件的发展,三相交流传动方式在牵引领域的优越性日益凸显。以直流电机作为牵引电机的应用越来越少。但是直流电机具有快启动、宽调速、控制简单等优势，仍使其在机车辅助系统的应用中占有重要地位。例如，HXD 型电力机车的辅助压缩机等。

一、直流电机在电力机车中的应用

脉流牵引电动机由于发热严重，换向困难，其某些部件具有特殊的结构型式。图 1-18 所示为 SS$_4$ 型和 SS$_4$ 改型电力机车采用的 ZD105 型脉流牵引电动机的纵、横剖面图。

（一）定　子

1. 机　座

脉流牵引电动机的机座既作为安装电动机所有零件的机械外壳，又是联系各磁极的导磁铁轭。为了使有限的安装空间得到最佳利用，并使机座质量最小（机座质量占牵引电动机总质量的 30%~35%），合理地选择机座形状十分重要。现代牵引电动机采用的整体式机座，通常有方形和圆形两种，如图 1-19 所示。对于抱轴式悬挂的 4 极牵引电动机通常采用方形机座，且主磁极布置大部分采用水平—垂直布置，如图 1-19（a）所示。这种结构可以合理地布置磁极，较好地利用转向架下部空间。图 1-19（b）、（c）所示为圆形机座，虽然其空间利用率不如方形机座高，但它可以减小电机质量和简化加工工艺。因此，架承式悬挂和容量较小的牵引电动机通常都采用圆形机座。

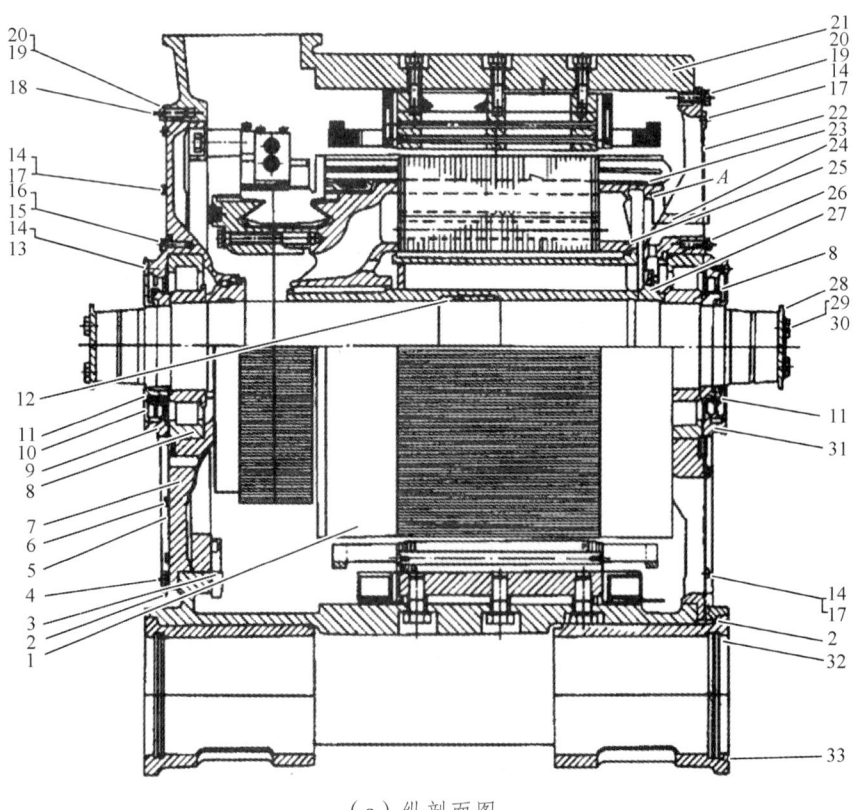

（a）纵剖面图

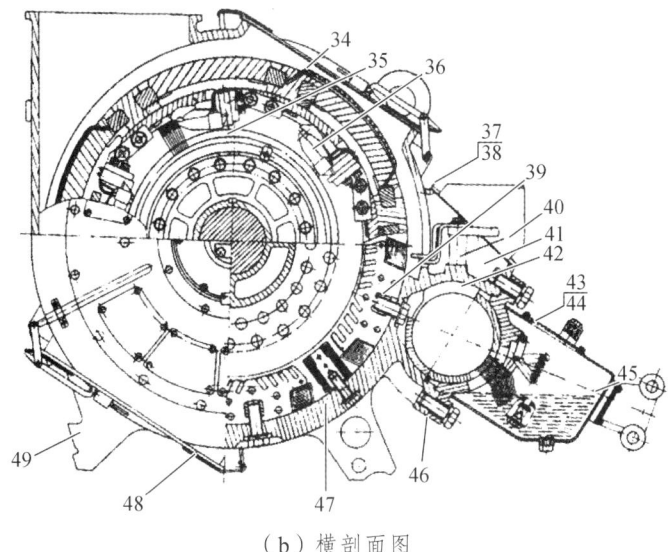

(b) 横剖面图

1—电枢；2—油杯；3—刷架圈定位装置；4—油管夹；5—前端盖盖板；6—排油管；7—前端盖；8—轴承；9—前端轴承盖；10—前端外盖；11—封环；12—电枢支架；13、15、17、19、29、43—螺栓；14—弹簧垫圈；16—弹性垫圈；18—刷架装置；20—弹簧垫圈；21—定子装配；22—后端盖网孔盖板；23—预成形后支架绝缘；24—后端盖；25—电枢支架；26—后端内轴承盖；27—封环；28—挡板；30—止动垫圈；31—后端轴承盖；32—上抱轴瓦；33—下抱轴瓦；34—上观察孔盖；35—刷握装置；36—补偿绕组；37—轴；38—开口销；39—主极一体化装配；40—出线盒；41—接线板；42—绝缘板；44—弹簧垫圈；45—油箱；46—键；47—换向极一体化装配；48—下观察孔盖；49—吊杆座。

图 1-18　ZD105型牵引电动机结构图

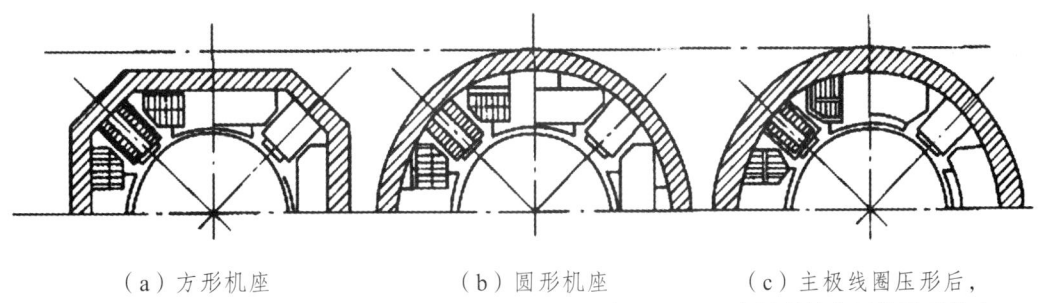

(a) 方形机座　　　　(b) 圆形机座　　　　(c) 主极线圈压形后，空间利用较好的圆形机座

图 1-19　牵引电动机机座形状

　　牵引电动机的机座一般都采用导磁性能和机械性能良好的铸钢制成，为了保证电机运行性能良好，要求铸钢机座表面光滑，不允许有砂眼、气孔、裂缝以及大量渣滓存在。在圆形机座中，有时为加工方便、使结构轻盈，也采用钢板焊接的机座。脉流牵引电动机的机座大都采用铸钢结构，为了改善脉动电压供电下的电机换向，在铸钢机座内壁敷设有磁桥，也可采用全叠片无机壳机座，机座由钢板叠片组构成。

　　抱轴式悬挂牵引电动机的机座一侧有吊杆座 49（见图 1-18），通过吊杆将牵引电动机悬挂在机车转向架上；另一侧有抱轴承座，以便把牵引电动机抱在机车动轮轴上。在机座上设有换向器检查孔，便于检查换向器和更换电刷，检查孔口平时用弹性活动盖板密封。还开有进风口，用于对牵引电动机的通风冷却。机座两端装有端盖，靠换向器端为前端盖，另一端为后端盖。前、后端盖都装有滚动轴承，牵引电动机的转轴就安装在这两个轴承内。端盖上还设有通风孔，以便使冷却空气吸入或排出。对于独立通风的牵引电动机，一般将前端盖的进风口密封，后端盖的排风口端焊有钢丝网，以防止异物侵入牵引电动机的内部。

2. 主磁极

脉流牵引电动机的主磁极（简称为主极）是用来产生主磁场的，它由主极铁心和主极线圈两部分组成，如图 1-20 所示。

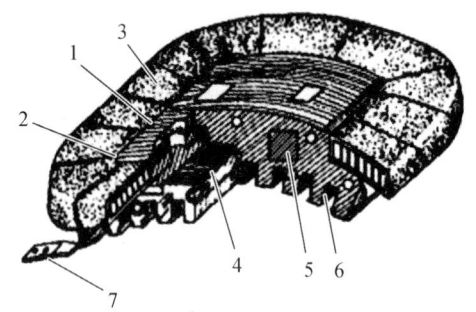

1—主极铁心；2—铁心端板；3—主极线圈；4—铆钉；5—铁心心柱；
6—补偿绕组槽；7—主极线圈接头。

图 1-20 主极结构

为了降低电枢旋转时电枢铁心的齿和槽相对磁场移动所引起的磁场脉动在主极极靴表面产生的涡流损耗，主极铁心通常采用厚 1~1.5 mm 的钢板叠成，铁心两端用较厚的端板压紧，并用铆钉铆紧。主极铁心较窄的部分称为极身，以便有足够的空间安装主极线圈，扩大的部分称为极靴，其形状决定了气隙磁密和感应电势在空间的分布波形。为了抵消电枢反应的影响，防止牵引电动机产生环火，有些牵引电动机安装了补偿绕组，这时主极极靴部分带有齿槽结构，补偿绕组嵌放在主极极靴表面的槽内，并用特制的槽楔将其固定，如图 1-20 所示。

主极线圈的作用是通以直流电流而建立主磁场。在牵引电动机中，主极线圈大都采用扁铜线绕制而成。主极线圈的绕制方法有平绕和扁绕两种，平绕又称为宽边绕法，如图 1-21 所示，其特点是绕制方法简单，可一次成型，适用于多层、多匝线圈。由于这种结构能分层绕制，有利于线圈在机座内布置，使得空间利用较好，但散热条件差。扁绕又称为窄边绕法，如图 1-22 所示，其特点是线圈结构紧密，在机械方面比较稳定，而且散热条件好，但其制造工艺比较复杂，需经过几次退火、整形处理。扁绕主要用于牵引电动机的换向极线圈。在功率较大的牵引电动机中，为了改善线圈的散热条件，主极线圈也有采用扁绕结构。

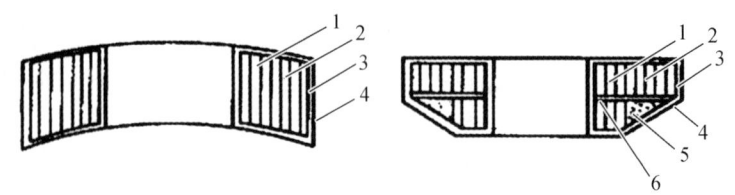

1—线圈；2—匝间绝缘；3—对地绝缘；4—外包绝缘；5—填充材料；6—层间绝缘。

图 1-21 用平绕法绕制的线圈

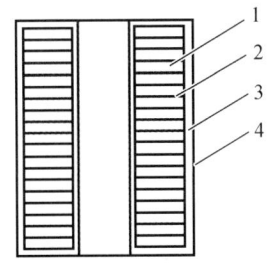

1—线圈；2—匝间绝缘；3—对地绝缘；4—外包绝缘。

图1-22　用扁绕法绕制的线圈

当主极线圈的绝缘结构为双层线圈时，还应加层间绝缘。对于圆形机座的主极线圈，为便于布置，都压制成弧形。

为便于主极线圈间的连接，主极线圈采用开口式和交叉式两种形式，如图1-23所示。它们在机座上交叉布置，以产生需要的极性。

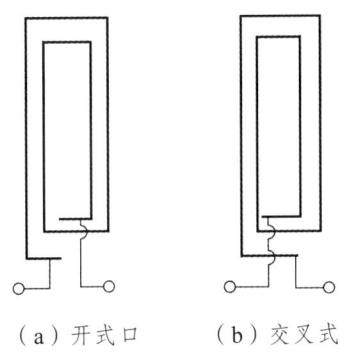

（a）开口式　　　（b）交叉式

图1-23　主极线圈出线头示意图

制成的主极线圈套到主极铁心上，在两者的空隙处，填充聚酯纤维毡，再浇注环氧胶，使主极线圈与主极铁心牢固地黏合在一起，称之为一体化结构。采用一体化结构后，从根本上消除了因线圈和铁心相对活动而产生的绝缘磨损现象，提高了电机运行的可靠性。

3．换向极

脉流牵引电动机的换向极用来产生换向磁场以改善电机换向性能，由换向极铁心和换向极线圈两部分组成。

在脉流牵引电动机中，为了减少换向极磁通的涡流和由此引起的对电机换向的影响，通常采用由电工钢片叠成的换向极铁心。

换向极极靴的形状和尺寸是由电机换向要求确定的，其形状决定了换向极磁场波形，对电机换向性能影响很大。

为了减少换向极的漏磁和降低换向极磁路饱和程度，在换向极铁心和机座之间增加了一个气隙，称为第二气隙。第二气隙由非磁性材料（铜板或层压布板）做的垫片构成，调整垫片片数，即可调节第二气隙的大小，以达到调整电机换向性能的目的。换向极极靴表面与电枢圆周表面的空气隙称为换向极气隙，也称为第一气隙。

换向极线圈一般都采用扁铜线缠绕制成，换向极线圈的匝间、对地和外包绝缘与主极线圈的绝缘结构相同。线圈与铁心间也进行一体化浇注。

4. 补偿绕组

为了改善脉流牵引电动机的换向，提高电机运行的可靠性，大容量的脉流牵引电动机设置了补偿绕组。补偿绕组跨嵌在相邻两个主极极靴槽内，其安装情况如图 1-24 所示。

补偿绕组一般用扁铜线按同心式扁绕或平绕数匝而成。嵌放补偿绕组的主极铁心上的槽形为开口槽，为了不使主极导磁面积过分削弱，使用了磁性槽楔，中间嵌有绝缘条，如图 1-25 所示，以减少涡流的影响。开口槽有向心槽和平行槽两种形式，如图 1-26 所示。向心槽的缺点是，嵌线和检修都比较困难，补偿绕组的绝缘强度也较差。与换向极轴线平行的平行槽则解决了上述问题。

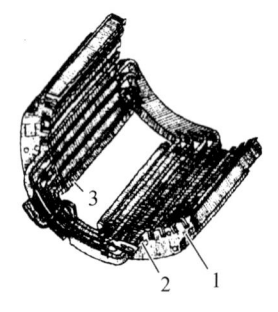

1—主极铁心；2—补偿绕组；3—槽楔。

图 1-24 补偿绕组

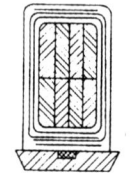

图 1-25 补偿绕组在主极铁心

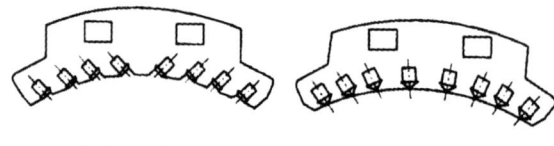

（a）平行槽　　　（b）向心槽

图 1-26 补偿绕组槽形

5. 绕组接线

为了便于调节牵引电动机的磁场和改变牵引电动机的旋转方向，总是将主极线圈单独接成一个电路，用电缆直接引出；换向极线圈、电枢绕组及补偿绕组串联成为另一个电路，另外用电缆引出，引出电缆的端头装有管形的铜接头。

ZD105 型牵引电动机的引出线有 4 根：非换向器端有 2 根主极线圈的引出线 D_1 和 D_2，换向器端有 2 根电枢电路（包括电枢绕组及电刷、换向极线圈和补偿绕组）的引出线 A_1 和 B_2，它们都固定在出线盒内的接线装置上（见图 1-27）。

从换向器端看，电流由引出线 A_1；经过 3 个并联的正电刷，流入电枢绕组，然后经过 3 个并联的负电刷流入换向极线圈和补偿绕组，最后由引出线 B_2 流出。在非换向器端，6 个主极线圈按 N—S—N—S—N—S 极性串联，电流由引出线 D_1（或 D_2）流入，由引出线 D_2（或 D_1）流出。定子绕组间的连接线均用线卡固定在机座内壁，以提高抗震性。

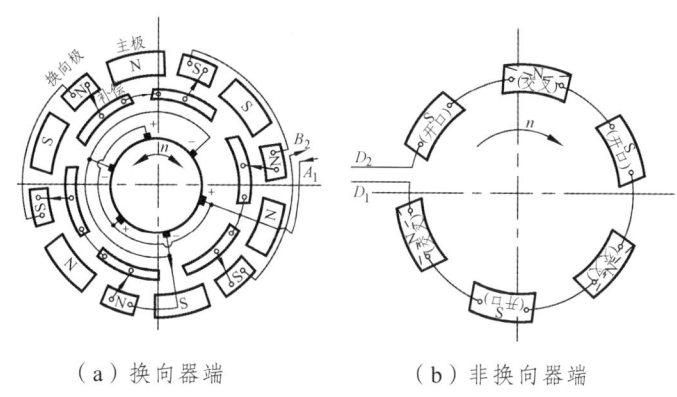

（a）换向器端　　　　　　　　（b）非换向器端

图 1-27　ZD105 型牵引电动机绕组接线图

（二）转　子

1. 转　轴

转轴是牵引电动机中工作最困难的部件之一，因为它不仅要传递牵引电动机产生的巨大转矩，而且还要经常承受很大的冲击载荷（特别是抱轴式牵引电动机），此时转轴将利用弹性变形来吸收大部分的冲击力。其弹性变形虽然不大，但经常反复变形会使转轴的材料产生疲劳，甚至出现裂纹或折损。同时，转轴上还安装着电枢铁心、换向器、滚动轴承内圈和小齿轮等零部件，使转轴经常存在着内应力。所以，用来制造转轴的钢材必须具有很高的机械强度和足够的韧性。电力机车牵引电动机的转轴采用优质合金钢，如铬锰钢和铬铝钢等。

由于转轴上沿轴向不同位置的负载大小不同，转轴需要做成配合不同直径和不同截面的分级圆柱体，称为阶梯轴。为了尽可能消除转轴在弯曲和扭转下工作时的局部应力集中，在考虑轴的结构时，应将不同截面的转换部分减少，而且，由一个截面到另一个截面的过渡应采用圆弧过渡，曲线半径应尽可能做得大一些。

电枢直径在 400 mm 以下时，电枢铁心、前后压圈及换向器套筒等部件是直接压装在转轴上的。电枢直径在 400 mm 以上时，电枢铁心、前后压圈及换向器套筒等部件是先装在电枢套筒上，电枢套筒再装在转轴上。这样做的优点是材料利用较好，而且在需要更换转轴时，不需将电枢绕组与换向片焊开，缺点是电枢套筒的加工工艺要求有很高的精确度。

转轴和各部分的配合除轴承内圈采用基孔制外，其他均采用基轴制。轴的加工应按 2 级精度的要求进行，表面粗糙度民值要求在 0.8 μm 以下，截面转换半径处的表面粗糙度 Ra 值要求在 3.2 μm 以下，轴颈处和锥面的表面粗糙度要求在 0.4 μm 以下。此外，轴端还加工有压油孔道，以供连接专用油泵拆卸小齿轮用。整个转轴加工完成后不允许表面有任何破坏性痕迹，在搬运和组装过程中，应采用软钢丝绳吊装而且要加装轴端橡胶保护套。

2. 电枢铁心

电枢铁心是牵引电动机磁路的一部分，也是承受电磁力作用的部件。在电枢铁心圆周表面均匀开有电枢槽，槽内嵌装电枢绕组。由电枢铁心和电枢绕组构成了脉流牵引电动机的电枢，电枢绕组中流过电流，在磁场中受到电磁力的作用，使电枢旋转，把电能转换成机械能。可见它们是牵引电动机中实现能量转换的枢纽，因此称之为"电枢"。

当电枢在磁场中旋转时,定子上的 N、S 极磁通交替穿过电枢铁心,使电枢铁心中产生涡流和磁滞损耗。为了减少这些损耗的影响,电枢铁心通常用 0.5 mm 厚带绝缘层的冷轧电工钢片叠压而成,图 1-28 所示为牵引电动机电枢冲片的一种结构形式。电枢冲片上冲有电枢槽、轴孔、通风孔、键槽和标记孔。

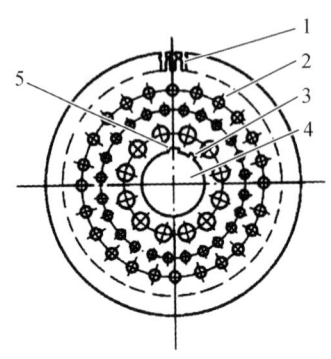

1—电枢槽;2—通风孔;3—标记孔;4—轴孔;5—键槽。

图 1-28 电枢冲片

在牵引电动机中,电枢槽一般做成开口的矩形槽,这样可以方便地把预成型的电枢线圈嵌放到电枢槽中。通风孔构成了电枢铁心内部的轴向通风道,使铁心内部能通过足够的风量,达到良好的散热效果。电枢槽和通风孔的数目应为磁极数的整数倍,并且在圆周均匀分布,使电枢在任何位置时,电动机的磁路都完全对称,避免了磁通的纵向振荡。半圆形的标记孔是铁心叠装时用的定位标志,电枢冲片按同一面叠放,既能使叠片叠放整齐,又可以提高铁心的叠压系数。

电枢铁心采用静配合安装在转轴或电枢套筒上。为了防止铁心端部的冲片边缘松散,铁心两端各有一块较厚的电枢端板,用数张 1 mm 厚的钢板点焊而成。

电枢铁心两端装有采用优质钢铸成的压圈,一方面作为电枢绕组的支架,另一方面把电枢冲片压紧,使电枢冲片保持固定的压力。换向器一端称为前压圈,前压圈与换向器套筒做成一体,非换向器一端称为电枢后压圈,采用静配合装在转轴或电枢套筒上。

3. 电枢绕组

电枢绕组是脉流牵引电动机实现能量转换的部件,把电枢线圈嵌放在电枢铁心圆周的电枢槽中,按一定规律与换向器连接起来就构成了电枢绕组。

电枢绕组由许多绕组元件组成,绕组元件通常采用单丝或双丝薄膜导线制成。在牵引电动机中,通常采用单叠单匝绕组元件。为简化嵌线工艺,提高绝缘质量,将几个绕组元件包扎在一起,构成电枢线圈,电枢线圈在嵌线前就做成成型线圈。

绕组元件在电枢槽内的放置分为竖放和平放两种,如图 1-29 所示。竖放工艺简单,所以一般都采用竖放。平放对改善电机换向有利,同时可以使绕组附加损耗减少,缺点是绕组元件和换向片连接时,需要将元件压扁或扭转,工艺比较复杂。

当电枢旋转时,电枢圆周的最大线速度可达 60 m/s 或更高,因此绕组元件将受到很大的离心力作用,为了防止绕组元件甩出,电枢线圈在槽内部分需用槽楔固定,目前采用较多的是环氧酚醛玻璃布板制成的槽楔。同样,电枢线圈的端接部分也受到离心力作用,必须用扎线来固定,在牵引电动机中,电枢线圈的端接部分通常采用无纬玻璃丝带绑扎。

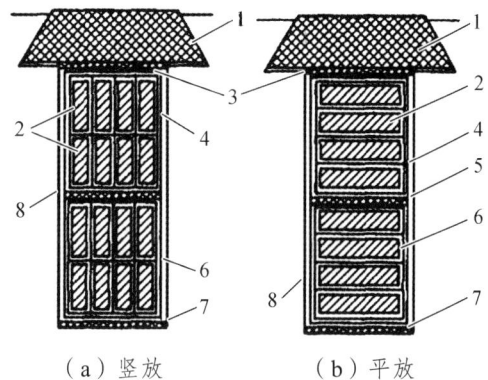

(a)竖放　　　　(b)平放

1—槽楔；2—绕组元件；3、5、7—衬垫；4—对地绝缘和外包绝缘；6—匝间绝缘；8—槽绝缘。

图 1-29　绕组元件在槽内的布置

4. 换向器

换向器是直流和脉流牵引电动机特有的重要部件,其作用是在发电机状态下将电枢绕组中产生的交变电势整流成电刷间的直流电势;在电动机状态下将输入的直流电流逆变成电枢绕组中的交变电流,以产生单方向的电磁转矩。电机运行时,换向器既要通过很大的电流,又要承受各种机械应力,其工作情况的好坏,直接影响着电机的运行性能。

换向器是由很多相互绝缘的换向片组合而成的,有多种形式,现代牵引电动机大多采用图 1-30 所示的拱式换向器。

拱式换向器的主要零部件包括换向片、云母片、V 形云母环、绝缘套筒、换向器套筒、压圈和组装螺栓等,所有零部件全部固定在换向套筒上,然后将换向器套筒装配在转轴上。

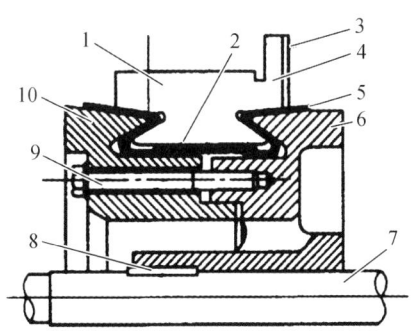

1—换向片；2—绝缘套筒；3—云母片；4—升高片；5—V 形云母环；
6—换向器套筒；7—转轴；8—键；9—换向螺栓；10—压圈。

图 1-30　换向器结构

换向片是换向器的导电部分,其工作表面与电刷滑动接触,既要传导电流,又要承受离心力、热应力、摩擦力、电火花和电弧作用,因此,换向片应具有良好的导电性能、导热性能、耐磨性能、耐弧性能和机械性能。在牵引电动机中,换向片采用含少量银的梯形铜排制成。换向片与电刷接触的部分称为工作部分,换向片上与电枢绕组元件连接的部分称为升高片,绕组元件引出线嵌入升高片槽中,采用 TIG 焊接。

相邻换向片片间用云母片绝缘，云母片厚度为 0.8~1.5 mm，形状和换向片相同，用衬垫云母板冲制而成。为了保证换向片尺寸的精确性，要求云母片只能含少量的胶质，它在温度为 20 ℃、压力为 60 MPa 时，收缩率应不大于 7%。因为换向片的磨损比云母片快，故在组装好的换向器上，还必须将云母片下刻 0.8~1.5 mm，同时换向片两侧要倒角，如图 1-31 所示，以保证电机运行时电刷和换向器良好接触。

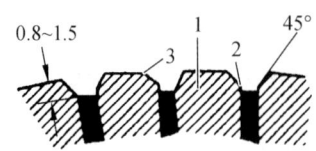

1—换向片；2—云母片；3—倒角。

图 1-31　换向片倒角及云母片下刻示意图

V 形云母环和绝缘套筒作为换向器的对地绝缘，通常采用多层云母片下刻示意图层塑性云母板（或者环氧酚醛玻璃坯布和聚酯玻璃坯布）在高温高压下模压成型，其厚度取决于牵引电动机的电压等级。V 形云母环的形状如图 1-32（a）所示，为了对换向片传递径向压力，V 形云母环的着力锥面与轴线呈 30°角，另一锥面虽然不传递压力，但为了便于脱模与轴线呈 3°角。绝缘套筒的形状比较简单，一般做成圆筒形，如图 1-32（b）所示。

拱式换向器紧固靠换向器套筒、压圈和组装螺栓实现，换向器紧固后，在换向片燕尾上部（称为"3°面"）与 V 形压圈之间有 0.5~1.0 mm 的间隙，所以，紧固力均匀分布在燕尾部下表面（称为"30°面"）上，可以用集中力 N 表示，力 N 可分解为水平分力和垂直分力，其受力如图 1-33 所示。分力 P_x 通过换向器套筒和压圈作用于换向片上，用来夹紧换向片。分力 P_y 作用于每个换向片中心，又可以分解为两个分力 P_z，作用于换向片两个侧面产生拱压力，使换向器成为一个紧固的整体。

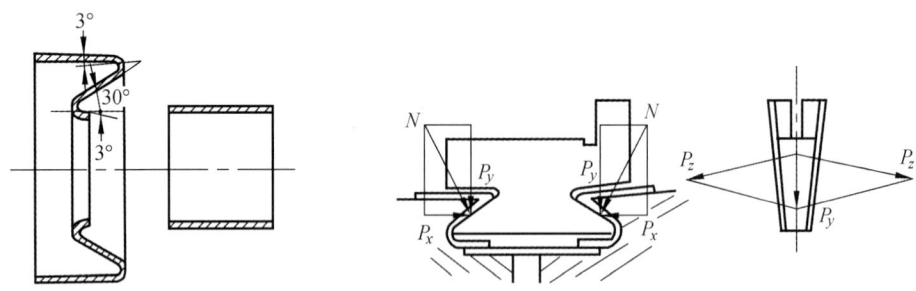

（a）V 形云母环　（b）绝缘套筒

图 1-32　V 形云母环和绝缘套筒　　　　图 1-33　换向器受力分析

牵引电动机的换向器采用长螺栓紧固，螺栓采用优质合金钢（铬钼钢）制成，能够利用弹性变形来抵消换向片由于通过电流而引起的热膨胀。

换向器制造工艺对换向器运行质量有很大影响，为了使换向器在实际运行中经得起温度和转速不断变化的考验，在装配过程中采用动压成型工艺，装配好的换向器需要经过静平衡、耐压和超速试验，以保证运行时状态良好。

（三）电刷装置

脉流牵引电动机的换向器端装有电刷装置，其作用是使转动的电枢绕组与外电路连接起来。电刷装置由电刷、刷握、刷握架、刷杆和刷架圈等组成，如图 1-34 所示。电刷装置的结构和电刷的性能对牵引电动机换向性能影响很大。

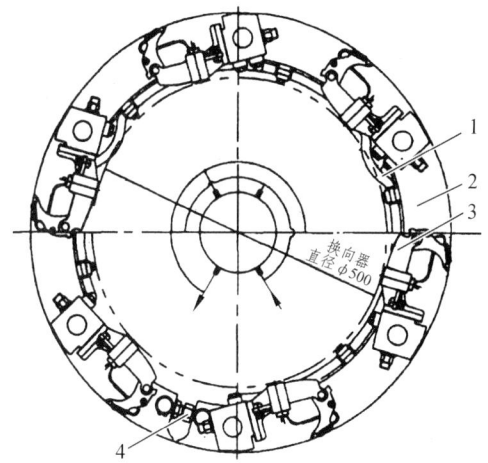

1—连接线；2—刷架圈；3—刷握；4—锁紧装置。

图 1-34　电刷装置

目前广泛采用电化石墨电刷，ZD105 型脉流牵引电动机采用国产 D374B 型电刷，该电刷电阻率高、多孔、换向性能好、电流密度大，但机械强度较差，磨损较大。为了增加换向回路电阻和改善电刷与换向器的接触，提高电刷的耐磨性，牵引电动机采用双分裂式电刷，如图 1-35 所示。其结构是将两块电刷放在同一刷盒中，压指压力通过三角形压块加在电刷上，由于三角形压块为 120°，对下面的两块电刷产生向外推力，一方面使两块电刷之间保持一定的间隙，加大了换向元件回路的横向电阻；另一方面使两块电刷受力均匀，防止平头电刷产生的偏磨现象。同时，由于每块电刷质量小、惯性小，使电刷和换向器接触良好。电刷顶部的三角形压块采用橡胶制成，还可吸收电刷的振动，改善电机换向性能。电刷刷辫由柔韧的电刷线制成，电刷通过刷辫直接与刷握架连接，防止电流通过弹簧压力装置而引起弹簧退火。

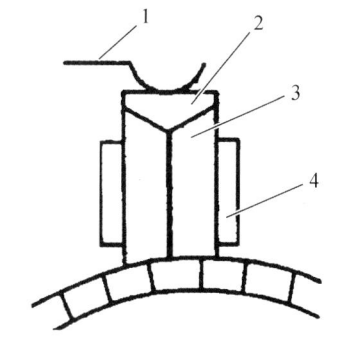

1—压指；2—压块；3—电刷；4—刷盒。

图 1-35　双分裂式电刷示意图

刷握由刷盒（刷握体）和弹簧压力装置组成，如图1-36所示。刷盒用机械强度较高的硅黄铜制成。电刷在刷盒中应能自由地上下移动，但不应有过大间隙，间隙过大会造成电刷在刷盒中摆动，特别是牵引电动机需要正、反两个方向旋转，电刷在刷盒中产生不同方向的倾斜，如图1-37所示，会造成电刷与刷盒壁边接触处的局部磨损。同时，使电刷与换向器局部接触表面的电流密度增大，造成电刷边缘过热和换向恶化。所以，牵引电动机的电刷和刷盒的尺寸应十分精确。

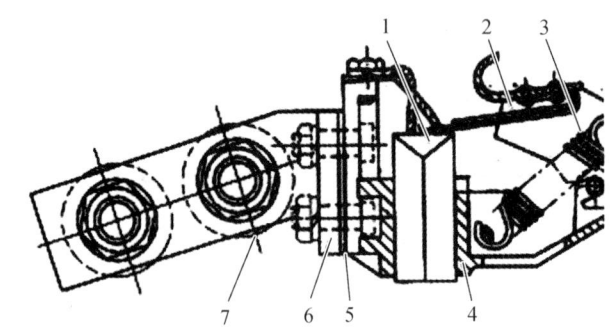

1—电刷；2—压指；3—弹簧；4—刷盒；5—垫片；6—刷握座；7—刷杆。

图1-36 刷握结构图

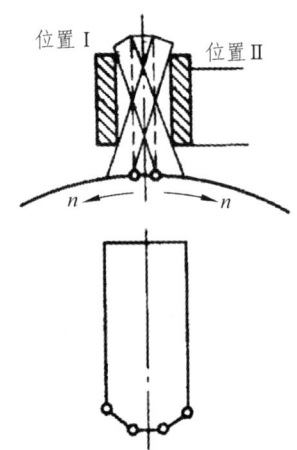

图1-37 电刷在刷盒中的摆动

电刷压力由刷握的弹簧压力装置产生，电刷接触压力对电刷工作性能有很大影响。牵引电动机运行中受到很大的震动和冲击，所以电刷压力应较一般固定在地面运行的电动机大一些。对于抱轴式悬挂的牵引电动机，电刷压力不应小于44 kPa；对于架承式悬挂的牵引电动机，电刷压力不应小于34 kPa。刷握的弹簧压力装置按所采用的弹簧形式可分为立卷弹簧压力装置和涡卷弹簧压力装置两种结构。图1-36所示的刷握中采用了立卷弹簧压力装置，该装置包括压指和螺旋形拉伸弹簧两部分，压指在弹簧力作用下，通过杠杆作用对电刷施加压力。这种结构机械电刷在刷盒中的摆动稳定，更换电刷方便，但拉伸弹簧的弹簧力随拉伸长度变化较大，故随电刷磨耗而引起的电刷压力变化较大。因此，许多国家对刷握结构进行了改进，目前已广泛采用恒压刷握结构。

恒压刷握大多采用涡卷弹簧压力装置，如图1-38所示。涡卷弹簧用经过热处理的高碳钢制成，整个卷曲长度上产生均匀的压力，当电刷磨损时，涡卷弹簧仅扭过很小的角度，保证了电刷压力基本不变。同时，电刷压力还可以利用棘轮装置加以调节，当弹簧调节到所需要的压力时，用开口销固定。

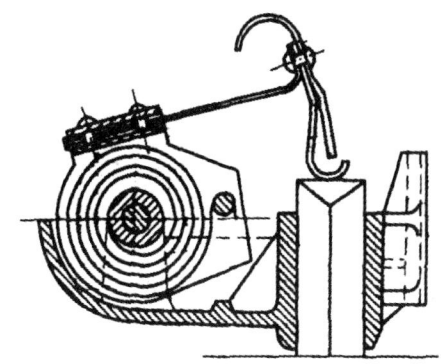

图 1-38　涡卷弹簧压力装置的刷握

刷握的安装位置取决于主磁极的布置方式和电枢绕组元件的形式。当电枢绕组具有对称元件时，刷握应沿着主磁极中心线放置。

刷握与刷握架之间借助螺栓固定。配合表面间垫有垫片以调节刷握在圆周方向的位置；配合面上有两个椭圆形的螺栓孔，用来调节刷握与换向器表面的相对位置。

刷握架有两种固定方式：一种是固定在绝缘的刷杆上，刷杆直接固定在机座上；另一种是刷杆先固定在刷架圈上，然后将刷架圈固定在前端盖和机座之间。现代牵引电动机大都采用刷架圈固定结构。

刷架圈是一个开口的钢制圆环，其端面上有若干对螺孔，每对螺孔通过绝缘的刷杆固定一组刷握。刷架圈的开口处装有锁紧装置，它是一个具有左、右螺纹的双头螺栓，可以放松或收紧刷架圈。当双头螺栓使开口缩小时，刷架圈可以转动，便于更换电刷或维护电刷装置，当双头螺栓使开口张开时，可以使刷架圈固定。

刷杆既是刷握的支承部件，又是刷握和刷架圈之间的绝缘部件。其绝缘体有瓷质绝缘子、酚醛玻璃纤维和合成树脂等几种，图 1-39 所示为用酚醛玻璃纤维压制而成的刷杆结构示意图。由于刷杆直接暴露在空气中，工作条件极差，所以要经常保持绝缘表面的清洁和光滑，如果绝缘表面被碳粉、油脂等污染，很容易产生爬电和飞弧将绝缘表面烧坏。为了提高刷杆的耐弧性，在刷杆外再套一个厚度约为 3 mm 的聚四氟乙烯套。聚四氟乙烯在承受电弧时，表面微小分子在瞬间蒸发所产生的气体有消弧性，能去掉表面的污垢，使表面能经常保持纯白色。同时，由于表面光滑，不易沾染油脂和灰尘。

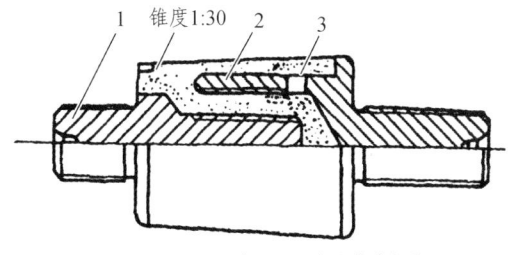

1—螺杆；2—螺纹套；3—酚醛玻璃纤维。

图 1-39　刷杆

（四）电枢轴承和抱轴轴承

1. 电枢轴承

脉流牵引电动机的转子通过两个电枢轴承和端盖支撑在机座上。现代牵引电动机大都采用承载能力大的滚柱轴承。

电枢轴承除了承受径向负载外，还承受在道岔及曲线上运行时由于电枢振动所产生的轴向负载，所以在单边传动的电动机中，一般在传动侧（非换向器端）采用向心轴承，而换向器侧采用推力轴承，由它承受轴向负载。双边传动时，一般采用斜齿轮传动，理论上所有的轴向力都在齿轮上被抵消了，所以两边都可以用向心轴承。但实际上，为了在试验台上进行试验，还是装了两个单向止推轴承，对称（向两个不同的方向）地装在电枢轴上。

选择牵引电动机滚柱轴承的型式时，要力求拆装方便，轴承结构应该在电机拆装时，不需要将轴承外圈（连同滚柱）由端盖拆下，也不需将轴承内圈由轴上取下，所以一般采用双缘外圈的轴承。

轴承内圈一般采用静配合装在转轴上，加热温度不超过 180 ℃；轴承外圈采用过渡配合装在端盖的轴承孔内。

滚柱轴承用黏度高的中性润滑脂，为了防止轴承室中的润滑脂泄漏或脏物侵入轴承室，并进一步窜入电机内部，玷污电机，损害电机绝缘并使轴承发热，往往采用各种类型的油封将轴承室密封。牵引电动机中主要采用曲折油封。曲折油封又称为迷宫式油封，分为水平曲折和垂直曲折两种，垂直曲折油封如图 1-40 所示，它在不动的轴承盖的凹部与旋转的封环（或轴套）之间组成了许多垂直油障。这种曲折间隙的形状非常复杂，因此对空气和液体都有很大的阻力。曲折油封的优点是没有任何受磨损的部分，但需要保持所有孔隙的精确性，故所有零件应制造得非常精确。

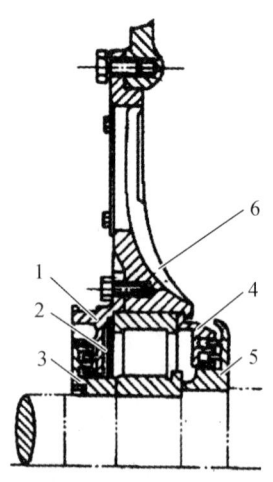

1—外轴承盖；2—挡油板；3—油环；4—内轴承盖；5—轴套；6—端盖。

图 1-40 垂直曲折油封

为了在牵引电动机不解体的情况下补充润滑脂，轴承室设有补充润滑脂的加油管。

2. 抱轴轴承

抱轴式悬挂牵引电动机的抱轴轴承是指将电动机支承在动轮轴上的凸出结构，可采用滑动轴承或滚动轴承。在目前技术条件下，动轮轴上安装滚动轴承还有困难，因此一般采用滑动轴承。

抱轴式滑动轴承由轴瓦、轴承盖和油箱等组成。为拆装方便，轴瓦做成如图1-41所示的分裂式，上轴瓦直接紧贴在机座的抱轴轴承座内壁上，下轴瓦具有供给润滑油的方孔，安装在可拆装的抱轴轴承盖内。轴瓦体有锡青铜和钢背两种，为了增加轴瓦的耐磨程度，在轴瓦体内表面浇铸一层厚约3 mm的轴承合金。轴瓦和动轮轴的配合面应有足够的间隙，使润滑油能流入间隙形成润滑油膜，为此，抱轴轴承的径向间隙为0.3~0.8 mm。

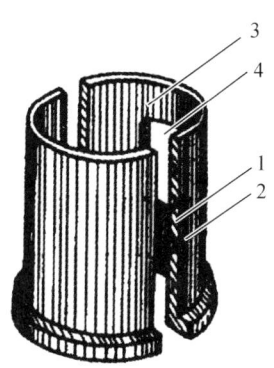

1—轴瓦体；2—轴承合金；3—油槽；4—润滑孔。

图1-41 抱轴轴承轴瓦

抱轴轴承的轴承盖由铸钢制成，为了减轻重量，油箱可用钢板焊成后再焊到轴承盖上，抱轴轴承的组装如图1-42所示。轴承盖和机座的配合面采用过渡配合，并与轮轴垂直中心面倾斜角，使电动机可靠地支承在动轮轴上。轴承盖与机座用螺栓固定，螺栓用经过热处理的45号钢制成，以保证螺栓有足够的机械强度。

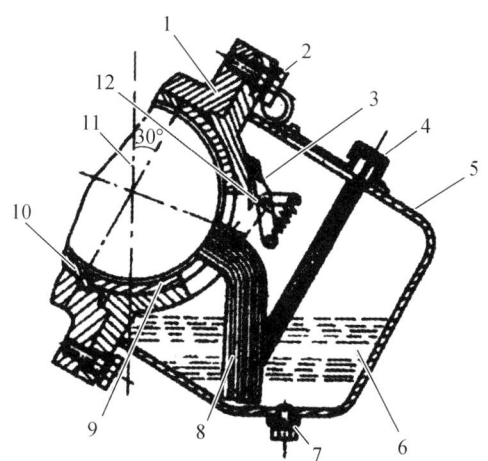

1—机座；2—轴承盖；3—集油器；4—油标尺；5—油箱体；6—润滑油；7—油堵；
8—毛线；9—下轴瓦；10—上轴瓦；11—动轮轴；12—拉力弹簧。

图1-42 抱轴轴承组装图

由于抱轴轴承部分的检修十分困难,所以抱轴轴承的润滑装置应非常可靠。目前,牵引电动机应用较广的润滑装置有垫毡润滑和强迫油循环两种方式。图 1-42 所示为最简单的垫毡润滑系统,油箱内的润滑油通过集油器上的垫毡(由细毛毡或羊毛线组成)的毛细管作用被吸收到动轮轴轴颈上,拉力弹簧能保持吸满润滑油的垫毡始终紧贴在动轮轴轴颈上,以保证可靠的润滑作用。油标尺可以检查出油箱内润滑油的高度,平时应注意油面高度是否符合要求,防止因缺油引起轴承过热或燃油事故。

思政课堂

"铁牛"奔驰当先行——记哈尔滨机务段"铁牛号"机车组司机长纪鹏

复习思考题

1. 简述直流电机的基本结构组成及各组成部分的作用。
2. 直流发电机和直流电动机是如何工作的?
3. 直流电机启动时需要满足什么要求?启动的方法有哪些?
4. 基于感应电动势,分析直流电机能够实现反转及调速的手段有哪些?
5. 分析直流电机制动的分类及制动的原理。
6. 直流电机在铁路上有哪些具体应用?
7. 简述脉流牵引电机的结构组成。

项目二　交流电动机

项目概述

电力牵引作为电气传动的一个单独类别,过去一直采用直流电动机牵引或脉流电动机牵引。近 20 年来,由于电子技术尤其是大功率变流技术的发展、控制理论和控制技术的完善,以及变频器研究技术的成熟,使三相交流电动机在电力机车牵引中的应用得到了关键性突破,获得了极为迅速的发展。

三相交流异步电动机作为牵引电动机有着显著优越的技术经济指标,一般说来有以下优点。

1. 良好的牵引性能

合理地利用系统的调压、调频特性,可以实现宽范围的平滑调速,提高机车的高速区功率利用、恒功率调速比。另外,调节控制调频特性提高机车起动转矩。

2. 电网功率因数高、谐波干扰小

在交-直-交流电力机车上,其电源侧变流器可以采用四象限整流器(4QC),它通过 PWM 斩波控制方法,可以调节电网输入电流的相位,使所取电流接近正弦波形,并能在广泛的负载范围内使机车的功率因数接近于 1,这在减小对通信信号的谐波干扰和充分利用电网的传输功率方面都有很重要的意义。另外,四象限变流器能很方便地实现牵引和再生制动之间的能量转换,取得了显著的节能效果。

3. 功率大、体积小、重量轻、运行可靠

异步电动机没有换向器,在相同几何空间内能够做到功率大、质量轻。与带换向器的直流(脉流)电动机相比,其单位质量千瓦数(kW/kg)是直(脉)流电机的 3 倍。在机车总体提供的空间范围内,异步电动机的功率可以达到 1 400~2 000 kW。国际上异步牵引电动机单台功率最大已达到 1 840 kW(德国 12K 型机车),而采用 1 200~1 600 kW 的居多;单位功率质量指标已从 3 kg/kW 降到 1.7 kg/kW;在高速动车组上采用的异步牵引电动机,最先进的已达到了 1 kg/kW。

异步牵引电动机运行转速可达 4 000 r/min 以上。另外,异步牵引电动机没有换向器和电刷装置,机车主电路系统又可以省去许多有触点电器,因此,运行可靠性可以进一步提高。

4. 动态性能和黏着利用好

由于交流异步电动机有较硬的自然特性,其防空转(机车黏着利用)性能较好。当机车轮对发生空转(黏着破坏)时,牵引力会急剧下降,使黏着牵引力很快恢复。经过近 10 年的研究,机车牵引控制已采用矢量控制或直接转矩控制取代了滑差-电流控制。这些控制技术,不仅能使系统稳态精度高,而且能获得高的动态性能,可以使牵引力沿着轮轨之间的蠕滑极限进行控制,极适合于当代机车高速、重载牵引的要求。

任务一　认识三相异步电动机基本结构

教学目标

1. 知识目标

（1）理解电气传动的发展概况。
（2）掌握三相交流异步电动机作为牵引电动机所具有的优点。
（3）掌握三相异步电动机的基本结构组成。
（4）掌握三相异步电动机额定值的含义。

2. 能力目标

（1）能够描述三相异步电动机各部件组成及作用。
（2）能够正确使用工具。
（3）能够按照作业标准对三相异步电动机进行分解与组装。

知识课堂

一、三相异步电动机基本结构

三相鼠笼式异步电动机结构如图 2-1 所示。它主要是由定子和转子两大部分组成的，定转子中间是气隙。此外，还有端盖、轴承、机座、风扇等部件。

1. 定　子

定子由定子三相绕组、定子铁心和机座组成。

（1）定子三相绕组是电机定子部分的电路，在异步电动机的运行中起着很重要的作用，是把电能转换为机械能的关键部件。定子三相绕组的结构是对称的，一般有 6 个出线端 U1、U2、V1、V2、W1、W2，置于机座外侧的接线盒内，根据需要接成星形（Y）或三角形（△），如图 2-2 所示。

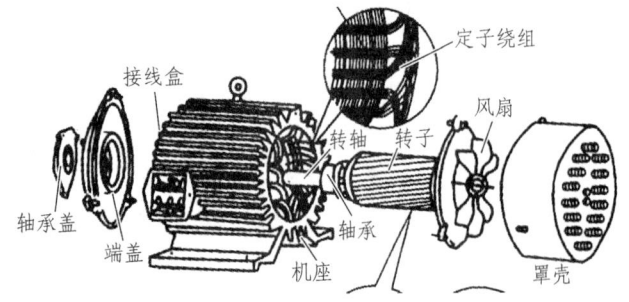

图 2-1　三相异步电动机结构组成

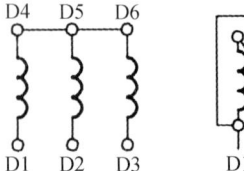 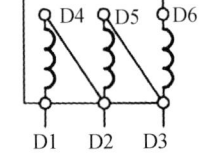

图 2-2　星形和三角形接线

（2）定子铁心是异步电动机磁路的一部分。由于主磁场以同步转速相对定子旋转，为减小在铁心中引起的损耗,铁心采用 0.5 mm 厚的高导磁电工钢片叠成,电工钢片两面涂有绝缘漆以减小铁心的涡流损耗。中小型异步电机的定子铁心一般采用整圆的冲片叠成,大型异步电机的定子铁心一般采用扇形冲片拼成。在每个冲片内圆均匀地开槽,使叠装后的定子铁心内圆均匀地形成许多形状相同的槽,用以嵌放定子绕组。槽的形状由电机的容量、电压及绕组的形式而定。绕组的嵌放过程在电机制造厂中称为下线。完成下线并进行浸漆处理后的铁心与绕组成为一个整体一同固定在机座内。

(3)机座又称为机壳,它的主要作用是支撑定子铁心,并通过机座的底脚将电机安装固定。全封闭式电机的定子铁心紧贴机座内壁,故机座外壳上的散热筋是电机的主要散热面。中、小型电机的机座一般采用铸铁制成。大型电机因机身较大浇铸不便,常采用钢板焊接成型。

2. 转　子

异步电动机的转子由转子铁心、转子绕组及转轴组成。

(1)转子铁心也是电机磁路的一部分,也是用 0.5 mm 的电工钢片叠成。与定子铁心冲片不同的是,转子铁心冲片是在冲片的外圆上开槽,叠装后的转子铁心外圆柱面上均匀地形成许多形状相同的槽,用以放置转子绕组。

(2)转子绕组是异步电动机电路的另一部分,其作用为切割定子磁场,产生感应电势和电流,并在磁场作用下受力而使转子转动。其结构可分为鼠笼式转子绕组和绕线式转子绕组两种类型。这两种转子各自的主要特点是:鼠笼式转子的结构简单,制造方便,经济耐用;绕线式转子的结构复杂,价格贵,但转子回路可引入外加电阻来改善启动和调速性能。

鼠笼式转子绕组结构与定子绕组大不相同。在转子铁心外圆有槽,每槽内放一根导条,在铁心两端用两个端环把所有的导条都连接起来,形成自行闭合的回路。如果去掉铁心,整个绕组的形状就像一个鼠笼,如图 2-3 所示。导条与端环的材料可为铜或铝。如果是用铜,就事先把做好的裸铜条插入铁心槽中,再用铜端环套在两端铜条的头上,并用铜焊或银焊把它们焊在一起,如图 2-3(a)所示。对中、小型电机一般都采用铸铝转子,是用熔化了的铝液直接浇铸在转子铁心槽内,连同端环以及风叶等一次铸成,如图 2-3(b)所示。

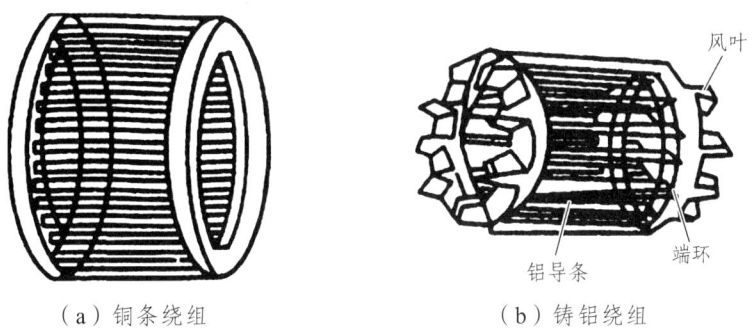

(a)铜条绕组　　　　　　(b)铸铝绕组

图 2-3　鼠笼转子绕组

绕线式转子绕组是用绝缘导线组成,嵌放在转子铁心槽内的三相对称绕组三相一般为星形接法,三根引出线分别接到固定在转轴上并互相绝缘的三个集电环上,再通过安装在端盖上的电刷装置与集电环接触把电流引出来。这种转子的特点是可以通过集电环和电刷在转子回路中接入附加电阻,用以改善电动机的启动性能,或调节电动机的转速。有的绕线转子异步电动机还装有一种提刷短接装置,当电动机启动完毕而又不需要调节转速时,移动手柄使电刷被举起而与集电环脱离接触，同时使三只集电环彼此短接起来，这样可以减少电刷与集电环间的磨损和摩擦损耗，提高运行可靠性。与鼠笼式转子比较，绕线转子的缺点是结构复杂，价格较贵，运行的可靠性也较差。因此，绕线转子异步电动机只用在要求启动电流小、启动转矩大或需要调节转速的场合，例如用来拖动频繁启动的起重设备。

（3）转轴既是整个转子部件的安装基础，又是力和机械功率的传输部件，整个转子靠轴和轴承被支撑在定子铁心内腔中。转轴一般用中碳钢或合金钢制成。

3. 气　　隙

异步电机的气隙是很小的，中小型电机一般为 0.2～2 mm。气隙越大，磁阻越大，要产生同样大小的磁场，就需要较大的励磁电流。由于气隙的存在，异步电机的磁路磁阻远比变压器的大，因而异步电机的励磁电流也比变压器的大得多。变压器的励磁电流约为额定电流的 3%，异步电机的励磁电流约为额定电流的 30%。励磁电流是无功电流，因而励磁电流越大，功率因数越低。为提高异步电机的功率因数，必须减少它的励磁电流，最有效的方法是尽可能缩短气隙长度。但是，气隙过小会使装配困难，还有可能使定子、转子在运行时发生摩擦或碰撞，因此，气隙的最小值由制造工艺以及运行安全可靠等因素来决定。

4. 其他部件

（1）端盖：安装在机座的两端，一般为铸铁件。端盖上的轴承室里安装了轴承来支撑转子，以使定子和转子得到较好的同心度，保证转子在定子内腔里正常运转。端盖除了起支撑作用外，还起着保护定子、转子绕组的作用。

（2）轴承：连接转动部分与不动部分，目前都采用滚动轴承以减少摩擦。

（3）轴承端盖：用于保护轴承，使轴承内的润滑油不致溢出。

（4）风扇：用于冷却电动机

二、三相异步电动机铭牌和额定值

1. 电动机铭牌和额定值

每台异步电动机机壳上都装有铭牌，把它的运行额定值印刻在上面，如表 2-1 所示。

表 2-1　三相异步电动机铭牌

三相异步电动机			
型号 Y-112M-4		编号	
4.0 kW		8.8 A	
380 V	1 440 r/min	LW82DB	
接法△	防护等级 IP44	50 Hz	45 kg
标准编号	工作制 SI	B 级绝缘	年　月
电机厂			

电机按铭牌上所规定的条件运行时，就称为电机的额定运行状态。根据国家标准规定，异步电动机的额定值主要有：

（1）额定功率 P_N：指电动机在制造厂（铭牌）所规定额定运行状态下运行时，轴端输出的机械功率，单位为 W 或 kW。

（2）定子额定电压 U_N：指电动机在额定状态下运行时，定子绕组应加的线电压，单位为 V 或 kV。

（3）定子额定电流 I_N：指电动机在额定电压下运行，输出额定功率时流入定子绕组的电流，单位为 A。

对于三相异步电动机，额定功率为

$$P_N = \sqrt{3} U_N I_N \cos\phi_N \tag{2-1}$$

式中，$\cos\phi_N$ 指额定运行时异步电动机的功率因数。

（4）额定转速 n_N：指电动机在额定状态下运行时转子的转速，单位为 r/min。

（5）额定频率 f_N：我国工频为 50 Hz。

（6）额定功率因数 $\cos\phi_N$：指电动机在额定负载时，定子边的功率因数。

（7）绝缘等级与温升。

除上述数据外，铭牌上有时还标明定子相数和绕组接法、额定运行时电机的效率、定额、转子额定电动势 E_{2N}（指定子绕组加额定电压、转子绕组开路时，集电环之间的线电势）和转子额定线电流 I_{2N}。

电动机额定输出转矩可以由额定功率 P_N、额定转速 n_N 计算，公式为

$$T_{2N} = 9550 \frac{P_N}{n_N} \tag{2-2}$$

式中，功率的单位是 kW；转速的单位是 r/min；转矩的单位是 N·m。

2. 绕组接法、温升和定额

（1）绕组接法：三相异步电动机的定子绕组可接成星形或三角形，视额定电压和电源电压的配合情况而定。例如，星形接法时额定电压为 380 V，改为三角形时就可用于 220 V 的电源上。为了满足这种改接的需要，通常把三相绕组的 6 个端头都引到接线板上，以便于采用两种不同接法，如图 2-4 所示。

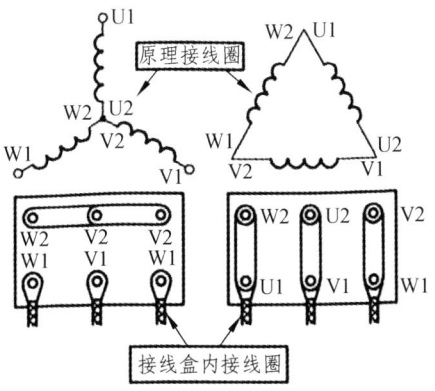

（a）星形连接　（b）三角形连接

图 2-4　三相异步电动机的接线

（2）温升：指电机按规定方式运行时，绕组容许的温度升高，即绕组的温度比周围空气温度高出的数值。容许温升的高低取决于电机所使用的绝缘材料。例如，Y 系列电机一般采用 B 级绝缘，其最高容许温度 130 ℃。如周围空气温度按 40 ℃ 计算，并计入 10 的裕量，则 B 级绝缘的容许温升为 130 ℃-（40 ℃+10 ℃）= 80 ℃。

（3）定额：我国电机的定额分为 3 类，即连续定额、短时定额和断续定额。连续定额是指电机按铭牌规定的数据长期连续运行。短时定额和断续定额均属于间歇运行方式，即运行一段时间后就停止运行一段时间。可见，短时定额和断续定额方式下，有一段时间电机不发热，所以，容量相同时这类电机的体积可以做得小一些，或者连续定额的电机用作短时定额或断续定额运行时，所带的负载可以超过铭牌上规定的数值。但是，短时定额和断续定额的电机不能按其容量连续运行，否则会使电机过热而损坏。

三、电机分解与组装

1. 交流电机解体

（1）将风罩及外风扇拆下。
（2）将轴承盖的螺丝拆下，取下外边的前后轴承外盖。
（3）在盖端和机座上做上适当记号，拆下轴伸端端盖螺栓，取下端盖。
（4）托起前端轴，使转子保持水平位置，和风扇端盖一起从定子内腔抽出。注意不要碰伤定子绝缘
（5）从转子上取风扇端端盖。

2. 交流电机清扫检查

（1）用 200～300 kPa 干燥压缩空气吹扫电机定子和转子，再用汽油棉丝擦干净。
（2）检查接线板装置、定子、转子，状态良好。
（3）检查端盖和轴承内外盖，各零件无变形裂纹。
（4）检查自冷风扇应无裂纹变形，与轴配合无松动。

3. 交流电机组装

（1）套装风扇端端盖，用铜棒对称敲端盖四周使轴承套入端盖轴承室内，轴承外盖涂润滑脂，套装轴端并用螺栓紧固。
（2）将转子移入定子内腔，并按记号对准，用螺栓带紧风扇端端盖。
（3）套装轴伸端端盖，用扳手按记号紧轴伸端紧固螺栓。
（4）轴承外盖涂润滑脂，套装轴端并用螺栓紧固。
（5）安装好端盖，用黄铜棒对称轻敲，均匀拧紧固定螺栓，使端盖止口完全与机座配合，并用黄铜棒轻敲轴端，用手转动轴使其灵活，无擦声，最后紧固端盖螺栓。
（6）安装自冷风扇和风罩。

4. 交流电机试验及试运行

（1）试验前检查电机所有的紧固螺栓应紧固，手动电机转动灵活。用兆欧表检查定子相间是否短路，检查定子绕组的始端和末端。将任一相绕组始端和末端接低压交流电源上，另

外两相串联，如两端电压近似为0，则表示绕组反串；电压不为0，则表示绕组顺串。用兆欧表检查绕组是否接地。

（2）用500 V兆欧表检查电机绝缘电阻。绝缘电阻>10 MΩ。

（3）电机启动试验。接通三相电源电机启动正常，运行轻快，监听轴承无杂音。

任务二　三相异步电动机工作原理

教学目标

1．知识目标

（1）理解三相绕组合成磁势的特性。
（2）掌握三相异步电动机的工作原理。
（3）会分析三相异步电动机三种状态下的工作原理。
（4）理解机械特性的含义。

2．能力目标

（1）能够描述转差率的含义。
（2）能够阐述三相异步电动机中的定子旋转磁场是怎样产生的。
（3）能够分析不同工况下电机的工作状况。

知识课堂

三相交流电动机在电力机车、高速动车组、城市轨道交通车辆等列车中，有着广泛的应用，掌握三相异步电动机的工作原理，可以为高速列车用电机的学习打下基础。

一、三相异步电动机合成磁势

1．三相定子绕组的电势

根据电磁感应定律可以证明，三相异步电动机定子绕组的相电动势 E1 为

$$E_1 = 4.44 f_1 N_1 \Phi_m k_w \tag{2-3}$$

式中，f_1 为三相定子绕组中电流的频率；N_1 为每组定子绕组总的串联匝数；Φ_m 为异步电动机的每极磁通；k_w 为绕组系数，与线圈间距和线圈分布有关。

2．三相定子绕组的磁势

在三相定子绕组中通过三相正弦波的电流，则在三相定子绕组中的每一个单相绕组中都要产生脉动磁势。脉动磁势就是磁势的曲线在空间固定不动，但振幅随时间不断变化的磁势，包括基波磁势和高次谐波磁势。

单相绕组磁势 $f_\Phi(x,t)$ 的数学表达式可以写成

$$f_\Phi(x,t) = f_\Phi \cos x \cos \omega t \tag{2-4}$$

式中，f_Φ 为基波磁势的幅值；x 为空间坐标；t 为时间坐标；ω 为绕组中正弦交流电的角频率。可以看出，在任意一个瞬间，磁势的空间分布为一个余弦波，但在空间任意一点的磁势又随着时间作余弦变化。

三相绕组由3个单相绕组组成，这3个单相绕组分别产生脉动磁势。在三相异步电动机中，这3个单相绕组是对称的，即U、V、W三相绕组在空间相互间隔120°电角度。电机在对称运行时，通入三相绕组中的三相电流也是对称的，即其幅值相等，在时间相位上互相差120°电角度。因此，U、V、W三相绕组的磁势分别为

$$f_{\Phi U} = F_\Phi \cos x \cos \omega t \tag{2-5}$$

$$f_{\Phi V} = F_\Phi \cos(x-120°)\cos(\omega t-120°) \tag{2-6}$$

$$f_{\Phi W} = F_\Phi \cos(x-240°)\cos(\omega t-240°) \tag{2-7}$$

将上述3个公式相加，得到合成磁势为

$$f(x,t) = 1.5F_\Phi \cos(x-\omega t) \tag{2-8}$$

式（2-8）表明，当三相对称电流通过三相对称绕组时，三相绕组的合成磁势为一个圆形的旋转磁势。圆形旋转磁势的幅值为单相绕组脉动磁势幅值 f_Φ 的1.5倍，其旋转速度为同步转速，用 n_1 来表示，$n_1=60f/p$。其中，f 为三相定子绕组中电流的频率，p 为三相异步电动机的磁极对数。

三相电机中，三相合成的基波旋转磁势是主要的，对于高次谐波的磁势，其中3次谐波的磁势在空间上同向，在时间上相互差120°，使三相3次谐波脉动磁势彼此相互抵消，合成磁势为0，而其他高次谐波幅值较小。例如，5次谐波幅值 $f_{\Phi 5}=f_\Phi/5$，谐波阶次越高，幅值越小，合成后所占的比重也比较小。因此，一般主要考虑三相合成的基波磁势。

三相对称绕组流过三相对称电流时，它所产生的合成基波磁势一定是一个圆形旋转磁势，要改变旋转磁势的转向，只要改变通入定子电流的相序，即只要把三相绕组中的任何流过出线端的位置对换就可以了。

综上所述，三相绕组合成磁势具有以下性质：

（1）三相合成磁势在任何瞬间保持着恒定的振幅，它是单相脉振磁势幅值的1.5倍。

（2）三相绕组合成磁势的旋转方向决定于电流的相序，而转速仅取决于电流频率和电机的极对数。

（3）当某相电流达到最大值时，合成磁势的幅值就与该绕组的轴线重合。

二、三相异步电动机工作原理

三相异步电动机工作原理如图2-5所示。定子上的三相绕与三相交流电源上转子绕组相连自成闭合回路。三相异步电机的工作可分为3种情况，下面分别做一介绍。

1. 三相异步电动机作为电动机运行

三相异步电动机作为电动机运行是其最普遍的工作状态。三相电流流入三相定子绕组，产生旋转磁势，并在气隙中产生相应的旋转磁场。旋转磁场也以同步转速 n_1 旋转。为了便于说明问题，在图2-5中用一对旋转的磁极来表示该旋转磁场。

当旋转磁场切割转子导体时,在其中产生感应电势,使转子导体中有电流流过。其方向可利用右手定则判断。转子电流与旋转磁场作用而产生电磁转矩,使转子以转速 n 旋转,从而把电能转换成机械能,作为电动机运行。由左手定则判断可知,转子方向与磁场旋转方向相同,如图 2-5(b)所示。

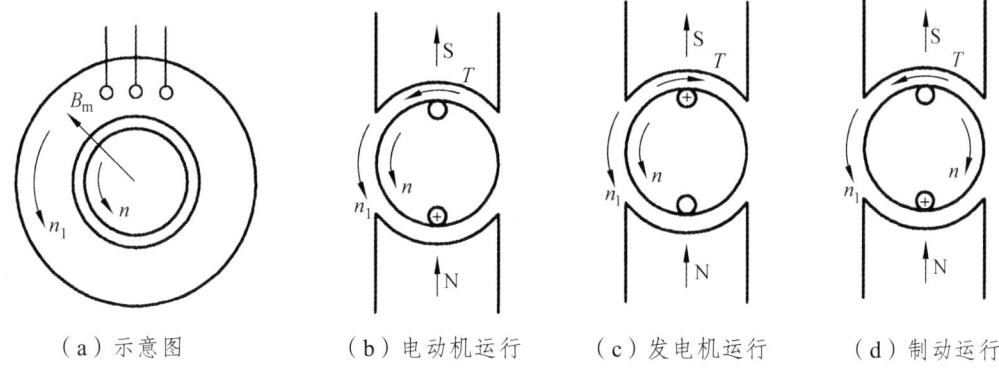

（a）示意图　　（b）电动机运行　　（c）发电机运行　　（d）制动运行

图 2-5　三相异步电动机的工作原理

当异步电机作为电动机运行时,为了克服负载的阻力转矩,三相异步电动机的转速 n 总是略低于同步转速 n_1,以便气隙中的旋转磁场能够切割转子导体而在其中产生感应电势和感应电流,从而能够产生足够的电磁转矩来拖动转子旋转。如果转子的转速与同步转速相等,转向又相同,则气隙旋转磁场与转子导体之间没有相对运动,因而转子导体中就不会产生感应电势和电流,电机的电磁转矩也将为零。可见,异步电机产生电磁转矩的必要条件是,磁场的同步转速 n_1 和转子的转速 n 不相等,即 $n_1 \neq n$。

把同步转速 n_1 和转子转速 n 的差值称为转差,转差与同步转速 n_1 的比值称为转差率,转差率用 s 来表示,即

$$s = \frac{n_1 - n}{n_1} \tag{2-9}$$

转差率是异步电机的一个基本变量,它可以表示异步电机的各种不同运行状态。

在电机刚启动时,转子转速 n=0,则 s = 1,转子切割旋转磁场的相对速度为最大,转子中的电势及电流也最大。如果电动机产生的电磁转矩足以克服机械负载的阻力转矩,转子就开始旋转,转速会不断上升。

随着转子转速 n 的上升,转差率 s 减小,转子切割旋转磁场的相对速度减小,转子中的电势及电流也减小。在额定状态下,转差率 s 的数值通常都是很小的,中小型异步电动机的转差率为 0.01~0.07,转子转速与同步转速相差并不很大。而空载时,因阻力矩很小,转子转速 n 很高,转差率则更小,为 0.004~0.007,可以认为转子转速近似等于同步转速。

假设 $n_1 = n$,则转差率 s = 0,此时转子导体不切割旋转磁场,转子中就没有感应电势及电流,也不产生电磁转矩。

可见,作为电动机运行时,转速 n 在 0~n_1 的范围内变化,而转差率则在 1~0 的范围内变化。

三相异步电动机的转速可用转差率来计算,即

$$n = (1-s)n_1 \tag{2-10}$$

2. 三相异步电动机作为发电机运行

若异步电机的转轴上不是机械负载，而是用一原动机拖动异步电机的转子以大于同步转速的速度与旋转磁场同方向旋转，如图 2-5（c）所示。此时，转子导体相对于旋转磁场的运动方向与图 2-5（b）相反，转子导体中的电势及电流也反向。由左手定则可知，转子导体所产生的电磁转矩也与转子转向相反，起着制动作用。为了克服电磁转矩的制动作用，使转子能继续旋转下去，并保持 $n>n_1$，原动机就必须不断向电机输入机械功率，而电机则把输入的机械功率转换为电功率输出给电网，此时异步电机成为发电机。异步发电机运行时，转差率 s 为负值。

3. 三相异步电动机在制动状态下运行

若在外力作用下，使转子逆着旋转磁场方向转动，如图 2-5（d）所示。比较图 2-5（b）和图 2-5（d）可见，此时转子导体相对于磁场的运动方向与电动机运行状态相同，故转子导体中的电势和电流方向仍与电动机状态相同，作用在转子上的电磁转矩方向与旋转磁场方向一致，但却与转子转向相反，起到阻止转子旋转的作用，故称为三相异步电动机的制动运行。在这种情况下，它一方面消耗原动机的机械功率，同时也从电网吸收了电功率，这两部分功率均变为三相异步电动机内部的损耗。制动运行时，由于转子逆着磁场方向旋转，$n<0$，则转差率 $s>1$。

在 3 种运行状态下，转子转速总是与旋转磁场转速（同步转速）不同，因而称为异步电机。又由于异步电机的转子绕组并不直接与电源相接，而是依靠电磁感应的原理来产生感应电势和电流，从而产生电磁转矩使电动机旋转，因而异步电机又称为感应电机。

实际上，异步电机绝大多数都是作为电动机运行。异步发电机的性能不如同步发电机优越，因此仅用在特殊场合。制动运行往往是吊车等设备的一种特殊运行状态。

三、三相异步电动机的机械特性

异步电动机输出机械功率主要表现在输出转矩和转速上，因此转速或转差率是异步电动机的基本变量之一。当三相异步电动机的外加定子电压及频率不变，转差率 s 变化时，电磁转矩 T 的变化规律曲线 $T=f(s)$ 称为机械特性。通过数学分析，可以得到用参数表示的电磁转矩 T 的计算公式：

$$T=\frac{3pU_1^2 r_2'/s}{2\pi f_1[(r_1+r_2'/s)^2+(x_{1\sigma}+x_{2\sigma}')^2]} \qquad (2-11)$$

式中　p——极对数；

　　　U_1——电动机相电压；

　　　f_1——定子频率；

　　　$r_1,x_{1\sigma}$——定子绕组的电阻和电抗；

　　　$r_2',x_{1\sigma}'$——转子绕组的折算电阻和电抗。

当异步电机的定子电压、频率及各参数都为定值时，改变转差率 s 的大小，根据用参数表示的电磁转矩计算公式算出相应的电磁转矩 T，可作出机械特性 $T=f(s)$ 曲线，如图 2-6 所示。

动画：异步电动机等效电路

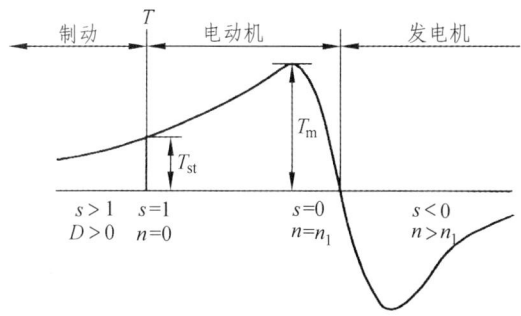

图 2-6 三相异步电动机的机械特性

由图可见，当 $0<s<1$ 时，电磁转矩和转子的转速都为正，转子转速小于磁场的同步转速，电机处于电动机运行状态；当 $s<0$ 时，转子的转速为正，转子转速大于磁场的同步转速，电磁转矩为负，电机处于发电机运行状态；当 $s>1$ 时，转子的转速为负，电磁转矩为正，电机处于制动运行状态。

通过机械特性曲线，可以看到三相异步电动机具有以下一些特点。

（1）在启动的瞬间，即 $s=1$ 时的电磁转矩称为启动转矩 T_{st}。通过数学分析的方法可知，启动时，电动机的启动电流很大，但转子功率因数很小，而 $T_{st}=C_T\phi_m I_2\cos\varphi_2$，故启动转矩 T_{st} 并不很大。

（2）如果转子达到同步转速，即 $s=0$，则转子电流 $I_2=0$，此时的电磁转矩 $T=0$。

（3）当转差率 s 达到某一值时，电磁转矩达到最大值，称为最大转矩 T_m，对应于此时的转差率称为临界转差率 s_m，一般异步电动机的 $s_m=0.04\sim 0.14$。通过数学分析的方法可得到临界转差率 s_m 和最大转矩 T_m 的数学表达式：

$$s_m=\frac{r_2'}{\sqrt{r_1+(x_{1\sigma}+x_{2\sigma}')}} \qquad (2\text{-}12)$$

$$T_m=\frac{3pU_1^2}{4\pi f_1[r_1+\sqrt{r_1^2+(x_{1\sigma}+x_{2\sigma}')^2}]} \qquad (2\text{-}13)$$

可见，三相异步动机的最大转矩与电网电压的平方成正比，最大转矩与转子电阻无关；临界转差率 s_m 与转子电阻成正比。

（4）转子电阻对 $T=f(s)$ 曲线的影响。异步电机转子回路中的电阻不同，其相应的机械特性 $T=f(s)$ 曲线的形状也不同，启动转矩的大小也不同。此时，随着转子电阻的增加，启动转矩变大；要使启动转矩达到最大转矩 $T_{st}=T_m$，则 s_m 为

$$s_m=\frac{r_2'+r_{st}'}{\sqrt{r_1^2+(x_{1\sigma}+x_{2\sigma}')^2}}=1 \qquad (2\text{-}14)$$

此时在转子回路中应串入电阻的折算值为 $r_{st}'\sqrt{r_1^2+(x_{1\sigma}+x_{2\sigma}')^2}-r_2'$。若转子回路串入的电阻超过该值，$s_m>1$，说明电动机的启动转矩变小。

（5）对应于额定负载时的转矩称为额定转矩 T_N，相应的转差率称为额定转差率 s_N。

（6）最大转矩与额定转矩之比，称为电动机的过载能力 K_m，它是衡量电动机过载能力的

一个重要指标：

$$K_m = \frac{T_m}{T_N} \tag{2-15}$$

一般三相异步电动机的过载能力 $K_m = 2 \sim 2.2$。

（7）启动转矩与额定转矩之比，称为电动机启动转矩倍数 K_{st}，即

$$K_{st} = \frac{T_{st}}{T_N} \tag{2-16}$$

人们希望 K_{st} 尽量大一些为好。JO2 系列电动机的 $K_{st} = 1.8 \sim 2.0$，Y 系列电动机的 $K_{st} = 1.8 \sim 2.2$。

任务三　三相异步牵引电动机的运行方式和特性调节

教学目标

1. 知识目标

（1）掌握异步电动机的稳态等效电路。

（2）掌握异步电动机恒磁通变频调速的机械特性。

2. 能力目标

（1）会分析 U_1/f_1 恒定变频调速的机械特性。

（2）会分析保持电压为额定值的恒电压运行特性。

（3）会分析恒转矩特性的变频调节。

（4）会分析恒功率特性的变频调节。

知识课堂

一、异步电动机变频运行的机械特性

由异步电动机原理可知，在一定的电压和频率下，异步电动机的机械特性如图 2-7 所示。

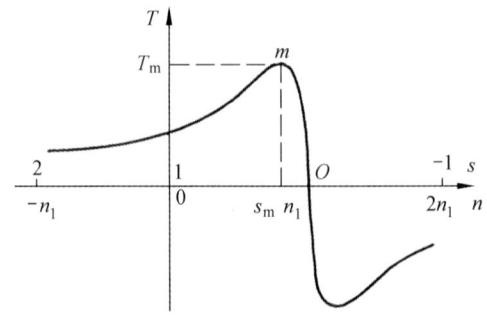

图 2-7　异步电动机的机械特性

当异步电机作为电动机运行时，电机在 $0 < s < 1$ 范围内运行，图 2-7 所示为电动机最大转

矩时的临界转差率。其中 s 位于 $0\sim s_\mathrm{m}$ 的一段是电动机的稳定运行范围；当 $s>s_\mathrm{m}$ 后，电动机的转矩将明显减少，使电动机转速越来越低，直到停转。所以 s 在 $s_\mathrm{m}\sim 1$ 区段是电动机不稳定运行区。

二、异步牵引电动机运行方式及其机械特性

（一）保持额定磁通的恒磁通运行

动画：牵引电动机保持额定磁通的恒磁通运行方式

为了充分利用铁心材料，在设计电机时，一般将额定工作点选在磁化曲线开始弯曲处。因此，调速时希望保持每极磁通 $\varPhi_\mathrm{m}$ 为额定值，即 $\varPhi_\mathrm{m}=\varPhi_\mathrm{mN}$。因为磁通增加，将引起铁心过分饱和、励磁电流急剧增加，导致绕组过分发热，功率因数降低；而磁通减少，将使电动机输出转矩下降，如果负载转矩仍维持不变，势必导致定、转子过电流，产生过热，故而希望保持磁通恒定，即实现恒磁通变频调速。

1. E_1/f_1 恒定运行

异步电动机定子每相绕组感应电动势为

$$E_1 = 4.44 f_1 N_1 K_{\mathrm{N}1} \varPhi_\mathrm{m} \tag{2-17}$$

式中　N_1——定子绕组每相串联匝数；

　　　$K_{\mathrm{N}1}$——基波绕组系数；

　　　$\varPhi_\mathrm{m}$——每极气隙磁通。

为保持 $\varPhi_\mathrm{m}$ 不变，在改变电源频率 f_1 的同时，必须按比例改变感应电动势 E_1，即保持 $E_1/f_1=$ 常数，这就要求对电动势和频率进行协调控制。显然，它是一种理想的保持磁通恒定的控制方法。

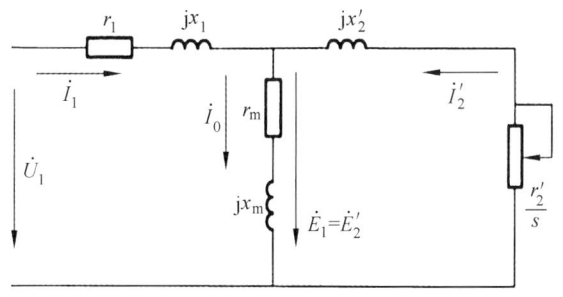

图 2-8　异步电动机稳态等效电路

视频：牵引电机　　　动画：牵引电机的安装位置　　　动画：牵引电机的牵引力传递

此时的机械特性方程可由异步电动机稳态等效电路导出，如图 2-8 所示。

转子电流为

$$I'_2 = \frac{E'_2}{\sqrt{\left(\dfrac{r'_2}{s}\right)^2 + x'^2_2}} = \frac{E_1}{\sqrt{\left(\dfrac{r'_2}{s}\right)^2 + x'^2_2}} \tag{2-18}$$

式中　E'_2——折算到定子频率（即 $s=1$）、定子绕组的转子每相感应电动势；

　　　x'_2——折算到定子频率、定子绕组的转子每相漏抗；

　　　r'_2——折算到定子绕组的转子每相电阻。

电磁功率为

$$P_M = m_1 I'^2_2 \frac{r'_2}{s} \tag{2-19}$$

式中　m_1——定子相数。

电磁转矩为

$$T = \frac{P_M}{\Omega_1} = \frac{m_1 p_N}{2\pi} \left(\frac{E_1}{f_1}\right)^2 \frac{f_1 r'_2 / s}{\left(\dfrac{r'_2}{s}\right)^2 + x'^2_2} \tag{2-20}$$

式中　Ω_1——同步机械角速度。

式（2-20）即为保持 E_1/f_1 恒定的机械特性方程式。为求得最大转矩，令 $dT/ds = 0$，由此得到产生最大转矩时的转差率 $s_m = \dfrac{r'_2}{x'_2}$。其相应的最大转矩为

$$T_m = \frac{m_1 p_N}{8\pi^2} \left(\frac{E_1}{f_1}\right)^2 \frac{1}{L'_{2\sigma}} \tag{2-21}$$

式中　$L'_{2\sigma}$——转子每相漏感（折算到定子绕组）。

可见，保持 E_1/f_1 恒定进行变频调速时，最大转矩保持不变。由式（2-21）可知，当 s 很小时，$r'_2/s \gg x'_2$，此时

$$T \approx \frac{m_1 p_N}{2\pi} \left(\frac{E_1}{f_1}\right)^2 \frac{s f_1}{r'_2} \propto s \tag{2-22}$$

这说明 s 很小时，机械特性近似为直线。在此直线上，带负载后产生的转速降为

$$\Delta n = s n_1 = s \frac{60}{p_N} f_1 = \frac{60}{p^2_N} \cdot \frac{2\pi r'_2 T}{m_1 \left(\dfrac{E_1}{f_1}\right)^2} \tag{2-23}$$

式（2-23）表明，保持 E_1/f_1 恒定进行变频调速时，对应于同一转矩 T，转速降 Δn 基本不变，亦即直线部分斜率不变（硬度相同），机械特性平行移动，如图 2-9 所示。

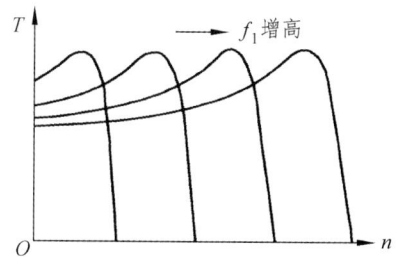

图 2-9 E_1/f_1 恒定时变频调速机械特性

在变频调速过程中，即频率变化前后，电动机的过载能力应相等。根据电机学知识，过载能力为

$$k_m = \frac{T_m}{T_N} \tag{2-24}$$

式中 T_N——额定转矩。

设调速前 $k_m = T_m/T_N$，调速后 $k_m = T_m'/T_N'$，按照过载能力相等的条件，由式（2-24）可知，保持 E_1/f_1 恒定时，$T_m = T_m'$，则 $T_N = T_N'$。说明输出转矩不变，属于恒转矩调速。

2. U_1/f_1 恒定运行（恒定子电流运行）

实际上，由于感应电动势难于直接控制，保持 E_1/f_1 恒定只是一种理想的控制方法。当忽略定子漏阻抗压降时，近似地可以认为定子相电压

$$U_1 \approx E_1 = 4.44 f_1 N_1 K_{N1} \Phi_m \tag{2-25}$$

因此，保持 $U_1/f_1 = $ 常数，可以近似地维持互恒定，从而实现近似的恒磁通调速，这可通过对定子相电压和频率进行协调控制来实现。由图 2-8 可以导出保持 U_1/f_1 恒定时的机械特性方程：

$$I_2' = \frac{U_1}{\sqrt{\left(r_1 + c_1 \frac{r_2'}{s}\right)^2 + (x_1 + c_1 x_2')^2}} \tag{2-26}$$

式中 $c_1 = 1 + x_1/x_m \approx 1$；

x_m——与气隙主磁通相对应的定子每相绕组励磁电抗；

x_1——定子绕组每相漏抗；

r_1——定子绕组每相电阻。

电磁转矩为

$$T = \frac{P_M}{\Omega_1} = \frac{m_1 P_N}{2\pi} \left(\frac{U_1}{f_1}\right)^2 \frac{f_1 r_2'/s}{\left(r_1 + \frac{r_2'}{s}\right)^2 + (x_1 + x_2')^2} \tag{2-27}$$

式（2-27）即为保持 U_1/f_1 恒定的机械特性方程式。令 $dT/ds = 0$，可以产生最大转矩时的转差率为

$$s_m = \frac{r_2'}{\sqrt{r_1^2 + (x_1 + x_2')^2}} \tag{2-28}$$

相应的最大转矩为

$$T_{\mathrm{m}} = \frac{m_1 P_{\mathrm{N}}}{8\pi^2} \left(\frac{U_1}{f_1}\right)^2 \frac{1}{\frac{r_1}{2\pi f_1} + \sqrt{\left(\frac{r_1}{2\pi f_1}\right)^2 + (L_{1\sigma} + L'_{2\sigma})^2}} \quad (2\text{-}29)$$

式中　$L_{1\sigma}$——定子每相漏感；
　　　$L'_{2\sigma}$——转子每相漏感的折算值。

可见，保持 U_1/f_1 恒定进行变频调速时，最大转矩将随 f_1 的降低而降低。此时直线部分的斜率仍不变，机械特性如图 2-10 中的实线所示。

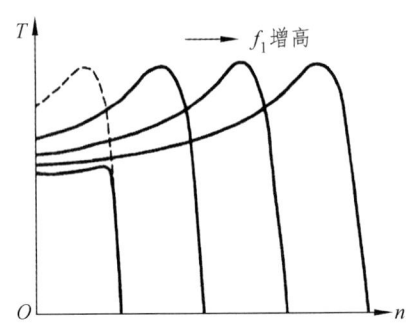

图 2-10　U_1/f_1 恒定时变频调速机械特性

采用 $U_1 \approx E_1$，使控制易于实现，但也带来误差。由图 2-8 的等效电路所知，U_1 扣除定子漏阻抗压降之后的部分即由感应电动势 E_1 所平衡。显然，被忽略的定子漏阻抗压降在 U_1 中所占比例的大小决定了它的影响。当频率 f_1 的数值对较高时，由式（2-25）可知，此时 E_1 数值较大，定子漏阻抗压降在 U_1 中比例较小，认为 $U_1 \approx E_1$ 不致引起太大误差；当频率相对较低时，E_1 数值变小，U_1 也变小，此时定子漏阻抗压降在中 U_1 所占比例增大，已经不能满足 $U_1 \approx E_1$，此时若仍以 U_1/f_1 恒定代替 U_1/f_1 恒定，则不能不带来较大误差。为此，可在低频段提高定子电压 U_1，目的是补偿定子漏阻抗压降，近似地维持 U_1/f_1 恒定。补偿后的机械特性如图 2-10 中的虚线所示。

由于异步电动机定子电流 $\dot{I}_1$ 为

$$\dot{I}_1 = -\dot{I}'_1 = \frac{\dot{U}_1}{(r_1 + r'_2/s) + j(x_{1\sigma} + x'_{2\sigma})} \quad (2\text{-}30)$$

即

$$\dot{I}_1 = \frac{\dot{U}_1}{2\pi f_1} \cdot \frac{1}{L_1 + L'_2} \quad (2\text{-}31)$$

所以在 U_1/f_1 恒定的情况下，I_1 也保持恒定，故这种运行方式又称为恒定子电流运行方式。

（二）保持电压为额定值的恒电压运行

在额定频率（基波）以上调速时，鉴于电动机绕组是按额定电压等级设计的，超过额定电压运行将受到绕组绝缘强度的限制，因此定子电压不可能与频率成正比地升高，只能保持在额定电压，即 $U_1=U_{1N}$。由式（2-25）可知，此时气隙磁通 Φ_m 将随着频率 f_1 的升高而反比例下降，类似于直流电动机的弱磁升速。

体现定子电压、供电频率及电动机参数关系的机械特性方程式如下：

$$T = \frac{P_M}{\Omega_1} = \frac{m_1 p_N}{2\pi}\left(\frac{U_1}{f_1}\right)^2 \frac{f_1 r_2'/s}{\left(r_1+\frac{r_2'}{s}\right)^2+(x_1+x_2')^2} \tag{2-32}$$

令 $dT/ds = 0$，即可求出产生最大转矩时的转差率为

$$s_m = \frac{r_2'}{\sqrt{r_1^2+(x_1+x_2')^2}} \tag{2-33}$$

相应最大转矩为

$$T_m = \frac{m_1 p_N}{8\pi^2}\left(\frac{U_1}{f_1}\right)^2 \frac{1}{\frac{r_1}{2\pi f_1}+\sqrt{\left(\frac{r_1}{2\pi f_1}\right)^2+(L_{1\sigma}+L_{2\sigma}')^2}} \tag{2-34}$$

可见，保持电压为额定值进行变频调速时，最大转矩将随 f_1 的升高而减少。

当 s 很小时，有 $r_2'/s \gg r_1$ 及 $r_2'/s \gg (x_1+x_2')$，式（2-32）可简化为

$$T \approx \frac{m_1 p_N}{2\pi}\left(\frac{E_1}{f_1}\right)^2 \frac{sf_1}{r_2'} \propto s \tag{2-35}$$

此时近似为一条直线，在此直线上

$$s = \frac{2\pi f_1 r_2' T}{m_1 p_N U_1^2} \tag{2-36}$$

带负载后的转速降为

$$\Delta n = sn_1 = s\frac{60}{p_N}f_1 = \frac{60}{p_N^2} \cdot \frac{2\pi r_2' T}{m_1\left(\frac{E_1}{f_1}\right)^2} \tag{2-37}$$

式（2-37）说明，保持 $U_1=U_{1N}$ 进行变频调速时，对应于同一转矩 T，转速降 Δn 随 f_1 的增加而平方倍加大，频率越高，转速越高，即直线部分的硬度随 f_1 的增加而迅速变软。机械特性如图 2-11 所示。

由式（2-35）可知，当保持电压为额定值、且 s 变化范围不大时，如果频率 f_1 增加，则转矩 T 减少，而同步机械角速度 $\Omega=2\pi f_1/p_N$ 将随频率增加而增加。这就是说，随着频率增加，转矩减少，而转速增加。根据 $P_M = T\Omega$，可近似地看作恒功率调速。综合额定频率以下及以上的两种情况，其定子电压和气隙磁通的控制特性如图 2-12 所示。

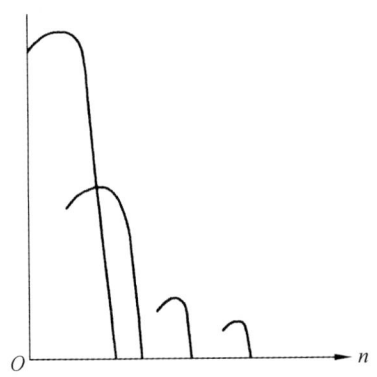

图 2-11 保持 U_1 为额定值时变频调速的机械特性

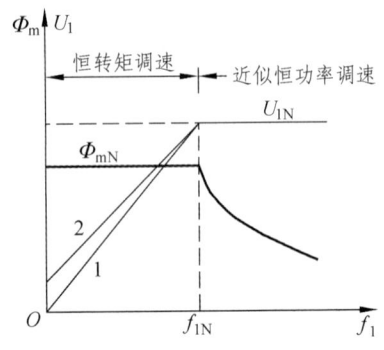

1—不含定子压降补偿；2—含定子压降补偿。

图 2-12 异步牵引电动机变频调速的控制特性

（三）恒转差频率运行

这是一种在逆变电路的输出电压达到最大值后，仅仅通过改变逆变电路输出频率的运行方式。由于

$$f_1 = \frac{pn_1}{60} \tag{2-38}$$

根据式（2-35）可得

$$T \propto \left(\frac{U_1}{f_1}\right) f_s \tag{2-39}$$

式中，$f_s = n_1 - n$，称为转差频率。

根据式（2-39），当 U_1 达到最大值后，如果保持 f_1 不变，则其运行机械特性如图 2-13 所示，相当于直流串励牵引电动机的自然转矩特性。

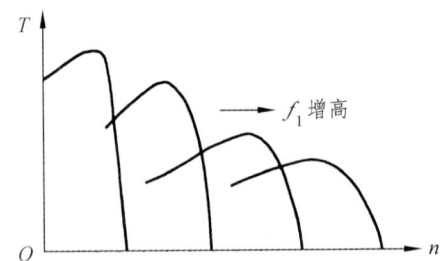

图 2-13 保持 U_1 和 f_s 不变时变频调速的机械特性

$$T \propto \frac{1}{f_1^2} \tag{2-40}$$

（四）恒功率运行

恒转差频率运行时，随着转速 n 的增加，为保持 f_s 不变，n_1 必然要同步增加，所以 f_1 增

大，导致 T 急剧下降。如果设计上 f_s 对于最大值留有余地，在 n 增加的同时，增加 f_s，可以防止 T 急剧下降。

根据式（2-40），当 U_1 达到最大值后，如果使 f_s 与 f_1 成正比增加，则

$$T \propto \frac{1}{f_1^2} \tag{2-41}$$

其运行机械特性如图 2-14 所示。T 与 f_1 成正比增加，防止 T 下降过快。这种电源电压恒定、转差频率与电源频率成正比、输入电流也基本恒定的运行方式称为牵引电动机恒功率运行，相当于直流牵引电动机在磁场削弱工况下运行。

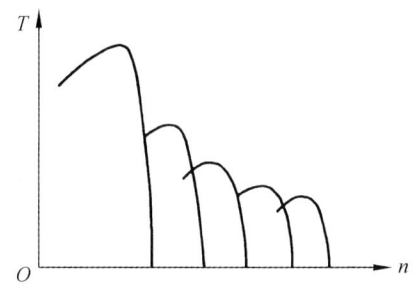

图 2-14　保持功率不变时变频调速的机械特性

根据上述分析可知，异步电动机在低频条件下，T_m 不变的特性可以满足机车启动时具有较大而稳定不变的牵引力，而在高速运行时机车牵引力较小，使异步电动机输出功率可基本保持不变。显然，该特性很适合铁路牵引动力的要求。

根据异步电动机定子绕组电压平衡方程，可得

$$U_1 \approx E_1 = 4.44 f_1 N_1 K_{N1} \Phi_m \tag{2-42}$$

在 U_1/f_1 为常数的条件下，异步电动机气隙磁通是不变的，若此时的磁通接近于饱和状态，可认为异步电动机工作在满磁场状态；在 U_1 等于常数的条件下，气隙磁通随 f_1 增加而减少，则可认为异步电动机工作在磁场削弱状态。

假如异步电动机在正常工作时，突然降低定子的供电频率，转子的机械惯性将使其维持在高于旋转磁场同步转速的转速上，这时转差率为负值，电机进入发电机状态运行，将电机轴上的机械能转换成电能反馈给电网或消耗在制动电阻上。这样，机车在下坡或高速运行需要制动时，很容易实现再生制动或电阻制动。当电动机需要改变转向时，只需改变逆变器输出电源的相序即可实现。

上述分析表明，根据机车牵引的要求，只对异步电动机的电压、频率采取不同的调节方式，异步电动机同样具有启动牵引力大、调速范围宽、过载能力强等优良的牵引性能。当然，对异步电动机的变频调节必须遵循一定的规律，同时也应考虑控制手段的难易程度。

三、恒转矩特性的变频调节

通常运行在固定频率下的三相异步电动机，其启动电流约为额定电流的 5～6 倍。但由于此时转子的频率高、漏抗大、功率因数很低，所以启动转矩实际上并不大。而采用变频调节时，则可使异步电动机在较低频率下启动，此时定、转子漏抗都很小，从而改善了转子的功

率因数，增大了启动转矩。一般来说，机车启动时，异步电动机低频启动电流大致为两倍额定电流的情况下，可使电机启动转矩为最大转矩的70%左右，并保持不变。由于异步电动机最大转矩正比于$(U_1/f_1)^2$，U_1与f_1之比通常称为"伏赫比"。要使机车获得恒定的启动转矩，电机必须保持伏赫比不变，即电机的端电压随频率的提高而呈正比例增加，这时，电动机的气隙磁通也近似不变。这就是机车启动加速区异步电动机变频调节规律。

应当注意的是：电动机启动开始时，频率很低，因此$x_{1\sigma}$和$x_{2\sigma}$很小，这时电阻在阻抗中的比例相当大，忽略r_1会产生较大的误差。若要保持磁通不变，则在启动时必须适当增加电压U_1，以克服r_1所产生电压降。在恒转矩下变频调节时电机电压U_1和定子电流I_1随频率f_1的变化曲线如图2-15所示。

根据式（2-31），恒磁通运行时，在U_1/f_1不变时，无论f_1如何变化，定子电流I_1维持不变，这时变频器在恒电流下运行，可以充分利用变频装置的容量，使变频装置的设计更为经济。

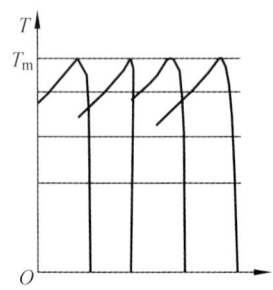
（a）转矩与定子频率的关系

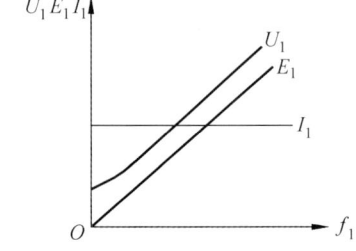
（b）电动机定子电流、电压、电势与定子频率的关系

图2-15 恒转矩调节特性

四、恒功率特性的变频调节

在恒转矩运行中，随着电动机转速的上升和电压U_1的提高，电机输出功率增大。但电压的提高受到电动机功率或变频器最大电压的限制，当电压升高到一定数值后将维持不变，或者电压不再正比于f_1上升。此后异步牵引电动机将以恒功率输出为条件进行电压和频率的调节。

为使异步牵引电动机有恒定的输出功率，电压和频率的调节方式分为恒功率变电压变频调节和恒功率恒电压变频调节两种。

1. 恒功率变电压变频调节

恒额定功率运行时，牵引电动机的输出功率不变，即

$$T_N \cdot n = A T_m \cdot n = 常数 \qquad (2\text{-}43)$$

式中 A——电机额定转矩T_N与最大转矩T_m之比。

由式（2-29），对于结构一定的电机，可得

$$T_m = K_T \left(\frac{U_1}{f_1}\right)^2 \qquad (2\text{-}44)$$

代入式（2-43），可得

$$AK_T \left(\frac{U_1}{f_1}\right)^2 n = 常数 \tag{2-45}$$

在转差率很小的情况下，转子转速可以近似地认为等于同步转速 n_1，因 n_1 正比于 f_1，即可得

$$n_1 = K_1 f_1 \tag{2-46}$$

K 为比例常数，将式（2-46）代入式（2-45），可得

$$\frac{U_1^2}{f_1} = 常数 \quad 或 \quad U_1 = K_2 \sqrt{f_1} \tag{2-47}$$

式中，K_2 为比例常数。由式（2-47）可见，为保持不同运行速度下输出功率不变，异步电动机的电压 U_1 应随定子频率 f_1 的平方根正比变化。这就是保持异步牵引电动机工作在额定工况下输出功率恒定时所应遵循的变频调节规律。所以，这种调节方式称为恒功率变电压变频调节，其牵引特性曲线如图 2-16 所示。恒功率变电压变频调速时异步牵引电动机的电压、电流和功率曲线如图 2-17 所示

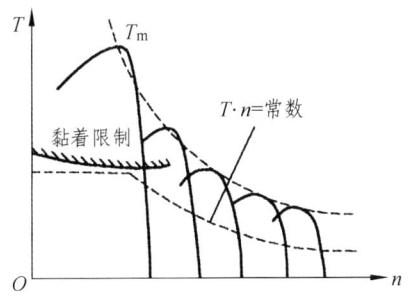

图 2-16 异步电动机恒功率变电压变频 调速时的牵引特性

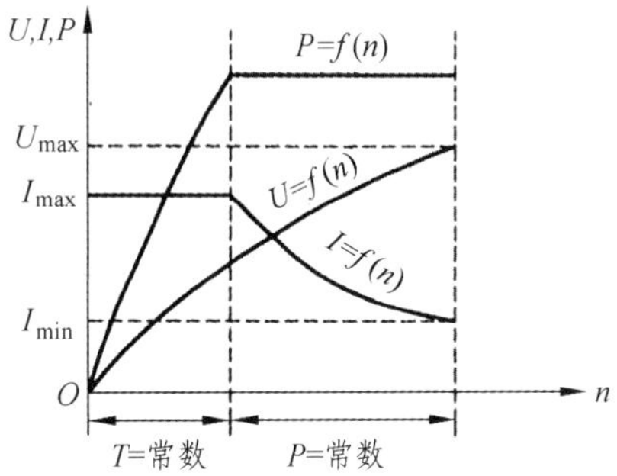

图 2-17 恒功率变电压变频调速时的电压、 电流和功率曲线

电动机启动转矩约为 1.6~1.8 倍的额定转矩并保持不变。转速增加时电压和功率成正比增加，电流不变。电动机启动结束进入恒功率运行区，电压按式（2-47）关系变化，电流随转速增加而减小，两者乘积保持恒定，作恒功率运行。

2. 恒功率恒电压变频调节

机车运行时，保持异步电动机的电压和功率都不变的变频调速方法，称为恒电压变频调节。根据恒功率条件 $AK_T \cdot n = 常数$，将式（2-47）代入可得

$$AK_T \frac{U_1^2}{f_1^2} n = 常数 \tag{2-48}$$

若转差率很小，将 $n_1 = K_1 f_1$ 代入（2-48）式，可得

$$K_2 \frac{A}{f_1} U_1^2 = 常数 \tag{2-49}$$

其中，K_1 和 K_2 为比例常数。显然，在电压不变的情况下，电动机输出功率恒定的条件是

$$\frac{A}{f_1} = 常数 \qquad (2\text{-}50)$$

由式（2-49）可见，在恒功率恒电压条件下，频率调节的规律是：随着频率的增加，电机额定转矩与最大转矩之比也成正比增加，即电机工作点越来越接近电动机的最大转矩。为了保证电机正常工作，必须使最高频率时的工作转矩低于最大转矩。图 2-18 所示为该种调频方式所得的牵引特性曲线。

恒功率恒电压变频调速时异步牵引电动机的电压、电流和功率曲线如图 2-19 所示。

由于这种调节方式下逆变器输出电压恒定，所以转速增加时，电动机实际上随转速的增加，维持在磁场削弱工况下运行，使定子电流不致下降（恒定），以保持电动机输出的功率不变。

以上是从两种极端情况来分析异步牵引电动机的变频调节规律，实际的最佳控制规律则应从异步牵引电动机和逆变器两方面的经济技术指标来考虑，以求得两者的最佳配合。

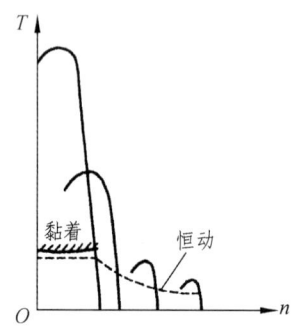

图 2-18 异步电动机恒功率、恒电压变频调速特性曲线

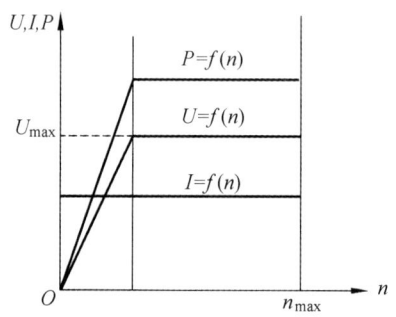

图 2-19 恒功率电压变频调速电压、电流和功率曲线

任务四　HXD$_3$ 型电力机车 YJ85A 牵引电机

教学目标

1. 知识目标

（1）掌握 YJ85A 牵引电机的结构组成。

（2）掌握 YJ85A 牵引电机的技术参数。

（3）掌握 YJ85A 牵引电机的电气特性。

2. 能力目标

（1）能识别 YJ85A 牵引电动机的各部分结构，说出其名称和作用。

（2）能对 YJ85A 牵引电机进行维护保养、检修和试验。

（3）能判断处理 YJ85A 牵引电机常见故障。

> 知识课堂

交流异步电动机作为和谐型电力机车的牵引电机，与传统的串励直流电机相比在机械、绝缘、维修、黏着、效率、重量、尺寸等多方面具有优势。

（1）构造简单，可靠性高，维修简便。三相异步电机结构中无换向器、无电刷装置，与直流电机相比可靠性更高，维修量小，且检修简便，维修费用大大降低。应用实践表明，使用三相异步电机不仅延长了计划修理间隔，而且减少了计划外修理次数。

（2）重量轻，体积小。相同功率等级下，异步电机的重量更轻、体积更小，可使机车转向架簧下部分重量相应减少，在机车通过曲线时，轮轨之间侧向压力也相应减少，这对高速行车尤为重要；同时，由于电动机体积减小，便于选择更为合适的悬挂方式，从而简化转向架结构。

（3）功率大，牵引力大，制动性能好，机车可发挥较高的输出功率。异步牵引电机不存在换向的问题，所以高速行车时效率也就更高；同时，牵引电机因无换向器，空间利用好，使机车功率得以进一步提高，再生制动时亦能输出较大的电功率。而串激直流电机结构复杂，定子、转子都有绝缘要求很高的绕组，有换向器装置和电刷机构，摩擦部分多，接线复杂，机械转速受换向条件和机械强度的限制，只能达到 2 500 r/min 左右。而交流异步电机转速可达 4 000 r/min 以上，试验转速甚至可达 6 000 r/min，这是直流电机所望尘莫及的。同时，可在广阔的速度范围内实行电制动，甚至可以制动到速度为零，制动功率大。

（4）黏着性能好。异步电动机有很硬的机械特性，所以当某电机发生空转时，随着转速的升高，转矩很快降低，具有很强的恢复黏着的能力。空转发生时，转速上升值不大，即使是同步转速，与原工作点的转速差不会超出 5% 以上。串激电动机则不然，转矩变化一点，转速就有很大的变化。异步电动机的工作点可以很方便地进行平滑调节，以实现最大可能的黏着利用，不会出现黏着中断情况。根据检测有关黏着控制的信号，准确、迅速地改变逆变器输出的电压和频率，寻求最佳工作点，使驱动系统既不能发生空转，又能充分发挥最大的牵引力。

HXD$_3$ 型电力机车采用 YJ85A 型三相鼠笼式异步牵引电机，其整机如图 2-20 所示。该电机为滚抱结构，单端输出；采用强迫外通风，冷却风从非传动端进入，传动端排出；采用三轴承结构，三个轴承均为绝缘轴承；在两端盖处设有注油口，使用中可补充润滑脂。

图 2-20　YJ85A 牵引电机整机

一、牵引电机的特点及参数

1. 牵引电机的工作特点

牵引电机是机车的重要部件之一，它安装在转向架上，通过齿轮与轮对相连。机车在牵引运行状态时，牵引电机将电能转换成机械能，通过轮对驱动机车运行。机车在电气制动状态运行时，牵引电机将机械能转换成电能，产生机车的制动力，此时电机处于发电状态。

牵引电机的工作条件十分恶劣：负载变化大、冲击和振动严重、恶劣的风沙、雨雪气候、受酸碱性气体影响侵蚀严重。对于交流变频调速异步牵引电机来说，还有一个特殊之处，就是要在 PWM 波调制的、含有大量谐波和尖峰脉冲的、非标准的正弦波电源供电下工作。

机车在运行中，牵引电机要在起动、爬坡这样的大电流状态下运行；要在平直道上轻载高速状态下运行；要在过弯道、过道岔这样的冲击和振动状态下运行；还要能适应沿海多雨潮湿、内地干燥风沙的环境。

2. 牵引电机的技术参数

型号	YJ85A
额定功率	1 250 kW
额定电压	2 150 V
额定电流	390 A
额定转速	1 365 r/min
额定频率	46 Hz
额定效率	95%
功率因数	0.91
最高转速	2 662 r/min
极数	4
绝缘等级（定/转）	200 级
接线方式	Y
冷却空气量	1.53 m^3/s（92 m^3/min）
质量	2 600 kg

二、牵引电机的结构

（一）整机结构

电机与机车的连接为滚动抱轴承结构，单端外锥轴斜齿轮输出，输出面锥度为 1∶50。电机带有一支光电式速度传感器，测速通过装在非输出端轴头的测速齿盘来完成。电机采用 3 轴承结构，传动端用 NU 型绝缘圆柱滚子轴承，非传动端用一个 NU 型绝缘圆柱滚子轴承和一个 QJ 型绝缘 4 点接触球轴承，3 个轴承均采用国产的铁路牵引电机专用润滑脂润滑。采用绝缘轴承是为了防止制造中转子和定子不同心，或逆变器脉冲电源在电机轴上产生轴电流。电机采用轴向强迫通风方式，冷

视频：牵引电机的冷却

却风从非传动端端盖径向通风孔进入，经过转子通风孔、定转子间的气隙、定子背部的通风道后，从传动端端盖轴向排出。电机两端的端盖均为铸钢结构，在电机定子与传动端端盖间还有一个定子过渡盘，此件也为铸钢结构。在电机两端盖处均设有注油口，在维护保养时可以按要求进行定时、定量补充润滑脂。YJ85A 牵引电机结构如图 2-21 所示。

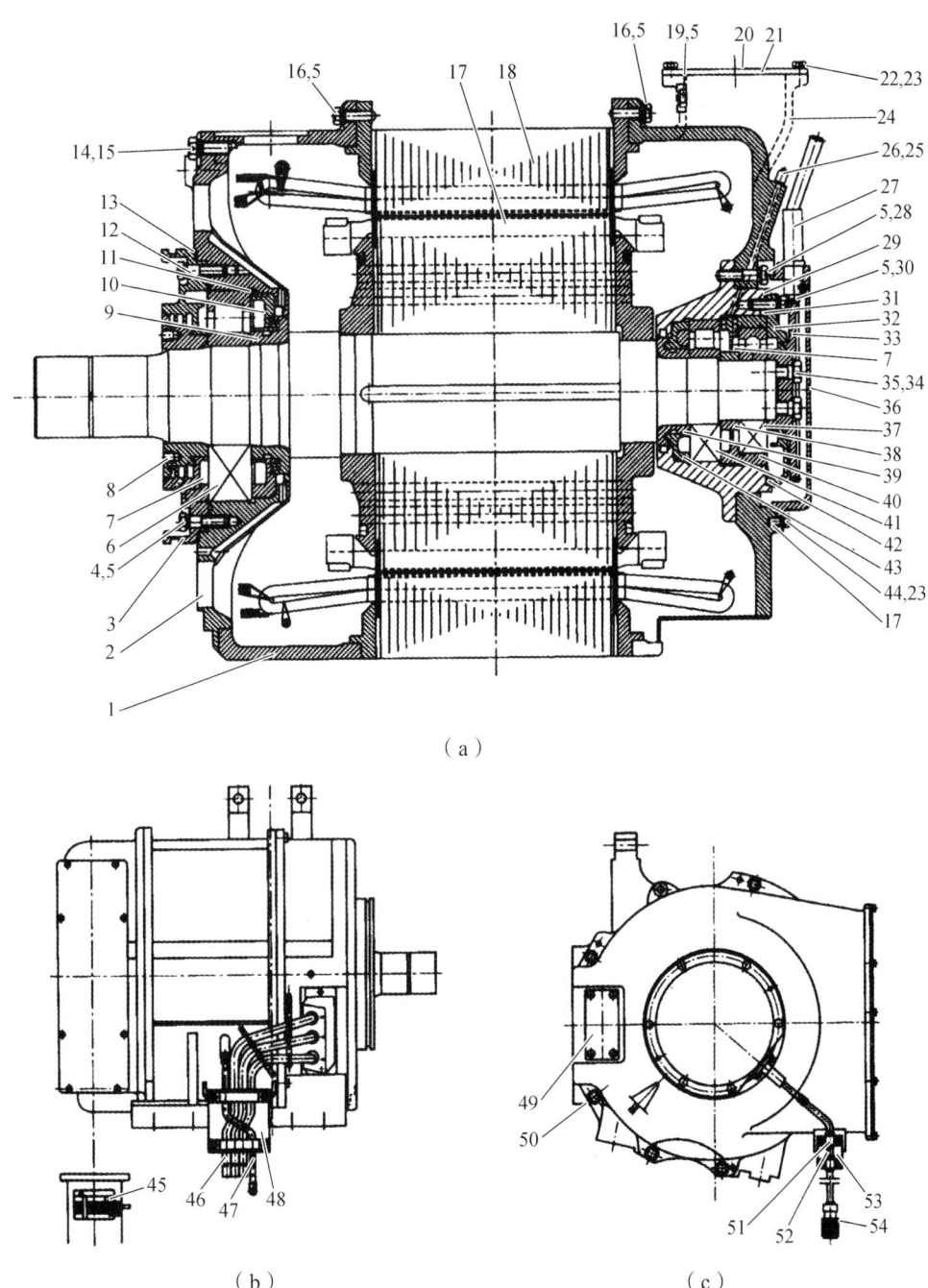

(a)

(b)

(c)

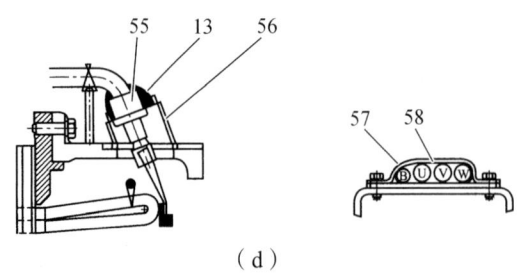

(d)

1—过渡盘装配；2—传动端端盖；3—传动端轴承外盖；4—螺栓 M16；5—垫圈 16；6—NU 轴承；7—润滑脂；
8—传动端外封环；9—传动端轴套；10—传动端内封环；11—销子；12—密封圈；13—密封胶；14—螺栓 M20；
15—垫圈 20；16—螺栓 M16；17—转子；18—定子；19—螺栓 M16；20—进风口盖板；21—进风口防护罩；
22—螺栓 M12；23—垫圈 12；24—非传动端端盖；25—加油嘴盖；26—加油嘴；27—测速传感器；28—螺栓 M16；
29—非传动端轴承座；30—螺栓 M16；31—键；32—非传动端外封环；33—测速齿盘；34—轴头扣片；
35—螺栓 M12；36—非传动端轴承外盖；37—QJ 轴承；38—轴承内圈隔套；39—非传动端内轴套；
40—轴承外圈隔套；41—NU 轴承；42—密封垫；43—非传动端内封环；44—螺栓 M12；45—铭牌；
46—三相引出线；47—接地线；48—引出线引导板；49—观察孔盖板；50—小件组焊；
51—油管卡子；52—橡胶护垫；53—传感器引导板；54—传感器接头；
55—引出线护套；56—接线盒；57—大线卡子；58—橡胶护垫。

图 2-21 YJ85A 牵引电机结构图

（二）定子结构

定子无传统的框架式机座，直接用硅钢片叠压而成，采用开口式槽型。定子槽内垫有槽绝缘，绕组为双层硬绕组，根据接线需要，绕组的引出线做成 5 种长度形式，因此无需过渡连线，定子的槽楔用绝缘材料制成而且很薄。定子的三相引出线接成 Y 形，绕组与三相引出电缆线间有一过渡连线，此过渡连线可以减少连线间截面积的过大变化和电流密度的过大变化，三相引出线采用机车专用电缆。电机设有接地线，接地线也采用机车专用电缆。针对变频电机需在较高频率下运行的特点，绕组采用聚酰亚胺薄膜带熔敷的导线 2 根并绕而成。为了得到足够的机械强度、良好的电气性能与优良的热稳定性，定子绕组用端箍固定。定子整体经过真空压力浸漆（VPI），电机的绝缘耐热等级为 200 级。定子结构如图 2-22 所示。

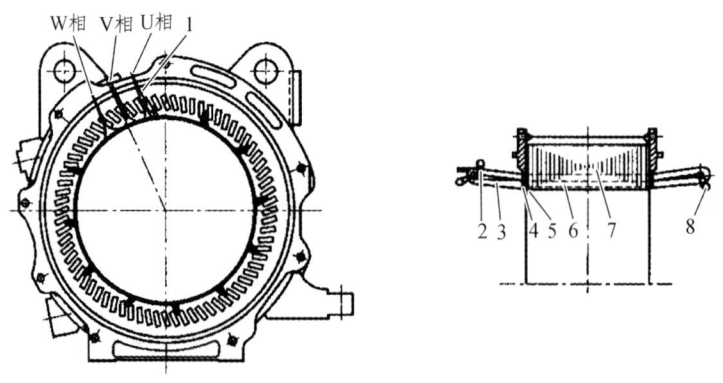

1—定子引线头；2—定子护环；3—定子线圈；4—槽楔；5—槽口绝缘；
6—槽绝缘；7—定子铁心；8—定子护环。

图 2-22 定子结构图

1. 定子铁心

定子铁心由冷轧硅钢片冲制的定子冲片叠压，通过上吊挂组件、下吊挂组件、小吊挂组件三个组件及两个通风道与两端定子压圈焊接而成。定子铁心既无拉螺杆也无拉板，定子冲片与两端压圈间各有一个点焊而成的定子端板以防冲片齿胀，为防止电机在运行中因小吊挂螺栓故障而脱落，在定子铁心的两个压圈间焊有一块安全托板。定子铁心结构如图 2-23 所示。

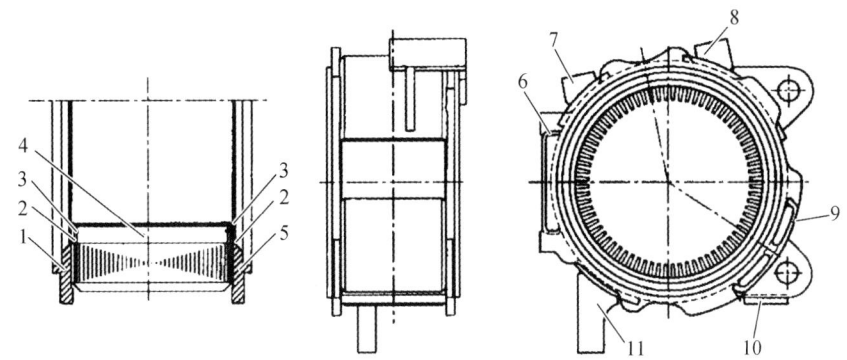

1—传动端压圈；2—定子端板；3—定子大槽冲片；4—定子冲片；5—非传动端压圈；6—下通风道板；7—下吊挂组件；8—上吊挂组件；9—上通风道板；10—安全托板；11—小吊挂组件。

图 2-23 定子铁心结构图

2. 定子冲片

用 50W470 硅钢片冲制而成，冲片内圆冲有 72 个开口槽，冲片上既没有轴向通风孔也没有焊接用定位槽。定子冲片、槽形放大图如图 2-24、图 2-25 所示。

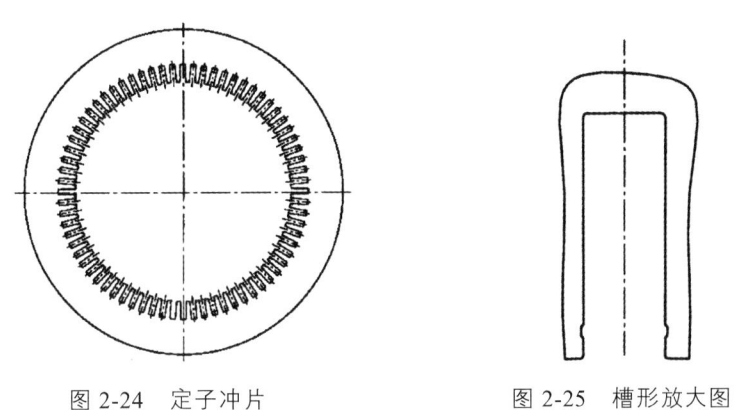

图 2-24 定子冲片　　　　　　　图 2-25 槽形放大图

3. 吊挂组件和通风道

定子铁心的吊挂件由压成弧形的钢板和锻钢吊挂块焊接而成，铁心上的通风道直接用钢板压制成形。

4. 定子线圈

线圈用薄膜绕包的 2 根电磁线并绕而成，线圈匝间垫有云母绝缘，对地用聚酰亚胺复合云母作为主绝缘，外包绝缘采用无碱玻璃丝带。定子线圈及线圈端部如图 2-26、图 2-27 所示。

（三）转子结构

转子为鼠笼式结构，鼠笼由专用铜合金导条与锻纯铜的端环用感应焊焊接而成。端环-侧车-较浅的环槽，导条与端环进行对接焊接，称为对接式结构。为防止导条在铁心槽内出现窜动，导条打入槽后，用专用滚压机将导条滚压胀紧。为提高端环抗高速旋转时产生的离心力的强度，鼠笼焊成后，端环的外圆经过加工再套一个护环。护环用高强度的专用护环钢制成。转子经过动平衡检验，避免高速旋转时对整机带来的振动。转子结构如图 2-28 所示。

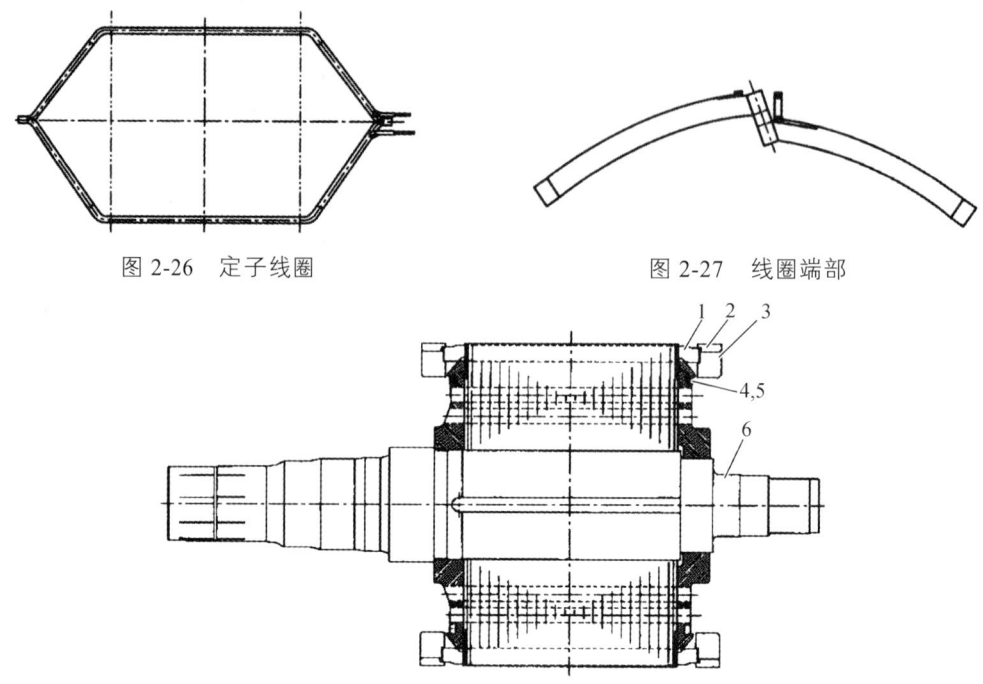

图 2-26 定子线圈　　　　　　　　　图 2-27 线圈端部

1—导条；2—护环；3—端环；4—平衡块；5—平衡块螺钉；6—转子铁心。

图 2-28 转子结构

1. 转子铁心

由冷轧硅钢片叠压而成，转轴材质为高强度合金钢，铁心两端为铸钢结构的压圈。与定子一样，冲片与两端压圈间各有一个端板冲片点焊而成的转子端板以防冲片齿胀。转子铁心结构如图 2-29 所示。

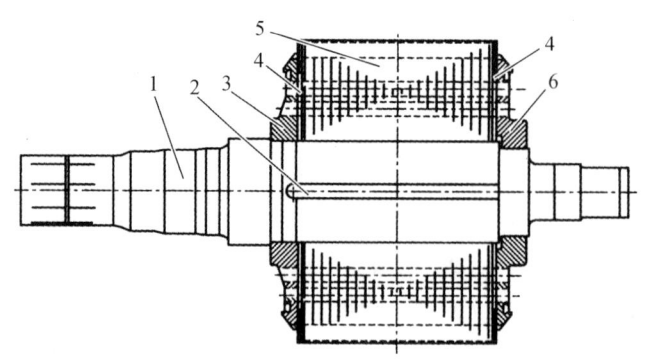

1—转轴；2—键；3—转子传动端压板；4—转子端板；
5—转子冲片；6—转子非传动端压板。

图 2-29 转子铁心结构

2. 转子端环、转子护环

转子端环用锻纯铜制成，转子护环用高强度的专用护环钢（特种不锈钢）制成。两件均用整体锻出，不得拼焊。为了防止护环剩磁在电机运行时产生涡流发热，护环加工后除需经超声波探伤外，还需进行剩余残磁量的检查。

转子护环的作用是对端环及端环与导条的焊接面进行保护，所以护环材料的机械性能的稳定、化学成分的稳定、内部晶格结构的均匀、加工尺寸的合格都至关重要。

端环与护环间过盈量的选取也是一个很重要的问题。由于不同的材料有不同的弹性模量和线胀系数，所以在选取过盈量时应考虑电机运行中温度变化带来的影响。

转子端环、转子护环如图 2-30、图 2-31 所示。

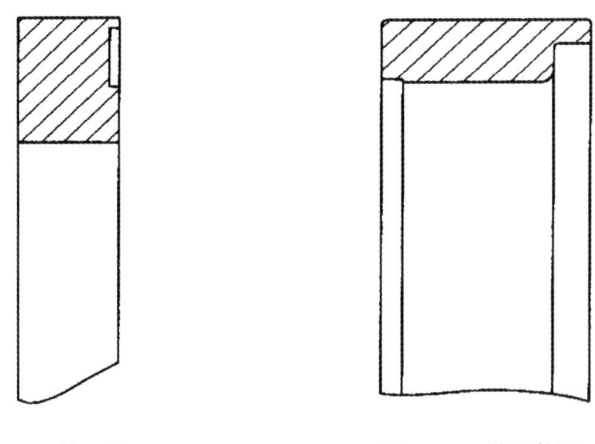

图 2-30　转子端环　　　　图 2-31　转子护环

3. 转子导条

转子导条选用电阻温度系数较小的专用铜合金拉制或轧制，导条形状如图 2-32 所示，导条端部结构如图 2-33 所示。

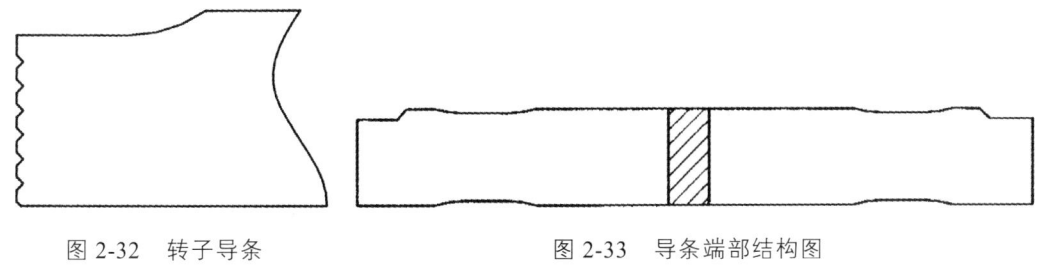

图 2-32　转子导条　　　　图 2-33　导条端部结构图

4. 转子冲片

转子冲片与定子冲片由同一张硅钢片复冲而成。定子冲片内孔落下的料，去除电机气隙所在部分的材料后，即为转子冲片的原料。

转子冲片上有二排轴向通风孔，不设径向通风槽，冲片上冲有 58 个半闭口槽。转子冲片及槽形分别如图 2-34、图 2-35 所示。

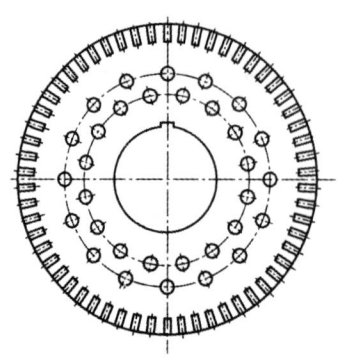
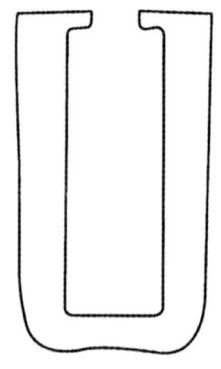

图 2-34　转子冲片　　　　　　　　图 2-35　半闭口槽形

5. 转　　轴

电机的转轴用优质合金钢锻造，锻造后进行粗加工、调质、精加工和磨削加工。锻造和调质保证转轴既有高的强度又有好的抗冲击韧性，精加工和磨削加工保证转轴有好的组装性能和高的回转精度。转轴为外轴锥，锥度 1∶50，锥度大端直径为 ϕ125 mm，转轴全长 1 106 mm。由于锥度面较长，为拆卸齿轮方便，轴锥上均匀划了 9 条油槽。转轴形状如图 2-36 所示。

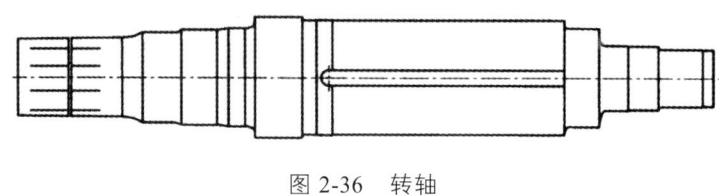

图 2-36　转轴

任务五　HXD$_{1C}$ 型电力机车牵引电机维护与检修

教学目标

1. 知识目标

（1）掌握 JD160 牵引电机结构组成。

（2）掌握 JD160 牵引电机的技术参数。

（3）掌握 JD160 牵引电机的电气特性。

2. 能力目标

（1）能识别 JD160 牵引电动机的各部分结构，说出其名称和作用。

（2）能对 JD160 牵引电机进行维护保养、检修和试验。

（3）能判断处理 JD160 牵引电机常见故障。

知识课堂

如图 2-37 所示，横向安装的 JD160 型铜条鼠笼转子三相异步牵引电动机专为不带电抗器的逆变器运行而设计，能承受铁路车辆运行过程中遇到的冲击，满足运用要求。符合 IEC 60349-2《电力牵引 铁路机车车辆和公路车辆用旋转电动机 第2部分：电子变流器供电的交流电动机》的要求。

图 2-37　JD160 型电机

该电机电磁性能及牵引特性经计算机优化设计，效率、功率因数高，并具有显著的抑制电源谐波的能力。

一、电机结构

JD160 牵引电机采用无机壳结构，结构紧凑，部件采用高强度材料，具有体积小、重量轻、散热冷却效果好等特点。其结构特点如下：

（1）电机冲片采用优质冷轧硅钢片冲制而成，导磁性能高，损耗小。

（2）定子绕组采用耐电晕薄膜导线，采用整体真空压力浸漆（VPI），端部绑扎牢靠整齐，因此具有高的电气性能以及防潮、防霉、抗震、寿命长、可靠性高的特点。

（3）电机转子采用铜条鼠笼结构，可靠性高，维护工作量最小。

（4）采用高品质的绝缘轴承，能有效地防止轴电流，运行可靠。传动端轴承采用齿轮箱的齿轮油润滑，非传动端轴承采用润滑脂润滑，并具有补充润滑脂的功能。

（5）在定子铁心齿中安装有温度传感器用于监控定子绕组温度。

（6）牵引电机的转速测量及转向确定是由装在电机非传动端的双通道速度传感器完成的，它给出两路相差 90°的速度信号。这两个信号用来测量电机转速和判定电机转向以便对电机进行控制。两路信号的相位差用来判断电机转向。

（7）采用强迫通风结构。

JD160 牵引电机主要由定子、转子、端盖、轴承和传感器等部件组成，其剖面和外形图如图 2-38 所示。

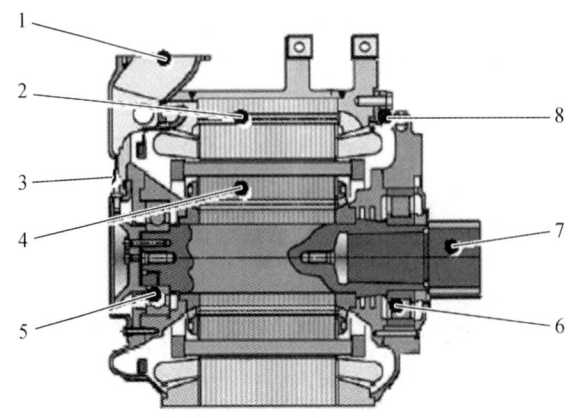

1—N端端盖；2—定子；3—转速传感器；4—转子；5—N端轴承；
6—D端轴承；7—主动齿轮；8—D端端盖。

图 2-38　剖面和外形图

1. 定　子

定子由定子铁心、定子绕组等零部件组成，其结构如图 2-39 所示。

1—接线盒；2—定子铁心；3—支撑架；4—端箍；5—定子绕组；6—槽楔。

图 2-39　定子结构图

定子铁心由两端压圈、端板、冲片和 4 块筋板焊接而成，如图 2-40 所示，定子冲片由硅钢片冲制而成。

电机接线盒内电缆接头与电机铜排端子改用双孔连接，电缆接头与电机铜排端子绝缘支撑由接线柱改为接线座，使连接更加固定可靠，防止人为因素造成电缆间距缩小；增加电缆与电缆接头与电机铜排端子接触面积，接触面电流密度更低，发热更少。

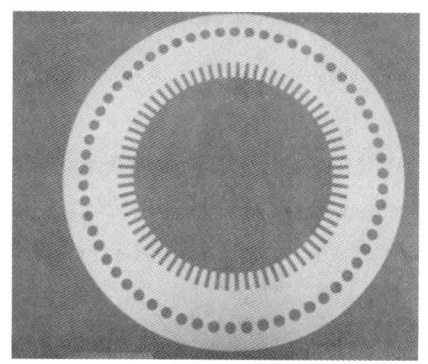

图 2-40 定子冲片

2. 转 子

转子主要由导条、端环、压圈、冲片和转轴等部件组成,其结构如图 2-41 所示,转子实物如图 2-42 所示。

转子冲片由硅钢片冲制而成,如图 2-43 所示,转子冲片与定子冲片整体套裁,以节省材料。

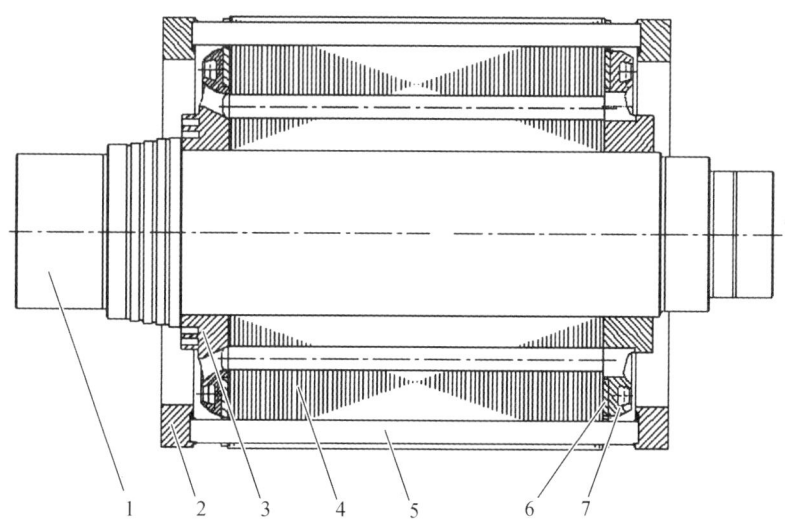

1—转轴;2—端环;3—D 端压圈;4—冲片;5—导条;6—端板;7—N 端压圈。

图 2-41 转子结构

图 2-42 转子实物

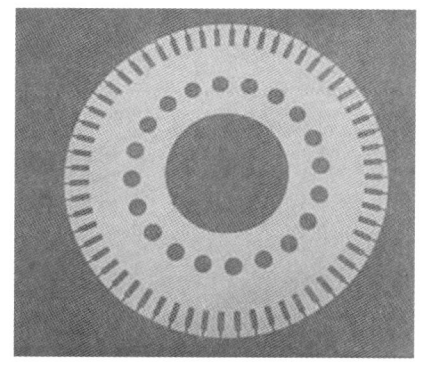

图 2-43 转子冲片

3. 轴承及润滑密封结构

轴承是电机的一个重要部件，它关系到电机能否安全运行。

电机两端均采用绝缘轴承，以防止电腐蚀损伤轴承。

传动端采用 N332EMR/HB3L3BVA841 轴承，轴承润滑方式为循环油润滑，润滑油牌号为 MOBILUBE SHC 80W140；由于主动齿轮安装在电机转轴的内锥孔中，主动齿轮安装后，转轴直径扩大，将减小轴承径向游隙，要求轴承自由状态径向游隙比较大，游隙值为 0.340 ~ 0.370 mm。

如图 2-44 所示，传动端轴承采用循环油润滑，齿轮箱中的油从电机进油口进入，经过轴承，从电机出油口流回齿轮箱。在进油室的上部和下部各设有一个进油孔，上部进油孔是主进油通道，下部进油口用油绳基本堵住，作为紧急润滑进油通道。为防止润滑油进入电机定子内部，内轴承盖除采用无接触式迷宫结构密封外，设有回油孔，为防止电机内部冷却风的负压作用，还设置了气压平衡通道。

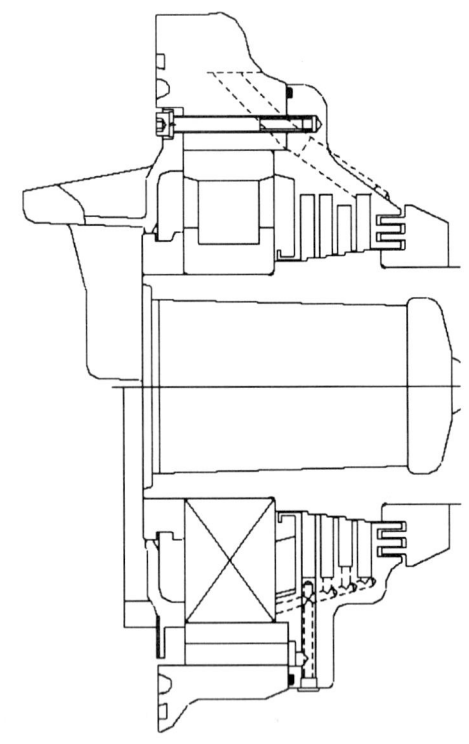

图 2-44 传动端轴承采用循环油润滑结构

JD160 电机密封环中靠近轴承的前两道密封腔各增加两个回油孔。增加回油量，使更少的润滑油窜入最后一道密封腔中，减少油泄漏。

非传动端采用 6326/C5H BB1-7009BB 轴承，游隙 0.132 ~ 0.160 mm，MOBILITH SHC 220 脂润滑。

非传动端轴承采用无接触式迷宫密封结构，并设有注油孔。

4. 测速装置

如图 2-45，图 2-46 所示，为了检测电机的转速，在非传动端安装有测量转速的齿盘和速度传感器。传感器为双通道,通过相位差识别电机的正、反转向,电机每转一圈,传感器发出 118 个脉冲信号。

图 2-45 测速齿盘

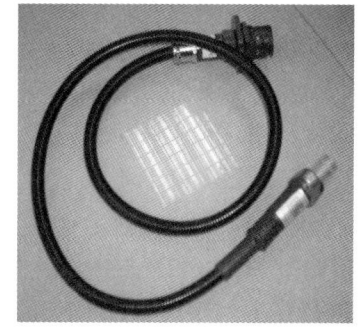

图 2-46 速度传感器

5. 温度监测

在定子铁心齿部安装有温度传感器 PT100,用于检测电机的温度,以及防止电机过热。

二、电机的检查与维护

电机的维护周期和主要维护工作如表 2-2 所示。

表 2-2 电机的维护周期和主要维护工作

维修等级	说明	运行里程数	间隔期	主要内容
VI	目视检修	10 000 km	2 周	目视检查
I1	检查 1 级	100 000 km	6 个月	目视检查,清洁磁性螺栓。在首次运行 1.5 万 km 后应清洁磁性螺栓
I2	检查 2 级	200 000 km	1 年	电机轴承(N 端)补充润滑油
I3	检查 3 级	400 000 km	2 年	电机轴承(N 端)补充润滑油
R1	维修 1 级	800 000~1 200 000 km	4~6 年	清洁牵引电机、更换牵引电机上的轴承和 O 形密封圈,检查绕组及绝缘
R2	维修 2 级	1 600 000~2 400 000 km	8~12 年	清洁牵引电机、更换牵引电机上的轴承和 O 形密封圈,检查绕组及绝缘
R3	维修 3 级	3 200 000~3 600 000 km	16~18 年	清洁牵引电机、更换牵引电机上的轴承和 O 形密封圈,检查绕组及绝缘
UM	计划外维修			

(一)主要维护工作

1. 轴承维护

1)轴承维护基本参数

轴承型号:非传动端 深沟球轴承 BB1-7009BB
    传动滚柱 轴承 N332EMR/HB3L3BVA841

生产厂家：SKF 公司

非传动端润滑脂型号：MOBILITH SHC 220 润滑脂

非传动端首次润滑脂填充总量：1.1 kg

非传动端润滑脂补充总量：240 g

传动端润滑油型号：MOBILUBE SHC80W-140

轴承质量保证期：正常使用维护条件下 100 万 km 或 4 年（优先原则）

轴承温升：不超过 80 K

绝缘电阻：不小于 10 MΩ（250 V DC）

2）轴承维护要求

电机安装在机车上运行时，由机车自动提供电机传动端轴承润滑油，但电机在做地面试验时，应从电机润滑油入口灌入润滑油。

非传动端轴承装置可补充润滑脂，在通常运行状态下，根据各运用部门具体情况适量补充，但在下列情况下需补充润滑脂：

（1）使用长期（一年以上）保管后的备用电机时。

（2）发生突然的风水灾害或不可预测的灾害后，作为应急措施而认为需补充润滑油时。

（3）机车每运行 20 万 km。

注意：电机轴承具体的补充润滑脂时间间隔应根据实际使用情况确定，补充的润滑脂必须和组装时使用的为同一品种。

在电机非传动端的端盖上安装有注油嘴，补充油脂时，请先将注油嘴及周围区域清理干净，然后将专用的油枪的管嘴对准注油嘴加入规定牌号和数量的油脂。补充润滑脂后，注意要装上油杯，还原为原状态。

注：油嘴 M10，紧固力矩 13 N·m（允许误差±20%）。

长时间存放润滑脂时，润滑脂会挥发或氧化。因此，对于使用长时间存放的润滑脂，请遵守下列建议：

（1）请勿使用一年半以前制造的润滑脂。

（2）虽然制造后存放时间为一年半，但如果润滑脂罐打开后经过三个月，则请勿使用。

在运行或例行检查时，请注意牵引电机的运转声音，如发现有异常声音或振动、或发现轴承室异常发热，则请立即停止运行，拆下电机进行空载试验，仔细检查电机异常的原因。

通常压缩润滑脂过量会引起危险，特别是储存温度低于 10 ℃ 时。当系统启动时，由于润滑脂黏度高会阻碍滚珠的运动。如转子快速加速，将会引起轴承损害，特别是轴承滚道面可能部分脱落。因此，强烈建议：

（1）采用原装容器内合格干净的润滑脂。

（2）按规定的润滑脂补充量补充润滑脂。

（3）当轴承非常冷时，避免过多加润滑脂（当设备还是热的时候，应将润滑脂注满）。

（4）任何情况下，注满润滑脂后，就算润滑脂存储在高于 10 ℃ 的条件下，也应在低速条件下移动机车几千米（如开到服务区间去）；这使得润滑脂均匀分布，避免发生滚珠或滚道面损伤的情况。

2. 齿轮箱油的维护

新车首次运行至 15 000 km 时，应更换齿轮箱油。

应经常清理电机传动端端盖底部的磁性排油螺栓，首次运行 1.5 万 km 和每运行 10 万 km 应清理。

建议每运行 200 000 km 时，应更换齿轮箱油。但应根据下面的油样的检验结果确定。

在运行 200 000 km 或每年定期维护时，应从两个不同机车上，选取 4 个使用的驱动系统，做一个油样分析（见表 2-3）。做此检验，应从齿轮箱中选取大约 100 cm³ 的油（从排油螺栓孔取）。

在取得油样前，先清洁排油螺栓周围的区域。

表 2-3　油样分析

特性	分析过程	允许的初始值（限界值）
IR 曝光	IR 曝光	最大峰值（由油制造商提供）
老化/氧化	中性数量	Max.5.5 mg KOH/G
		（新油增加 2.0 mg KOH/G）
全部污染	固定固态物（采用 1.2μ 过滤剂进行检查）	Max 0.4%　MA
铁含量	RFA，AAS	Max 0.3%　MA
水	定性（裂缝检查）	不能取得具体数据
水含量	二甲苯法或 KFescher 法	Max 0.2%　MA
40°C 黏度	黏度试验，按照 Ubblohnde 法	在 40°C 时标称黏度的偏差：±15%（mm²/s）

3. 定子的维护

（1）定期检查接线盒是否密封，接线座表面有无脏污，绝缘电阻是否在正常范围。

（2）每运行 80 万 km 应对定子进行一次清洁，将积留在定子内（包括风道和表面）的粉尘、油污清理干净。对联线接头等如有破损处应重新包扎，进行烘潮和浸渍处理，以保证绝缘完好。

（3）定期检查定子线圈端部绑扎状况，检查支撑板螺栓紧固状况。

（4）脏污状态的绝缘电阻>1.8 MΩ（DC 1 000 V 时）。

（5）清洁绕组应使用中性清洗剂，其 pH 值不可高于 9，且使用时间（绕组）应不超过 30 min，若绕组有较厚污垢时使用时间为 2~3 h。随后必须用清水漂洗，随后绕组应在 110~120 °C 的烘箱中干燥 12 h。

（6）未更换绕组高压试验：

电阻测量：绝缘电阻>10 MΩ（DC 1 000 V 时）。

高压测试：AC 测试电压=4 650 V

（7）更换了的绕组高压试验：

电阻测量：绝缘电阻>100 MΩ（DC 1 000 V 时）。

高压测试：AC 测试电压=6 200 V

4. 转子的维护

（1）对于转子的轴伸部分，用轴头环塞规检查，如接触面小于 80%，应修复；不能修复者则应换轴；如轴伸部分有严重的损伤以至影响到齿轮的装配时，也必须将转轴予以更换。为了减轻电机的振动，在装配齿轮时，必须确保大小齿轮配套，须原装原配。

（2）转子导条、端环不允许有过热、裂纹。

（3）转子导条与端环焊接部位不许有裂纹、砂眼。

（4）平衡块和螺钉不许松动和脱落。

（5）清洁风道和转子表面。

5. 机座、端盖的维护

（1）机座不得有裂损，电机铭牌完好、清晰。

（2）接线盒完好、固定可靠，接线座不许松动、裂损。外接电缆夹板完好，电缆不许有与其他机件相摩擦的现象，盖板完整，螺栓齐全、紧固。

（3）端盖不得有裂纹，端盖与机座，端盖轴承室与轴承外圈的配合尺寸符合规定。轴承盖、油封环不许有损坏、变形。

6. 温度传感器维护

（1）绝缘电阻测量。

绝缘电阻：A-B 端 $\geqslant$ 50 MΩ（对机座壳）；

绝缘电阻：C-D 端 $\geqslant$ 50 MΩ（对机座壳）；

测量工具：数字式万用表，兆欧表（500 V）。

（2）测量电阻值，相应温度下电阻值如下：

0 ℃	100 Ω±0.12 Ω；
10 ℃	103.9 Ω±0.14 Ω；
25 ℃	109.73 Ω±0.16 Ω；
30 ℃	111.67 Ω±0.17 Ω；
40 ℃	115 Ω±0.19 Ω。

安装应牢固、可靠。

7. 转速传感器维护

（1）安装应牢固、可靠。

（2）检查各引线绝缘状况：

绝缘电阻：$\geqslant$ 50 MΩ（对机座壳）；

测量工具：数字式万用表，兆欧表（500 V）。

（3）检查每转发送的脉冲个数：

每转动一圈发送 118 个脉冲。

（4）检测输出波形和高电平、低电平、相位差等参数：

脉冲相位必须正确：90°±70°；

脉冲幅值：高电平 $\geqslant$ 9 V，低电平 $\leqslant$ 1.5 V。

（二）维护注意事项

1. 在日常维护注意事项

（1）A 电机 N 端轴承必须每运行 20 万 km 就补充润滑脂，每次补充 240 g，补充润滑脂前应将注油嘴清理干净。补充了润滑脂的电机应在低速条件下移动机车几千米（如开到服务区间去），使得润滑脂均匀分布，避免发生轴承滚珠或轨道面损伤的情况。

（2）齿轮箱油必须每 20 万 km 就更换一次。

（3）为了保障维护周期的有效性，有一套轴承达到规定运行公里数和机车运行里程达到 15 万 km 时应对轴承、齿轮牙形和绕组等的状态进行检查；运行 50 万 km 后应进行相同的检查；运行 20 万 km 以上时每 10 万 km 对齿轮箱润滑油进行化验；只有在以上工作基础上才能最终确定合适的润滑周期。

（4）应经常清理磁性排油螺栓（见图 2-47），首次运行 1.5 万 km 和每运行 10 万 km 应清理。

（5）磁性螺塞 M30X1.5-ST-PM，紧固力矩 79 N·m（允许误差±20%）。

（6）橡胶部件的预期寿命为 5 年，不光与运行距离有关，还与存放时间有关。

（7）电机轴承经过拆卸后，即使没有达到运行里程，也应更换轴承。

图 2-47　磁性排油螺栓

（8）连接转速传感器和温度传感器的连接器时，请注意确认对接连接器是否正确。转速传感器的连接器为 5 芯，连接器中的针是布满的；温度传感器为 10 芯的，在连接器中仅布置了 5 根针，还有 5 个位置是空的。如果插错，将导致连接器缩针，从而无法正确传输信号，TCU 将报警，机车降功运行。转速传感器和温度传感器的安装位置如图 2-48 所示，转速传感器和温度传感器如图 2-49 所示。

转速传感器　　　　　　　　　温度传感器

图 2-48　转速传感器和温度传感器安装位置

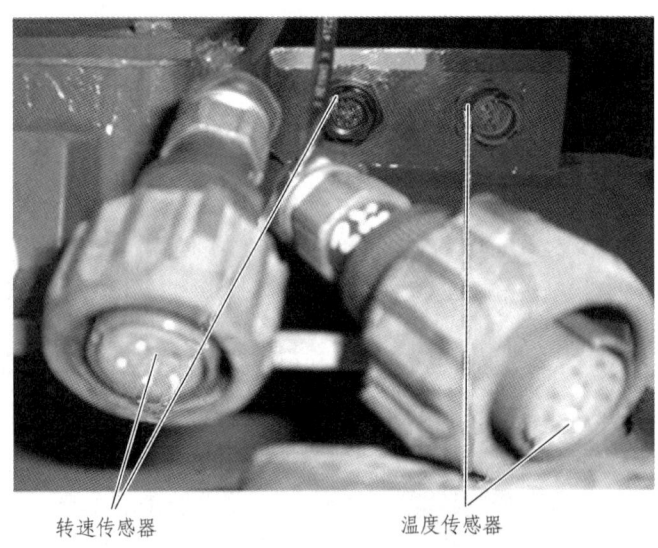

转速传感器　　　　　　　　　温度传感器

图 2-49　转速传感器和温度传感器

（9）非随车至机务段的电机运行前应拆下 N 端轴承盖中部的运输保护螺栓，并安装 M16X30 短螺栓在原位置以防止异物进入。

（10）接线盒拆装注意事项：

① 拆机车母线时，先拆螺母，再拆螺钉，然后将母线取出。

② 安装机车母线时，先插入母线，再安装螺钉，最后安装螺母。

③ 接线座 M12 紧固螺栓和螺母，紧固力矩 50 N·m（误差±10%）。

④ 接线盒盖板拆后重装时，应将盖板和接线盒接触面的胶清除干净，安装时重新涂胶进行密封。接线盒结构如图 2-50 所示。

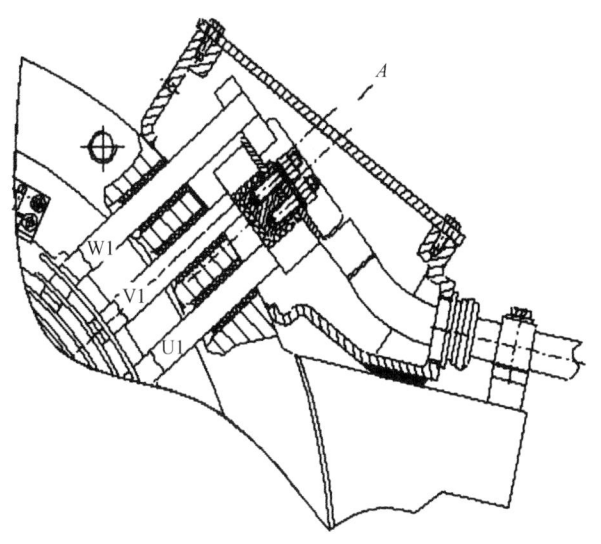 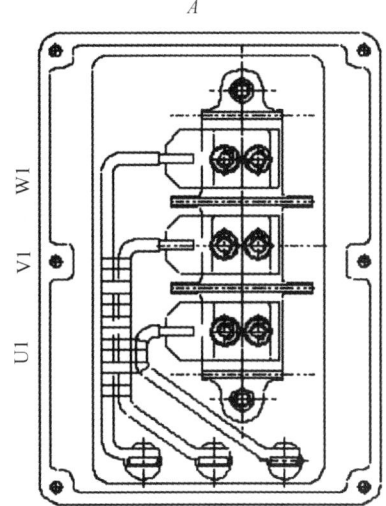

图 2-50　接线盒结构

（11）安装和拆卸时注意杂物窜入电机：
① 拆卸和安装风筒时防止螺栓、扳手等物件从进风口掉入电机内。
② 架车和落车时防止螺栓、扳手等物件从出风口掉入电机内。
③ 电机存放时，应盖好进风口，防止杂物从进风口落入电机。
④ 电机存放时，应远离有飞溅物的场合，防止杂物从出风口落入电机。
（2）电机运转前，从出风口（传动端）检查是否有杂物卡在转子与定子之间。
电机的进风口如图 2-51 所示，电机的传动端如图 2-52 所示。

图 2-51　电机的进风口　　　　　　　图 2-52　电机的传动端

2. 螺栓和螺母紧固力矩

对螺母和螺栓紧固，必须使用扭矩扳手，不得使用其他扳手。紧固力矩请参照表 2-4 进行。

表 2-4 螺栓和螺母拧紧转矩（紧固力矩的允许公差为±20%）

规格	M6	M8	M10	M12	M16	M24
力矩/N·m	8	20	40	70	70	600
特殊件紧固力矩	1. 观察盖板 M10 紧固螺栓，紧固力矩 22 N·m（误差范围±20%） 2. 注油嘴 M10，紧固力矩 13 N·m（误差范围±20%） 3. 接线座 M12 紧固螺栓和螺母，紧固力矩 50 N·m（误差范围±20%） 4. 磁性螺塞 M30X1.5-ST-PM，紧固力矩 79 N·m（误差范围±20%）					

3. 电机解体

牵引电机的解体必须在干净无灰尘的地方进行，必须小心接触部件，勿使其损坏和生锈。顺序如表 2-5 所示。

表 2-5 电机解体步骤

序号	解体步骤	工具设备
1	悬挂座的拆卸	扳手
2	小齿轮的拆卸	液压装置
3	速度传感器拆卸	扳手、工艺螺栓
4	N 端外轴承盖拆卸	扳手
5	测速齿盘的拆卸	扳手
6	N 端内轴承盖松卸	扳手、工艺螺栓
7	取出转子	扳手、转子卧装工具、吊具
8	D 端端盖的拆卸	扳手、工艺螺栓
9	D 端轴承外环的拆卸	拔出装置、液压装置
10	D 端挡圈和 D 端轴承内圈拆卸	三爪拔出器
11	N 端内轴承盖（带轴承）拆卸	液压装置
12	N 端轴承拆卸	液压装置
13	N 端内油封拆卸	三爪拔出器
14	N 端端盖的拆卸	扳手、工艺螺栓

1）悬挂座的拆卸

拧出电机固定于转向架悬挂座上的螺栓。

2）小齿轮的拆卸

将液压装置液压管装入小齿轮上两个 G1/4 螺纹孔内；装好中部的保护管和螺母，使液压装置加压，直至小齿轮弹出。

从 600 bar（1 bar=100 kPa）开始以每次约 200 bar 增幅逐步增压，每次增压之间停顿至少 2 min，停顿时间是让液体均匀流入不同区域，最大油压 1 900 bar。

因为齿轮有 1:20 的锥度，很强的油压会产生轴向压出力，将齿轮弹出。此时，有人员伤害的风险！操作人员切勿站在齿轮弹出方向附近。

3）速度传感器、N 端外轴承盖、测速齿盘的拆卸

将线卡与紧固螺栓拆下，取出速度传感器。松开非传动端（N 端）外轴承盖上的螺栓 M12，用工艺螺栓将外轴承盖顶出。松开测速齿盘上的螺栓 M16，用工艺螺栓将测速齿盘顶出。

4）N 端内轴承盖松卸

用 3 个 M12 的工艺螺栓将 N 端内轴承盖从 N 端端盖上压出。

5）取出转子

拧出传动端（D 端）端盖紧固螺栓，将转子卧装工装安装在转子的轴锥部，用天车吊住卧装工装的平衡部位，将转子缓慢地平稳地吊出。注意千万不要损伤定子、转子的任何部位。采用合适的方法将转子安置好，确保其安全。

因首次拆卸时并不能准确确定悬挂点位置（考虑转子重心，D 端端盖，轴承和起重钩等），转子必须加相应的支撑和保护以避免移动过程中出现损伤。

6）D 端端盖的拆卸

将转子放置在转子存放台上，退出 D 端外轴承盖的紧固螺栓 M10，用工艺螺栓顶出外轴承盖，然后将端盖退出。

7）D 端轴承外环的拆卸

用拔出装置和液压装置从轴承罩内压出轴承外环。

8）拆卸 D 端挡圈和 D 端轴承内圈

用三爪拔出器从轴上拆下 D 端挡圈。

9）N 端内轴承盖（带轴承）拆卸

将液压装置旋入 N 端轴的 G1/4 螺纹孔内，从轴上卸下带轴承的 N 端内轴承盖。

10）N 端轴承从 N 端内轴承盖中压出

用液压装置从 N 端内轴承盖中将轴承压出。

11）N 端内油封拆卸

用三爪拔出器从轴上取出 N 端内油封。

12）N 端端盖的拆卸

在端盖的工艺孔中装上螺栓，在对称位置均匀施力缓慢地将端盖退出。

4. 重新装配

牵引电机的重新装配必须在干净无灰尘的地方进行，必须小心接触部件，勿使其损坏和生锈。

将解体的步骤反过来实施，会使重新装配较为容易进行，在重新组装之前，请准备所需的所有部件和工具。

在电机重新装配前，必须完成必要的准备工作，如定子准备、转子准备、螺孔清理和攻丝、准备紧固件、准备橡胶密封件和各种密封胶。

重新装配顺序如表 2-6 所示。

1）N 端端盖安装

取下注油嘴帽，将润滑脂压入注油嘴直到端盖内侧有 5 cm 新润滑脂流出，清除流出的润滑脂，盖上注油嘴帽。端盖储油室 70%注满润滑脂。在端盖轴承配合面上均匀涂抹薄薄一层

乐泰胶。将端盖吊装到定子机座上。在端盖紧固螺钉的螺纹上涂乐泰活化剂,并在空气中风干,然后装上螺钉和垫圈并紧固。

表 2-6 牵引电机重新装配步骤

序号	装配步骤	工具设备
1	N 端端盖的安装	吊具、扭矩扳手
2	N 端内油封安装	烘箱
3	N 端轴承安装	液压装置
4	D 端轴承内圈及内油封安装	—
5	D 端挡圈安装	烘箱
6	D 端轴承外圈安装	吊具、液压装置
7	吊入转子	转子卧装工具、吊具
8	D 端端盖的安装	吊具、扭矩扳手
9	测速齿盘及两端外轴承盖安装	扭矩扳手
10	小齿轮压装	液压装置
11	速度传感器、温度传感器、接线盒安装	扭矩扳手

2)N 端内油封安装

在烘箱内加热 N 端内油封,加热温度大约 220 °C,然后将 N 端内油封热套到转轴上,到止挡位置,并短时间内夹紧到位。

3)N 端轴承安装

N 端内轴承盖储油室 70% 注满润滑脂,N 端轴承注满 100% 轴承润滑脂。用液压装置将 N 端轴承压入 N 端内轴承盖,然后将带轴承的 N 端内轴承盖压入转轴,最大压力 100 bar。

用绝缘电阻测量仪检测轴承的绝缘电阻(N 端内轴承盖与轴承外圈之间):

绝缘电阻大于 10 MΩ,直流试验电压 $U = 250$ V。

4)D 端轴承内圈及内油封安装

将 D 端内油封滑进转轴直到再也不能移动,将 O 形密封圈安装到位。用手将 D 端轴承内圈滑到轴上,直到停止。

5)D 端挡圈安装

将挡圈在烘箱内加热到 110 °C,然后热套到轴上,并在最终位置保持一小段时间。冷却后加压 50 kN。

注意安装方向(开槽倾斜向轴承侧)。

6)D 端轴承外圈安装

均匀地在 D 端端盖轴承室内薄薄涂一层润滑脂。用液压装置将轴承外圈压入 D 端端盖轴承室,最大压力 100 bar。

使用绝缘电阻测试仪检测轴承绝缘电阻(D 端端盖与轴承外圈之间):

绝缘电阻大于 10 MΩ;直流试验电压 $U = 250$ V。

将带轴承外圈的 D 端端盖吊装到 D 端轴承内圈上。将两个装配螺栓装入 D 端内油封螺纹孔中,将 D 端内油封固定到 D 端端盖上。

7）转子插入

安装转子卧装工装，用吊具小心地将转子吊起，横向慢慢移动转子，逐步进入定子，不要损坏绕组、铁心和轴承。

在吊装转子时要注意 N 端内轴承盖的安装位置，N 端内轴承盖的注油孔必须和 N 端端盖的注油孔对齐。为避免安装时转子碰伤定子绕组和损坏轴承，建议使用导杆进行安装定位。

8）D 端端盖的安装

在 D 端端盖紧固螺钉的螺纹上涂乐泰活化剂，在空气中风干，然后装上螺钉并均匀紧固。

9）测速齿盘及两端外轴承盖安装

D 端：取下固定 D 端内油封和 D 端端盖的两个装配螺栓，装入 D 端外轴承盖，在紧固螺钉的螺纹上涂乐泰活化剂，在空气中风干。在螺纹孔内涂螺纹锁固胶，然后装上螺钉和垫圈并紧固。

N 端：将测速齿盘套入转轴并用螺钉紧固；装上 N 端外轴承盖并用螺钉紧固。

10）小齿轮压装

将液压装置与小齿轮的 G1/4″ 螺纹孔连接，启动液压装置将小齿轮压入转轴内孔，压装工艺参照小齿轮拆卸工艺。检查小齿轮压入量（测量精度 0.1 mm），最小允许压入量 4.4 mm，最大 4.6 mm。

从 600 bar 开始以每次约 200 bar 增幅逐步增压，每次增压之间停顿至少 2 min，停顿时间是让液体均匀流入不同区域，压力约 1 600 bar，注意最大油压 1 900 bar。

使用甘油压装。

压力增加太快会导致电机转轴或小齿轮的永久变形，从而导致小齿轮或转子报废。

11）速度、温度传感器安装、接线盒安装

在 D 端外轴承盖上安装速度传感器探头并用螺钉紧固；在机座上安装温度传感器探头并用螺钉紧固；再安装各个传感器电缆紧固夹并用螺钉紧固；压平安装电缆线接头并用螺钉紧固；在接线盒安装面均匀涂抹密封剂后安装接线盒盖板并用螺钉紧固。

测量速度传感器探头和测速齿盘之间的间隙；最小允许间隙 0.4 mm，最大间隙 1.4 mm。

三、试验规范

1. 绝缘电阻试验

绝缘电阻用 1 000 V 兆欧表测定，当该值低于 1.8 MΩ 时，则可判定为不符合运行条件。如果绝缘电阻值很低，则必须检查清楚。如果绝缘电阻降低是因为吸收湿气，则必须进行干燥烘焙。

2. 耐压试验（见表 2-7）

表 2-7　耐压试验要求

线圈种类	工频对地实验		脉冲匝间试验
	新品	修理品	
定子线圈	6 200 V　1 min	4 650 V　1 min	9 000 V　3 s

3. 空载试验

电机在工频 50 Hz、1 210 V 下无负荷运行,测量空载电流,设计值 120 A,容差±10%。检查轴承、电机有无异常振动、噪声,轴承的温升应不大于 80 K。

4. 堵转试验

将转子堵住,施加三相工频电压 275 V,测量三相堵转电流,堵转电流值为 610 A(误差±5%)。

5. 故障处理(见表 2-8)

表 2-8 常见故障处理

故障现象	故障原因	检查方法	处理方法
接地故障	接地座与外壳没有可靠连接	支座生锈	拆去并清洗电缆接线头
	接地故障造成连接导线损坏	检查连接导线	更换导线
	绕组绝缘损坏	检查绝缘电阻	询问制造商后再进行维修
绕组温度过高	电机过载	机车负载过大	降低负载,确定故障位置,并清除
		各电机负载不均匀	
温度指示不符合实际或出错	温度监测单元出现故障		更换电阻式温度检测器
	连接端子松动	打开端子连接盒,检查端子	
局部过热	绕组绝缘损坏	检查绕组电阻、绝缘电阻、测量阻抗	询问制造商后进行维修
	轴承润滑脂含杂质	拆去轴承盖	更换轴承,只在 N 端进行再润滑
	轴承游隙错误	吊起轴,并用千分表测量游隙	以正确的游隙安装轴承,检查相关部件
	轴承损坏	拆去轴承盖	更换轴承
	轴承卡位	拆去轴承盖,轴承变色或变形,油封变形	更换变色或变形零件
	轴承润滑过量或过少		正确润滑轴承
	电机内冷却风道堵塞		清洁风道
冒烟	绕组绝缘损坏	检查绕组电阻、绝缘电阻,测量阻抗	询问制造商后进行维修
	轴承卡位	轴承变色或者变形,轴承盖变色	更换轴承,询问制造商
	轴弯曲	只能在拆下后进行检测	询问制造商

续表

故障现象	故障原因	检查方法	处理方法
烧焦味	电缆连接故障或者断裂	检查电缆连接	修复电缆连接
	端子安装松动	检查绕组电阻、绝缘电阻和测量绝缘阻抗	询问制造商后进行维修
有嗡嗡的噪声	电缆断裂	检查电缆	更换电缆
有振鸣噪声	轴承游隙错误	吊起轴,用指千分表测量游隙	以正确的间隙安装轴承,检查相关部件
	轴弯曲	只能在拆下后进行检测	询问制造商
有撞击的噪声	有电流从轴承流过	视觉检查轴承表面	询问制造商
	轴承故障	拆掉轴承盖	更换轴承
	速度传感器的测速齿盘松动	拆掉测速齿盘,检查相关零件及安装状态	恢复速度传感器的测速齿盘
	电机悬挂装置开裂	检查悬挂装置	询问制造商
	电机悬挂装置松动	检查紧固位置,检查轴承组装	按规定扭矩紧固相应紧固件
	电机紧固件松动或者有裂纹	检查紧固位置,视觉检查裂纹位置	按规定扭矩紧固相应紧固件;或者更换相应紧固件
有尖锐的噪声	轴承游隙错误	吊起轴,并用千分表测量游隙	以正确的游隙安装轴承,检查相关零件
	轴承损坏	拆去轴承盖	更换轴承
径向振动	轴承游隙过大	提起轴,用千分表测量游隙	以正确的游隙安装轴承
	轴承损坏	拆去轴承盖	更换轴承
	平衡块松动或者丢失	目测	询问制造商
	电机悬挂损坏	检查悬挂	询问制造商
	电机悬挂松动	检查螺钉接头、轴承装置和阻尼元件	以规定紧固转矩上紧螺钉,更换阻尼元件
	转子不平衡	目测,平衡	清洁转子,再平衡转子
轴向振动	轴承游隙错误	提起轴,用千分表测量游隙	以正确的游隙安装轴承
	轴承损坏	拆去轴承盖	更换轴承
	电机悬挂损坏	检查悬挂	询问制造商
	电机悬挂松动	检查螺钉接头、轴承装置	以规定紧固转矩上紧螺钉

续表

故障现象	故障原因	检查方法	处理方法
转矩损失	导线损坏	检查连接导线	更换导线
速度信号变化	速度传感器信号中断	检查导线，插头连接	更换导线，修理插头连接
	速度传感器安装松动	检查紧固件	固定速度传感器
	速度传感器有故障	测量各引线信号	更换速度传感器
	速度传感器信号不正常	速度传感器探头聚集大量铁粉	清除探头上的铁粉
	速度传感器的传动轮松动	拆去盖，检查底座和压盖	固定速度传感器
油/油脂泄漏	N端轴承油脂过多	拆去轴承盖	除去过多油脂
油脂污染过早老化	轴承上的电流	拆卸轴承后才能看到	询问制造商
	冲击或振动		询问制造商

思政课堂

曹建猷院士：中国电气化事业奠基人

复习思考题

1. 三相交流异步电动机作为牵引电动机有哪些优点？
2. 说明三相异步电动机铭牌上的重要数据有哪些？
3. 说明三相异步电动机主要由哪些部件组成？
4. 三相异步电动机中的定子旋转磁场是怎样产生的？
5. 比较三相异步电动机在三种工况下转差率有什么不同？
6. 分析三相异步电动机工作在电动状态时的工作原理。
7. 画出异步电动机稳态等效电路。
8. 说明HXD型电力机车恒功率运行区对异步牵引电动机的调节有哪两种方法？
9. 请描述HXD型电力机车牵引电机结构组成及各部件的作用。
10. 说明HXD型电力机车牵引电机的技术要求。
11. 简述HXD型电力机车牵引电机的技术要求。
12. 说明JD160牵引电动机的型号与技术参数。
13. 说明牵引电机的清洁及注意事项。

项目三 主变压器

> 变压器是用来变换交流电压、电流从而传输交流电能的一种静止的电器设备，它是根据电磁感应的原理实现电能传递的。电力机车的主变压器主要是给机车的各个用电设备提供合适的电压，包括牵引电机、各辅机、空调以及蓄电池的充电。

任务一 变压器的基本知识

教学目标

1. 知识目标

（1）掌握变压器的结构及分类。

（2）掌握变压器发热的原因及冷却方式。

2. 能力目标

（1）能说出变压器的组成，能认知变压器。

（2）能区分变压器的冷却方法。

视频：变压器

一、变压器分类

变压器是利用电磁感应的原理来改变交流电压的装置，按照用途来分，变压器可以分为电力变压器、仪用变压器，自耦变压器和专用变压器。

1. 电力变压器

电力变压器是用来传输和分配电能的，是所有变压器中用途最广、生产量最大的一种变压器，如图 3-1 所示。

远距离输送一定的电功率时，电压越低则电流越大，消耗在输电线路上的损耗越大。所以，为了减少输电损耗，目前电力系统的输电线路都采用高压输电。由于受到绝缘水平的限制，发电厂的同步发电机一般输出的额定电压为 10.5 kV，而一般高压输电线路的额定电压为 110 kV、220 kV、330 kV、500 kV，这就需要用升压变压器将电压升高后再送到输电线路，当电能经过高压输电线路传输到用电区后，必须用降压变压器把输电线路上的高电压降下来。

2. 仪用变压器

仪用变压器包括电流互感器和电压互感器，一般在测量系统中使用。它能够把大电流变换成小电流，或把高电压变换成低电压，从而隔离大电流或高电压，以便于安全地进行测量工作。

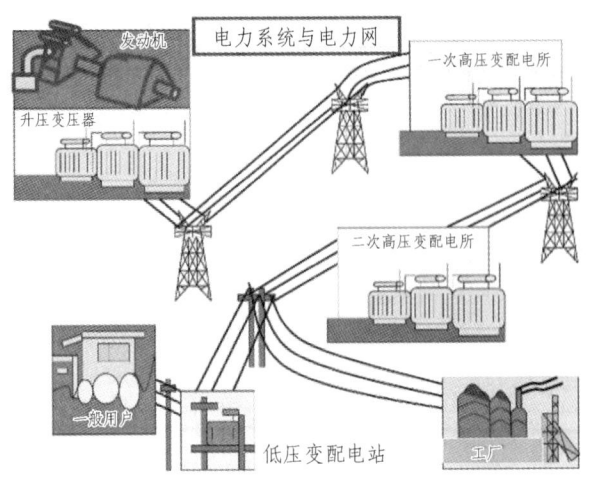

图 3-1　电力系统示意图

3. 自耦变压器

容量较大的异步电动机降压启动时常用自耦变压器实现降压。在实验室中，经常要使用自耦变压器，以便调节输出电压。

4. 专用变压器

专用变压器包括电解用的整流变压器、焊接用的电焊变压器，以及供无线电通信使用的特殊变压器等。

二、变压器组成

电力变压器一般是由铁心、绕组、油箱、绝缘套管和冷却系统等主要部分组成。铁心和绕组是变压器进行电磁能量转换的有效部分，称为变压器的器身。油箱是油浸式变压器的外壳，箱内灌满了变压器油，变压器油起绝缘和散热作用。绝缘套管是将变压器内部的高、低压引线引到油箱的外部，不但作为引线对地的绝缘，而且担负着固定引线的作用。为了使变压器安全可靠地运行，还设有储油柜、气体继电器和安全气道等附件，如图 3-2 所示。

1. 铁　心

铁心是变压器的磁路，为提高变压器磁路的导磁率，铁心材料采用高导磁性能的硅钢片，为减少交变磁通在铁心中引起的涡流损耗，铁心通常用 0.28～0.35 mm 相互绝缘的硅钢片叠成。铁心分为铁心柱和铁轭两部分。铁心柱上套绕组，铁轭将铁心柱连接起来，使之成为闭合磁路。

2. 绕　组

绕组是变压器的电路部分，由铜或铝的导线绕成，电力变压器的高低绕组在铁心柱上按同心圆筒的方式套装。在一般情况下，总是将低压绕组放在里面靠近铁心处，以利于绝缘；把高压绕组放在外面。高、低压绕组间以及低压绕组与铁心柱之间留有绝缘间隙和散热通道。

为了使绕组有效地散热，绕组设有散热油道。在双绕组变压器强迫油循环导向冷却系统中，压力油在高、低压绕组之间有各自的流通路线，绕组中有纵向和横向油道，压力油在油箱中按指定的导向有规律地定向流动，保证所有低温冷却油流过油道，把热带走，使绕组得到有效的冷却，所以冷却效果比较理想。因此，目前大型变压器几乎都有采用这种强迫导向冷却的方式。

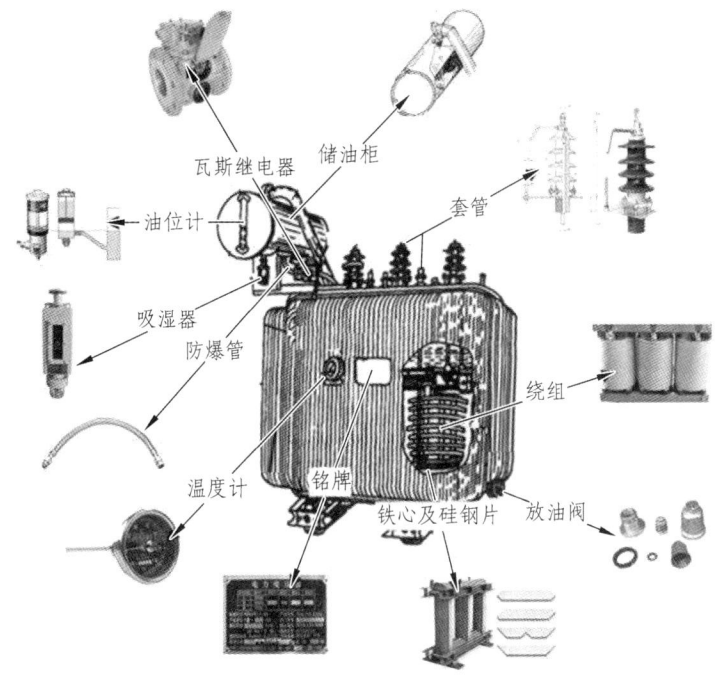

图 3-2 电力变压器组成

3. 油　箱

油箱是油浸式变压器的外壳，是用钢板焊成的，器身就放置在油箱内。按变压器容量的大小，油箱结构上有吊器身式和吊箱壳式两种。

吊箱壳式变压器由上节油箱（钟罩式箱壳）、下节油箱、器身组成。箱壳上装有储油柜（又称为油枕）。油浸式变压器的油箱内充满了变压器油，变压器油既起冷却作用，又起绝缘作用。油中含杂质或水分将降低油的绝缘性能，故要求盛在油箱内的变压器油最好不与外界空气接触，为此需将油箱盖紧，但当油温变化时，油的体积会膨胀或收缩，因而引起油面升高或降低。大、中型电力变压器的高压侧，电压较高，当油的绝缘强度下降时，会立即威胁变压器的安全运行，储油柜可解决这个问题。

储油柜又称为油枕，或油膨胀器，通过气体继电器的连通管与箱壳连通，其上部装设一个呼吸器，正常时，储油柜中一半是油，一半是空气，箱壳内总是充满变压器油，当油受热膨胀后，储油柜的油面上升，上半部的空气通过呼吸器排到外面大气中去；当冷却时，油面下降，外部空气通过呼吸器的管子又进入储油柜，油面随温度的变化而自由升降，油与空气的接触面始终是储油柜的截面，减少了油与空气体的接触面，呼吸器的下端装有能够吸收水分和杂质的物质，此外，储油柜上装有全密封式带磁性的油位指示器，变压器装设了储油柜后，还有利于装设气体继电器（亦称为瓦斯继电器），当变压器任何一部分因过热而使绝缘损坏，产生某些气体分解物时，气体继电器发出信号；当变压器内部发生严重故障时，有大量气体突然产生，气体继电器接通断路器的跳闸回路，将变压器切除，为防止变压器油因氧化而变质，大型变压器在储油柜上接氮气袋，储存氮气，进行充氮保护和空气隔离。

4. 绝缘结构和绝缘套管

变压器的绝缘分主绝缘和纵向绝缘两大部分。主绝缘是指绕组与地之间、相与相之间，以及同一相而不同电压等级的绕组之间的绝缘；纵向绝缘是指同一电压等级的一个绕组，其不同部位之间（层间、匝间、绕组对静电屏之间）的绝缘。主绝缘应承受工频试验电压和全波冲击试电压的作用。因此，主绝缘结构应保证在相应电压等级试验作用下，具有足够的绝缘强度并保持一定的余度。

变压器内部的主绝缘结构主要为油-隔板绝缘结构，目前广泛采用薄纸筒小油隙结构。绕组之间设置多层厚度一般为 3～4 mm 的纸筒。铁心包括心柱和铁轭是接地的，靠近心柱的绕组与心柱之间为绕组对地的主绝缘，用绝缘纸板围着圆柱形的铁心构成，根据电压的高低决定纸板的张数。

每相绕组的上、下两端，绕组与上部的钢压板、下部铁轭，存在着绕组端部的主绝缘，又称为铁轭绝缘，采用纸圈-垫块交叉地放置数层构成，以改善绕组端部电场的分布。

变压器的绝缘套管将变压器内部的高、低压引线引到油箱的外部，不但作为引线接地的绝缘，而且担负着固定引线的作用。

三、变压器铁心和绕组的冷却

变压器冷却方式：

1. 强迫风冷

在变压器的散热器上加冷却风扇，风扇数量视变压器的容量而定，使流过散热器中油的热量尽快散失到周围空气中去，以达到降低变压器温升的目的。

2. 强迫油循环风冷

在变压器的散热器进、出管道的一侧加装油泵使油在冷却器和变压器中循环流动，同时在散热器上加装冷却风扇，使流动的油中的热量在风扇的作用下尽快地散失到周围空气中，以降低变压器的温升，虽然其在结构上比强迫风冷要复杂一些，但冷却效果要好得多，因为强迫油循环比自然油循环散热要快得多，大容量变压器一般均采用此种方式冷却。

3. 强迫油循环水冷

与第二种冷却方式所不同，强迫油循环水冷是让循环的热油流过通有流动的冷水的冷却器，通过热油流和冷水的相对流动进行热交换，把热量用水带走。众所周知，水的冷却效果要比空气冷却效果强许多倍。

为了配合上述冷却方式，在铁心和绕组方面都采取了相应的冷却措施。

（1）在铁心方面，在铁心切片时，铁心的形状要考虑散热和减少涡流损失，在铁心叠片组装时留出轴向和纵向的油道以使油能有最佳的冷却效果。

（2）在绕组方面，不管采用何种绕法都要设计有一定的油路，为了便于散热，不同容量的变压器采用不同的绕制方法，如连接绕法、交叠绕法、匝间、层间、段间、相间都留有一定间隙的油道以便使油在其中流动。

通常采用的强迫油循环冷却的油流大部分通过箱壁和绕组之间的空隙，只有少量的油流过线圈和铁心，这样在变压器内部温度分布不均匀，冷却效果不好。为了进一步改进，又采用了强迫油循环导向冷却，这种冷却方式使油在变压器内部沿着一定方向流入线圈和铁心中所设的一定油路，然后再流入冷却器中冷却，这样就可以带走铁心和线圈中产生的大量热量，提高了散热效率。

任务二　变压器的工作原理

学习目标

1．知识目标
（1）掌握变压器的工作原理。
（2）掌握变压器的空载与负载运行特点。
（3）掌握变压器的等效电路。

2．能力目标

动画：变压器原理

（1）能解释变压器的工作过程。
（2）能写出变压器空载运行的电压方程。
（3）能描述变压器空载运行的变压比。
（4）能画出变压器的 T 型等效电路。

一、变压器的工作原理

变压器的工作原理如图 3-3 所示。在绕组 N_1 上施加交流电压 $\dot{U}_1$，便有交流电流 $\dot{I}_1$ 流入，因而在铁心中激励出交变磁通 $\dot{\Phi}$。根据电磁感应定律可知，磁通 $\dot{\Phi}$ 的交变磁场会在绕组 N_2 中感应出电动势 $\dot{E}_2$；此时若在绕组 N_2 上接上负载，就会有电能输出。由于绕组的感应电势正比于它的匝数，因此只要改变绕组 N_2 的匝数，就能改变感应电动势 $\dot{E}_2$ 的大小，这就是变压器的工作原理。

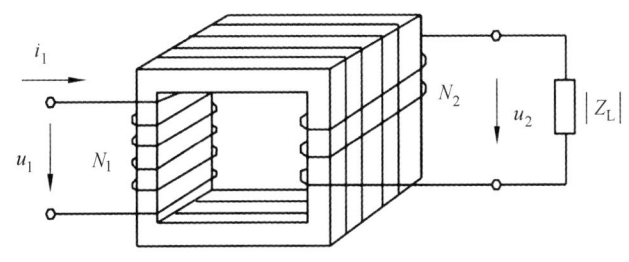

图 3-3　变压器的工作原理

绕组 N_1 从电源吸收电能，称为原边绕组，有关原边绕组的各量均以下标"1"来表示，例如原边绕组的功率、电流、电阻分别为 P_1、I_1、R_1。绕组 N_2 向负载输出电能，称为副边绕组，有关副边绕组的各量均以下标"2"来表示，例如副边绕组的功率、电流、电阻分别为 P_2、I_2、R_2。若原边绕组为高压绕组、副边绕组为低压绕组，则该变压器就是降压变压器；若原边绕组为低压绕组，副边绕组为高压绕组，则该变压器就是升压变压器。

二、变压器的空载运行

空载运行是指变压器的原边绕组接在电源上，副边绕组不带负载（开路，$I_2=0$）时的状态。为了便于理解变压器的电磁关系，以下按照由简到繁的顺序先从理想变压器的空载运行开始分析。所谓理想变压器是指绕组没有电阻，铁心中没有损耗，磁路不饱和且没有漏磁通的变压器。

变压器是接在交流电源上工作的，其中电压、电流、电动势及磁通的大小和方向都随时间而变化。要研究这些量之间的关系及计算它们的数值，必须首先规定出它们的正方向。正方向的规定是人为的，习惯上将变压器中各电磁量的正方向按图3-4所示作如下规定：

（1）电位降用电压 $\dot{U}$ 表示；电位升用电动势 $\dot{E}$ 表示。

（2）原边绕组电压 $\dot{U}_1$ 的正方向是从原边绕组的首端 A 指向末端 X。

（3）原边绕组电流 I_1 的正方向是从原边绕组的首端 A 指向末端 X，即原边绕组电压的正方向和电流的正方向一致。

（4）磁通 $\dot{\Phi}$ 的正方向与电流入的正方向之间符合右手螺旋定则。

（5）原边绕组感应电动势 $\dot{E}_1$ 的正方向和副边绕组感应电动势 $\dot{E}_2$ 的正方向与产生它们的磁通中的正方向之间也符合右手螺旋定则。

1. 理想变压器空载时的电压方程

理想变压器空载运行时，原边绕组上接电源电压 $\dot{U}_1$（正弦交流电），原边绕组中流过的电流 $\dot{I}_1$ 用 $\dot{I}_0$ 表示，被称为空载电流 $\dot{I}_0$。空载电流 $\dot{I}_0$ 产生空载磁势 $\dot{I}_0 N_1$ 加在变压器的铁心磁路上。由于铁心中的磁场就是由 $\dot{I}_0 N_1$ 建立的，所以又称空载磁势 $\dot{I}_0 N_1$ 为励磁磁势，空载电流 $\dot{I}_0$ 又被称为励磁电流。励磁磁势 $\dot{I}_0 N_1$ 在铁心中激励起按正弦变化的磁通 $\dot{\Phi}$，该磁通同时与原边、副边绕组交链，通过铁心回路闭合，称为主磁通，其幅值用 $\dot{\Phi}_m$ 表示，它在原边和副边绕组中产生感应电动势 $\dot{E}_1$ 和 $\dot{E}_2$。

根据电磁感应定律，可推导出原边、副边绕组感应电动势的有效值为

$$E_1 = 4.44 f N_1 \Phi_m \tag{3-1}$$

$$E_2 = 4.44 f N_2 \Phi_m \tag{3-2}$$

式中　E_1、E_2——原、副边绕组感应电动势的有效值（V）；

　　　N_1、N_2——原、副边绕组的匝数；

　　　Φ_m——主磁通的幅值（Wb）；

　　　f——正弦交流电的频率（Hz）。

上式表明了感应电动势与主磁通的关系，而主磁通与励磁电流的关系与磁化曲线相联系，因而感应电动势与励磁电流之间必然存在着一定的关系。通过进一步的分析可知，理想变压器原边绕组感应电动势与励磁电流 $\dot{I}_0$ 之间的关系可以用一个电抗来表达，即

$$E = -jI_0 X_m \tag{3-3}$$

式中的 X_m 称为变压器的励磁电抗，它是表示铁心磁化性能的一个参数。X_m 与铁心绕组的电感 L_m 相对应，因而它与原边绕组匝数 N_1 的平方和铁心磁路的磁导 Λ_m 成正比，即

$$X_m = \omega L_m = 2\pi f N_1^2 \Lambda_m \tag{3-4}$$

根据正方向的规定和基尔霍夫定律可知，电动势应与电压相平衡，即理想变压器空载时原边绕组电压方程为

$$U_1 = -\dot{E}_1 \tag{3-5}$$

式（3-5）表明，在理想变压器中，外加的电源电压边绕组电压 $\dot{U}_1$ 和原边绕组中的感应电动势 $\dot{E}_1$ 在数值上是相等的，而在相位上相差 180°，因此可以得到

$$U_1 = E_1 = 4.44 f N_1 \Phi_m \tag{3-6}$$

式（3-6）表明，一定幅值的外加电压 U_1 产生一定幅值的交变磁通 Φ_m，以建立与电压平衡的感应电势。即在频率 f 和匝数 N_1 不变的条件下，电压 U_1 正比于 Φ_m；或者说若外加电压 U_1 不变，则磁通量也不变。变压器运行时铁心中的磁通基本上不变，这是分析变压器运行情况的一个基本概念。

根据正方向的规定和基尔霍夫定律可知，副边绕组输出的空载电压 U_{2O} 就等于副边绕组感应电势 E_2，即变压器空载时副边绕组电压方程为

$$\dot{U}_{2O} = \dot{E}_2 \tag{3-7}$$

2. 变压器的变压比

变压器的变压比用 K 表示，它定义为原边绕组电动势 E_1 与副边绕组电动势 E_2 之比，即

$$K = \frac{E_1}{E_2} \tag{3-8}$$

根据 $E_1 = 4.44 f N_1 \Phi_m$，$E_2 = 4.44 f N_2 \Phi_m$，$\dot{U}_1 = -\dot{E}_1$，$\dot{U}_{2O} = \dot{E}_2$ 及变压器额定电压的定义，可得

$$K = \frac{E_1}{E_2} = \frac{N_1}{N_2} = \frac{U_1}{U_{2O}} = \frac{U_{1N}}{U_{2N}} \tag{3-9}$$

式（3-9）表明，变压器的变压比等于原边、副边绕组的匝数之比，等于原边绕组电压与副边绕组空载电压之比，也等于原边绕组额定电压与副边绕组额定电压之比。在实际的变压器中，$K = \frac{U_{1N}}{U_{2N}}$ 只是近似的。变压比 K 是变压器的一个重要参数。

三、变压器的负载运行

负载运行就是指变压器的原边绕组接在电源上,副边绕组接上负载后输出电流的状态。变压器负载运行如图 3-4 所示。

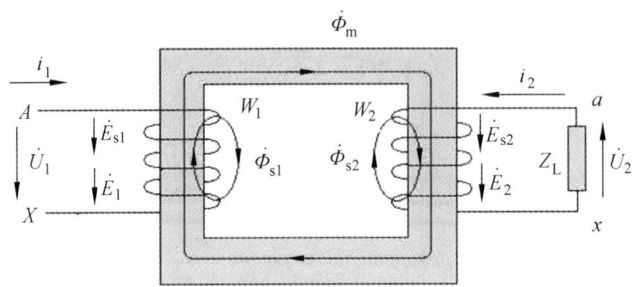

图 3-4 变压器负载运行示意图

变压器空载运行时,原边绕组流过空载电流 $\dot{I}_0$,铁心磁路只有励磁磁势 $\dot{I}_0 N_1$,它产生的主磁通 Φ_m 分别在原边、副边绕组中感应出电势 $\dot{E}_1$ 和 $\dot{E}_2$。当副边绕组接上负载后,在 $\dot{E}_2$ 作用下,副边绕组流过负载电流 $\dot{I}_2$,并产生相应的磁势 $\dot{I}_2 N_2$ 也加在铁心磁路上,根据楞次定律,该磁势将使铁心中的主磁通 Φ_m 趋于改变,因而 $\dot{E}_1$ 也将趋于改变,从而打破了原有的平衡,使原边绕组电流发生变化。设电流由 $\dot{I}_0$ 变为 $\dot{I}_1$,则变压器负载运行时原边绕组电压方程为

$$\dot{U}_1 = -\dot{E}_1 + \dot{I}_1 Z_{1\sigma} \tag{3-10}$$

由于 $\dot{I}_1 Z_{1\sigma}$ 在数值上比 $\dot{E}_1$ 小很多,将 $\dot{I}_1 Z_{1\sigma}$ 忽略不计。当 $\dot{U}_1$ 不变时,$\dot{E}_1$ 近似不变,与 $\dot{E}_1$ 对应的磁通 Φ_m 也近似不变,因变压器空载时和负载时产生该磁通 Φ_m 的磁势也应该不变,即空载时的励磁磁势与负载时的合成磁势应该相等,由此,可以得出变压器的磁势平衡方程为

$$\dot{I}_0 N_1 = \dot{I}_1 N_1 + \dot{I}_2 N_2 \tag{3-11}$$

式(3-11)表明,变压器负载时原边绕组电流产生的磁势与副边绕组电流产生的磁势合成值等于励磁电流产生的磁势。在式(3-11)中用 N_1 除各项后可得

$$\dot{I}_1 = \dot{I}_0 + \dot{I}_1' \tag{3-12}$$

式中,$\dot{I}_1' = -\dfrac{N_1}{N_2}\dot{I}_2$ 表示原边绕组电流的负载分量。

式(3-12)表明,原边绕组电流 $\dot{I}_1$ 由两部分组成,其中 $\dot{I}_0$ 用来产生磁通 Φ_m,称它为励磁分量;$\dot{I}_1'$ 用以抵消副边绕组电流 $\dot{I}_2$ 产生的去磁作用,称它为负载分量。当变压器的负载电流 $\dot{I}_2$ 变化时,原边绕组电流 $\dot{I}_1$ 会相应变化,以抵消副边绕组电流的影响,使铁心中的磁通基本上不变。正是磁通近似不变的这种效果,使得变压器可以通过磁的联系,把输入到原边绕组的电功率传递到副边绕组电路中去。这个概念是相当重要的,从功率平衡的角来讲,也应该是这样:副边绕组输出了功率,原边绕组就应该相应地输入功率。

当变压器在额定负载下运行时，励磁电流相对于额定电流来说是很小的，故将式（3-12）中的 $\dot{I}_0$ 忽略后可得

$$\dot{I}_1 \approx \frac{N_1}{N_2}\dot{I}_2 = -\frac{1}{K}\dot{I}_2 \qquad (3\text{-}13)$$

式（3-13）表明，变压器的原边绕组电流 $\dot{I}_1$ 与副边绕组电流 $\dot{I}_2$ 在相位上几乎相差 180°，而有效值的大小是 $\dot{I}_2$ 为 $\dot{I}_1$ 的 K 倍。

四、变压器的等效电路

要得到变压器的等效电路，需要先进行变压器的折算，通过折算使变压器的基本方程得到简化，便可以找到与简化后的基本方程相对应的变压器的等效电路。

1. 变压器的折算

变压器的原边绕组和副边绕组之间没有电的联系，只有磁的联系。从变压器的磁势平衡方程可见，副边绕组的负载电流是通过它的磁势来影响原边绕组的电流的，变压器的折算就是指假设用一个和原边绕组具有相同匝数 N_1 的等效副边绕组去代替匝数 N_2，折算后，等效副边绕组的电流、电势、电阻、漏抗和阻抗分别用 $\dot{I}_2'$、$\dot{E}_2'$、R_2'、$X_{2\sigma}'$ 和 $Z_{2\sigma}'$ 来表示。变压器的折算只是分析变压器的一种方法，通过折算可以把原边绕组和副边绕组之间复杂的电磁关系转换为等效的电的关系，从而能简化变压器的基本方程，便于画出变压器的等效电路。

2. 变压器的等效电路

根据折算后的变压器的基本方程，可以找到与其对应的等效电路，如图 3-5 所示。所谓等效电路，就是指这个电路能够等效地反映变压器的运行情况。例如，励磁支路中流过励磁电流 $\dot{I}_0$，它用来产生主磁通，以便产生感应电势 $\dot{E}_1 = \dot{E}_2'$；$\dot{E}_2'\dot{I}_2'$ 表示原边绕组通过电磁感应传送给副边绕组的电磁功率，它是变压器进行能量转化的枢纽；R_1 和 R_2' 上消耗总功率表示原边绕组电阻和副边绕组电阻的铜损耗；$\dot{U}_1\dot{I}_1$ 和 $\dot{U}_2'\dot{I}_2'$ 分别表示变压器的输入功率和输出功率。

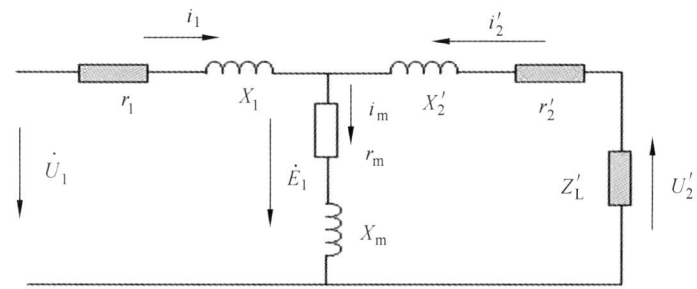

R_1—与变压器原边绕组的铜耗相对应的电阻；$X_{1\sigma}$—与变压器原边绕组的漏磁通相对应的漏电抗；R_2'—与变压器副边绕组的铜耗相对应的经折算后的电阻；$X_{2\sigma}'$—与变压器副边绕组的漏磁通相对应的经折算后的漏电抗；R_m—与变压器的铁耗相对应的励磁电阻；X_m—与变压器的主磁通相对应的励磁电抗。

图 3-5　变压器等效电路

任务三　HXD₃型电力机车牵引变压器检查与维护

学习目标

1. 知识目标

（1）掌握 HXD₃ 型电力机车主变压器的作用、组成和各部件的结构与用途。

（2）掌握 HXD₃ 型电力机车主变压器常规维护及检修项目的处理方法。

2. 能力目标

（1）能认知主变压器，说出主变压器的组成。

（2）能对主变压器进行维护检查和试验。

（3）能判断并处理主变压器故障。

一、概　述

主变压器（又称为牵引变压器），是电力机车上的一个重要的电器设备，用来将接触网上取得的 25 kV 高压电降为机车各电路所需的电压。主变压器与机车其他部件相比，其体积大、质量大，一般安装在机车中部，一部分在车体内，一部分在车体底架下部。

HXD₃ 型电力机车采用 JQFP2-9006/25（DL）型主变压器，其外形如图 3-6 所示。

图 3-6　主变压器外形

二、JQFP2-9006/25（DL）型主变压器特点

（1）采用下悬式安装，强迫导向油循环风冷方式，主变压器总质量 13 t。主变压器与冷却装置分开布置。

（2）变压器采用心式卧放结构，A 级绝缘，普通矿物油。

（3）高阻抗绕组结构，使变压器内部空间漏磁场很强，大量采用无磁结构件。

（4）油箱采用钢板加磁屏蔽的方式，避免漏磁干扰外部信号。

（5）线圈导线采用纸绝缘，具有耐热等级高、机械强度大的特点。

（6）全铝板翅式冷却器，两路油循环系统。

（7）高压套管采用高压端子，在低压套管出线装置中采用了新型结构的出线装置，具有安装拆卸方便、可靠及使用寿命长的特点。

（8）具有抗震的特点，适用机车的使用环境。

（9）经常需要检测及保养的部件装配在机车的两侧，以便于进行维护保养、检查。

（10）大电流的低压出线装置与牵引变流器按序安装，使其连线最短。

（11）变压器油采用氮气密封保护，使油不与外界环境相通，防止其劣化。

三、JQFP2-9006/25（DL）型主变压器主要技术数据

型号　　　　　　　　　　JQFP2-9006/25（DL）
机车网压范围（kV）　　　17.2～31.3
频率（Hz）　　　　　　　50
联结组　　　　　　　　　I　I$_0$
外形尺寸（mm）　　　　　3 060×2 760×1 475
安装方式　　　　　　　　车体下悬挂式
冷却方式　　　　　　　　强迫油循环风冷
复合冷却器通风量（m^3/h）　2×23 400
油流量（m^3/h）　　　　　2×48
出线端子号　　　　　　　1U；1V；2U1；2V1；2U2；2V2；2U3；2V3；2U4；
　　　　　　　　　　　　2V4；2U5；2V5；2U6；2V6；3U1；3V1；3U2；3V2
空载电流　　　　　　　　0.26%
空载损耗（W）　　　　　　2 600
负载损耗（W）　　　　　　224
总质量（kg）　　　　　　　13 000

主变压器的额定值如表 3-1 所示。

表 3-1　主变压器的额定值

线圈	容量/(kV·A)	电压/V	电流/A
高压线圈	9 006	25 000	360
牵引线圈	8 400	6×1 450	966
辅助线圈	606	2×399	759

各线圈试验电压如表 3-2 所示。

表 3-2　各线圈试验电压

线圈	工频试验电压	感应耐电压	冲击试验电压
高压线圈网侧	—	60 kV，1 min	150 kV
高压线圈接地侧	2.5 kV，1 min	—	—
牵引线圈	5.3 kV，1 min	—	—
辅助线圈	2.9 kV，1 min	—	—

四、结　构

主变压器由器身、油箱、保护装置、冷却系统和出线装置等部件组成。图 3-7 所示为 JQFP2-9006/25（DL）型变压器结构总图。

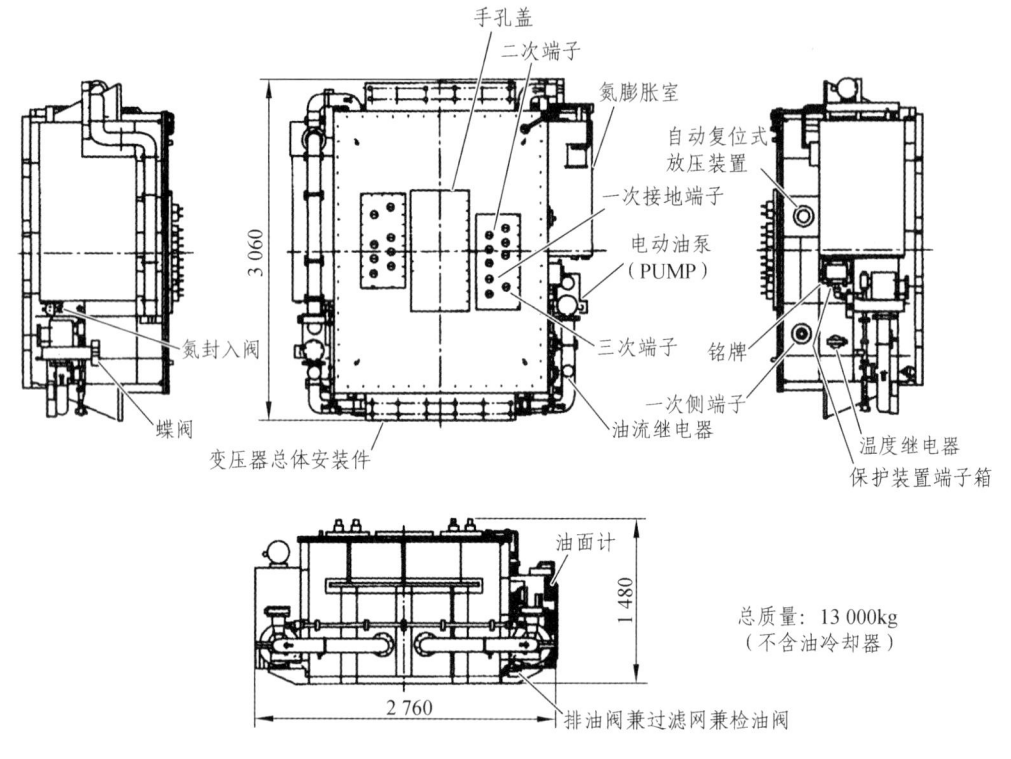

图 3-7　主变压器总图

（一）器　身

主变压器器身安放在油箱中，由铁心、绕组（线圈）、器身绝缘和引线装置等部件组成。JQFP2-9006/25（DL）型主变压器器身结构如图 3-8 所示。

1. 铁　心

铁心是构成变压器的闭合磁路，同时也是支撑绕组及引线装置的机械骨架。因此，要求铁心必须具有良好的导磁性能和足够的机械稳定性。

铁心由心柱、铁轭和夹紧装置组成。其中，套装绕组（线圈）的部分称为心柱；连接心柱构成闭合磁路的部分称为铁轭；夹紧装置用来夹紧心柱和铁轭，以构成坚实的整体，并借以支撑和压紧绕组，固定引线。为了减小铁心中的磁滞和涡流损耗，心柱和铁轭均采用高磁导率的冷轧电工钢片叠装而成。

JQFP2-9006/25（DL）型主变压器铁心为拉螺杆芯式结构，主要组成部分是拉螺杆、上夹件、下夹件、硅钢片等。上、下夹件由不锈钢板焊接而成，为提高刚度，腹板和肢板之间焊有加强筋。2 个上夹件之间和 2 个下夹件之间除了用穿心螺杆连接之外，在两端各有构件连接，这就提高了夹件的刚度,不易变形。铁心采用斜缝铁心结构,由 0.30 mm 厚的 30P105 有取向冷轧硅钢片叠成。心柱采用多级近似圆形的截面,直径 285 mm,铁轭也为多级近似圆形截面,涂漆,如图 3-9 所示。铁心叠片系数为 0.97。夹件与硅钢片之间有夹件油道,以作为绝缘和冷却油流路径。因为采用强迫导向油循环冷却方式,下夹件上有油孔,从油冷却器出来的油通过油管进入油箱的集油腔,再通过下夹件的油孔流向绕组。

整个铁心只允许有一点接地。如果有两点或两点以上接地时,当主磁通穿过此闭合回路时,就会在其中产生循环电流,造成铁心局部过热,邻近的绝缘件碳化、变压器油被分解等事故,这是不允许的。

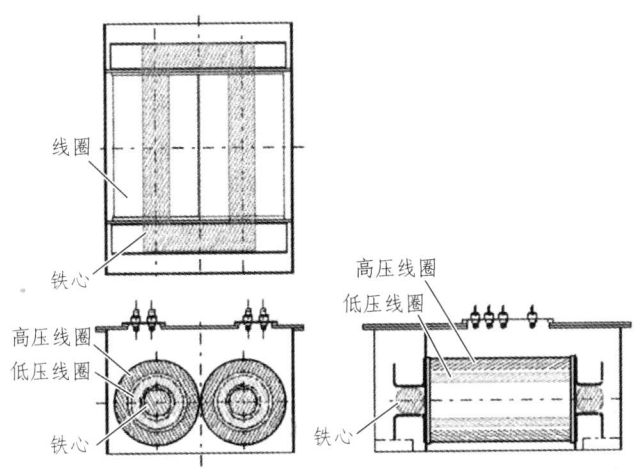

图 3-8 主变压器器身结构

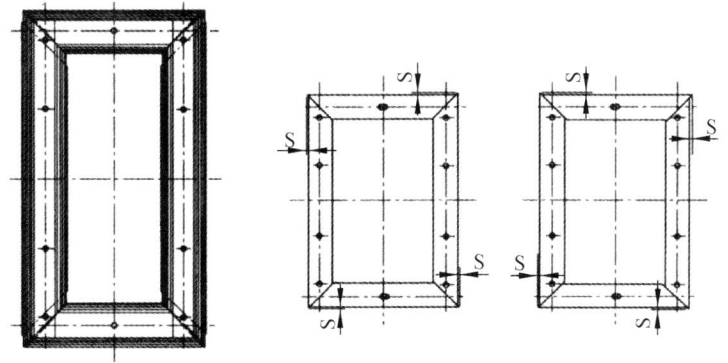

图 3-9 主变压器铁心

主变压器铁心主要技术数据如表 3-3 所示。

表 3-3 主变压器铁心技术数据

	有效面积 A/cm^2	叠片系数 f	磁密 T	窗高 H_0/mm	芯柱中心距 M_0/mm	匝电势 $U/\text{匝}$
铁心	521.5(ϕ285)	0.97	1.565 6	1 441	810	18.125
铁轭	521.5		1.565 6			

2. 绕　组

绕组是主变压器最关键的部件,为了保证变压器安全可靠运行,变压器绕组必须具有足够的电气强度、耐热强度、机械强度和良好的散热条件,使变压器既能在额定工作条件下长期使用,又能经受住过渡过程中(如短路、雷击、操作等)产生的过电压、过电流以及相应的电磁力作用,不致发生绝缘击穿、过热、变形或损坏。

JQFP2-9006/25(DL)型主变压器有 3 种线圈:高压线圈(1U1V)、牵引线圈(2U12V1、2U22V2、2U32V3、2U42V4、2U52V5、2U62V6)、辅助线圈(3U13V1、3U23V2)。接线如图 3-10 所示。

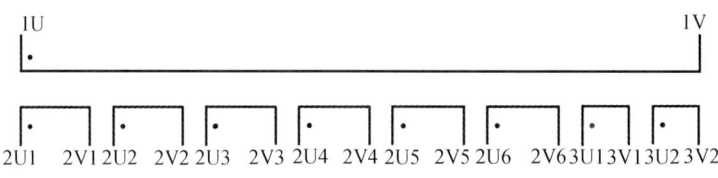

图 3-10　主变压器接线图

为满足高阻抗的要求,变压器线圈采用八分裂形式,心式结构,层式线圈,导线采用铜线纸质绕包。高压线圈分别布置在两个柱上,8 个线圈互相并联。牵引线圈采用多根导线并联,牵引线圈之间互不相连,相互弱耦合。

由铁心开始内侧为牵引线圈和辅助线圈,外侧为高压线圈,线圈绕在 20 mm 的绝缘筒上,整个线圈的辐向宽度为 215 mm。整个绕组不浸漆。

主变压器各线圈主要数据如表 3-4 所示。

表 3-4　主变压器各线圈主要数据

参数	高压线圈	牵引线圈	辅助线圈
额定电压/V	25 000	1 450×6	399
额定电流/A	360	966×6	759
匝数/柱	1 380×3	80×3	22
线圈数	4	3	1
并绕导线数	2	15	15
线圈型式	层式	层式	层式
导线规格/mm	$\frac{2.1 \times 2.7}{2.57 \times 3.17} / \frac{1.8 \times 2.1}{2.27 \times 2.57}$	$\frac{2.2 \times 5.6}{2.67 \times 6.07}$	$\frac{2.2 \times 5.6}{2.67 \times 6.07}$
Nomex/mm	0.47	0.47	0.47
裸线截面积/mm^2	10.72	180.15	180.15
电流密度/(A/mm^2)	5.22/3.49	5.36	4.22
平均半径/mm	208.9	137.6	131.3
导线重/kg	1 828.5	1 073.4	97.4
直流电阻/Ω(85 ℃)	5.836 8	0.013 44	0.003 66

3. 器身绝缘和引线装置

油浸式变压器的内部绝缘分为主绝缘和纵绝缘两类，主绝缘是指绕组（或引线）对地及对其他绕组（或引线）之间的绝缘；纵绝缘则指同一绕组不同部位之间的绝缘。绝缘结构尺寸，特别是主绝缘尺寸将直接影响变压器的重量和外形尺寸，以及阻抗电压、损耗等性能数据。

绕组与油箱、铁心以及不同绕组之间必须有足够的绝缘距离（油隙）。主变压器的器身绝缘结构除了要保证足够的绝缘强度外，还应满足绕组散热的要求。

引线设计结构紧凑，采用顶部电缆出线，占用空间少，电缆交叉处用绝缘纸板包扎，电流大的引线采用多根并联，可以随意弯曲，引线与端子之间采用冷压连接，操作方便，避免了焊接的麻烦。引线固定采用绝缘螺杆和绝缘螺母，拧紧后涂绝缘胶，防止松动。因此，不需要弹簧垫圈、备帽，引线支架采用高强度的层压木，强度好，不易变形。

（二）油　箱

油箱是油浸式主变压器的外壳，变压器的器身就放在充满变压器油的油箱内。油箱采用钢板焊接。高压绕组的高压接线端子 1U 安装在油箱壁上，其余端子都安装在油箱箱盖上。由于大电流穿过箱盖时，在套管安装孔周围会产生很强的交变磁通，从而在周围钢板内产生相当大的涡流，引起局部过热，因此在套管安装孔周围必须采取隔磁措施，采用磁屏蔽的方法使外泄漏磁限制在一定的范围内。通过 2 个吊挂座把变压器与车体底架连接起来。在油箱壁下部装有 $\phi 15$ 活门，作为注油、滤油和放油用。油箱壁的侧面安装有压力释放阀。油箱的两侧分别是储油柜和氮气膨胀箱，二者之间有管路连接。

（三）出线装置

主变压器各绕组的引线从油箱内引至油箱外时，必须采用出线装置，以便使带电的导线与接地的油箱绝缘。主变压器的出线装置多数采用复合瓷绝缘套管。绝缘套管的结构取决于电压等级和额定电流的大小。

1. 高压套管（1U 端子）

750S1 型套管是将主变压器原边的高压线圈的高压引线引出油箱的装置。套管的端子号为 1U（见图 3-11）。高压套管安装板以下浸在油中，安装板以上位于空气中。参数如下：

型号　　　　　　　　750S1
额定电压　　　　　　30 kV
最高工作电压　　　　36 kV
额定电流　　　　　　630 A
短路耐受电流　　　　50 kA
工频耐压　　　　　　75 kV
冲击耐压　　　　　　（1.2 ×50 μs）170 kV
工作温度　　　　　　−40 ~ 100 °C
质量　　　　　　　　1.8 kg

图 3-11　高压套管

2. 低压绕组套管

低压套管用于把主变压器的接线引出来，供机车内部接线用，套管的绝缘件采用树脂浇注成型，比以往的电瓷件强度好，且体积小。

低压绕组出线采用标准套管，如图 3-12 所示。

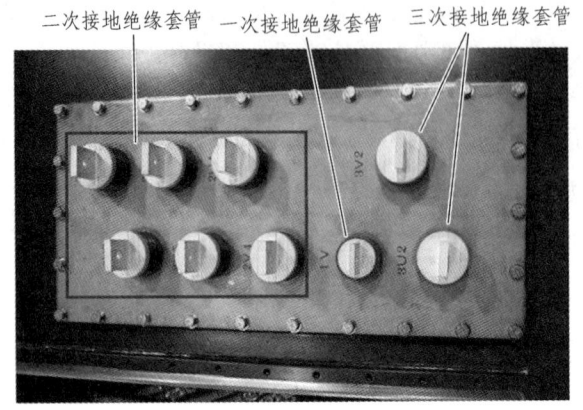

图 3-12　低压套管

（四）冷却系统

主变压器运行中产生的所有损耗将转变为热能，使各部件的温度升高，当主变压器温升超过规定的限值，将使绝缘损坏，直接影响主变压器的使用寿命（20~30年）。因此，主变压器必须具有相应的散热能力。主变压器在保证内部散热能力良好的同时，其外部冷却采用了强迫导向油循环风冷式冷却系统，如图 3-13 所示，该系统分为油路和风路两部分。

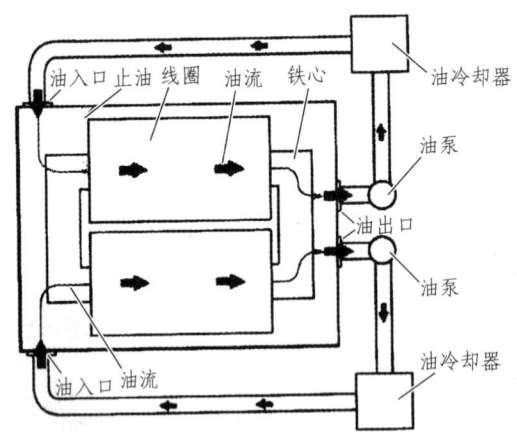

图 3-13　冷却系统油路

1. 冷却系统的油路

变压器设有两个油路，被隔板分隔成两个区，一端为进油区，另一端为出油区。进油区有管路连接，保持两端油压平衡。出油部热油被潜油泵抽出，经蝶阀，油流继电器，被冷却器冷却后经油管和蝶阀由油箱进油侧进入油箱、线圈，通过挡油圈、撑条、垫块在线圈内部流动，由线圈排油侧流出。

2. 冷却系统的风路

冷却器上部装有通风机,冷却风从车顶吸入后,先进入通风机,再进入冷却柜内的复合冷却器,先冷却复合冷却器上层牵引变流器的冷却水,然后冷却下层的变压器油,最后从车底排出。

3. 油冷却器

由于车体空间的限制,变压器油冷却分为两路,与变流器的两个水冷却器,组成两个冷却塔,如图 3-14 所示,首先冷却变流器,再冷却变压器。冷却器为全铝合金板翅式结构,变压器部分冷却器的热交换容量为 2×120 kW。参数如下:

热交换功率	240 kW
循环油量	2×48 m³/h
入口油温	85 ℃
出口油温	79 ℃
入口风温	57 ℃

图 3-14　复合冷却器

4. 潜油泵

主变压器有两个潜油泵,如图 3-15 所示,强迫变压器油循环进行冷却。该潜油泵冷却方式采用油内循环方式,具有运行可靠、结构简单、使用方便等特点。

潜油泵是电动机与油泵组合为一体。油泵叶轮直接装在电机轴端,靠叶轮旋转离心力作用产生扬程,泵壳将叶轮排出的高速汇流动能转化成压力迫使变压器油进行循环。

电机一部分热量传给机壳,机壳再将热量传给周围的空气,主要热量经泵的压力区由前轴承座上的几个进油孔将油压入机体内,油流经轴的中心孔和前轴承流回泵壳进行循环冷却。

潜油泵的性能参数:

功率	3.7 kW
电压	380 V
油流量	48 m³/h
扬程	157 kPa
质量	94 kg

1—油泵壳体；2—接线盒；3—出油口；4—进油口。

图 3-15 潜油泵

5. 蝶阀

在潜油泵、散热器、波纹管和油联管的入油口和出油口处均装有 4B 蝶阀，如图 3-16 所示，能承受工作压力 0.1 MPa，并能短时间将油封住。

在安装前，应将蝶阀清洗干净，以免污物进入变压器油内。主变压器正常工作时为"开"状态，在需要更换散热器、波纹管或油联管时，应先将阀关闭，使阀处于"闭"状态，这样无须全部排除变压器油就能更换某些配件。

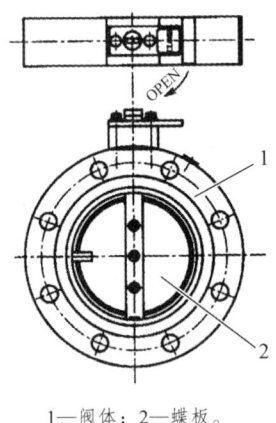

1—阀体；2—蝶板。

图 3-16 蝶阀

6. ϕ15 阀门

ϕ15 阀门（见图 3-17）用于注油、放油和滤油，主变压器的大量注油必须从此处注入。

ϕ15 阀门在投入工作时应将其密封板和遮盖卸下，工作完后再装上，以确保阀体内及变压器油不受污染。

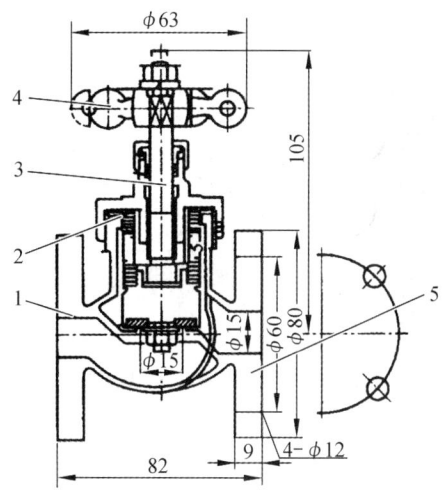

1—阀体；2—盖；3—阀杆；4—手轮；5—阀座。

图 3-17　ϕ15 阀门

(五) 保护装置

变压器油是从石油中提炼出来的优质矿物油。在油浸式变压器中，变压器油既是一种绝缘介质，又是一种冷却介质。因此，对变压器油的要求是：介质绝缘强度高、黏度低、闪点高、凝固点低、酸值低、灰粉等杂质及水分少。变压器油中只要含少量水分和杂质就会使绝缘强度大为降低（含 0.004%水分时，绝缘强度降低约 50%）。此外，变压器油在较高温度下长期与空气中的氧接触时会逐渐老化；在油中生成不传热的悬浮物，堵塞油道，并使酸值增加，绝缘强度降低，这对变压器的安全运行是十分不利的。

为了减缓变压器油受潮或老化的程度，使油能较长久地保持良好状态，在主变压器上专门设置了下列几种保护装置。

1. 储油柜（油枕）

当变压器油的温度变化时，其体积会发生膨胀或收缩，这就引起了油箱内变压器油油面的升高或降低。为了使油箱内的油面能自由地升降，并使油不致吸入空气里的潮气使变压器油的绝缘强度下降，因此专门设立了一个储油柜，通常称它为油枕。储油柜安装在油箱的侧面，其大小应能满足变压器在各种可能的运行温度下，油面的升降总是能保持在储油柜的范围内。

2. 油流继电器

油流继电器（见图 3-18）是为了检查变压器油循环的状态是否正常。由于油流继电器的叶轮转动力超过弹簧的复归力，从而使油流侧的磁铁旋转，该磁铁的磁力旋动隔壁外侧的磁铁，使干簧接点微动开关断开，同时，指针也偏转，显示油循环正常。油流一旦停止，叶轮也随之停止转动，由弹簧的复归力的作用，使干簧接点接触，报告油流出现异常。

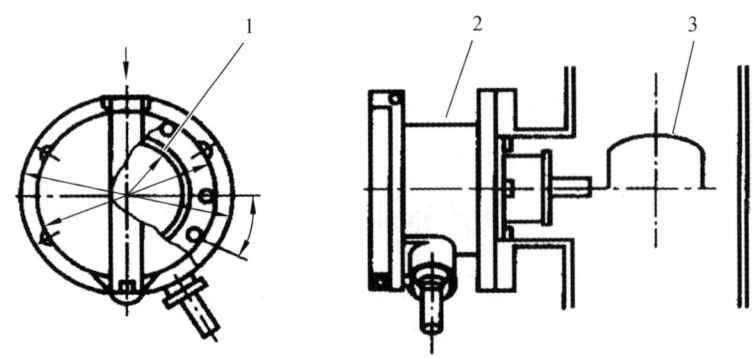

1—指针；2—外壳；3—动板。

图 3-18 油流继电器

油流继电器在安装之前应做下列检查。

（1）机械检查：检查油流继电器的动板转动是否灵活，动板被冲动的方向是否和油流指示方向一致。

（2）电器检查：检查接点与接线座的出线位置是否与度盘相同，导线绝缘是否良好。

油流继电器性能参数：

公称口径　　　　　4B

额定油流量号　　　48 m^3/h

动作油流量　　　　OFF 13.8 m^3/h

　　　　　　　　　ON　12 m^3/h

3. 压力释放阀

压力释放阀（见图 3-19）的作用是当变压器油箱内部因某种故障而使压力急剧增大，其压力达到标定值时，压力释放阀能迅速开启释放，从而防止变压器油箱破裂或爆炸，从压力释放阀排出的气体和油流排到容器外，当恢复正常时，阀口关闭。压力释放阀开启压力为（95±15）kPa。

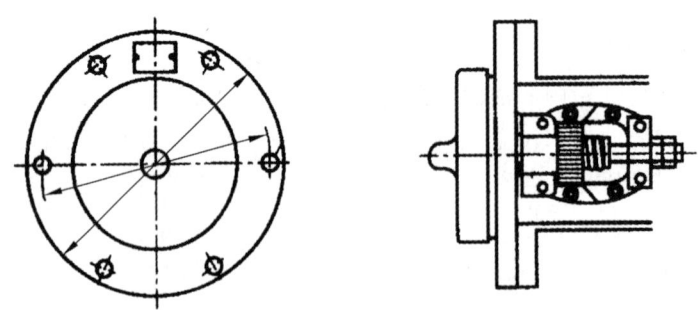

图 3-19 压力释放阀

4. 氮气膨胀箱

在绝缘油的油面上部封入氮，由于完全隔断外部空气和大气的侵入，对绝缘油酸化的影响就很小，能够保持其高的绝缘能力。变压器油箱内为满油，变压器油热胀冷缩引起液面变化在氮气膨胀箱内进行。通过不同的温度下氮气体积的变化来调节储油柜中油位的高低，以补充油箱中的油量,并且使变压器油不与空气接触,从而减缓变压器油的老化过程。

5. 油位计

油位计配置在变压器油箱的旁边的氮气膨胀室,表示油位高低。能够从安在变压器油箱的侧面的氮气膨胀室上玻璃窗中看到油面。这个油位计的刻度从+105 °C 到-40 °C,每个格为 5 °C。油位计的刻度按温度来表示。另外,油位计的表示比温度计的表示低时,有漏油的可能。

6. 温度继电器

温度继电器用来测量和监视主变压器油温。

为了保证变压器油的质量,除设置上述油保护装置外,还必须注意:不同产地或不同牌号的变压器油通常不能混用,这是因为变压器油的牌号是以凝固点的温度值命名的,变压器油分为 10#、25#、45#,它们的凝固点分别为-10 °C、-25 °C、-45 °C。不同牌号的变压器油混用后,对油的黏度、闪点、凝固点等都有一定影响,会加速油的老化。但在实际使用中又经常遇到变压器油的混用问题,其一般原则是:对不同来源的新油混合使用时,首先必须测量油的凝固点,若相近方可混合使用。对运行中的主变压器需要加油时,应根据加入量,按比例抽取混合油进行油样分析试验,以确定可否混用。

任务四 HXD_{1C}型机车牵引变压器检查与维护

学习目标

1. 知识目标

(1)掌握 HXD_{1C} 型电力机车主变压器的结构及参数。

(2)掌握 HXD_{1C} 型电力机车主变压器常规维护及检修项目的处理方法。

2. 能力目标

(1)能说出主变压器的组成。

(2)会进行变压器的维护试验。

(3)能判断并处理主变压器故障。

一、概 述

TBQ35-8900/25 型牵引变压器用于中车株洲电力机车有限公司生产的 7 200 kW 六轴货运电力机车,用来把接触网上取得的 25 kV 高压电变换为各种类型低压电,以满足机车上牵引电机和各种辅助电器的工作需要。变压器卧式安装,吊挂在车体下。主变压器为心式变压器。采用 A 级绝缘和普通矿物油。该主变压器在材料和结构上考虑了-50 ~ +45 °C 的工作环境。变压器油箱内设置了一个主变压器和 2 个谐振滤波电抗器,实现了一体化安装,有体积小、质量轻的特点。变压器油箱采用钢焊接结构。

冷却介质为 45#变压器油,采用双循环油路进行冷却。主变压器的设计寿命约为 30 年。

达到使用寿命的前提条件是不超过额定功率和最大允许温度，并按规定维护和使用。主变压器的外观如图 3-20 所示。

图 3-20　主变压器的外观

二、主要技术数据

TBQ35-8900/25 型牵引变压器的主要技术参数如表 3-5 所示。

表 3-5　主变压器主要技术参数

序号	项目		指标要求
1	额定容量/kV·A	高压绕组	8900
		牵引绕组	6×1383
		辅助绕组	2×300
2	额定电压	高压绕组	25 000 V
		牵引绕组	6×970 V
		辅助绕组	2×470 V
3	额定频率/Hz		50
4	外形尺寸/mm		3 040×1 950×1 320
5	变压器总质量/kg		11 400
6	变压器油质量/kg		2 550
7	冷却方式		ODAF（强迫导向油循环风冷）
8	冷却介质		矿物油（45#变压器油）
9	网压范围/kV		17.5～31
10	恒功范围/kV		22.5～29
11	滤波电抗器个数		2

变压器的接线原理如图 3-21 所示。

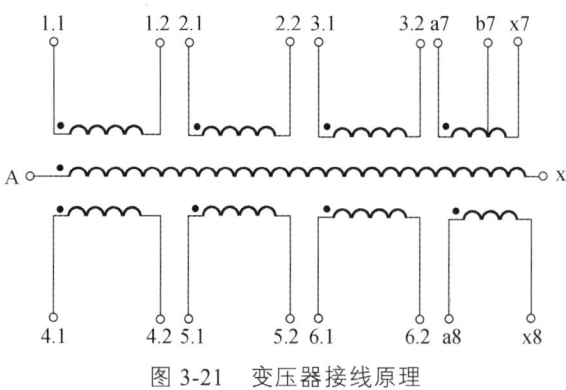

图 3-21 变压器接线原理

三、TBQ35-8900/25 型变压器的结构

1. 铁　心

牵引变压器铁心的布置和设计是根据机车设备和牵引变流器的特殊要求进行的适应设计。铁心为单相型铁心（见图 3-22），包括两个安装绕组的心柱和两个磁轭。铁心的设计使得磁耗最小，保持低噪声等级。

铁心是由具有抗高温度绝缘表面的冷轧晶粒取向变压器钢板制成。为降低铁耗、保持低噪声，叠成铁心的钢板准确冲切，并精确叠装。两个铁心柱通过铁轭连接，铁轭板是由通过绝缘非导磁螺栓夹紧支架紧固形成。夹紧结构和夹紧支架包括钢和绝缘材料的其他零件。

变压器中水平布置的器身具有良好的支撑，能承受横向和纵向的加速度冲击。为固定油箱的变压器器身部分，设置了定位销。

2. 绕　组

变压器绕组设计成为两柱、上下两组结构（见图 3-23）。

图 3-22 铁心

图 3-23 绕组

牵引绕组靠近铁心柱，上中下三组布置。牵引绕组的设计采用多层技术。高压绕组位于绕组的外侧，是饼式绕组结构。所有的绕组均为防短路结构。

所有的低压绕组线圈均由换位导体制成，高压线圈是由扁平矩形铜导线制成。绝缘材料为一种稳定的绝缘纸。

绕组的预烘干防止了绝缘层的收缩，即使是延长了存放时间后，也能防止绕组的变形。绕组被牢固夹紧，使得绕组即使在短路情况下也能承受轴向的收缩力。绕组绕制后经过压紧，然后经过特殊真空工艺烘干，以防止吸潮，增加机械强度。

3. 接　地

铁心、夹件、箱盖、油箱、谐振电抗器都可靠接地，避免局部高电位，减少局部放电和损耗的产生。

4. 油箱及箱盖

油箱设计承受变压器器身、2个电抗器和变压器油的重量。油箱（见图3-24）安装在机车地板下。油箱箱盖通过螺栓与油箱体相连，两者之间用密封垫密封。油箱和油箱盖的材料均为钢板。油箱不是真空密闭容器，最大允许过压为0.4 bar。

图 3-24　箱体

5. 变压器油箱内部组件及附件

- 1个高压套管；
- 1个高压绕组接地低压套管；
- 17个低压绕组套管；
- 2个谐振滤波电抗器；
- 4个谐振滤波电抗器套管；
- 符合IEC 60296标准，包括含抗氧化剂特殊等级规定的矿物油；
- 6个AOR80蝶阀（见图3-25）；
- 2个电阻温度计，每个电阻温度计设有2个PT100温度传感器，采用插接接头；
- 2个油流继电器；
- 1个软管连接到冷却塔的快速接头；
- 2个注油阀；

- 1个压力释放阀；
- 2个油泵（见图 3-26）。

图 3-25　蝶阀　　　　　图 3-26　油泵

6. 防腐保护

1）外部部分

油箱外部部分（如油箱壁、箱盖、油箱底、管道等）都进行了表面打砂处理，然后涂油漆。

底漆：厚度不小于 40 μm。

油漆类型：云铁环氧底漆。

面漆：干膜厚度≥100 μm。

RAL7022 光影灰色弹性丙烯酸聚氨酯漆。

光泽度：50±10/60º。

2）内部部分

油箱内部表面，夹件表面、冷却系统管内壁采用抗矿物油绝缘漆。该层油漆不能被破坏，这点很重要，否则，油漆碎片可能会进入变压器油中。

7. 绕组出线端子

1）原边绕组出线端子（高压绕组，HV）

变压器高压连接采用电缆插接式连接，由插头和套管组成（见图 3-27）。

套管（电路图和标牌上的端子 U）采用树脂浇注；型号：MDG.3307，36 kV，630 A。

高压绕组接地端子（电路图上端子 E）采用瓷套管；型号：R3/630 A，630 A，U_m = 3.6 kV。

图 3-27　高压 A 端子

2）次边绕组出线端子（低压绕组及辅助绕组）

低压牵引绕组端子采用瓷套管；型号：R3/2000 A，2 000 A，$U_m = 3.6$ kV。

低压辅助绕组端子采用瓷套管（见图3-28）；型号：R3/630 A，630 A，$U_m=3.6$ kV。

低压辅助绕组端子采用瓷套管；型号：R3/250 A，250 A，$U_m = 3.6$ kV。

图3-28 低压出线套管

3）谐振电抗器出线端子

两个谐振电抗器的端子采用瓷套管；型号：R3/2000 A，2 000 A，$U_m = 3.6$ kV。

8. 保护装置

1）压力释放阀

压力释放阀的型号是 YSF5-70/50KJ 型（见图3-29）。压力释放阀的作用是当变压器油箱内部因某种故障而使压力急剧增大、其压力达到标定值时，压力释放阀能迅速开启释放，从而防止变压器油箱破裂或爆炸。从压力释放阀排出的气体和油流排到车下，当恢复正常时，阀口关闭。压力释放阀动作时信号杆将弹起且不复位。

1—标志杆；2—上罩；3—阀体。

图3-29 压力释放阀

压力释放阀性能参数：

（1）开启压力：70 kPa。

（2）关闭压力：37.5 kPa。

（3）对压力释放阀以每秒 10 kPa 增压时，其打开速度小于 2 ms。

2)电阻温度计

电阻温度计是用来测量变压器油箱内油温的。电阻温度计(见图 3-30)具有电接点,与机车计算机检测系统连接。计算机根据电阻温度计检测到的变压器油温来判断变压器的工作是否正常。

3)油流继电器

油流继电器的型号为 YJ-80AD,外形如图 3-31 所示。其作用是检测油循环是否正常。因油流作用于油流继电器的叶片上,从而使油流继电器的微动开关动作,显示油循环正常。在变压器投入运行时,如果油流停止,或油流反向,油流继电器的微动开关不会动作,此时,机车上的计算机检测系统则判断变压器油泵异常。

图 3-30 电阻温度计

图 3-31 油流继电器

4)油温保护

系统设有 2 个 PT100 温度传感器,外形如图 3-32 所示,分别检测油箱顶部的油温。在油温超过 85 ℃后,牵引逆变器开始线性降低功率;当油温达到 90 ℃时,功率降低到额定功率的 70%。在油温超过 90 ℃后,牵引逆变器被锁止。当油温超过 95 ℃时,系统自动分断主断路器。牵引逆变器从油温 85 ℃开始低功率运行,直到油温低于 80 ℃,然后牵引逆变器恢复到正常运行。

图 3-32 电阻温度计(PT100)

四、TBQ35-8900/25 型变压器检查及维护

（一）日常保养

1. 主变压器及外部组件

铭牌标识应清晰，安装紧固件无松动，变压器表面防腐涂层无剥落，发现主变压器外表有涂料剥落或金属表面生锈的现象时，应除去锈痕、污物和剥落涂料，补刷防锈漆。

2. 接线装置保养

目视检查高压 A 端子、X 接地端子、低压绕组出线端子有无漏油、破损、污损、端子拧紧部位松动及过热变色现象。若漏油、破损现象严重时应进行更换；对出现松动、过热变色现象应进行拧紧调整；污损时应进行清扫。

3. 冷却系统保养

主变压器运用的第一个月内，应取油样进行击穿电压试验，并符合要求（不得少于 2 次）。每半年取油样化验，如发现油中水分、杂质超标，则应过滤处理，并做耐压试验。主变压器使用中应经常监视吸湿器，当硅胶呈红色的比例占 2/3 以上时，应将硅胶干燥或更换。

应经常检查油位表，油面低时应检查是否有漏油部位，如有则应进行修理。如无漏油部位，应仔细观察片刻，如无变化则应将油加到规定位置为止。

油泵运行时声音应平稳、轻快，无卡滞，声音均匀和谐而无有害杂音；油泵接线盒内连接线应无烧损迹象；检查密封圈、接线盒内部和外壳等处是否有漏泄及异常现象。

定期清扫油冷却器，卸下油冷却器上部的通风机，从出风口侧向冷却器部位输送压缩空气，然后再对入风口侧的管道内进行清扫。在堵塞严重时应进行水洗或用水蒸气进行清洗。

4. 保护装置保养

压力释放阀应无油流痕迹，电信号显示应正常。若压力释放阀动作，应彻底查清故障原因，故障排除后手工复位压力释放阀信号杆。油流继电器指针指示方向与油流方向一致，无油流时应指示零刻度，电信号显示应正常。

每半年至少要校核一次电阻温度计及触点接触是否良好。

（二）长期备用保养说明

定期检查变压器及附件是否有渗漏现象，并及时进行处理。检查储油柜的油位指示是否正常，如有异常需查找原因。检查主变压器与储油柜之间的油路连接是否通畅。检查吸湿器内硅胶颜色，如 2/3 变成红色，则需更换硅胶或进行干燥处理。

变压器重新投入运行前需测量变压器绕组的绝缘电阻和变压器油的耐压值是否满足技术文件要求。

（三）变压器故障维修

故障分析与处理如表 3-6 所示。

表 3-6　故障分析与处理

序号	故障现象/信息	直接原因	处理方法/测量/测试
1	温度计无指示或指示错误，机械故障等	电阻温度计故障	更换有故障电阻温度计
2	油泵不规则运行、运行噪声、轴承故障、绕组故障、阻塞、漏油等	油泵故障	更换有故障油泵
3	压力释放阀无信号或信号错误，机械故障、不动作	压力释放阀故障	更换压力释放阀
4	油流继电器无信号或信号错误，机械故障、不动作	油流继电器故障	更换油流继电器
5	变压器烧损	短路、过压等	更换有故障变压器

任务五　SS_{4G} 型机车牵引变压器检查与维护

学习目标

1. 知识目标

（1）掌握 SS_{4G} 型电力机车主变压器的作用及组成。

（2）掌握 SS_{4G} 型电力机车主变压器各部件的结构与用途。

2. 能力目标

（1）能说出主变压器的组成。

（2）能描述 TBQ8-4923/25 型主变压器的工作过程。

TBQ 系列主变压器为国产 SS 系列电力机车配套的主变压器，由于各型机车的功率、调压方式及总体布置的不同，各型主变压器的具体结构型式、技术数据也有所不同。特别是为适应不同的机车调压电路的需要，主变压器的绕组结构、布置及连接方式会有较大的差别。

一、TBQ8-4923/25 型主变压器概述

TBQ8-4923/25 型（简称为 TBQ8 型）主变压器是用于 SS_4 改型电力机车上的主变压器，其外形结构如图 3-33 所示，主要技术数据如表 3-7 所示。

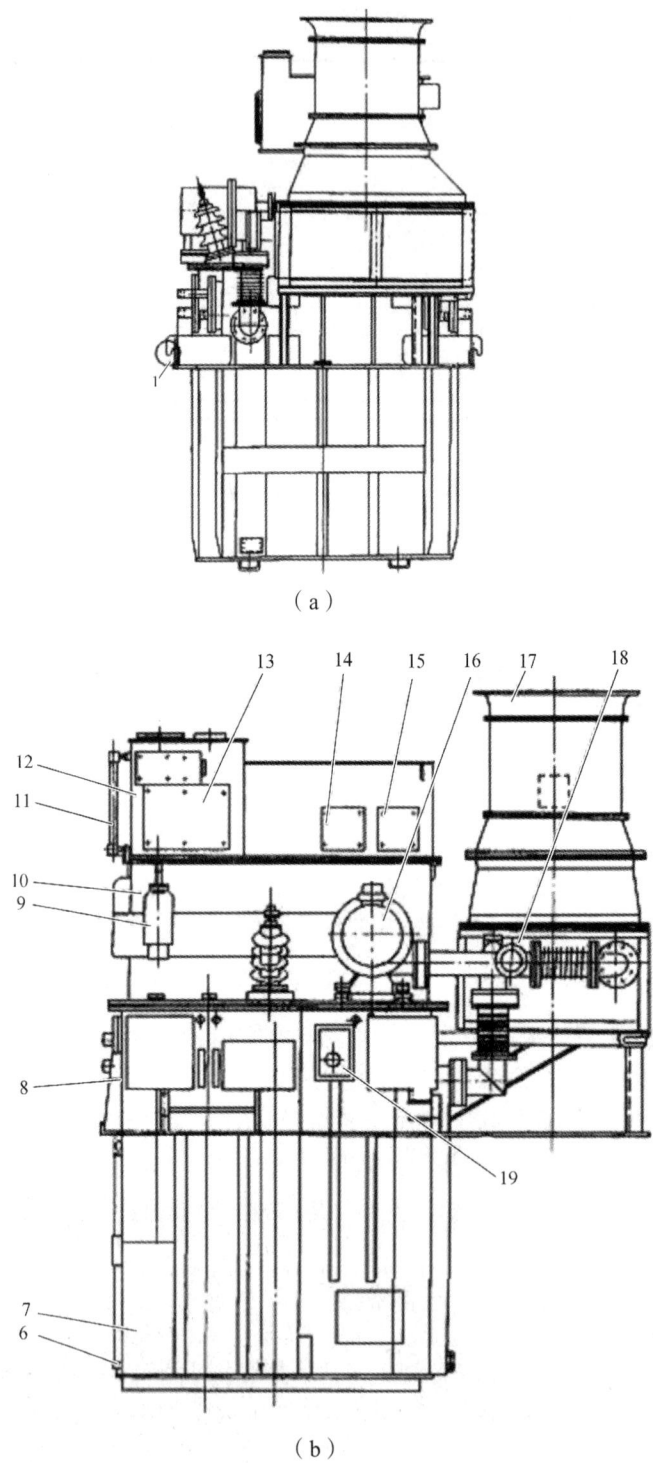

1—100蝶阀；2—波纹管；3—油流继电器；4—BJL—25/300套管；5—信号温度计；6—油样活门；7—下油箱；8—出线装置；9—吸湿器；10—上油箱；11—油位表；12—储油柜；13—主变压器铭牌；15—滤波电抗器铭牌；16—潜油泵；17—通风机；18—冷却柜；19—压力释放阀。

图 3-33　TBQ8 型主变压器

表 3-7 TBQ8-4923/25 型主变压器主要技术数据

绕组	高压绕组	牵引绕组	辅助绕组	励磁绕组
出线标志	A，X	a1，b1，x1，a2，x2，a3，b3，x3，a4，x4	a6，x6/b6，x6	a5，x5
额定容量/kV·A	4 923	1 168.25×4	250	87.6
额定电压/V	25 000	(695.4+347.7×2)×2	399.86/226	104.3
额定电流/A	196.92	1 680	625/100	840
调压方式：三段桥顺控				
空载电流：0.4%				
空载损耗：4 000 W				
负载损耗（75 ℃）：90 000 W				

二、TBQ8-4923/25 型主变压器结构

TBQ8 型主变压器各主要部件的结构特点如下。

1. 铁　心

铁心为单相二柱式叠铁心，采用 0～0.35 mm 厚 DQ151-35 晶粒取向冷轧电工钢片叠装而成，由于该电工钢片表面覆有一层薄的氧化膜，有一定的绝缘作用，所以表面不涂漆。电工钢片的叠积如图 3-34 所示中的 Ⅰ、Ⅱ方式交替进行。

心柱采用环氧玻璃粘带绑扎，每柱 7 道，为使接缝处平整，降低铁心噪声，在心柱最外级有 4 块 6 mm 厚的环氧玻璃布板做成的撑条；上、下铁轭采用夹件夹紧。

由电工钢片叠成的铁心必须用夹紧装置夹紧，使铁心层间紧密，防止铁心反复磁化时产生噪声，同时也使变压器器身在运输和运行中保持机械稳定。心柱截面为 10 级阶梯形。心柱采用环氧玻璃纤维粘带绑扎，每柱 7 道，绑扎后加热固化。为使接缝处平整，降低铁心噪声，在心柱最外级有 4 块 6 mm 厚的环氧玻璃布板做成的撑条；铁轭的夹紧装置由上、下两组夹件、方铁和铁轭绝缘组成，夹件通过铁轭两边的方铁，借助穿心螺杆夹紧铁轭。为减少夹件和铁轭叠片中的涡流损耗，必须在夹件和铁轭、铁轭和方铁之间垫以绝缘纸板做成的夹件绝缘。夹件绝缘还可形成油道，以冷却铁轭。

为了防止变压器运行或试验时由于静电感应作用在铁心或其他金属构件上产生悬浮电位，造成对地放电，铁心及所有金属构件（除穿心螺杆外）都必须可靠接地。由于铁心叠片间的绝缘电阻较小，一片叠片接地即可认为所有叠片已接地。TBQ 系列主变压铁心的接地点设在高压侧上夹件处，上铁轭与上夹件之间用导电片相连接，然后通过油箱盖或拉板等经油箱接地。

整个铁心只允许有一点接地。如果有两点或两点以上接地时，则接地点之间可能形成闭合回路，当主磁通穿过此闭合回路时，就会在其中产生循环电流，造成铁心局部过热、邻近的绝缘件碳化、变压器油被分解等故障，这是不允许的。

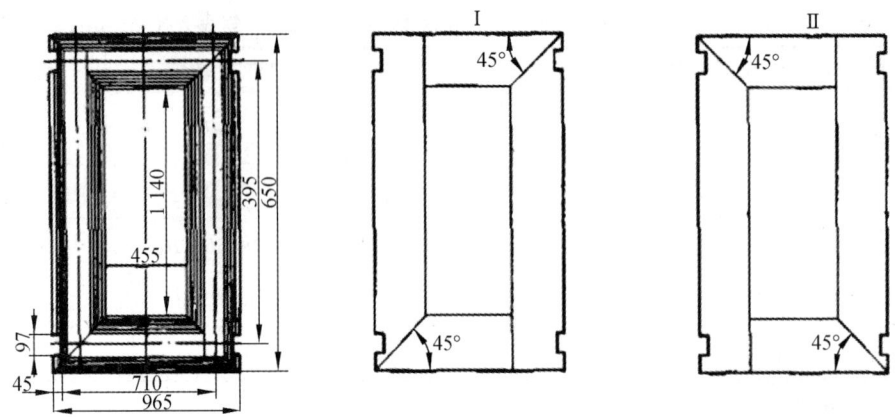

图 3-34 TBQ8 型主变压器的单相二柱式心式叠铁心（单位：mm）

2. 绕　　组

TBQ8 型主变压器的绕组有：高压绕组、牵引绕组、辅助绕组和励磁绕组等 4 种，如图 3-35 所示。

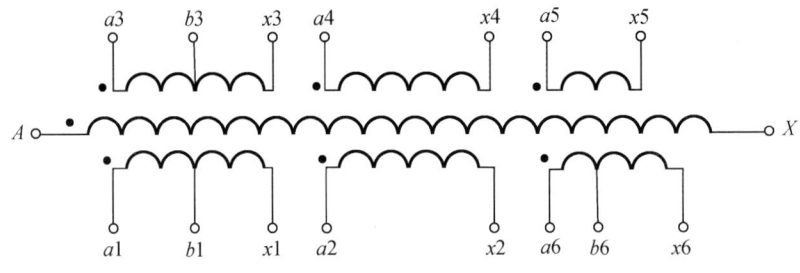

图 3-35　TBQ8-4923/25 主变压器电气原理图

高压绕组由布置在两个心柱（靠近高压绕组 A 端的称为 A 柱，另一个称为 X 柱）上的两个连续式绕组并联而成。高压绕组总匝数为 1438 匝，其中 A 柱绕组为左绕向，X 柱绕组为右绕向，两柱绕组并联，引线端子号为 A、X，额定电压为 25 kV。

由于 SS_4 改型电力机车主电路采用不等分三段桥，牵引绕组分为与之对应的二部分。一部分用于大桥，其电压为牵引回路额定电压的 1/2。另一部分带中点抽头，其总电压也等于牵引回路额定电压的 1/2。前者位于高压绕组的右侧，后者位于高压绕组的左侧。这样，从铁心柱开始，最靠近铁心柱的是辅助绕组 DY4，其外侧是用于小桥的带中点抽头的牵引绕组 DY2，再往外是高压绕组 GY1，最外侧是用于大桥的牵引绕组 DY3，用于励磁的励磁绕组 DY5 位于 DY3 的中部。牵引绕组 DY2 的匝数为 20+20=40 匝（有中间抽头），牵引绕组 DY3 的匝数也等于 40 匝（无中间抽头），DY2 的电压为 347.7+347.7=695.4(V)，DY3 的电压也等于 695.4 V。

牵引绕组 DY2 绕成双螺旋式。这是因为它用于小桥的带中点抽头的缘故。主变压器有两个牵引绕组 DY2，它们分别布置在 2 个心柱（A 柱，X 柱）上，相互在电气上不连接。每列螺旋由 8 根导线并绕。每列螺旋在绕组高度的 1/2 处分别进行一次标准换位，在 1/4 处及 3/4 处分别进行特殊换位。

位于最外侧的牵引绕组 DY3 绕成单螺旋。主变压器有两个牵引绕组 DY3，分别绕在 2 个心柱上,相互在电气上不连接。牵引绕组 DY3 被励磁绕组隔开成上、下两部分,每部分皆进行一次标准换位和二次特殊换位。

这样,在 A 心柱和 X 心柱上各有一个高压绕组 GY1,一个牵引绕组 DY2 及一个牵引绕组 DY3。在电气上,除高压绕组是并联外,其他牵引绕组皆不并联,不串联,而分别向 2 个转向架的牵引电机供电。2 个心柱上的牵引绕组之间耦合很松,彼此相互影响很小。这就允许它们通过的电流有较大的差异。此性能可用于轴重电气补偿。例如,当机车牵引时,需后轴加载(加电流),前轴减载(减电流)时,变压器仍能正常工作。这种结构,变压器行业称之为径向分裂,这样的变压器也可被称为分裂变压器。

紧靠铁心柱的辅助绕组 DY4 由 6 根导线并绕成单层圆筒式。主变压器有 2 个辅助绕组 DY4,每心柱 1 个,相互串联。辅助绕组共有 23 匝,在 13 匝处有抽头。额定电压为 399.86 V,抽头电压为 226 V。

在牵引绕组 DY3 的中部有励磁绕组 DY5。主变压器有 2 个励磁绕组 DY5,它们相互串联。励磁绕组绕成双饼式,由 4 根导线并绕而成。

3. 油　　箱

油箱是油浸式主变压器的外壳,变压器的器身就放在充满变压器油的油箱内。对油箱的基本要求:

(1)在保证内部必要的绝缘距离条件下,尽可能减小体积,以节约用油。

(2)应具有必要的真空强度,以便在检修时能利用油箱进行真空干燥。

(3)油箱外部各种附件的布置应便于安装和维护。

变压器的器身放在充满变压器油的油箱中。由于主变压器与平波电抗器共用油箱,下油箱形状呈凸字形,大腔用于安装主变压器的器身,小腔用于安装平波电抗器。两腔之间设置一块铝板,用以隔磁。下油箱由钢板焊接而成。在油箱壁上焊有吊盘,用以起吊整台变压器,油箱壁上焊有安装板,安装板上有安装孔,用螺栓通过橡胶垫把变压器固定在车体上。

箱壁四周焊有一些加强筋板。箱壁上装有压力释放阀,以便迅速排出箱内过高的压力。另外,在箱壁上还开有冷却系统的进出口管道,油冷却器就安装或固定在箱壁上。油箱上装有油管,用于接通油路。在油箱壁的下部装有 50 活门和 1 个油样活门,50 活门用于注油、滤油和放油;油样活门用于取油样,以对变压器油进行化验。油箱壁上装有压力释放阀。箱底的钢板上设置多个定位钉,以对变压器、平波电抗器定位。箱底上设有放油塞,用于放净箱底残存的变压器油。箱壁多处开有长方形孔,上部的方孔是安装出线装置用的,下部的方孔是作为手孔用的,用于平波电抗器的底部安装。

上油箱的上部有箱檐,用以安装储油柜。在上油箱安装有信号温度计。箱盖上还装有各绕组引线用的各种绝缘套管,其中,牵引绕组的引线套管中通过的电流高达 3 000 A 左右。由于大电流穿过箱盖时,在套管安装孔周围会产生很强的交变磁通,从而在周围钢板内产生相当大的涡流,引起局部过热,因此在套管安装孔周围必须采取隔磁措施。TBQ 系列主变压器的箱盖上套管孔旁边均开槽,并嵌焊不锈钢板 1Cr18Ni19,如图 3-36 所示,这种不锈钢是低导磁材料,可使箱盖上的交变磁通显著减少,避免出现局部过热。

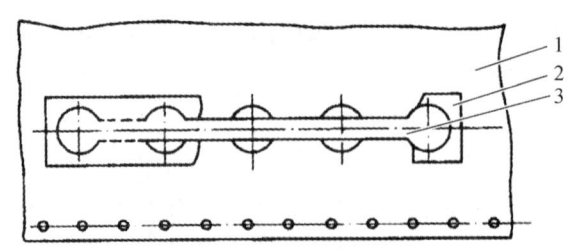

1—箱盖板；2—非导磁钢板 1Cr18Ni19；3—非导磁垫块 1Cr18Ni19

图 3-36　套管安装处隔磁方式

TBQ8 型主变压器油箱的箱底用 10 mm 厚钢板制成，上面焊有用来限制器身移动的 4 个定位钉，并设有放油塞。箱壁长边用 8 mm、短边用 6 mm 厚钢板焊接而成，为防止变形，四周焊有一些加强筋板。箱壁上焊有吊攀、冷却器安装座、50 活门、油样活门及接地螺栓等附件；箱壁两侧焊有两块 14 mm 厚的安装板，安装板上共有 16 个长孔，用 M24 的螺栓把变压器固定在车体上。箱壁上开有多处用于安装出线装置和作为手孔的长方形孔。

上油箱由钢板制成，其内腔用作安装 4 台滤波电抗器。上油箱和下油箱的箱沿间垫有直径为 20 mm 的耐油圆橡胶密封圈，四周用 73 个 M16 螺栓紧固，以防漏油。上油箱上安装有储油柜和 1 个 WTZ-288 型信号温度计（见图 3-37）。

4. 冷却系统

主变压器运行中产生的所有损耗将转变为热能，使各部件的温度升高，当主变压器温升超过规定的限值，将使绝缘损坏，直接影响主变压器的使用寿命（20~30 年）。因此，主变压器必须具有相应的散热能力。

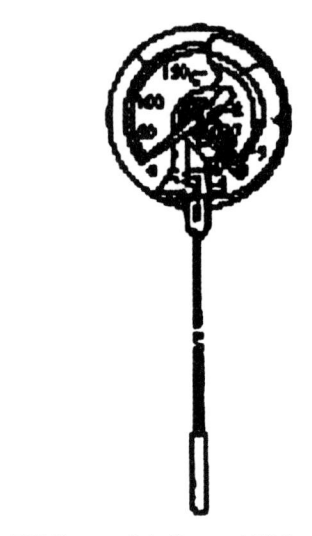

1—测温筒；2—毛细管；3—刻度盘；4—支架；
5—拉杆；6—扇形齿轮；7—小齿轮；
8—游丝；9—弹簧管。

图 3-37　WTZ-288 型信号温度计

TBQ 系列主变压器在保证内部散热能力良好的同时，其外部冷却采用了强迫导向油循环风冷式冷却系统，该系统分油路和风路两部分，图 3-38 所示为 TBQ8-4923/25 型主变压器冷却系统示意图，采用独立的强迫导向油循环风冷却系统。系统中设有 STD-1 型铝冷却器，为全铝合金板翅式结构，经硬钎焊的冷却器心刚度高，强度好，能承受 700 kPa 的压力。

冷却系统的油路为：热油从油箱上部出油口抽出进入潜油泵的进油口，经冷却器冷却后，打入油箱底部。冷油先冷却主变压器的铁心、绕组，然后冷却平波电抗器的绕组、铁心。此后冷油进入上油箱，再冷却 4 台滤波电抗器后进入潜油泵的进油口，反复循环。

在平波电抗器腔内，设置多处隔板，使油流按图示路径流动，此方式即为强迫导向油循环方式。在铝冷却器进、出油口及潜油泵进油口皆装有由不锈钢制成的波纹管。

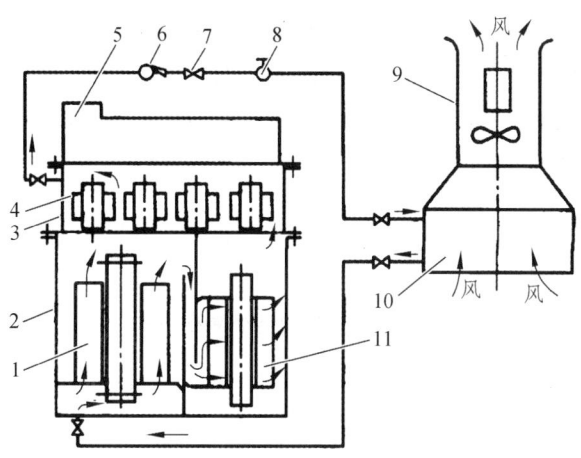

1—主变压器器身；2—下油箱；3—上油箱；4—滤波电抗器；5—储油柜；6—潜油泵；
7—100蝶阀；8—油流继电器；9—通风机；10—冷却柜；11—平波电抗器。

图 3-38 冷却系统示意图

5. 保护装置

主变压器油箱内充满国产 25#变压器油。为了防止变压器油迅速老化和受潮，专门设置了储油柜、吸湿器、净油器等保护装置。

6. 出线装置（套管）

主变压器各绕组的引线从油箱内引至油箱外时，必须采用出线装置，以便使带电的导线与接地的油箱绝缘。TBQ 系列主变压器的出线装置多数采用复合瓷绝缘套管，常用的绝缘套管为如图 3-39 所示的 4 种。绝缘套管型号中符号的含义是：B—变压器用；F—复合瓷绝缘式；L—穿缆式；J—加强绝缘；横线后面的分子表示额定电压值（单位：kV）；分母表示额定电流（单位：A）。

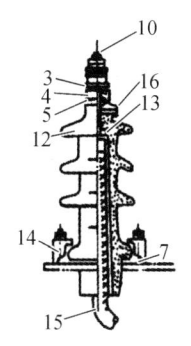
（a）BLJ-25/300 型
穿缆式套管

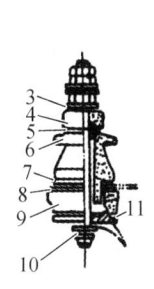
（b）BF-1/300 和
BF-1/600 型套管

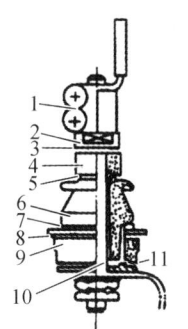
（c）BF-1/800 型套管

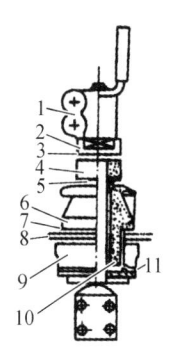
（d）BF-6/2000 型套管
和 BF-6/300 型套管

1—接线头；2—圆螺母；3—衬垫；4—磁盖；5—封环；6—上磁套；7—密封垫圈；8—纸垫圈；
9—下磁套；10—导电杆；11—纸垫圈；12—磁套；13—衬垫；
14—压钉；15—电缆；16—放气塞。

图 3-39 绝缘瓷套管

绝缘套管的结构取决于电压等级和额定电流的大小。TBQ8型主变压器的出线装置采用两种套管：高压绕组A端子常采用A-BJL-25/300型[见图3-39（a）]的25 kV级的穿缆式套管一个，该套管装在箱盖的升高座上，为了排除油箱中积存的空气，设有专门的放气塞；牵引绕组端子采用X-BF-1/300[见图3-39（b）]的6 kV级绝缘套管一个。以上两种套管都是以电瓷件为绝缘件的。此外，TBQ8型主变压器还采用多种以胶木板为绝缘件的出线装置。以接线头个数区分，可分为二联、三联、四联、五联等。

思政课堂

习近平谈文化传承发展，这些提法很重要！

复习思考题

1. 变压器由哪几部分组成？简述每一组成部分的特点。
2. 变压器发热的原因是什么？变压器的冷却方式有哪些？
3. 简述变压器的工作原理。
4. 什么是变压器的空载运行？空载运行的电压方程是什么？变压比怎么表示？
5. 变压器负载运行的特点是什么？
6. 画出变压器的T形等效电路。
7. 简述HXD_3型电力机车主变压器的组成。
8. 简述HXD_3型电力机车主变压器的维护检查及试验。
8. 简述HXD_3型电力机车主变压器常见故障排查及恢复。
9. 简述HXD_1型电力机车主变压器的结构组成。
10. 简述SS_{4G}型电力机车主变压器的结构组成。
11. TBQ8型主变压器设置了哪些保护装置？有何作用？

项目四　高压电器 ▶▶▶

高压电器是指电力机车上工作在高压电环境下的一系列电器，一般安装在机车车顶上方。电力机车高压电器的额定工作电压为 AC 25 kV。电力机车上的高压电器主要包括受电弓、主断路器、高压隔离开关、高压接地开关、高压电压互感器、高压电流互感器、避雷器、高压连接器等。本项目的核心任务是对机车高压电器的结构和原理进行学习，并能够掌握主型高压电器维护保养的方法。

任务一　受电弓维护保养与检修

学习目标

1. 知识目标

（1）掌握受电弓的作用、结构组成和升降弓原理。

（2）掌握受电弓主要部件的作用。

（3）掌握自动降弓装置的作用、结构组成、自动降弓原理。

2. 能力目标

（1）能够阐述受电弓的工作原理。

（2）能够对受电弓进行维护保养和检修。

（3）能够总结不同车型受电弓的区别。

知识课堂

受电弓是电力机车从接触网获得电能的重要电气部件。受电弓通过支持绝缘子，安装在电力机车的车顶上方，不用时处于折叠状态，运用时升起至与接触网导线接触。通过受电弓直接与接触网导线接触，将高压电从接触网引入至电力机车内部，为车内的各大电气设备供电。

一、DSA200 型电力机车受电弓

这里首先以 HXD$_3$ 型电力机车上采用的 DSA200 型受电弓为例，介绍机车用受电弓的相关知识。DSA200 型受电弓采用气囊驱动方式升弓，主要用于干线电力机车。

（一）技术参数

设计速度　　　　　　　　　　　200 km/h
额定电压/电流　　　　　　　　　25 kV/1 000 A

静态接触压力	（70±5）N
动态接触压力	通过弓头翼片调节（选装）
输入空气压力	400 ~ 1 000 kPa
正常工作压力	360 ~ 380 kPa
自动降弓时间	1.5 s（到离网 150 mm）
落弓保持力	≥120 N
升弓时间	≤5.4 s
降弓时间	≤4 s
升弓驱动方式	气囊装置
精密调压阀耗气量	输入压力<1 MPa 时，≤11.5 L/min
弓头总长度	1 950 mm
弓头宽度	580 mm±2 mm
弓头（弓头支架、滑板）的垂向移动量	60 mm
滑板工作部分长度	1 250 mm
滑板原始厚度	22 mm（剩 5 mm 禁用）
折叠长度	2 561 mm
最大升弓高度	3 081 mm（含 400 mm 绝缘子）
落弓位高度	669 mm（含 400 mm 绝缘子）
质量	约 130 kg（绝缘子除外）

（二）结构组成

如图 4-1 所示，DSA200 型受电弓主要由弓头部分、铰链机构、升弓装置、底架、升弓气源控制阀板和自动降弓装置六大部分组成。

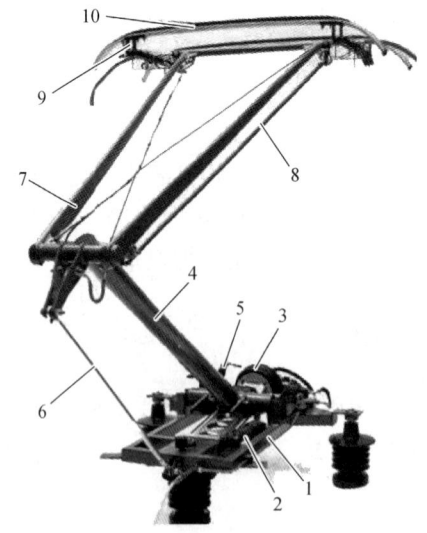

视频：受电弓的结构

1—底架；2—阻尼器；3—升弓装置；4—下臂；5—弓装配；6—下导杆；
7—上臂；8—上导杆；9—弓头；10—滑板。

图 4-1　DSA200 型受电弓结构

1. 弓头部分

弓头安装在受电弓框架的顶端，直接与接触网接触，汇集电流。它主要由滑板座、幅板、滑板、4个拉伸弹簧、2个横向弹簧及其附属装置组成，如图4-2所示。弓头由较轻的铝合金材料结构设计而成，借助框架的伸缩可以上下移动。

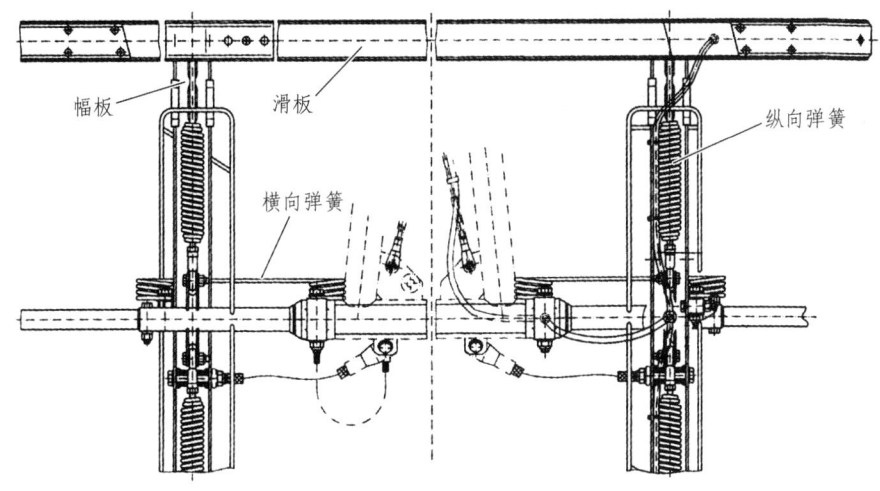

图4-2 弓头结构

图4-3所示为弓头与上臂的组装，图4-4所示为弓头与上臂之间各连接件的组装。两个滑板座与两个幅板相连，组成相对坚固的弓头支架。弓头支架悬垂在4个拉簧下方，两个横向弹簧安装在弓头和上臂间，滑板安装在弓头支架上。这种结构使滑板在机车运行方向上移动灵活，而且能够缓冲各方向上的冲击，达到保护滑板的目的。

滑板中有气腔，通有压缩空气，如果滑板出现磨损到限或断裂时，自动降弓装置发生作用，受电弓会迅速自动降下，更换滑板后，要重新启动自动降弓装置。

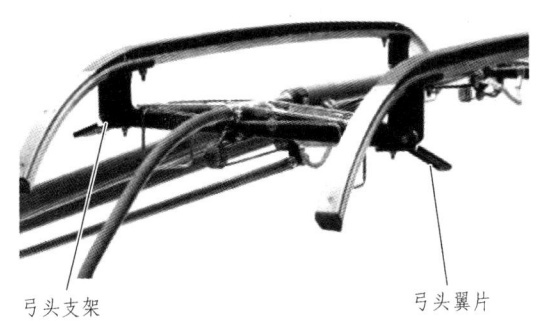

图4-3 弓头与上臂的组装

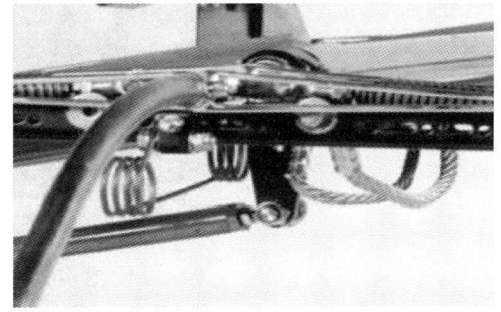

图4-4 弓头与上臂之间各连接部件的组装

2. 铰链机构

铰链机构主要由上臂、下臂、上导杆、下导杆和铰链座组成，构成两个四连杆机构。下部四铰链机构由下臂、铰链座、下导杆和底架组成，其作用是当下臂转动角度为ϕ时使弓头上升或下降并保持其运动轨迹基本上为一铅垂线。上部四铰链机构由上臂框架部分、弓头导杆及弓头支架组成,其作用是使滑板在整个运动高度保持水平状态。

如图4-5所示,下臂为钢管,支承受电弓重量,传递升降弓力矩,其长度决定了受电弓的工作高度。图4-6所示为下臂和底架的装配实物,其一端固定在底架上,另一端通过铰链和上臂相连。其上设有钢索导轨,通过钢索和升弓装置相连,升弓装置带动下臂绕轴转动。其内有空气管路,通过管接头和软管连接,作为自动降弓装置的气路。

下导杆分别接在上臂一端和底架上,用于调整最大升弓高度和滑板运动轨迹。

上臂为铝合金框架,用于支承弓头重量,传递向上压力,保证受电弓工作高度。

上导杆一端接在下臂,另一端接在弓头支架的幅板下方,其作用是调整滑板在各运动高度均处于水平位置。

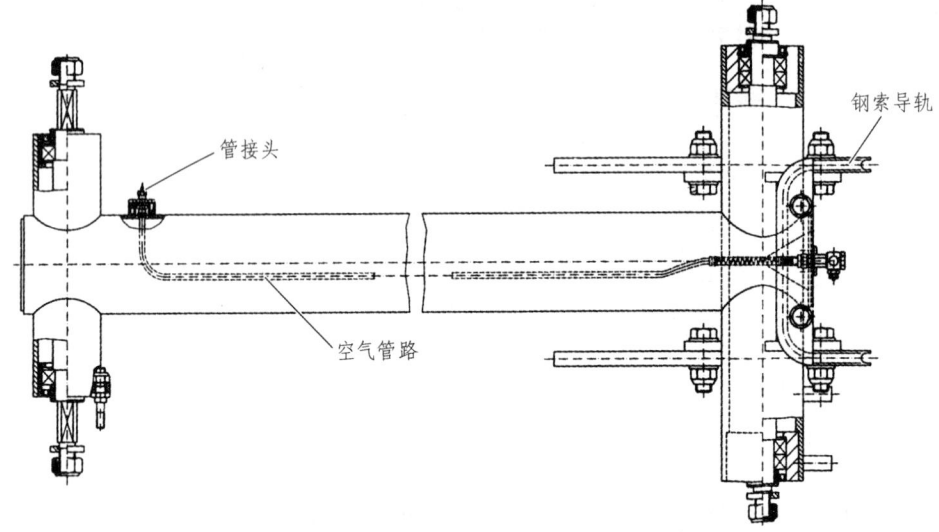

图4-5 下臂结构

图4-6 下臂和底架的装配

3. 升弓装置

升弓装置是受电弓的动力装置,由气囊式气缸和导盘组成,其导盘通过钢索连接在下臂钢索轨道上,如图4-7所示。升弓装置安装在底架上,通过钢丝绳作用于下臂。

图4-8所示为装有升弓装置的底架。进气时气囊胀大,推动导盘向其前方运动,导盘和钢索轨道间拉紧的钢索带动下臂绕轴向上转动,受电弓升起;排气时气囊式气缸回缩,受电弓降弓。

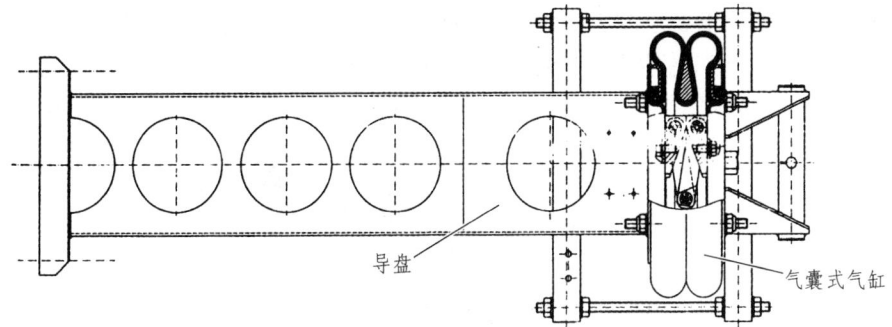

图 4-7 升弓装置的结构

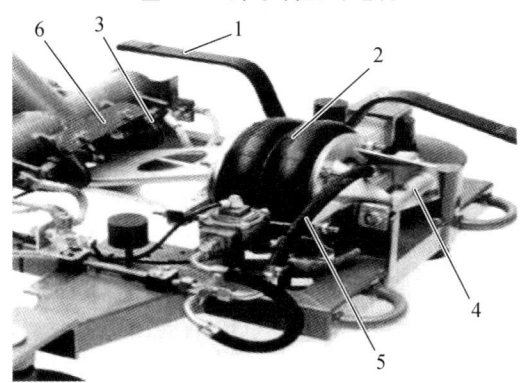

1—弓装配；2—升弓装置；3—钢丝绳；4—销轴；5—主通气管；6—线导向。

图 4-8 装有升弓装置的底架

4. 底 架

底架通过支持绝缘子和 3 个安装座将受电弓安装到车顶上。底架上有 3 个电源引线连接点和升弓用气路，还装有阻尼器和自动降弓用快速排气阀、试验阀、关闭阀，如图 4-9 所示。

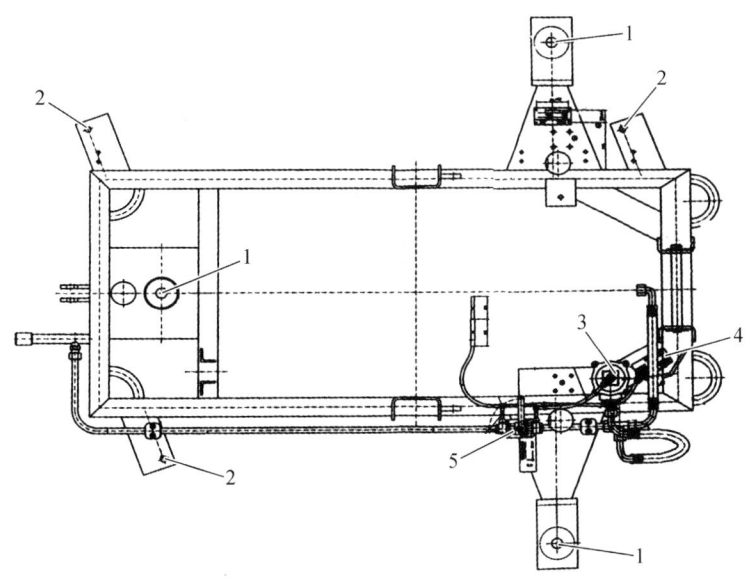

1—安装座；2—电源引线连接点；3—自动降弓用快速排气阀；4—试验阀；5—自动降弓用关闭阀。

图 4-9 底架结构

阻尼器装在底架和下臂之间，如图 4-10 所示，是一台液压减振器，用于缓冲机车运行中因振动对受电弓的影响，它使得机车运行速度变化大时受电弓和接触网压力变化不大。阻尼器包括防护套、防尘盖、安装座和锁紧螺母，安装时通过锁紧螺母可调节并锁定阻尼器的长度。

图 4-10　阻尼器外形

5. 升弓气源控制阀板

升弓气源控制阀板（见图 4-11）安装在机车控制电器柜及 II 端机械室空压机组后面的侧墙上，用于调节受电弓升降弓时间和静态接触压力等参数。其中空气滤清器可提高升弓气源的洁净度，确保各空气元件可靠动作；调节升弓节流阀可调整升弓时间；减压阀（调压阀）用于改变进入升弓气囊的空气压力，以实现调节受电弓静态接触工作压力，精确度为±20 kPa，每 10 kPa 的压力变化将导致弓网接触压力变化 10 N；压力表可显示工作压力用于粗略显示压力调节数值；调节降弓节流阀可调整降弓时间；当调压阀出现故障造成工作压力过高时，则由安全阀进行保护性泄漏以限制压力。压力开关的作用是为司机提供升弓到位信号，同时提供断主断信号。当压力开关正常时，升弓后，压力开关闭合，主断路器闭合，如果由于自动降弓装置动作等原因导致压力开关断开后，机车自动断开主断路器，切断机车受电弓主气路并发出报警信号，从而避免了带负载降弓时弓网之间产生严重拉弧而损坏受电弓和接触网。

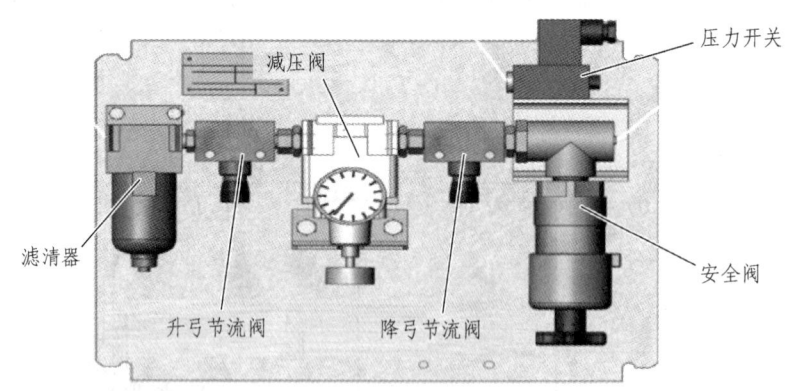

图 4-11　升弓气源控制阀板

6. 自动降弓装置

自动降弓装置（ADD）的作用是为保证当滑板断裂或磨损到限时，与接触网接触的受电弓能自动下落，从而避免接触网和受电弓的损坏。

1）自动降弓装置的组成

自动降弓装置由快速排气阀、自动降弓关闭阀、试验阀及相应气路组成。

快速排气阀用于检测气路压力,当滑板发生破裂造成压缩空气泄漏时,快速排气阀将受电弓升弓装置中的空气快速排出,实现自动降弓的功能。

当自动降弓装置本身发生故障或快速排气阀和滑板间的气路断裂时,可通过自动降弓关闭阀停止该装置的运行。

试验阀接在关闭阀后面,用于检测受电弓自动降弓装置的功能是否完好。受电弓正常工作时,该阀处于关闭状态;当需要测试自动降弓装置功能是否正常时,扳动试验阀,使其模拟滑板中压缩空气的泄漏,达到自动降弓的目的。

2)自动降弓装置的工作原理

如图4-12所示,升弓压缩空气在进入升弓装置的同时,还有一路进入自动降弓装置,经快速排气阀、自动降弓关闭阀及下臂中气路、上臂或软管气路至受电弓滑板座下部。滑板的碳边缘设有一个通道,里面充有来自受电弓供气系统的空气。

当受电弓的自动降弓功能处于开启状态(ADD关闭阀打在"开"位)且受电弓升起,若机车行驶过程中,滑板破裂或磨损到限,控制管路内的压缩空气经滑板的破损处排入大气,控制管路内的气压下降并控制快速排气阀打开,气囊式气缸内的压缩空气直接由快速排气阀排入大气,使受电弓快速下降,从而实现弓网故障时快速自动降弓的功能。

滑板若存在微小裂缝和少量的漏气,但能够正常升弓,则属于正常允许范围,不会影响其正常使用。

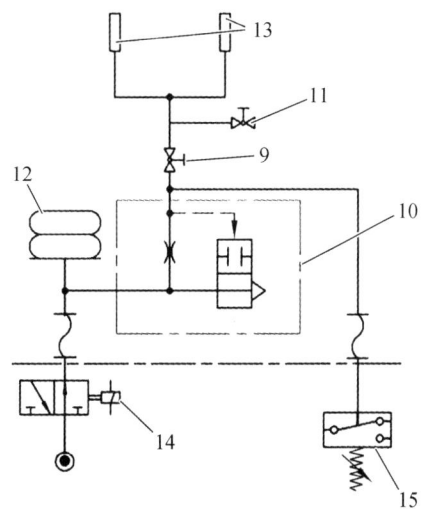

9—关闭阀; 10—自动降弓阀;11—试验阀;12—升弓装置;13—碳滑板;
14—电磁阀;15—压力开关。

图4-12 自动降弓装置(ADD)原理图

(三)受电弓工作原理

升、降弓由气囊式气缸进行控制,气囊式气缸由电磁阀控制进排气。该控制气路可保证:

(1)受电弓无振动且有规律地升起,直至最大工作高度。

(2)受电弓弓头从开始上升算起,最多在5.4 s内无异常冲击地

视频:受电弓的原理

抵达接触网线上。

（3）从任意高度上（包括工作区间）的降弓都应迅速，降弓时间不大于 4 s。

（4）实现不会使受电弓及其他车顶设备受到任何损坏的完全降弓。

受电弓气动原理如图 4-13 所示。

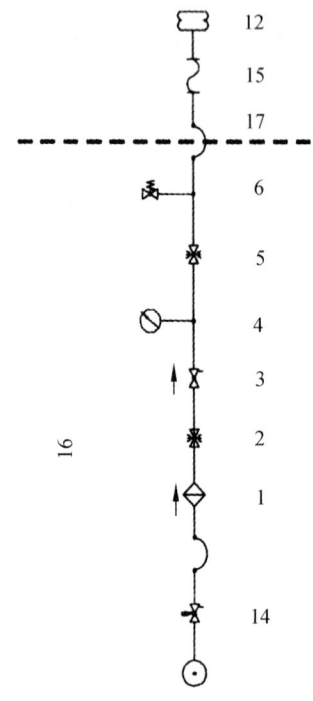

1—空气过滤器；2—单向节流阀（升弓）G1/4；3—精密调压阀 Rc1/2（调压范围 0.01~0.8 MPa）；
4—压力表 R1/8，0~1 MPa；5—单向节流阀（降弓）G1/4；6—安全阀；12—升弓装置；
14—电空阀；15—高压绝缘软管；16—气囊驱动式受电弓阀板；17—车顶界面。

图 4-13　受电弓气动原理图

1. 升弓原理

升弓时，司机将受电弓扳键开关扳至"升"位，控制受电弓电空阀使压缩空气通过电空阀 14 流经由空气过滤器 1、升弓用单向节流阀 2、精密调压阀 3、压力表 4、降弓用单向节流阀 5、安全阀 6 组成的受电弓气源阀板和高压绝缘软管 15 进入车顶受电弓升弓装置。

气囊充气，推动导盘前移，通过钢索带动下臂绕轴顺时针旋转，此时上臂在导杆的作用下逆时针转动，使受电弓弓头升起。

调节节流阀 2 可以调整升弓时间，调压阀 3 可以调整滑板对接触网的压力。

2. 降弓原理

降弓时，司机将受电弓扳键开关扳至"降"位，控制受电弓电空阀使气路与大气接通，气囊收缩，下臂作逆时针转动，最终使受电弓弓头降到落弓位。

调节单向节流阀 5 可调整降弓时间。

（四）受电弓的调试

以下工作必须要由专业技术人员和乘务员承担。在任何情况下，必须采取必要的安全和防护措施。

在车顶工作时，必须切断接触网线供电电源。

受电弓升弓时，应确保压缩空气供应无意外故障发生。因为一旦压缩空气供应发生故障，受电弓就会下降，可能造成受电弓臂底下人员的人身伤害。

维修时，需用约 0.9 m 长的木棒支撑在底架和上交叉管间。

注意：不能把木棍放在气囊或升弓装置的某些部件上。

当调节受电弓的接触压力时，为防止受电弓意外下降（如自动降弓装置出现故障时），应使自动降弓装置关闭阀处于关闭状态。

当受电弓的空气管路出现故障后，在重新运行前应清理干净渗入其中的水或杂质。

发生过自动降弓的受电弓需经全面调试，才能重新使用。

1．基本调试

受电弓的基本调试包括静态接触压力和升降弓时间的调整。

调试必须由两个人进行（一个人在车内或司机室内，另一个人在车顶）。调试前，受电弓应进行 2 或 3 次的升弓和降弓。使用测量范围 0～100 N 的弹簧秤进行测试。

1）调整静态接触压力（见图 4-14）

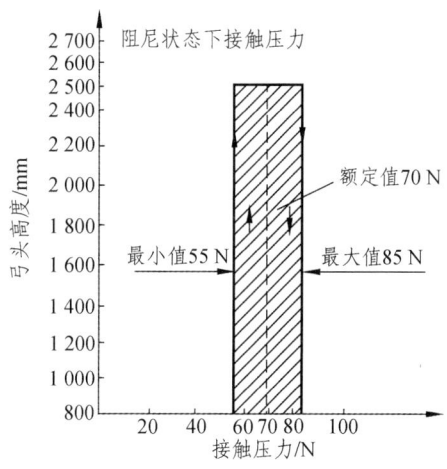

图 4-14　接触压力图

需按下列步骤进行：

（1）在车内使电空阀得电，升起受电弓。

（2）把弹簧秤和受电弓的上交叉管相连，如果需要的话，在上交叉管上套上绳子。

（3）调整精密调压阀使受电弓慢慢上升，在高出车顶 1.6 m 处用弹簧秤均匀阻止受电弓的上升，弹簧秤显示为 70 N 时调节好精密调压阀。

（4）拧紧精密调压阀手轮的防松螺母，固定调整的最终压力。

精确调整接触压力的方法是：先通过弹簧秤使受电弓以 0.05 m/s 的速度匀速朝下运动，

然后再使受电弓以相同速度匀速向上运动（上升和下降运动均是在大约 1.6 m 的高度上进行，并且每次向上或向下移动的距离为 0.5 m）。从弹簧秤上读出所测得的力，相加并平均，最终结果即平均接触压力，其值为 70 N。

注意：在图 4-14 中，向下运动时，力的最大值不超过（80±5）N，向上运动时，力的最小值不低于（60±5）N，在同一升弓高度，两个值之差都不应超过 20 N。由于滑板的磨损（重量减轻），接触压力最大可以增加 10 N，这时不必再调整压力，因为一旦安装上新的滑板时又恢复到以前接触压力值，精密调压阀上的压力表的示值只能用于粗略检查，而不能用于调整校正。

2）调整升弓和降弓时间

静态接触压力调好后，通过节流阀 2 和节流阀 5 调整受电弓从降弓位到工作位置（即从降弓位升高到约 2 m）的升弓和降弓时间。

升降弓时间是指静态接触压力及气囊压缩空气均为正常时，滑板自落弓位上升至 2 000 mm 高度（自绝缘子下平面）或自 2 000 mm 高度（自绝缘子下平面）降至落弓位所需时间。升弓时从弓头开始动作计时，升至 2 000 mm 停止计时。降弓时从弓头开始动作计时，降至落弓位停止计时。

要求时间满足以下要求：

（1）升弓时间不大于 5.4 s；降弓时间不大于 4 s。

（2）升弓时不许受电弓有任何回跳；降弓时受电弓必须有缓冲，上交叉管落于两个橡胶减震器上，允许降弓时，在降弓位调跳。

如果实际操作值与规定值有偏差，那么首先按图 4-13 重新调试节流阀 2 或节流阀 5。

2. 自动降弓装置的试验

受电弓自动降弓装置基本调试：受电弓的 ADD 控制阀不应经常试验，在更换滑板时，检验 ADD 性能，即将受电弓升起 0.6 m，打开试验阀，受电弓应迅速降下（必须注意安全）。

工作时，ADD 控制阀必须调节到以下基本位置：

（1）ADD 关闭阀在"ON"（打开）位。

（2）ADD 试验阀在"OPERATION"（运转）位。

如果关闭阀在"OFF"（关）位，将切断试验阀功能和通往滑板的气路。

3. 气密性检测

断开控制阀板与气囊驱动装置相连管路，将受电弓进气口与 3 L 的储气缸相连，通以 400 kPa 的压缩空气，关闭进气 10 min 后，气压下降应不大于 20 kPa。

4. 橡胶减震器安装位置的检测

在落弓位置，受电弓放在 3 个橡胶减震器上。

3 个橡胶减震器承载着受电弓上、下臂和弓头，且在落弓时，有弓装配来防护弓头。

由于在车顶和受电弓底架之间存在水平差异，受电弓安装到机车上后，必须通过目测看底架上橡胶减震器是否水平。如果不平，应该重新调整橡胶减震器的高度来消除底架水平误差。另外，在落弓状态时，弓装配与弓头之间的间隙应为 8～12 mm，可以通过调整弓装配来实现。

要确保上臂组装的上交叉管由两个橡胶减震器均匀支撑。支撑下臂的橡胶减震器位置应稍低于落弓位置。

（五）受电弓的维护保养

受电弓由于结构复杂，其日常检查、维护及检修必须由经过专业培训的作业人员进行，在任何情况下，必须采取必要的安全和防护措施。

1. 受电弓运用前检查维护要求

（1）用干燥的压缩空气（压力不大于 400 kPa）清除受电弓各部位的灰尘和脏物。

（2）受电弓各铰接部分应转动灵活。

（3）受电弓气囊、空气管路及各接头连接处不得有漏气现象。

（4）所有紧固件应紧固到位，各导电软连线应安装良好，无断裂或破损现象。

（5）滑板不得有严重缺损，安装牢固，接缝处应平整、密贴。滑板托及弓角无裂损、变形。滑板托顶面平整，不得有严重锈蚀。弓角与滑板之间应平滑过渡，间隙不得超限。滑板支架活动部分在任何高度均能动作灵活。

（6）各弹簧件无裂损、锈蚀。

2. 受电弓维护、保养及存放要求

（1）机车运用回段，受电弓支持绝缘子表面必须进行维护保养，在车顶无电状态下，用带有干净汽油或酒精的白布擦抹绝缘子表面。

（2）应使用弹簧秤经常性地对正常工作高度下受电弓的接触压力作检测，如有异常，须及时修理、调整或更换滑板，并重新测定和调整接触压力使其符合要求。

（3）受电弓升降特性、滑板横动量及高低偏差等均应符合受电弓技术条件和试验大纲要求。

（4）保持活动框架、转轴、铰链部分清洁，可用沾有汽油或酒精的白布擦拭，并定期用汽油清洗铰接部分，然后用白布擦净并涂以适量的润滑脂。

（5）运行中如发现受电弓有强大火花、不正常的上举和上下降情况，必须进行调整。

（6）升起状态下，如果压缩空气供应故障、滑板断裂或磨损到限，受电弓将自动降下。经检查恢复后必须重新启动自动降弓装置。

（7）受电弓不使用而需存放时，应对受电弓进行一次全面检查，若有零部件缺损、绝缘子裂纹、涂层脱落、水泥胶合剂脱落、紧固件松动等都应进行更换、修整。

3. 受电弓检修内容

1）定期检修项目

为便于描述，以下定期检修范围中，仅列出区别于低等级的项目，即高等级同时执行低等级的作业范围（如半年检也必须全部执行月检的内容，年检则全部执行半年检的范围）。

（1）月检范围

受电弓外观检查，若存在损坏的绝缘子、破损的软连接线、损坏的滑动轴承和变形的部件都应更换。若磨损部件超过其磨损极限，也应当更换。

清洁车顶与受电弓之间的绝缘子，可用中性清洁剂，不得使用带油棉纱。每天用干棉纱擦拭，防止灰尘吸附，避免高压侧短路现象。

（2）半年检范围

对整个受电弓进行性能检测。目测软连接线，用卡尺测量滑板厚度，若磨损部件超过其磨损极限则应更换。

（3）年检范围

检测螺栓的连接，尤其是整个弓头弹性系统的零部件。如果需要拧紧螺母，应注意保证相应的扭矩：M8 螺栓扭矩为（12±2）N·m。

（4）两年检范围

检查轴承的润滑，滑动轴承可自润滑，对于下导杆两端的关节轴承以及升弓装置销轴处的润滑，可用注油枪向润滑油杯内注 Shell Alvania R3 型润滑脂，注完后用油杯帽密封。下臂上的 6 个滚动轴承的润滑，需拆下下臂，从有弹性挡圈的一端将轴拆下，衬套内注 Shell Alvania R3 型润滑脂后，装上下臂。拆装下臂时严格执行拆装工艺。

（5）四年检范围

更换软连接线。

（6）八年检范围

更换全部轴承。

2）非定期检修项目

（1）润滑

滚动轴承必须有良好的润滑，才能保证其正常的使用寿命。在最初安装时、两年一次的维修期或常规维修时，油杯应注意密封以防尘土和水。滑动轴承可自行润滑，不需维护。

（2）清洗

控制阀板上的滤清器应定期清洗，拧开滤清器的外罩，清理灰尘和水分。其周期由压缩空气供应装置的情况决定，特别是空气的污染程度。建议一开始 1 周检查 1 次，随着时间延长而延长检查周期。

（3）更换滑板

出现下列情况时，必须更换滑板：

① 碳条磨耗后高度小于 5 mm 或滑板总高度小于 22 mm。

② 由于发生弓网故障，造成滑板扭曲、断裂等。

③ 由于产生电弧，造成滑板变形和缺陷，并自动降弓。

④ 发生刻痕或剥落。

⑤ 滑板松动或渗水。

如果仅需更换一个滑板，新滑板与另一个旧滑板的高度差应不超过 3 mm，更换过程中注意滑板空气接口安装的正确位置。如有必要，则更换两块滑板。更换时，拧开底部的 4 个 M8 螺母便可拆下滑板。

注意：当把压缩空气软管装配到滑板上时，必须注意在均匀地拧紧管接螺母过程中（拧紧力矩≤3 N·m），铝制型材的空气通道柱头螺栓要用扳手施加反向力。

无论何时更换滑板,一定要检查翼型板的正确位置。

(4)调试更换阻尼器

阻尼器在安装受电弓前必须经过调试。如果受电弓实际动作特性与额定值之间有较大差别,有必要检查阻尼器的安装情况。

当阻尼器发生损坏、动作不灵活或漏油时,必须更换阻尼器。

调节时一定要拆下阻尼器,安装时一定要使阻尼器卡在垂直位,并使安装座朝下。具体操作如下(见图4-15):先把阻尼器拉伸、压缩5次,保证长度(1)=54 mm,落弓位置的安装长度(2)=480 mm±1.5 mm。

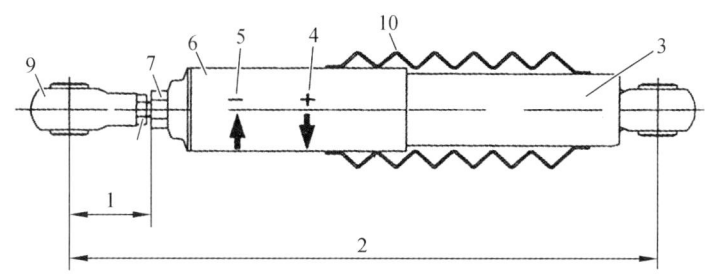

1—长度为54 mm;2—长度为(480±1.5)mm;3—阻尼器;4—右侧;5—左侧;
6—防尘盖;7—锁紧螺母(气缸);8—锁紧螺母(安装座);
9—安装座;10—防护套。

图4-15 阻尼器调试说明图

(5)检查升弓装置

建议每4~6周在落弓位置检查一次钢丝绳的松紧。如果需要,则把钢丝绳拉紧,但两螺母拧紧量要相同,避免升弓装置松弛(落弓位置)。

(6)检查自动降弓装置

① 检查自动降弓装置功能。

注意:在操纵台上扳动受电弓开关置"升弓"位,降弓范围内不许有人。

自动降弓装置性能:如果自动降弓装置关闭阀在"开"位,试验阀在"工作状态"位,接触网与滑板接触力良好,则气囊工作正常;如果试验阀处于"试验状态"位,快速降弓阀排气,则受电弓快速降下。

② 检查自动降弓装置后重新检查受电弓。

如果受电弓运行中由于滑板磨损或断裂而导致自动降弓装置作用,受电弓在重新使用前应有专门技术人员检查,要检查静态接触压力和升弓、降弓时间。降弓时,在离落弓位置1 m高处要注意受电弓的下降速度。

3)故障后的检修、检测

机车运行中发生弓网故障时,造成受电弓滑板、弓头、上臂等零部件变形或损坏时,应将受电弓从车顶拆下,进行全面调修或更换零部件,检修完成后在专用试验台上对受电弓进行例行试验(包括动作试验、弓头自由度测量、气密性试验、静态压力特性试验、ADD性能试验等），试验合格后方可重新装车投入使用。

对于较轻的刮弓，可在车顶调试升降弓时间，进行静态压力特性试验、ADD 性能试验等。

注意：

① 更换滑板时，在滑板安装座接触表面加导电膏，用力矩扳手拧紧螺母，扭紧力矩为 15 N。连接气管接头时，用手拧紧锁紧螺母，最多用扳手再拧紧一周。

② 在车顶不用调试快速降弓，检查关闭阀及试验阀是否用尼龙扎带扎紧。调试切主断时，升弓高度不大于 0.8 m。

二、TSG15B 型电力机车受电弓

（一）功能及用途

受电弓是一种铰接式的机械构件，它通过绝缘子安装于电力机车车顶（见图 4-16）。受电弓的集电头升起后与接触网导线接触，从接触网上集取电流，并将其通过车顶母线传送到车内供机车使用。

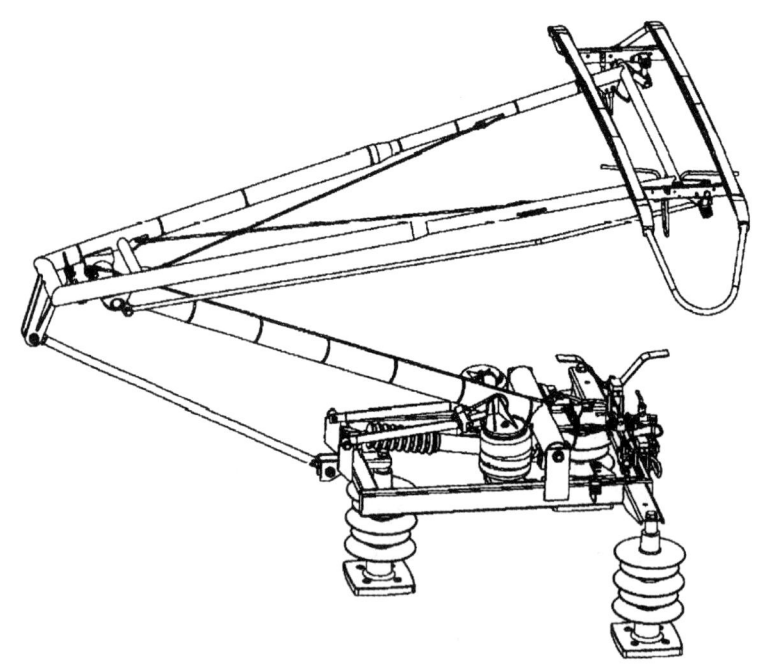

图 4-16　受电弓总体

当司机在司机室中按下升弓按钮时，电磁阀得电，压缩空气进入气囊升弓装置时，将使气囊膨胀抬升，并带动作用于下臂杆的钢丝绳，钢丝绳拉拽下臂杆使受电弓升起，并使受电弓集电头与接触网保持接触状态。

当司机在司机室中按下降弓按钮时，电磁阀失电，切断供风，气囊升弓装置开始排气，受电弓靠自重下降，然后使弓头保持在两个橡胶止挡上。

此外当受电弓滑板磨耗到限或折断时，滑板内气腔漏气，ADD 装置将动作，迅速降弓，实现自动保护功能。

受电弓在工作时，气囊升弓装置一直被供以压缩空气，由于弓头采用弓头悬挂装置，使弓头具有一定的自由度，与接触网高度上较小的差异通过弓头悬挂装置进行补偿，较大的差异（如在桥梁和隧道，）通过铰链系统进行补偿，因此受电弓可随接触网的不同高度而自由地变换其高度而保持接触压力基本恒定。

对于单臂受电弓，集电头被一个铰链系统垂向操纵，铰链系统形成一个四杆机构。由于集电头的垂向运动，这个运动方向对接触压力没有影响，因此受电弓适合在两个方向进行安装使用。带有滑板的集电头将尽可能地处于转轴上方，绕转轴进行自由摆动。当气囊中的气压达到调压阀的设定值时，受电弓将逐渐升起，与接触网相接触的接触压力将被确定。通过释放气囊中的压缩空气，依靠受电弓的自重进行降弓，通过绝缘软管提供压缩空气。

使用环境条件：

（1）海拔不超过 2 500 m。

（2）最低环境温度为-40 °C，最高环境温度为+70 °C。

（3）温度保持 40 °C 不变时，相对湿度为 95%；温度从-25 ~ +30 °C 快速变化时，相对湿度为 95%，最大绝对湿度为 30 g/m^3。

（4）暴露在机车外部的部分能承受雨、雪、风、沙的侵袭，并且具有防水、防风、防沙的能力。

（5）受电弓的振动和冲击 IEC-61373 标准 I 类 A 级的相关要求。

（二）技术参数

额定工作电压	30 kV（AC）
电压波动范围	19 ~ 31 kV（AC）
额定工作电流	1000 A
额定运行速度	200 km/h
折叠高度（包括支持绝缘子）	695^{+8}_{-10} mm
最小工作高度（从落弓位滑板面起）	220 mm
最大工作高度（从落弓位滑板面起）	2 250 mm
最大升弓高度（从落弓位滑板面起）	≥2 400 mm
受电弓集电头（弓头）长度	1 950 mm ±10 mm
受电弓集电头（弓头）宽度	330 mm ±3 mm
受电弓集电头（弓头）高度	285 mm ±10 mm
滑板长度	1 250 mm ±1 mm
受电弓集电头轮廓形状	符合 UIC608.4a 的要求
静态接触压力	70 N±10 N
环境工作温度	-40 ~ +70 °C
最小工作压力	400 kPa

最大工作压力　　　　　　　　　　1 000 kPa
额定工作压力（供风）　　　　　　550 kPa
静态接触压力为70N时气囊压力　　约380～400 kPa
降弓位置保持力　　　　　　　　　≥150 N
升弓时间　　　　　　　　　　　　6～10 s
降弓时间　　　　　　　　　　　　≤6 s
总质量（不包括支持绝缘子）　　　≤110 kg
安装尺寸　　　　　　　　　　　　1 100 mm×800 mm（±1 mm）
电气区域　　　　　　　　　　　　≤301 mm
电气间隙　　　　　　　　　　　　≥350 mm

（三）结构组成

单臂受电弓结构如图4-17所示。

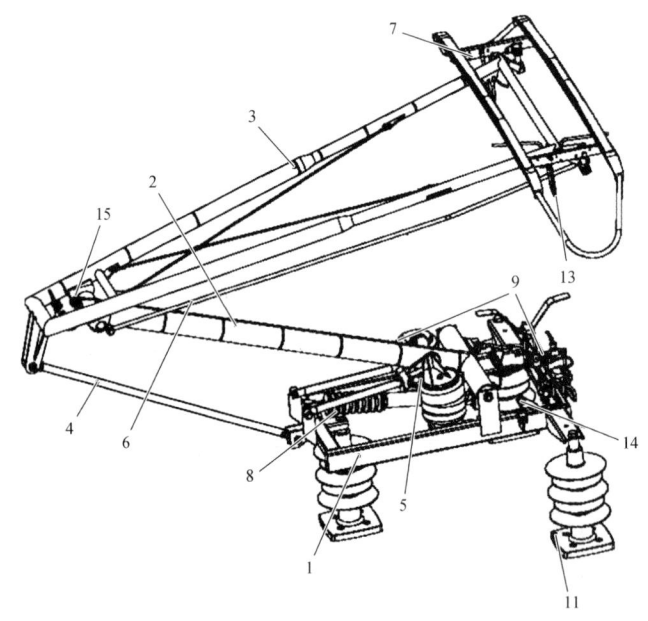

1—底架；2—下臂杆；3—上框架；4—拉杆；5—气囊组装；6—平衡杆；7—弓头；8—阻尼器；
9—气路及ADD；10—气阀板；11—绝缘子组装；12—绝缘软管；13—弓头电流连接组装；
14—底架电流组装；15—肘接电流连接组装。

图4-17　受电弓结构组成

1. 底　架

底架由方形钢管焊接而成，在连接处紧密密封焊接。它包括下臂杆、拉杆、阻尼器的轴承支架，气囊的安装支撑架，支撑上框架和弓头的橡胶止挡，如图4-18所示。

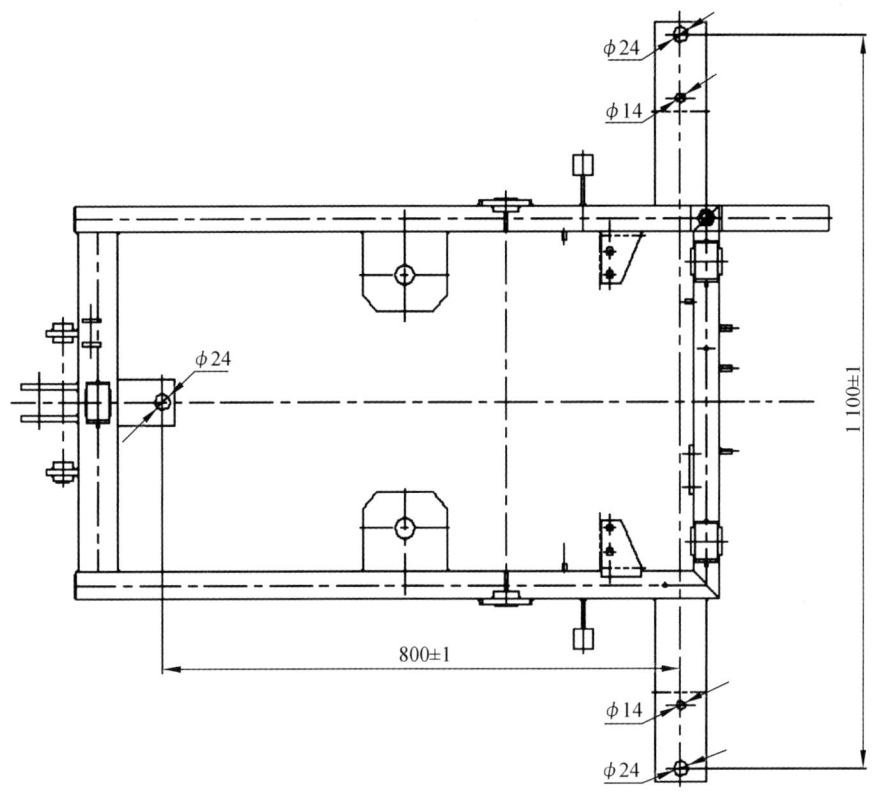

图 4-18 底架结构

为了将底架装于绝缘子之上，在底架上开有直径为 24 mm 的通孔，便于 M20 螺纹的连接。为了便于电气连接，提供了一个接线端，接线端上开有直径为 14 mm 的通孔。接线端由不锈钢制作而成。

2. 绝缘子

绝缘子如图 4-19 所示，参数如下：

标称电压	25 kV
高度	400 mm
质量	7.357 kg

3. 铰链机构

铰链系统包括下臂杆，上框架和拉杆，和底架一起构成一个四杆机构，在这种情况下，上框架的顶管的运动轨迹将成为一条近似垂直的直线。

1）下臂杆

下臂杆由无缝钢管在连接处密封焊接而成。它包括底架轴承管和肘接轴承管的主轴承。轴承被密封且终生润滑。底架轴承管上装有连接气囊和阻尼器的扇形板。

2）上框架

上框架由几段铝管、顶管和下部的肘接横管焊接而成。

通过两个夹板将下横管和拉杆的上轴承连接起来。自润滑轴承被压进长横管内部，作为弓头悬挂支撑的轴承。由两个交叉的拉杆增加上框架横向刚度。

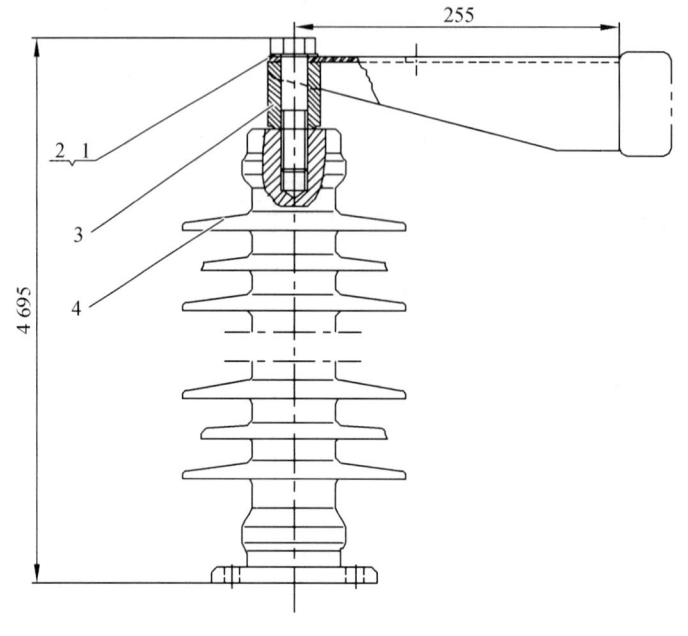

图 4-19　绝缘子结构

3）拉杆

拉杆进行封闭，最终组成四杆机构，围成了方形链接。通过调整螺母，拉杆的长度可以进行调节，以调整几何结构（补偿误差）。这种调整需要在制造工厂或者在铁路的主要修理工厂由专业人员进行。

4. 导流线

流过受电弓的电流，绕过滚动轴承和弓头悬挂装置的绝缘弹簧元件，通过高性能的导流线进行短接。

导流线由高性能铜线组成，两端配有压型的接头。

共有四条导流线短接下臂杆的轴承，两条导流线短接弓头。

接头材料为不锈钢、铜或铝，所有的螺栓带有平垫片，采用锁紧螺母连接。在铝和铜表面之间，专门的垫片被提供以避免出现电腐蚀。

5. 弓　头

滑板与弓角一起形成一个框架结构（见图 4-20）。这种设计保证弓头结构精巧，部件尽可能少，易维护。

在铁路系统，对于不同的接触网，可以安装不同轮廓尺寸的弓头。

1）碳滑板

每条接触滑板都是由一个导电的石墨磨损件和铝托架组成。

这两个部件由粘贴工艺连接在一起。

2）弓头悬挂装置

弓头悬挂支撑由两个橡胶扭矩元件和两个 V 形链接器构成。链接器被装在扭矩条的末端，扭矩条将橡胶元件和链接器连接在一起。橡胶弹簧元件上方的正方形被安装在弓角的横梁上，扭矩条被支撑在上框架的长横管的免维护轴承上，这种结构允许弓头尽可能地处于上框架的顶管周围，在垂直方向和水平方向自由运动。在侧向受载（接触网晃动，摇摆，过线岔）的情况下，通过扭矩条可以使弓头近似保持水平。

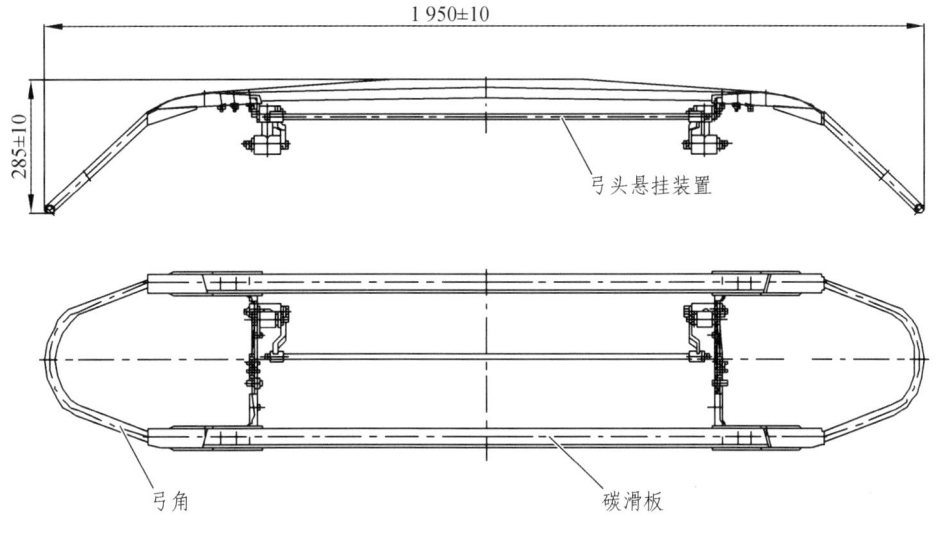

图 4-20 弓头结构

通过滑板的反应频率可以计算出刚度来。在工作期间，对于受迫频率，悬挂弹簧表现出一个增加的刚度和低的惯性阻尼。橡胶弹簧元件是免维护的，它的各向弹性允许进行误差补偿，并且吸收侧向振动。

为了严格保证弓头在上框架的顶管之上的高度（在第一次安装或者等同于橡胶弹簧元件处于降落状态下），弓头悬挂装置可以被调整。

3）弓角

弓头两端向下倾斜的弓角可以阻止受电弓发生钻弓现象。在正常环境下，接触网在受电弓的滑板范围之内运动。在过线岔时，弓角将起作用。

6. 平衡杆

在使用中，弓头框架自由运动，通过接触网，弓头被保持在正确位置。在升降弓时，平衡杆阻止弓头的四处倾斜。平衡杆由连接在顶管上止挡杆组成，由连接在下臂杆上的平衡杆导杆控制以保持弓头大致的水平位置。

7. 升弓气囊装置

在受电弓上，所需的升弓扭矩和接触压力由两个充满压缩空气的气囊通过钢丝绳和安装在下臂杆上的扇形板来产生。所需的气体压力将由一个误差为±0.001 bar 的高精度调压阀来控制。要求的接触压力通过调整气压可以方便地调整。

8. 阻尼器

为了阻止不希望的受电弓的运动，以及来自接触网的激励，例如，其他列车上受电弓的干扰，在受电弓的底架和下臂杆之间将安装一个阻尼器。

9. 自动降弓装置

为了保护接触网线和受电弓滑板到了最小磨耗极限后继续过度的磨耗，受电弓配备了气路监测系统。为了这个目的使用了特殊的碳滑板。气管通过下臂杆和上框架的连接从滑板连接到阀组（快排阀），它安装在底架上。

10. 阀　板

所有必需的阀、节流阀、带有空气过滤器的水雾分离器和压力开关都组装在电力机车内部的阀板上（见图 4-21）。气囊到滑板的连接是由气管连接，可以保证提供压缩气体是干而且纯净的，保证能良好地运用。

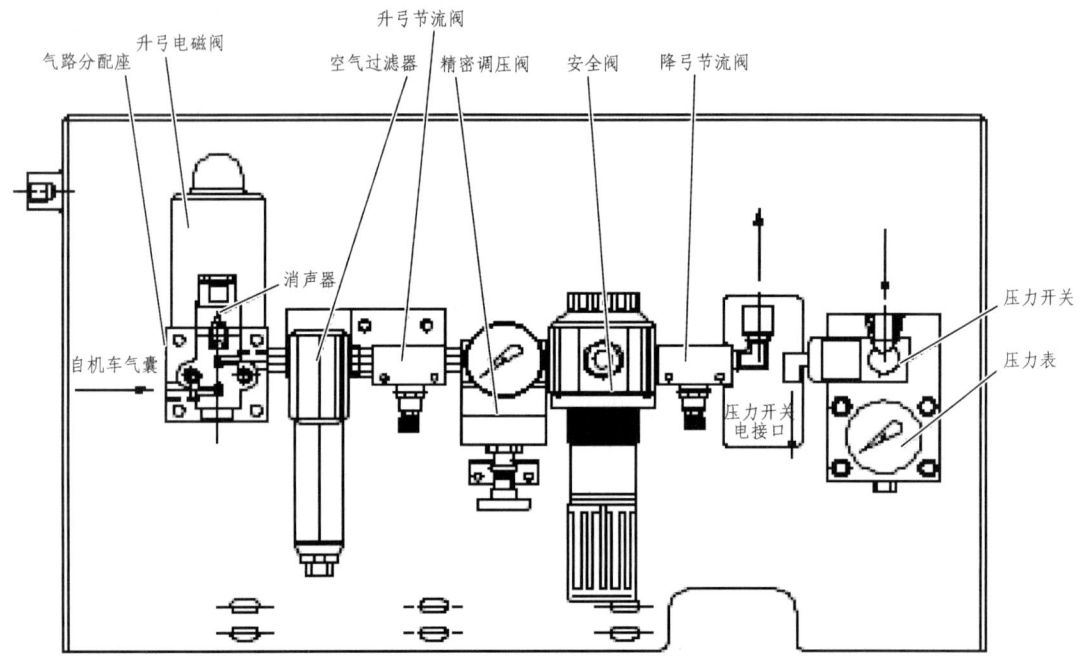

图 4-21　阀板结构

（四）工作原理

受电弓的升弓和降弓由气囊装置进行控制，气囊装置由气路控制，而气路又由一电磁阀操纵（见图 4-22）。

该控制气路保证：受电弓无振动而有规律地升起，直至最大工作高度，从受电弓弓头开始上升算起，在 6~10 s 内无异常冲击地抵达接触网线上；由任意高度，包括工作区间内的快速降弓；使受电弓不会遭受到任何损坏完全降弓。

1. 弓头上升——升弓

升弓运动通过进入气囊的压缩空气的量的多少进行控制。

电磁阀得电,压缩空气通过气路装置和快速降弓阀进入气囊,气囊受到压缩空气的作用膨胀抬升,使得蝴蝶座通过钢丝绳拉拽下臂杆,这样,受电弓在钢丝绳的作用下,将随着气囊膨胀的大小而先快后慢地升弓。

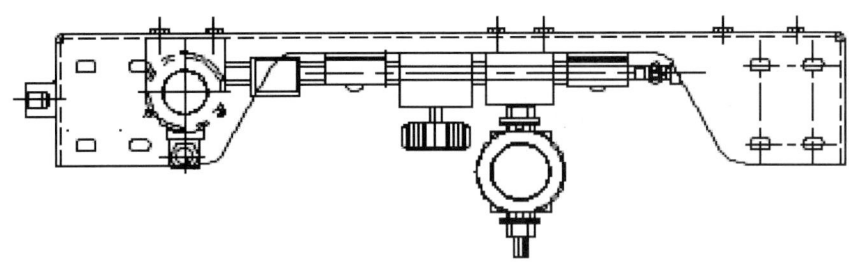

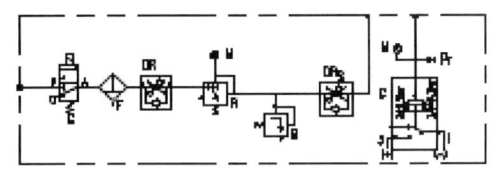

图 4-22 受电弓控制阀板

2. 弓头的下降—降弓

受电弓的下降通过受电弓的气囊升弓装置释放压缩空气来进行控制。

电磁阀失电,阀腔通大气,快速降弓阀中的快排阀口打开,气囊升弓装置内的压缩空气通过快排阀迅速排出,气囊收缩,受电弓靠自重迅速地降弓,整个降弓过程先快后慢。

(五)使用操作

通过把在司机室的受电弓控制开关打到 UP 位(升弓位),来实现受电弓的升弓。在这种情况下,受电弓电磁阀 VE(机车气动系统的一部分)得电动作,压缩空气进入阀板,压缩气体流经阀板(机车内),通过气管和绝缘软管(连接电力机车输出接口和受电弓接口)进入受电弓。

当气囊中的气压达到调压阀 R 的设定值时,受电弓将逐渐升起,与接触网相接触的接触压力 Fk 将被确定。

通过旋转调压阀上 R 的旋钮,进行接触压力的调节:顺时针旋转增大接触压力,反时针旋转减小接触压力。

通过调节单向节流阀 DR_H,调节升弓速度,顺时针减小升弓时间,逆时针增大升弓时间。

在正常情况下,气囊气压下降,受电弓降弓。当受电弓控制按钮打到 DOWN 位(降弓位),受电弓实现降弓。当气压减小时,通过自重受电弓被迫降弓落到降弓位。通过调节单向节流阀 DR_S 可以调节降弓速度,顺时针减小降弓时间,逆时针增大降弓时间。

如果气路或电路控制系统失效,受电弓将自动降弓。

如果滑板有任何损坏(破损或过度磨损)造成压缩气体泄漏,气囊将通过快排阀排气从而实现受电弓的自动降弓。

一个带有电气端子的压力开关 C（位于车内的阀板控制系统上）通过第二条绝缘软管与压气路系统相连接。

如果在 ADD 装置中出现压力下降（即正常降弓和滑板损坏漏气），压力开关 C 会关闭主电力机车开关（主断路器）。这就避免了在带电情况下由于受电弓的快速降弓产生的拉弧对牵引线的破坏。同时，通过螺旋管阀（给个信号使受电弓开关处于"down"位置）切断压缩气体对损坏的受电弓供风。通过电信号关闭压缩气体对损坏受电弓的供风，使司机室内不能再升起损坏的受电弓，未损坏的受电弓在任何情况下都可以使用。

为了防止受电弓降落时砸坏底架上的其他部件，在阻尼器内部有一个缓冲装置，在阻尼器最后的 30 mm 运动范围内阻尼会明显增加。这个缓冲装置不能被调整。

当受电弓升起与接触网相接触时，通过滑板获取电流，由受电弓框架将电流传到底架，通过短接编织线来短接轴承和橡胶弹簧。最后由底架上的接线端将电流引入车顶装置。

（六）安装与调试

1. 安　装

1）准备工作

（1）用制动闸瓦将列车固定，防止意外移动。

（2）按照维护手册切断列车电源所述，切断列车与受电弓线路的连接。

（3）按照维护手册切断列车电源所述，切断辅助电源。

（4）按照维护手册切断列车电源所述，将列车断电。

（5）断电并隔离架空线。遵守当地法规。

（6）将 1 个可移动平台放在机车受电弓安装位置的侧面。

2）安装过程（见图 4-23 ~ 图 4-25）

（1）把 3 个绝缘子安装在车顶上。

（2）将受电弓用 1 个合适的吊装设备升至其位于车顶的安装位置。

（3）把 3 个隔离装置放在绝缘子上，其孔必须对齐绝缘子的螺纹孔。

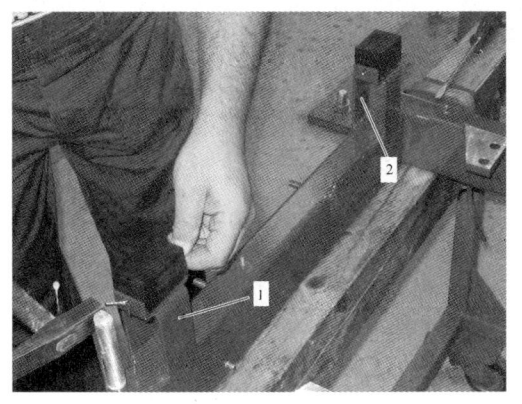 

图 4-23 组装受电弓

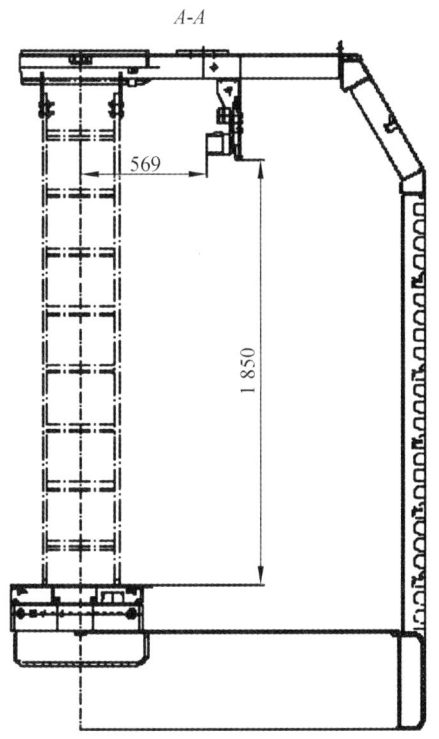 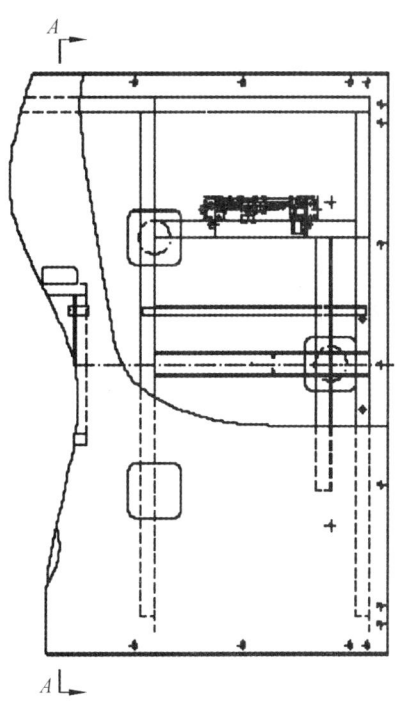

图 4-24 控制阀板车内安装

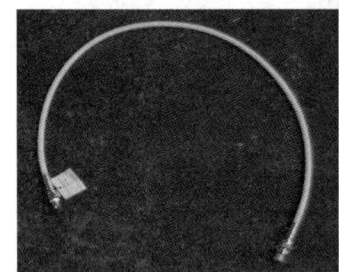
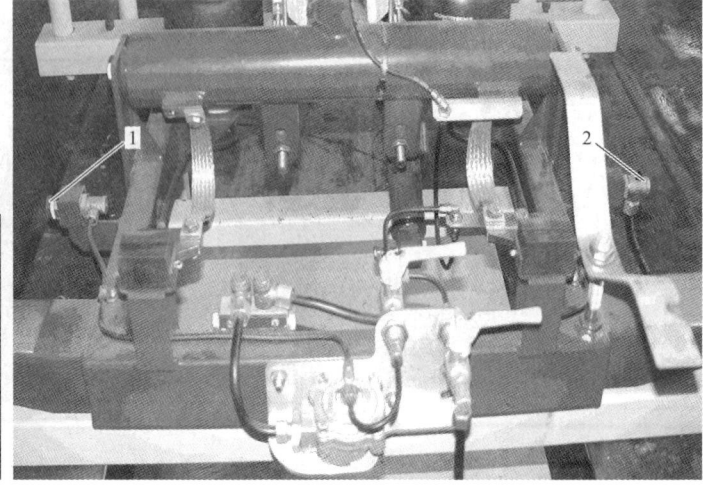

图 4-25　绝缘软管安装

（4）降下受电弓，放到绝缘子上。
（5）装上新的六角螺栓及配套的垫圈。
（6）将六角螺栓紧固至 250 N·m。
（7）将阀板装在车内。
（8）把绝缘软管安装到受电弓的进气口和车顶输出口上。螺纹要涂螺纹密封剂。保持接口和软管连接头的清洁。

2. 调　试

1）调试前检查

（1）检查受电弓有无漆面损伤、部件变形、部件丢失和连接松动，针对以下部件进行检查：

- 整个受电弓；
- 滑板；
- 导流线。

（2）检查接地部件到受电弓的任何部位的间隙是否大于 350 mm。
（3）检查所有的紧固螺栓和连接部件以及电气连接是否都被拧紧至规定的扭矩并按要求锁闭。
（4）检查等电位连接是否正确。

2）受电弓调试（见表 4-1）

3）退出调试

（1）移去可移动平台。
（2）给接触网供电。遵守当地规定。
（3）按照维护手册切断列车电源所述，接通列车与受电弓线的连接。
（4）移除制动闸瓦。

表 4-1 调试步骤

序号	部件名称	步骤及方法	结果/指示说明
1	受电弓	工作范围内的自由移动： 当受电弓在工作条件（产生了压缩气体）下时，检查整个工作范围上的自由移动。一定不能有任何不正常的声音	
2	受电弓	气密性试验（见图 4-26）： 关闭 ADD 装置的截止阀使 ADD 失效，隔离阀板，与阀板连接的两个风管，一个与风源连接，一个与试验用储气缸连接，然后充以约 3.8~4.0 bar 的气压，充一段时间后，关闭风源，在整个气路接头处涂抹肥皂水，如有泄漏，拧紧或更换相关气动元件	经过 10 min 后，气路压力下降不得超过起始气压的 5%
3	受电弓阀板	检查接触压力（见图 4-27）： 接触力应设定为静止状态下平均值为 70 N。调整接触压力的方法是：先通过弹簧秤以 0.05 m/s 的速度匀速朝下运动，然后以相同速度向上运动。 设置精密调压阀 R 约为 3.8~4.0 bar	压力表 M 显示约 3.8~4.0 bar 气压值；接触压力约为 70 N
4	阀板	检查升弓时间： 调整单向节流阀 DR_H 阀	秒表显示：6~10 s
5	阀板	检查降弓时间： 调整单向节流阀 DR_S	秒表显示：≤6 s

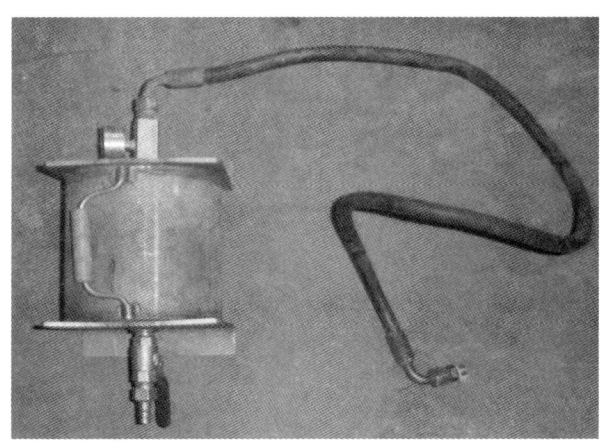

图 4-26 气密性试验用储风缸

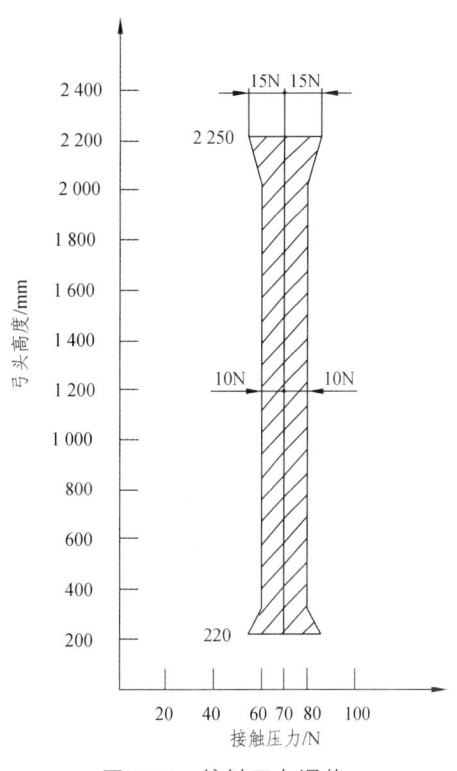

图 4-27 接触压力调整

（七）故障处理与检修（见表 4-2、表 4-3）

表 4-2　常见故障分析与处理

序号	故障现象/信息	直接原因	处理方法/测量/测试
1	碳滑板过度磨损	均匀磨损显示运行正常	检查滑板并更换
2	接触电网的弓头放电	滑板上的槽，由于电网上的故障	更换滑板
		低气压，接触力太低	检查更换有故障的气动部件
		弓头被阻挡或变形	检查弓头是否自由动作，如果需要，进行修理或更换
		新的电网	按照其磨损进行解决
3	无法升弓	控制电路故障	检查线路，如果需要，进行修理
		空气管路故障	检查管路是否漏气或检查插头，如果需要，进行修理
		……	检查管路压力和风源压力，更换有故障的气动部件
		轴承故障	检查轴承，如果需要，加润滑油，或更换受电弓轴承
4	无法降弓	控制电路故障	检查线路，如果需要，进行修理
		气囊故障	检查气囊，有缺陷进行更换

表 4-3　受电弓检修

序号	部件	方法
1	弓头和滑板的修理	碳滑板经常和电网保持接触，并且是受电弓的主要磨损件。为了尽早发现损坏，每次例行检查都应对它们进行检查。 如果接触网和其支撑点状况良好，滑板磨损应在磨损件的整个长度之上均匀产生。有关使用期间的详细资料不能适用完全不同的使用条件（负载，电网的条件，冰霜等）。 弓头弓角的磨损不是受电弓本身的故障，但偶尔会有发生。严重磨损的弓头弓角或碳滑板边上的切口是接触网故障的迹象，必须立刻处理。 碳滑板上铝板断面的电弧痕迹说明接触力低。新的接触网粗糙，并且能够引起导致更大磨损的电弧。 应谨慎确保用于碳滑板的定位螺钉状况良好。安装新的滑板，需要使用新的螺母。 在使用期间，如果这种接头松动，碳滑板不会立刻导致整个受电弓受损，因为其位于一个托架内。但是如果此条件下，运行更长时间会钩住电网。这样就会对电网造成严重的损坏。 操作经验表明在更换碳滑板之前，容许其厚度磨损到 4 mm；紧急情况下，可允许磨损到支持板

续表

序号	部件	方法
2	轴承的修理	所有采用密封结构的轴承应在 6~8 年以后进行清洗、重新涂脂或在必要时进行更换。建议每 6 个月通过检查内摩擦来对所有的轴承进行检查，测量升弓和降弓时的接触力，移去可能会聚积的灰尘（尤其是长期不使用期间）。 所有其他枢轴使用无须维护的抗摩擦轴承。必须每 6 个月对轴承进行检查来查看其是否能够自由移动，并除去任何可能聚集的灰尘（尤其是长期不使用期间）。这些轴承是烧结青铜轴承，它们有迭尔林（聚甲醛树酯）衬套
3	定位螺钉和导电螺钉的修理	检查固定座套的定位螺钉和接线柱螺钉。特别是碳滑板的定位螺钉。受损的铜编织线应进行更换，应对线端进行清洗或涂脂。对活动的螺钉进行涂脂。用不锈螺钉和接头固定受电弓
4	弓头橡胶弹簧元件	元件免维修，并且如果施加应力正常，这些元件会有较长的使用寿命。在起初的 3 个月使用期间，固定新元件。形变角约为 20°，可用一个杠杆调节弓头悬挂。 注意：在任何情况下这些部件不得沾上油脂
5	导流线	在受电弓的任何可能位置，导流线不能拉紧或放置在其他防磨部件上。有断股的导流线必须更换
6	绝缘子	清洁绝缘子，如有裂痕和损坏现象，必须更换
7	气路	检查气路，如有泄漏，更换损坏的气动元件

任务二 主断路器维护保养与检修

学习目标

1. 知识目标

（1）掌握主断路器的作用、结构组成。

（2）掌握主断路器主要部件的作用。

（3）掌握主断路器分闸和合闸过程的原理。

2. 能力目标

（1）能够结合实物认知主断路器的结构组成。

（2）能够阐述主断路器的工作原理。

（3）能够对主断路器进行维护保养和检修。

> 知识课堂

主断路器是电力机车上的核心高压电器。作为高压回路的总开关,主断路器控制着高压回路的开通与关断。

一、BVAC.N99 型交流真空主断路器

这里以 HXD₃ 型电力机车为例,介绍机车用主断路器的相关知识。主断路器是电力机车的一个重要组成部件,用于开断、接通电力机车的 25 kV 电路,同时用于机车过载和短路保护。电力机车的主断路器要求分断大容量电路,且要求有较强的灭弧能力。

空气断路器在电力机车上已经得到了普遍的应用。由于电力机车的特殊使用环境和一些恶劣工作条件的限制,真空断路器直到 20 世纪 80 年代才开始运用到电力机车上。

真空断路器以真空作为绝缘介质和灭弧介质,利用真空耐压强度高和介质强度恢复速度快的特点进行灭弧。与空气断路器相比,真空断路器具有结构简单、工作可靠、分断容量大、动作速度快、绝缘强度高、环境稳定性好、机械寿命长、维护保养简单、整机检修工作量小等诸多优点,因而在电力工业中得到了广泛应用。

HXD₃ 型电力机车装有一台 BVAC.N99 型交流真空主断路器,其外形如图 4-28 所示。BVAC.N99 型交流真空主断路器是单断点交流断路器,采用真空管实现高效灭弧,动静触头的通断实现电空控制,作为机车输入电源的总开关用于高压电路电源的导通、分断;同时又作为保护电路的执行机构,机车出现严重故障时实现输入电源的分断,用于过载和短路时对机车电路实施保护。具有如下特点:

(1)绝缘强度高。
(2)采用真空灭弧,环境稳定性好。
(3)结构简单。
(4)开断容量大。
(5)机械寿命长。
(6)维护保养简单。
(7)与空气断路器有互换性。

图 4-28 BVAC.N99 型交流真空主断路器外形

(一) BVAC.N99 型交流真空主断路器主要技术参数

额定电压	30 kV
额定电流	750 A
额定频率	50～60 Hz
额定分断容量	600 MV·A
额定分断电流	20 kA
固有分闸时间	25～60 ms
合闸时间	≤60 ms
额定工作气压	450～1 000 kPa
额定控制电压	DC 110 V
机械寿命	250 000 次

(二) 真空主断路器结构及主要部件的作用

BVAC.N99 型交流真空主断路器结构如图 4-29 所示。根据连接电路完成功能及部件组成，真空断路器包括三大部分：上面是连接受电弓的高压部分，中间实现高低压隔离的中间绝缘部分，下面则是完成通断控制的电空机械装置和控制电路的低压控制部分。

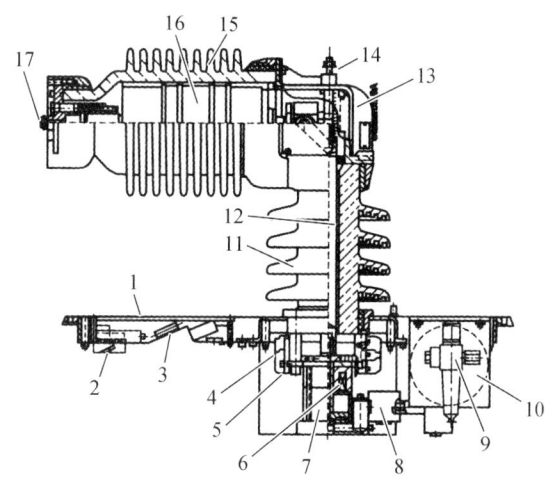

1—底板；2—插座连接器；3—110V 控制单元；4—辅助触头；5—肘节机构；6—保持线圈；7—传动气缸；
8—电磁阀；9—调压阀；10—储风缸；11—垂直绝缘子；12—绝缘操纵杆；13—传动头组装；
14—高压连接端（HV1）；15—水平绝缘子；16—真空开关管组装；
17—高压连接端（HV1）。

图 4-29 BVAC.N99 型交流真空主断路器

1. 高压部分

高压部分结构如图 4-30 所示，包括水平绝缘子、真空开关组装和传动轴头组装等。

真空开关组装安装于水平绝缘子内部，构成机车车顶的高压回路，可以通断高压交流电并实现有效灭弧，灭弧室通过密封结构实现与空气的隔离。

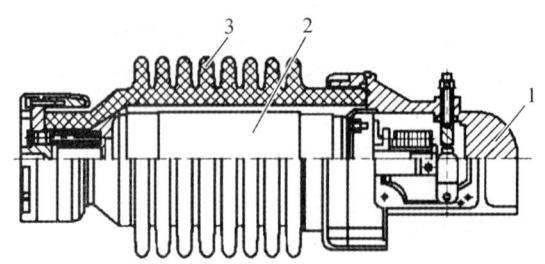

1—传动轴头组装；2—真空包组装；3—水平绝缘子。

图 4-30　高压部分

所谓"真空"是由于空间中的空气分子很少，大大降低了空气电离产生的导电离子浓度，能够极大地提高产生电弧的电压，也就是具有良好的绝缘性，对于起开关作用的电器的动静触头间的距离可以设计得很小。在开关分断过程中，交流电流过零点时，交流电弧很容易熄灭，在毫秒级的时间内，触头间绝缘可以马上恢复，且电弧不会重燃。

真空开关如图 4-31 所示，由两个负责电路通断的铜合金触头组成，一个是静触头，另一个是动触头。静触头安装在一个金属法兰上，该法兰安装在灭弧室的陶瓷外壳上。该外壳通常是由两部分组成，中间隔着一个金属筛网。当触头断开时燃弧产生的金属蒸气会产生沉淀物，这个筛网正是用来防止这些沉淀物黏附在瓷部件上的。

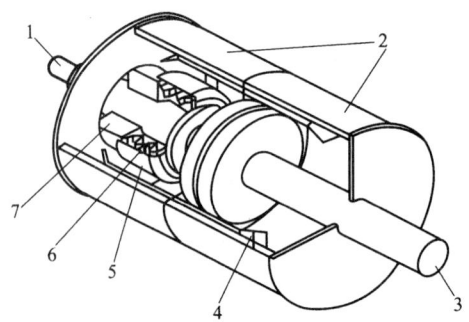

1—动触头；2—瓷质外罩；3—静触头；4—筛网；
5—波纹管罩；6—金属波纹管；7—导套。

图 4-31　真空开关结构示意图

动触头的移动控制由电空机械装置和合闸过程中的导向装置完成，这样就可以保证它的轴向运动和适合角度。

金属波纹管焊接在动触头上，末端法兰（这是封口的一个完整部分）用于密封真空泡。金属筛网同样包围在波纹管四周来保护它。

金属波纹管的设置既可保持密封，又可使动触头在一定范围内移动，保证动、静触头在一定的真空度下断开。真空度是真空泡最重要的参数之一，和真空开关的开断能力成一定关系。

真空开关的分、合闸操作体现了整个主断路器的分合闸状况，具体表现为对动触头的操作，通过右端传动轴头组装导向来自气动部分产生的机械动力来完成，这样就可以保证它的轴向运动。

2. 中间绝缘部分

中间绝缘部分包括如图 4-29 所示垂直绝缘子（11）、底板（1）以及安装于车顶与断路器之间的 O 形密封圈。

垂直绝缘子安装在底板上，一方面提供高压部分的支撑，另一方面提供高压部分与低压控制部分的电气绝缘，用以满足 30 kV 的绝缘要求。垂直绝缘子为空心结构，通过中心的绝缘导杆连接下部的电空机械装置和真空开关管中的动触头。为保证主断路器的安装，在主断路器底板与车顶之间使用 O 形密封圈实现密封、防水。

3. 控制部分

控制部分安装在真空断路器底板下部的控制箱内，用于接收分、合闸的控制电信号，通过压缩空气操作动触头实现高压电路的通断。包括（见图 4-29）储风缸（10）、调压阀（9）、压力开关、电磁阀（8）、传动气缸（7）、保持线圈（6）、肘节机构（5）、110 V 控制单元（3）等操纵控制部件。

BVAC.N99 型交流真空主断路器采用电空控制。该控制通过空气管路在动触头快速合闸过程中提供必需的压力。储风缸（10）是实现断路器气动控制的气压源，要求其能够满足在机车对断路器不供气的状态下，其残存压缩空气至少能使断路器完成一次动作。调压阀（9）安装在断路器进气口与储风缸之间，通过整定气压值，用以保持储风缸内风压恒定，以保证合闸速度。同时，调压阀上安装有一空气过滤阀，以保证进入储风缸气体的清洁与干燥。压力开关（图中未显示出来）安装于储风缸上与调压阀相对一侧，与储风缸内气体相连，用以监控断路器合闸的最小气压值，当储风缸内气压低于其整定值时就会自动断开，并通过低压控制线路将信息反馈给 110 V 控制单元，以使断路器拒绝进行操作，保证可靠合闸。电磁阀（8）接受控制电压信号，控制储风缸内的气流的通断。传动气缸（7）把空气压力转化为机械作用力，通过传动机构使动触头闭合。保持线圈（6）安装于气缸上部，当其通电时通过对气缸活塞的吸合，实现对断路器合闸状态的保持，当保持线圈电流切断后（即控制电源失电），断路器实现分闸。肘节机构（5）用以实现真空断路器分闸时的快速脱扣，保证断路器快速地分断。快速脱扣功能通过恢复弹簧的压缩压力来实现，保证了系统在失电和停气时主断路器的开断。为了限制脱扣装置的振动，通过分闸过程中传动气缸中压缩空气的漏放来实现缓冲。110 V 控制单元（3）安装在真空断路器底板下部，对断路器的动作进行整体控制。

（三）真空断路器动作原理

BVAC.N99 型交流真空主断路器操作包括分闸与合闸操作。

1. 合闸原理

图 4-32 所示为真空断路器处于开断状态时各阀及触头等的状态。

只有满足如下条件，主断路器才能闭合：

（1）主断路器必须是断开的。

（2）必须有充足的气压。

（3）必须使保持线圈得电。

主断路器断开状态如图 4-33 所示，合闸过程如下：

（1）将主断路器扳键开关置"合"位，电磁阀得电，压缩空气由储风缸流入传动风缸，如图 4-34 所示。

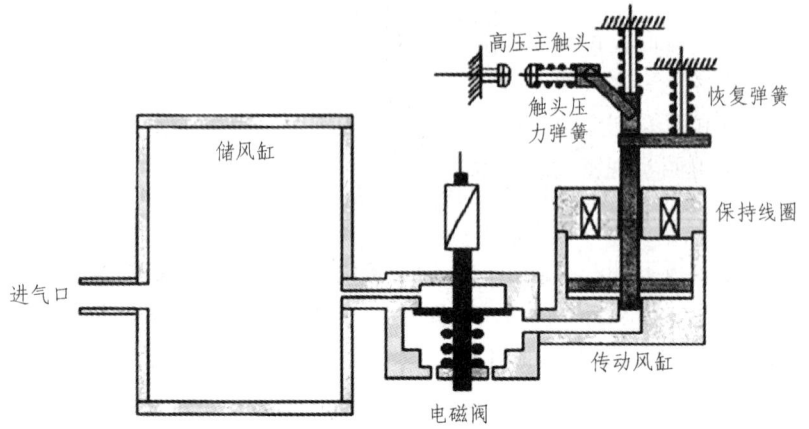

动画：主断路器原理

图 4-32　BVAC.N99 型交流真空主断路器开断状态示意简图

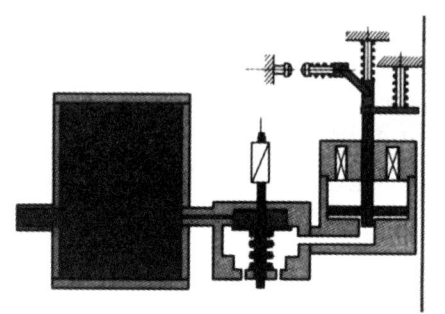
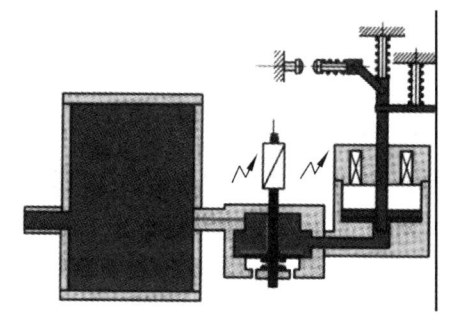

图 4-33　真空断路器断开状态　　　　图 4-34　电磁阀得电打开

（2）压缩空气进入传动气缸推动活塞上移，活塞与绝缘导杆同步上移，主动触头随着活塞的移动而运动，如图 4-35 所示。

（3）随着恢复弹簧压缩，主触头完成闭合，触头压力弹簧压缩实现超程的目的，活塞到达行程末端时，保持线圈在保持位置得电确保主触头的可靠闭合，如图 4-36 所示。

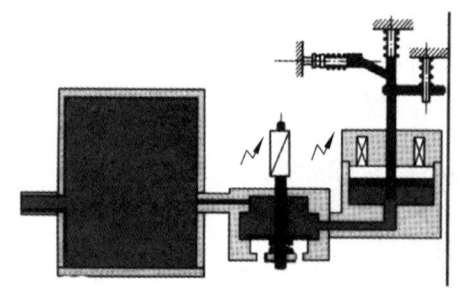
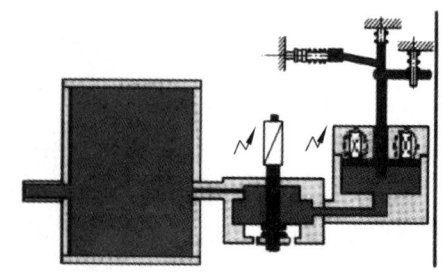

图 4-35　主触头移动　　　　　　　　图 4-36　动触头弹簧压缩

（4）电磁阀失电，传动风缸内的空气排出，真空断路器完成闭合，如图 4-37 所示。

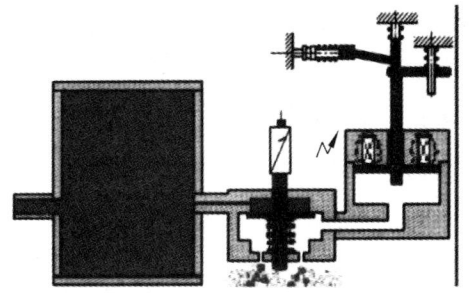

图 4-37　主触头闭合

2. 分闸原理

在所有情况下，当控制电源失电时，主断路器将开断（主断路器扳键开关置"分"位）。分闸步骤如下：

（1）保持线圈失电，如图 4-38 所示。

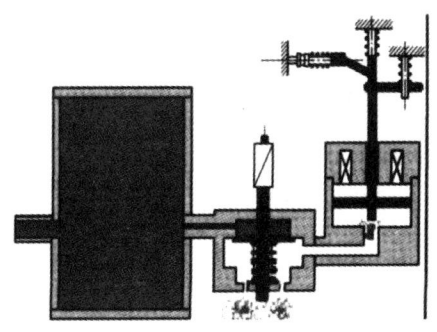

图 4-38　保持线圈失电

（2）活塞在弹簧力作用下移动（动触头的接触压力和恢复弹簧）。

（3）主触头打开，真空室灭弧。

（4）行程结束，通过传动气缸中压缩空气的漏放实现活塞复位的缓冲，主断路器可靠分断，如图 4-39 所示。

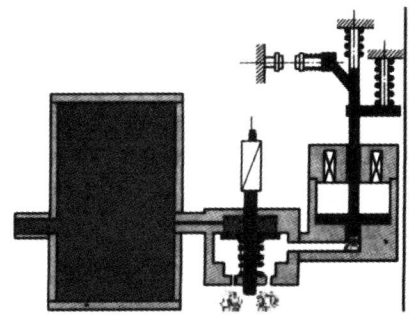

图 4-39　主触头开断

（四）真空断路器的维护保养

高压能造成电弧燃烧和人身事故，真空断路器是高压电路开关，在检查和维护时，为避免电危害，连接断路器的所有电、气源必须隔离。主断路器上所有的检查和维修必须在断开电源、降弓和主断路器接地的情况下操作。

1. 检查范围

（1）检查绝缘子不得有裂痕及瓷釉损伤，并保持清洁。

（2）当出现不明情况的短路时及非正常的机械振动时，要检查真空管的真空度。

（3）检查各连接件必须紧固，各阀及接头不能有漏风现象。

（4）气路检查。真空断路器主要由压缩空气提供动力，应定期检查空气压力是否符合要求。压力低会造成闭合时间长，主触头接触压力小，使触头燃弧时间长或接触不良，导致触头过热烧损。压力高于规定值，会造成主触头闭合式冲击力加大，导致触头在闭合式产生触头弹跳，不利于灭弧，降低真空开关管的寿命。另外还会造成触头的机械损伤。

（5）触头磨损检查。真空断路器主触头磨损量在产品出厂时已按照规定值设置好，触头磨损到限如果继续使用，会造成触头接触不良最终导致烧损，造成行车事故。

（6）接触电阻检查。真空断路器运行一定时间后，主触头会出现不同程度的烧损及磨损，造成接触电阻增大，导致触头工作时过热，严重时致使触头烧损黏结，定期检测主触头基础电阻，可有效预防断路器不分断故障的发生，确保机车的安全运行。

检测方法：在主电路无电状态下闭合真空断路器，用接触电阻测试仪（电流大于 100 A）检测高压输入端和高压输出端的电阻。接触电阻小于 100 μΩ。

2. 典型故障分析判断

1）主触头不闭合

（1）电磁阀损坏。电磁阀线圈损坏，导致电磁阀不动作，压缩空气不能进入传动气缸，断路器无法闭合。

（2）压缩空气泄漏。气路系统密封不良导致空气泄漏，气压低于压力开关设定值，压力开关触点不闭合，电磁阀不得电，断路器无法闭合。

（3）压力开关不闭合。压力开关损坏，导致触点不闭合，电磁阀不得电，断路器无法闭合。

（4）操纵机构机械卡滞。

2）主触头不分断

（1）主触头烧损。

① 真空开关管真空度下降，绝缘性能降低，触头燃弧烧损黏结。

② 多次开断短路电流，电气寿命到限，主触头烧损黏结。

③ 过压导致触头极间击穿，触头受损，接触电阻增大，触头过热烧损黏结。

④ 主触头磨损到限，触头接触压力低，接触电阻增大，触头过热烧损黏结。

（2）操纵机构机械卡滞。

（3）机车网络原因。

二、TDV 系列真空断路器

（一）真空断路器概述

TDV10 系列真空断路器主要用于轨道交通车辆主电路的开断和接通，同时还可以用于车辆过载保护和短路保护。

TDV10系列真空断路器为南车株洲电力机车有限公司自主研发的产品。2010年开始进行研发、2011年试制成功、2011年底分别在铁道部产品质量监督检验中心、西安高压电器研究院、国家电器产品质量监督检验中心完成了成套型式试验。为防止恶劣雾霾天气对车顶高压电器造成的闪络故障，TDV10系列真空断路器广泛安装于轨道交通车辆网侧柜内部，其安装示意如图4-40所示。

图4-40 TDV10系列真空断路器安装示意图

TDV10系列真空断路器具有绝缘性能高、环境稳定性好、结构简单、开断容量大、机械寿命长、维护简单等特点。同时，TDV10系列真空断路器具有小型化、轻量化、集成化、易于安装和维护的优点。

目前，中车株机公司生产的HXD1D客运机车普遍安装了TDV10系列真空断路器，大连机车公司HXD3C机车也安装了TDV10系列真空断路器。

(二) 主要结构

TDV10系列真空断路器主要由高压部分、支持绝缘子部分、低压部分组成。其主要结构如图4-41所示。

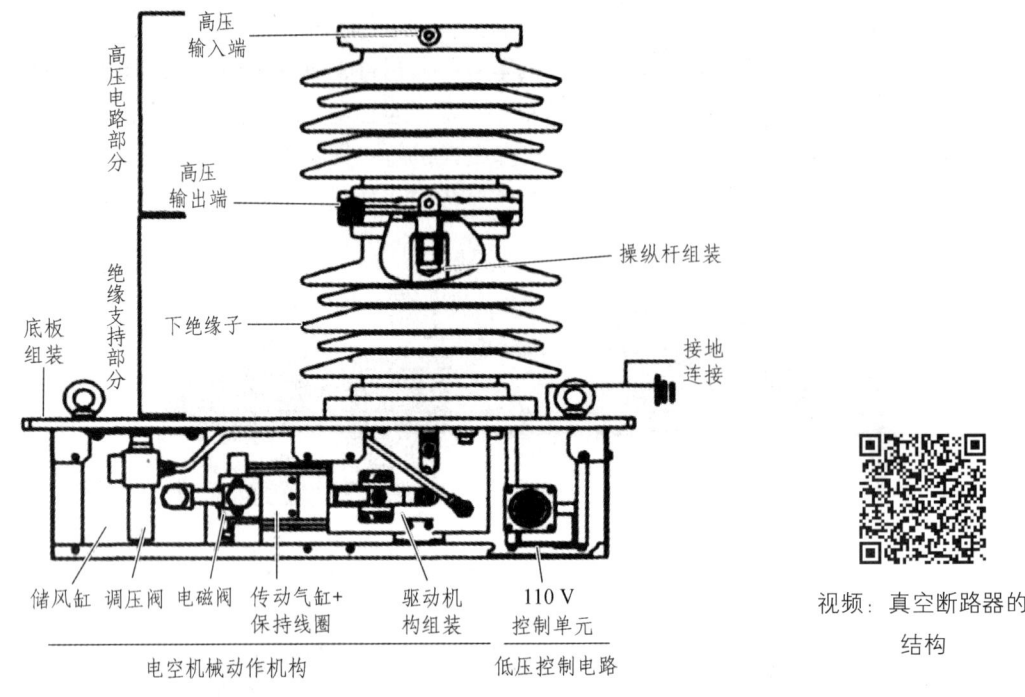

图 4-41 TDV10 系列真空断路器结构示意图

其中,高压部分主要包括上绝缘子、真空开关管组装、填充硅橡胶、导电环、软连线、动触头推盘等零部件。

支持绝缘部分主要包括下绝缘子和底板。

控制部分主要包括储风缸、调压阀、压力开关、电磁阀、压力气缸、保持线圈、驱动结构、110 V 控制单元等操纵控制部件。

(三)关键部件

1. 真空开关管

真空开关管是真空断路器关键部件,主要用于实现真空断路器的大电流开断和闭合、实现真空断路器的分合闸功能。真空泡安装于断路器上绝缘子腔体内。

系列真空断路器采用赛雪龙进口真空泡,型号为 VSG36-01-A1。其额定开断电流 20 kA,完全满足轨道交通要求,其主要技术参数具体见真空开关管订货技术规范。

2. 绝缘子

TDV10 系列真空断路器绝缘子主要分为上绝缘子和下绝缘子(见图 4-42),主要采用大电气间隙设计,绝缘子电气间隙≥280 mm、爬电距离≥1 050 mm、工频耐受电压≥90 kV(1 min),完全满足轨道交通车辆绝缘性能要求,绝缘子主要技术参数见绝缘子订货技术规范。

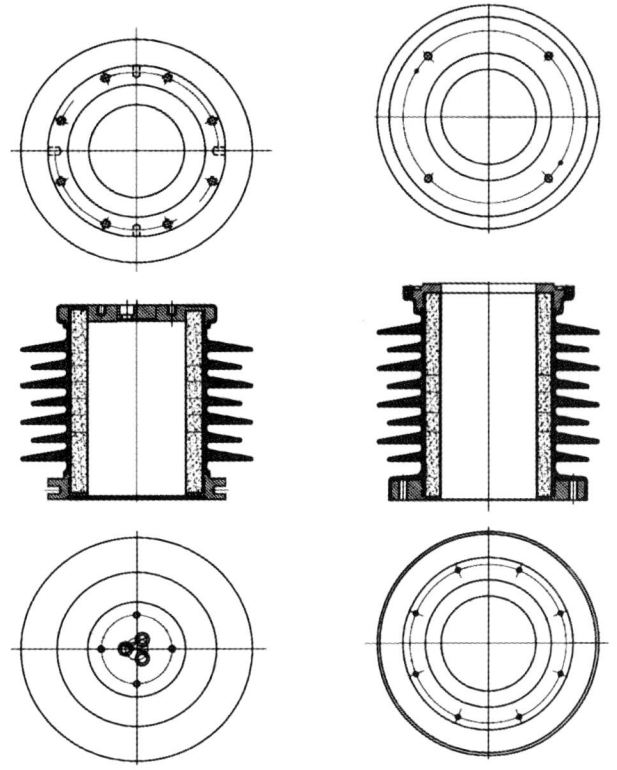

图 4-42 绝缘子示意图

3. 操纵杆

操纵杆是真空断路器驱动机构的重要组成部件，安装于断路器真空包和传动支架之间，实现真空断路器分合闸操作的传动功能，同时也是保证真空断路器高压部分与低压部分之间的绝缘性能关键部件（见图 4-43）。

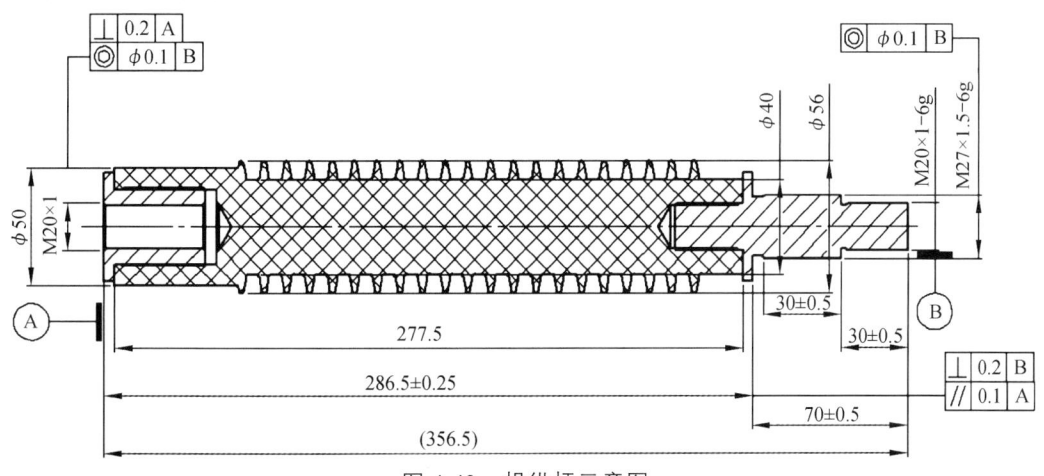

图 4-43 操纵杆示意图

4. 调压阀

调压阀安装于断路器储风缸侧壁，主要应用于断路器储风缸气源口对外界所供压缩空气的气压调节整定，同时具备一定的过滤作用（见图 4-44）。

调压阀的气源接口为 G3/8 内螺纹管接头，额定工作气压为 300～1 200 kPa，通常调压阀整定值设置为 380 kPa，满足主断合闸气压的要求，调压阀过滤筛孔径为 5 μm，调压阀末端翼形螺钉用于排放主断气路中的油、水。

5. 压力开关

压力开关安装于断路器储风缸侧壁，主要作用为监控储风缸气压值是否符合断路器的操作条件，当气压不足时禁止断路器动作，起到保护作用（见图 4-45）。

压力开关额定工作电压为 DC 110 V，额定工作气压为 100～1 200 kPa，最小动作气压为 280～290 kPa，最小保持气压为 240～265 kPa。

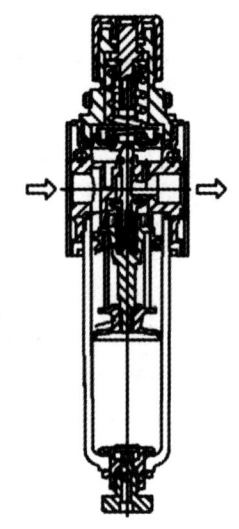

图 4-44 调压阀示意图

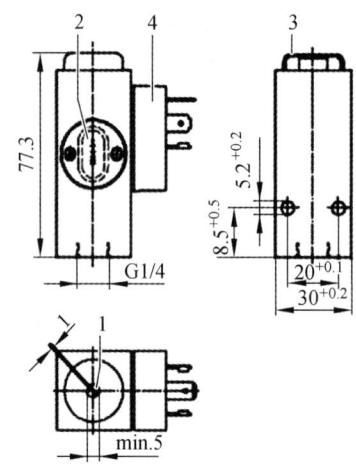

1 切换点调节螺钉
2 标尺，用于读取所选的切换压力
3 保护罩
4 快插接头，适用于插座，符合 DIN EN175 301-803-A 标准 M16×1.5

接线端子的分配
PEV-1/4-SC-0D

1 +(-)
2 常闭触点
3 常开触点

图 4-45 压力开关示意图

6. 电磁阀

电磁阀安装于断路器储风缸和传动气缸之间,主要作用为当断路器需要合闸时,电磁阀得电打开气路,当断路器完成合闸动作后,失电关断气路(见图4-46)。

电磁阀额定工作电压为 DC 12 V,电磁线圈电阻值为 13Ω(允许误差±8%),额定工作气压为 300~1 000 kPa,机械寿命高达 300 000 次。

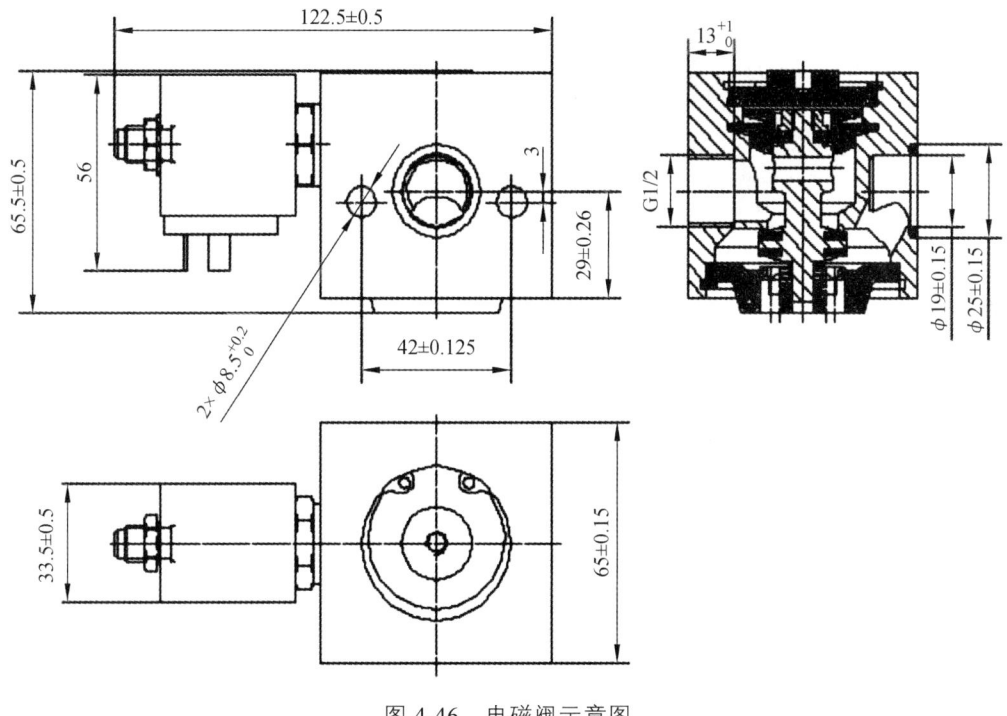

图 4-46 电磁阀示意图

7. 控制单元

控制单元板安装于断路器底板上,控制单元板是用来控制断路器的动作逻辑顺序,同时对断路器的动作次数进行记录。

控制单元的滤波回路为主断提供稳定、高质量的 DC 110 V 输入电源,控制单元为保持线圈提供电源实现保持线圈的合闸保持功能,延时回路为电磁阀回路提供 650 ms 的延时,计数机用于记录断路器的合闸次数。

控制单元额定电压为 DC 110 V,电磁阀供电延时时间为 575 ms<t<650 ms。

8. 保持线圈

保持线圈安装于断路器传动支架气缸上,保持线圈主要作用为当断路器完成合闸动作后,得电产生电磁力将其保持在合闸状态。

保持线圈的额定保持力为 1 500 N,最大保持力为 1 800 N,额定工作电压为 DC 24 V,额定保持电流为 0.5 A,最大保持电流为 0.6 A,额定保持功率为 20 W。

9. 辅助连锁

辅助连锁主要功能是将断路器的工作状态准确地反馈到控制系统。目前断路器使用的辅助连锁为 S826 系列，其中机车主要采用 S826e 镀银触头辅助连锁（见图 4-47）；动车主要采用 S826e10 硬质合金触头辅助连锁。

　　S826 系列辅助连锁热电流为 10 A，工频耐受电压为 400 V，额定冲击耐受电压为 4 kV，接触电阻为 100 mΩ。

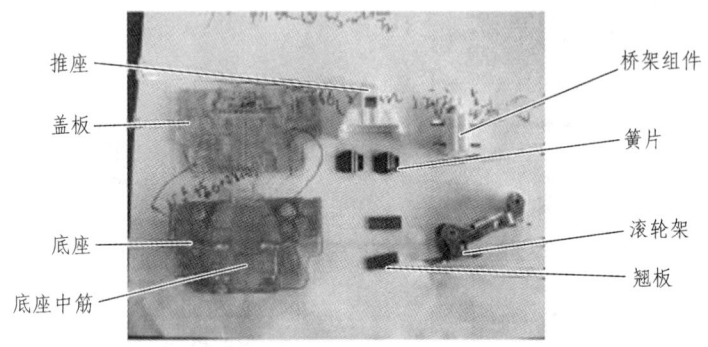

图 4-47　S826e 系列辅助连锁示意图

视频：真空断路器的原理

（四）工作原理

　　TDV10 系列断路器的合闸操作需要具备断路器处于断开状态、气压足够大、保持线圈处于得电状态，合闸动作过程如图 4-48 所示。

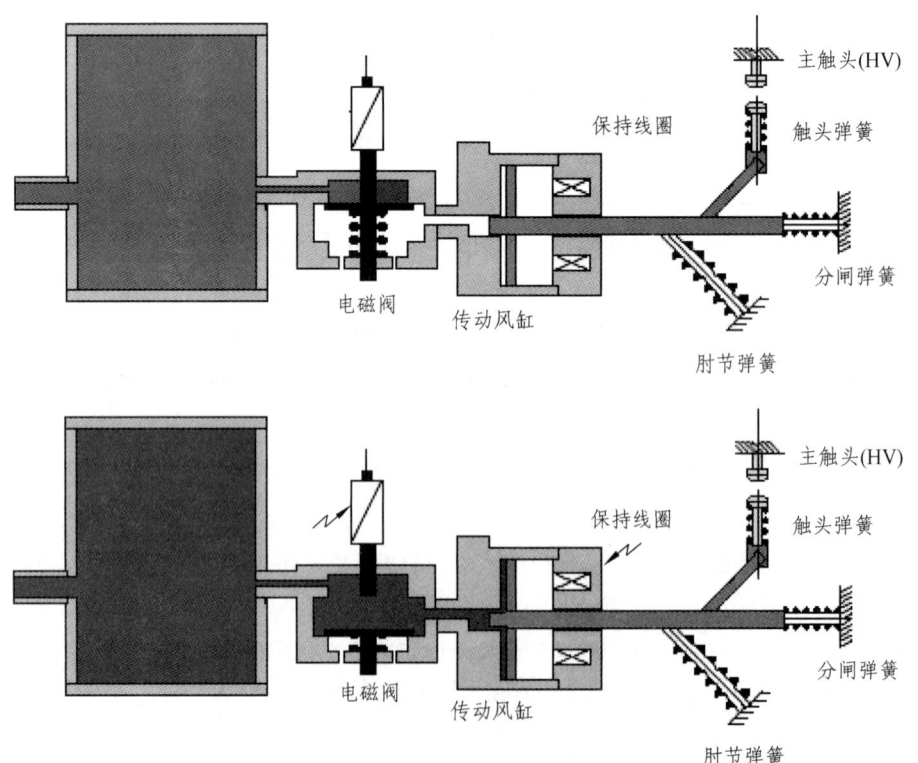

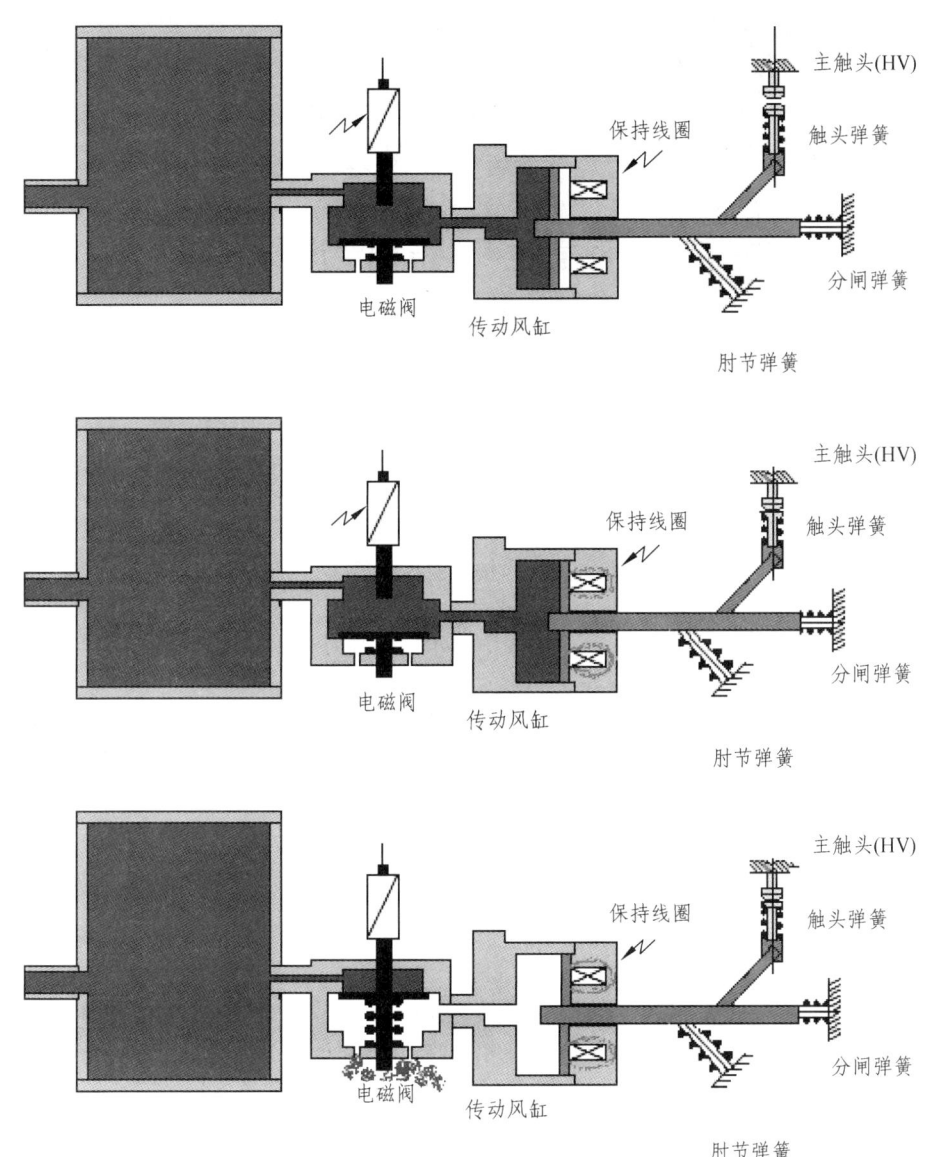

图 4-48 合闸过程示意图

当机车控制系统给主断合闸指令，控制单元得电，保持线圈回路得电，同时电磁阀回路得电，电磁阀进气孔打开，压缩气体由储风缸进入压力气缸；断路器动触头在活塞的作用下向上移动，主断分闸弹簧被压缩；触头弹簧被压缩，活塞逐渐运动到压缩气缸行程末端；当活塞运动到行程末端，活塞在保持线圈的电磁吸力的作用下保持，同时电磁阀失电，压力气缸内部的气体排出；断路器保持在合闸位置。

当机车控制系统给主断分闸指令，断路器控制单元失电，保持线圈回路断开，保持线圈失电丧失保持力，活塞在弹簧力（触头弹簧和分闸弹簧）的作用下向下移动，带动动触头与静触头分开，实现断路器的分闸操作。分闸过程如图 4-49 所示。

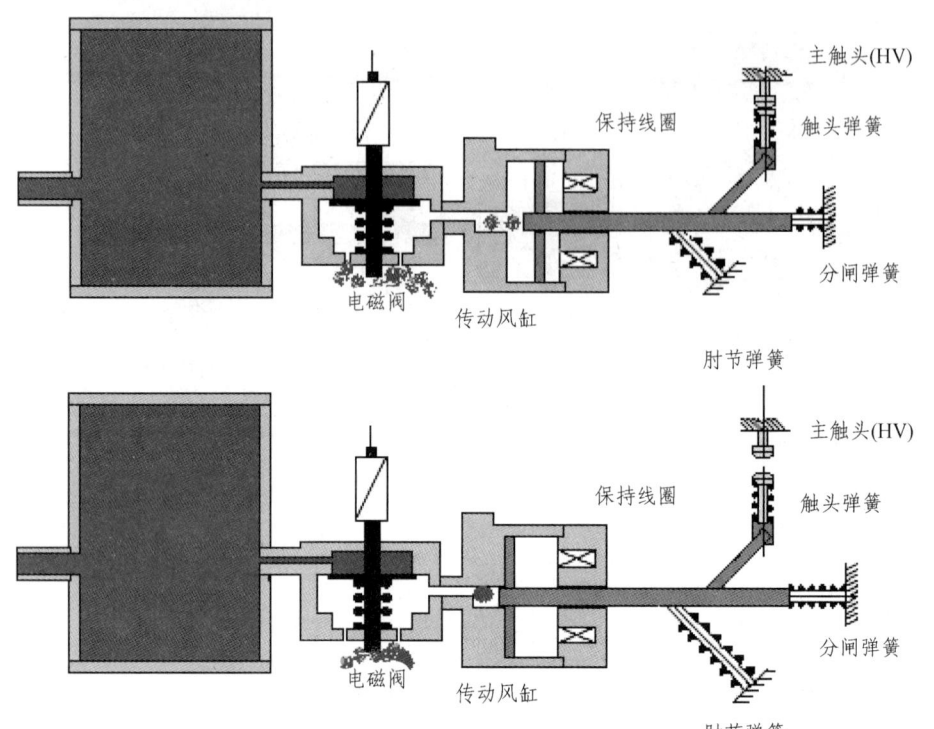

图 4-49 分闸过程示意图

（五）维护保养

TDV10 系列断路器的设计使用寿命为 25 万次。只要不超过其额定工作电压和额定开断能力，定期进行规定的维护，则断路器可以达到额定使用寿命，主要部件检修工作如下。

1. 外观检查

对断路器各部件进行外观检查，检查各部件是否有明显损伤、各零部件连接是否有明显松动。

2. 绝缘子

日常检查中，用酒精（或专用清洗剂）和软布将绝缘子表面的灰尘擦拭干净，并仔细观察绝缘子表面，是否有可见明显裂口，如有必须更换。

3. 紧固螺栓

日常检查中，检查各紧固螺栓是否有松动现象，松动螺栓必须使用转矩扳手按相应力矩标准紧固。

4. 油润部件

定期使用 Molykote G Rapid Plus 润滑脂润滑闸刀与簧片接触面及其余滑动配合面。

5. 密封件

两年检时，检查密封件是否有损坏、老化等影响密封性能的现象，如果存在必须更换。

6. 储风缸

冬季之前，对储风缸进行排水操作，每年一次。对于装有排气阀的储风缸，当储风缸处于有压力时打开储风缸排泄阀翼形螺钉，排光积水。储风缸排水完毕关掉排泄阀并检查是否漏气。

7. 调压阀

冬季之前，对调压阀进行排水操作，每年一次。在储风缸供有高压气体的情况下，拧开调压阀的翼形螺钉充分排放积水。当气流停止，重新拧紧调压阀的翼形螺钉并检查是否漏气。

8. 辅助连锁

对主断连锁表面进行外观检测，发现辅助连锁表面有较大裂痕、连锁滚轮架安装部位有裂纹的辅助连锁进行更换，在主断进行两年检时对主断动作情况以及反馈时间进行检测，如发现连锁有卡滞或动作缓慢、反馈时间不合格的连锁进行更换。

9. 电缆连接

断路器主要有三种电缆连接，分别用于保持线圈、电磁阀、压力开关，在维护过程中对电缆连接的固定螺栓进行检查，防止电缆连接出现松动，从而导致接触不良的故障。在主断进行两年检时，对电缆连接头进行检查，检查插座与插头之间是否存在卡位和干涉。

（六）常见故障及原因分析

1. 电磁阀故障

根据前期在段运行反馈信息以及运用经验，主要存在电磁阀卡滞、电磁阀线圈烧损故障。

电磁阀卡滞故障主要原因为气路存在杂质或电磁阀机械动作结构卡滞，导致电磁阀卡滞。该故障会导致电磁阀无法复位，电磁阀一直处于气路打开的状态，导致主断漏风。出现该故障，如果卡滞不能复位，则需要更换电磁阀。

电磁阀线圈烧损的主要原因为电磁阀回路长期得电，导致线圈烧损。线圈烧损后电磁阀线圈的电阻值表现为无穷大，该故障会导致电磁阀无法动作，电磁阀气路回路无法打开，直接导致断路器无法合闸。出现该故障，则需要更换电磁阀。

2. 辅助连锁故障

根据前期运用经验以及数据统计，TDV10系列真空断路器辅助连锁主要存在连锁盒开裂、辅助连锁卡滞、接触不良或动作迟滞的故障。该故障主要原因为产品质量问题，连锁盒材料、某零部件质量以及制造工艺存在问题。该故障现象会直接导致主断分、合闸信号无法准确、及时地反馈到机车控制系统，导致机车对主断进行封锁，主断无法合闸。如果发现辅助连锁表面出现明显裂痕，或者辅助连锁内部出现明显的磨痕，或者现场捕捉到连锁卡滞无法复位的现象，则需要对辅助连锁进行更换，同时，对两年检的主断连锁需要进行信号反馈时间测量。

3. 电缆连接故障

断路器主要有三种电缆连接，分别用于保持线圈、电磁阀、压力开关，根据在段运行统计数据，电缆连接出现松动或接触不良的故障。该故障的主要原因为电缆连接紧固不牢，或者是电缆连接插头内部插销移位。该故障会直接导致保持线圈回路失电，从而引起主断无法保持；或是电磁阀回路失电，从而引起电磁阀无法得电，主断无法合闸；或是压力开关回路失电，从而引起电磁阀回路不通，主断无法合闸。如果出现上述故障，则需要对电缆连接插头进行检查，检查插座与插头之间是否存在卡位和干涉，如果插销部分出现变形，则需要更换电缆连接。

任务三　高压隔离开关维护保养

教学目标

1. 知识目标

熟练掌握高压隔离开关的结构，以及高压隔离开关的工作原理。

2. 能力目标

掌握高压隔离开关及高压接地开关的检修工艺和维护保养。

动画：高压隔离开关

知识课堂

一、HXD_3 型电力机车高压隔离开关

HXD_3 型电力机车上装有两台受电弓，通过车顶高压母线连接在一起。在机车运用过程中，常常因为外部原因或质量问题发生弓网故障，当受电弓损坏或严重变形时，可以使用另一台受电弓继续运行。但此时应该将损坏的受电弓进行捆绑，并将其与车顶高压母线实行隔离，实现电路隔离的就是高压隔离开关。

与受电弓相对应，机车设置 2 台高压隔离开关，当机车正常工作时，高压隔离开关将受电弓与高压回路连通，当受电弓故障时则将其与高压回路的连接断开。

（一）技术参数

型号	BT25.04
结构	单极隔离开关
动作方式	空气操作式（机车内设置 4 个电磁阀）
标称电压	25 kV
额定电压	29 kV
额定电流	400 A
额定频率	50 Hz
冲击电压	170 V
控制电压	DC 110 V
最小动作电压	DC 77 V
额定工作气压	400～1 000 kPa

最小动作气压	350 kPa
耐受电流能力	8 kA（1 s）
耐受峰值电流能力	20 kA
工频耐压	75 kV
机械寿命	20 000 次
硅橡胶外表面爬距	≥1 000 mm
质量	50 kg

（二）结构组成

BT25.04 型高压隔离开关安装在机车顶盖上，以底板为界，分为上下两部分。底板上端主要有绝缘子、接触闸刀和簧片，压力气缸和控制单元板安装在底板下面。控制单元板用于电磁阀和连接凸轮开关电源的输入，底板上有一个 M8 的螺钉用于连接到机车的接地系统。其结构如图 4-50 所示。

动画：高压隔离开关的结构

（三）控制方法

1. 工作条件

（1）高压隔离开关的动作频率要尽可能低。

（2）不需要和主断路器控制器联动。

（3）受电弓发生故障时，司机控制打开对应高压隔离开关，从而断开故障的受电弓。

动画：高压隔离开关的位置

（4）必须在真空断路器断开的时候，才能开闭高压隔离开关。

（5）在没有电源和气源的情况下，高压隔离开关维持原状（原来开就保持开的状态，原来闭就保持闭的状态）。

2. 电路

机械室电器柜内设置 1 个控制高压隔离开关的转换开关 SA96，如图 4-51 所示，其控制原理如下：

（1）受电弓 1、2 均正常时，转换开关 SA96 置于"正常"位。

（2）若想切除高压隔离开关，除了将 SA96 转至对应的"隔离"位，送出相应的控制信号外，还需提供相应的气源。

（3）受电弓 1 异常时，转换开关 SA96 置于"1 隔离"位，同时高压隔离开关 1 的断开电磁阀得电，高压隔离开关 1 打开后，该电磁阀失电。

（4）受电弓 1 复位时，转换开关 SA96 返回到"正常"位，同时高压隔离开关 1 的闭合电磁阀得电，高压隔离开关闭合后，该电磁阀失电。

（5）受电弓 2 异常时，转换开关 SA96 置于"2 隔离"位，同时高压隔离开关 2 的断开电磁阀得电，高压隔离开关 2 打开后，该电磁阀失电。

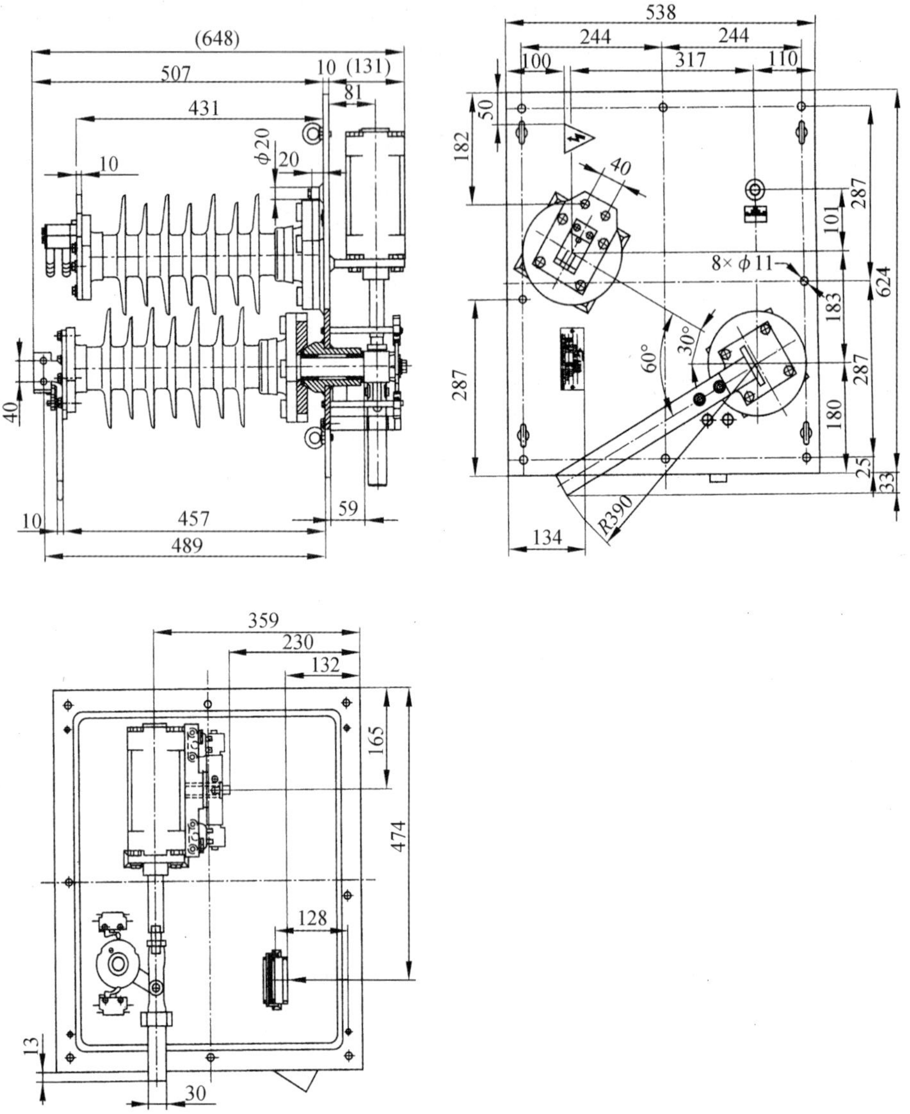

图 4-50 BT25.04 型高压隔离开关

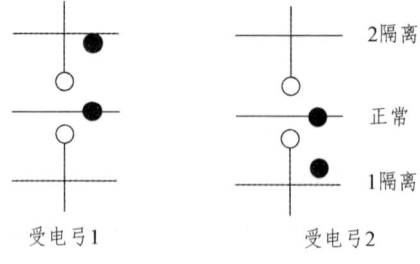

图 4-51 控制高压隔离开关的转换开关 SA96 示意图

动画：SA96 的控制原理

（6）受电弓 2 复位时，转换开关 SA96 返回"正常"位，同时高压隔离开关 2 的闭合电磁阀得电，高压隔离开关 2 闭合后，该电磁阀失电。

（7）无论哪种情况，闭合或断开高压隔离开关时，真空断路器均会自动断开，需要通过手动操作再闭合，如图 4-52、图 4-53 所示。

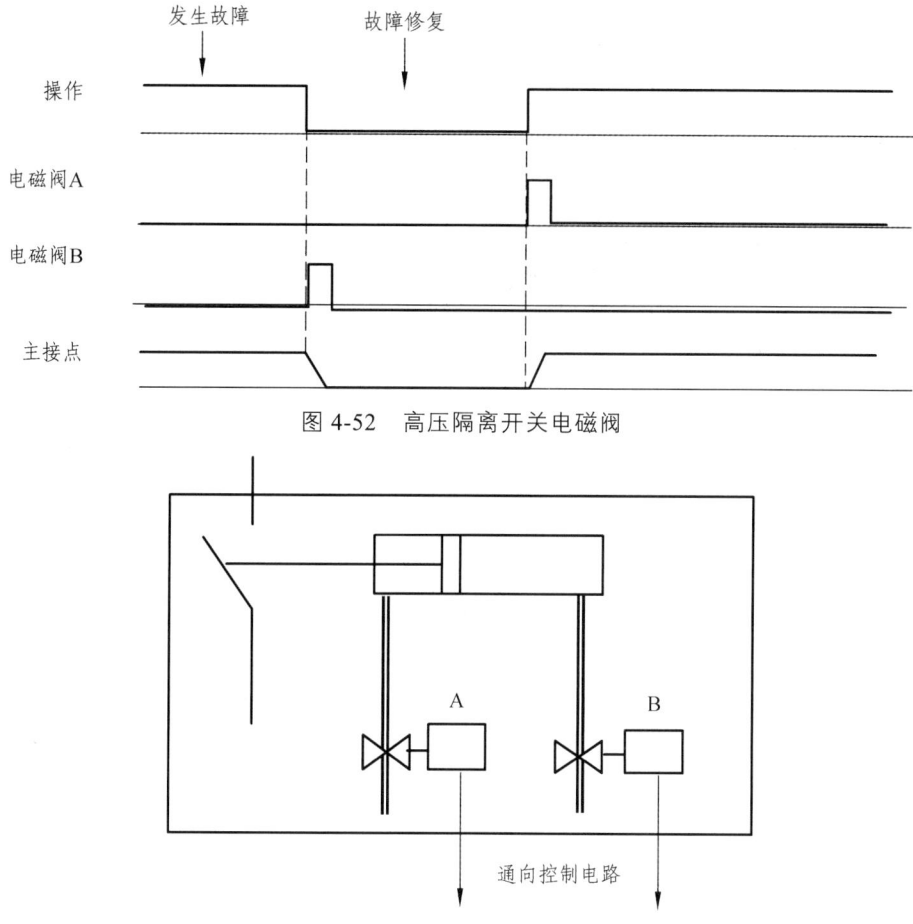

图 4-52　高压隔离开关电磁阀

图 4-53　受电弓故障隔离开关与高压隔离开关配合逻辑图

（四）维护保养

1. 小　　修

每个月进行一次小修，检查隔离闸刀与刀夹的接触性能是否良好。将隔离闸刀打开，检测刀夹在自由状态下两弹簧片间的距离≤7.5 mm，闸刀接触部分厚度≥9 mm。绝缘子应保持整洁干净，表面无裂纹或碰痕。检查各风管接头是否漏水，润滑各滑动配合面及连杆销。

2. 中　　修

每 6 个月要进行一次中修。用酒精清洗各联锁触头的触点，检查各联锁触头接触状况是否良好，接触不良者必须更换。同时检查隔离闸刀和接触簧片的状况是否良好，旋转机构能否灵活转动，传动气缸和电磁阀能否正常动作，有损坏零部件必须更换。

3. 大　　修

每 3 年要进行一次大修。主要检查的部件为接触闸刀和簧片，并检查所有部件能否正常动作。更换损坏零部件和报废部件，需要清洗和润滑的部件必须进行单独的维护，特别是要对辅助开关触头和凸轮进行润滑。

1）簧片的检查

图 4-54 所示为簧片示意图。接触压力 P 为 50～70 N，接触间距为 10 mm。

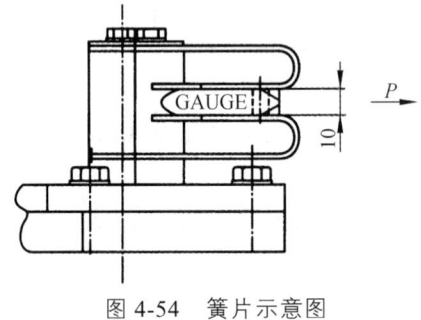

图 4-54　簧片示意图

2）辅助联锁的检查

图 4-55 所示为凸轮与辅助联锁示意图。接触压力为 3 N，接触宽度为 3.2 mm。如果触头磨损至 1.5 mm 或更少，必须更换开关。在滚子接顶部位置（需要最小 0.25 mm 的间隙）上的凸轮的地方，无论如何不允许出现触头的磨损，触头必须安装防尘罩。

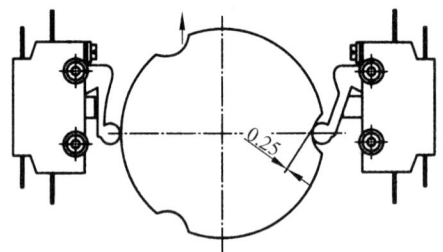

图 4-55　凸轮与辅助联锁示意图

3）润　滑

在大修期间，要清洁接触闸刀和隔离开关的连接处并紧固，同时要涂一些油脂。这些操作应在机车与电网断开并且整个回路接地的安全前提下进行。

用乐泰 8104 硅脂来润滑滑动套筒，用 Molykote G-n 加润滑油来润滑簧片。

所有检修完成后必须进行性能测试，各技术参数及动作性能都必须满足试验大纲的要求。

（五）易损件（见表 4-4）

表 4-4　高压隔离开关易损件

名称	数量	更换期
闸刀	1	按照维修计划
簧片	4	按照维修计划
辅助联锁 S800e/20	2	受损时
110 V 变阻器	2	受损时
轴衬 3020KU	2	受损时

二、THG2B-400/25 型高压隔离开关

THG2B-400/25 型高压隔离开关属于车顶保护电器。它的主要作用是优化配置 25 kV 电路内高压设备的运行工况,并当受电弓发生故障时,能将故障部分隔离,维持机车运行。

使用环境条件:

(1)海拔不超过 2 500 m。

(2)最低环境温度为-40 ℃,最高环境温度为+70 ℃。

(3)温度保持 40 ℃ 不变时,相对湿度为 95%;温度从-25 ~ +30 ℃ 快速变化时,相对湿度为 95%,最大绝对湿度为 30 g/m³。

(4)暴露在机车外部的部分能承受雨、雪、风、沙的侵袭,并且具有防水、防风、防沙的能力。

(5)高压隔离开关的振动和冲击 IEC 61373 标准Ⅰ类 A 级的相关要求。

THG2B-400/25 型高压隔离开关属于单刀手动隔离开关,通过一个四边折弯的 6 mm 厚钢制底板安装在车顶上。它装有一个可旋转的闸刀,闸刀装于转动绝缘子上,转动绝缘子安装于通过底板延伸到车内的轴组装上。簧片安装于固定于底板的固定绝缘子上。在底板下,通过手轮可以旋转轴组装及与其连接的转动绝缘子和闸刀以控制高压隔离开关的分合。转轴上的凸轮是用来控制安装于侧板上的两个辅助联锁开关闭合状态的。底板上还装有两个 M10 螺孔的接地座,用于连接到机车的接地系统(见图 4-56)。

图 4-56　高压隔离开关三维图

隔离开关是用于接通或隔离从受电弓流向机车其他电路的电流(不能带电操纵),通过手轮和锁手动控制推动旋转闸刀来实现隔离开关的分合操作,当闸刀顺时针或逆时针转动大约 60º 后,完成主电路的接通或隔离。

(一)技术参数

尺寸(长×宽×高)　　　　　636 mm×300 mm×804 mm
额定电压　　　　　　　　　30 kV

额定电流	400 A
额定频率	50 Hz
短时耐受电流	3.15 kA（2 s）
切断闸刀旋转角	60°
机械寿命	3 000 次
质量	44 kg
底板接口	6×ϕ11
温度	-40 ~ +70 ℃
安装尺寸	540 mm×236 mm
接地座接口	M10

（二）结构及技术说明

高压隔离开关包括以下主要部件（见图 4-57）。

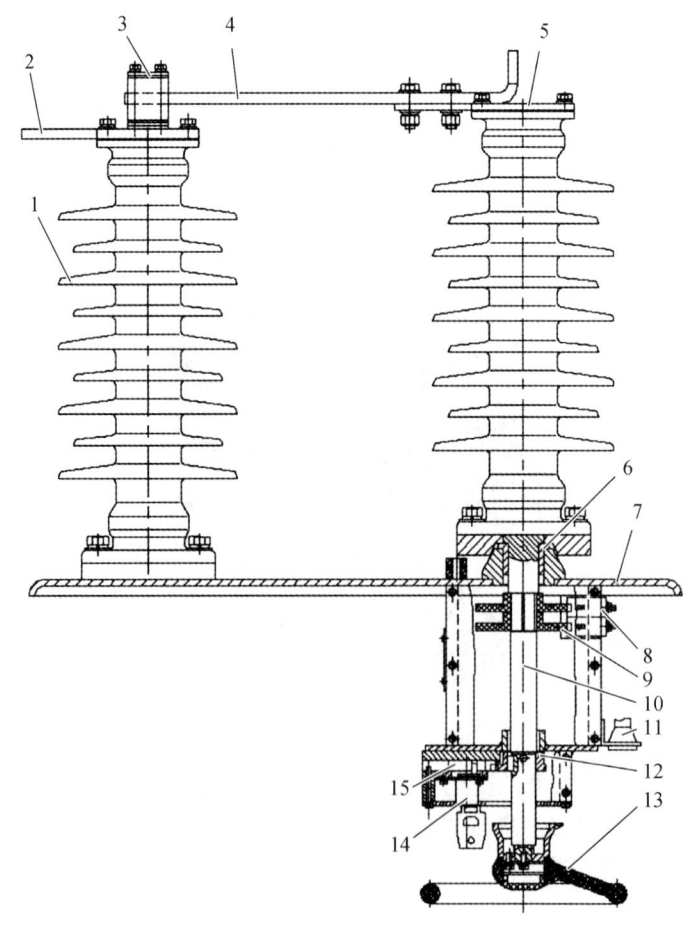

1—支持绝缘子；2—连接板；3—簧片；4—闸刀；5—连接板支架；6—轴套；7—底板；8—辅助联锁；
9—凸轮；10—轴组装；11—四芯连接器；12—固位盘；13—手轮；14—锁；15—锁块。

图 4-57　高压隔离开关及其部件

1. 支持绝缘子

支持绝缘子是高压隔离开关的重要部件（见图4-58），此绝缘子是400 mm高的硅橡胶绝缘子。它具有机械性能优越、抗污闪性能好、耐电蚀性优异、结构稳定性好、重量轻等优点。

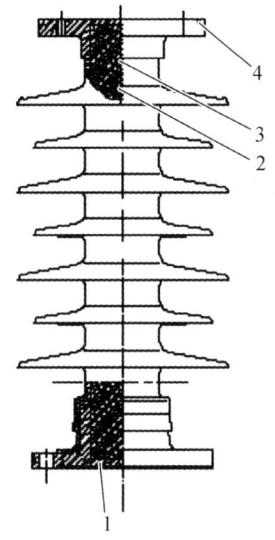

1—下法兰；2—伞套；3—芯棒；4—上法兰。

图4-58 支持绝缘子

2. 连接板

连接板是高压隔离开关的高压连接端HV1，它表面镀银，一般与自受电弓引出的导电母排连接。

3. 簧　片

簧片是高压隔离开关高压导电部分关键部件，它表面镀银，当它损坏时应及时更换。

4. 闸　刀

闸刀是高压隔离开关高压连接端HV2，它一般通过软连线与另一个高压电器连接。当它与簧片触指接触后，把来自受电弓的电流引自其他高压电器。它表面镀银，当它损坏时应及时更换。

5. 底　板

高压隔离开关通过底板和6个M10紧固螺栓固定于车顶。

6. 接地座

高压隔离开关在底板上焊有2个接地座用于底板部分接地连接。

7. 锁

高压隔离开关与高压接地开关上都使用KABA锁。用黄色钥匙打开锁后，转动手轮可以使高压隔离开关处于分闸位。当高压隔离开关处于合闸状态后，必须使用黄色钥匙锁好KABA锁。

（三）工作原理

1. 分　闸

当主断路器断开车顶高压电路，受电弓降弓后，使用黄色钥匙打开 KABA 锁，再转动手轮使轴组装及与其连接的转动绝缘子和闸刀旋转 60°，闸刀与簧片分离，隔离开关分断。转轴转动的同时，固定在主轴上的凸轮驱动低压联锁改变为分闸状态，并将信号反馈给控制系统。

2. 合　闸

当高压隔离开关处于分闸状态时，转动手轮使轴组装及与其连接的转动绝缘子和闸刀旋转 60°，闸刀与簧片接触，隔离开关闭合，同时使用黄色钥匙锁好 KABA 锁。转轴转动的同时，固定在主轴上的凸轮驱动低压联锁改变为合闸状态，并将信号反馈给控制系统。

电路接线如图 4-59 所示。

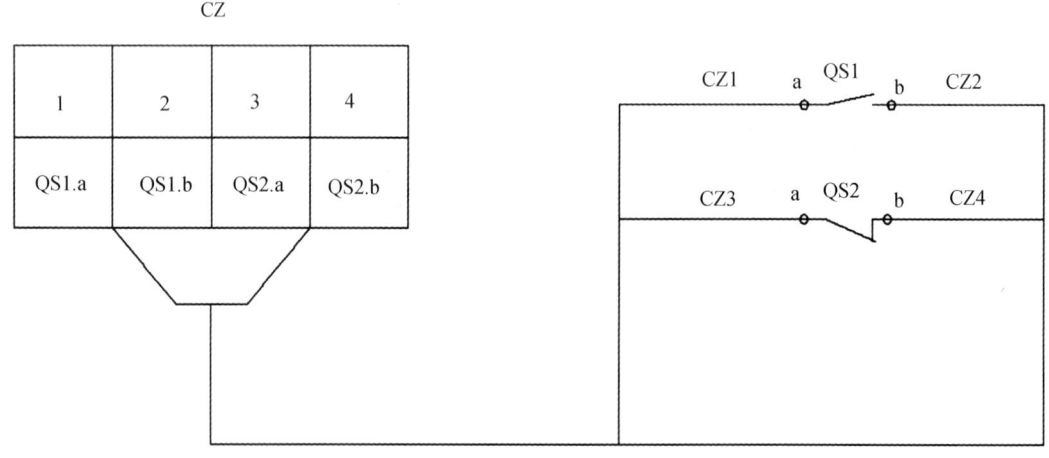

图 4-59　电路接线图

（四）安全说明

高压隔离开关连接着受电弓和机车的电气设备。因此，在正常操作时，高压隔离开关作在 25 kV 的电压下。在与高压隔离开关或车顶设备其他活动部分相接触的情况下，将会引起致命的伤害。

在对高压隔离开关或其他车顶设备进行任何工作之前，必须确保机车没有在有电接触网之下。

如有可能，应在没有接触网的情况下进行维护和修理。如不可能，必须按照铁路公司的规程首先进行车头前后的电气间隙和接地情况的检查。

为了保证安全和正确的接地连接，正确执行隔离开关底板上的接地和机车接地系统之间的电缆连接是非常重要的。

在机车检查，维护或修理期间，隔离开关必须处在"隔离受电弓"的位置，一直到所有的检查、维护或修理操作完成以后。

三、THG5 型高压隔离开关

高压隔离开关属于主电路保护电器。它的主要作用是优化配置 25 kV 电路内高压设备的运行工况，并当高压设备发生故障时，能将故障部分隔离，维持机车运行。

图 4-60 所示为气动户内式高压隔离开关 THG5。它的存在可大大减少因高压设备故障而造成的机破事故，保证机车的安全运行。

图 4-60　气动户内式高压隔离开关 THG5

（一）设备参数

额定电压	30 kV（AC）
电压范围	19 ~ 31 kV（AC）
额定工作电流	500 A
峰值耐受电流	40 kA
短时耐受电流	16 kA（1 s）
额定工作气压	400 ~ 1 000 kPa
直流额定控制电压	DC 110 V
机械寿命	20 000 次
驱动方式	气动

（二）设备结构

图 4-61 所示为气动户内式高压隔离开关 THG5 的结构。

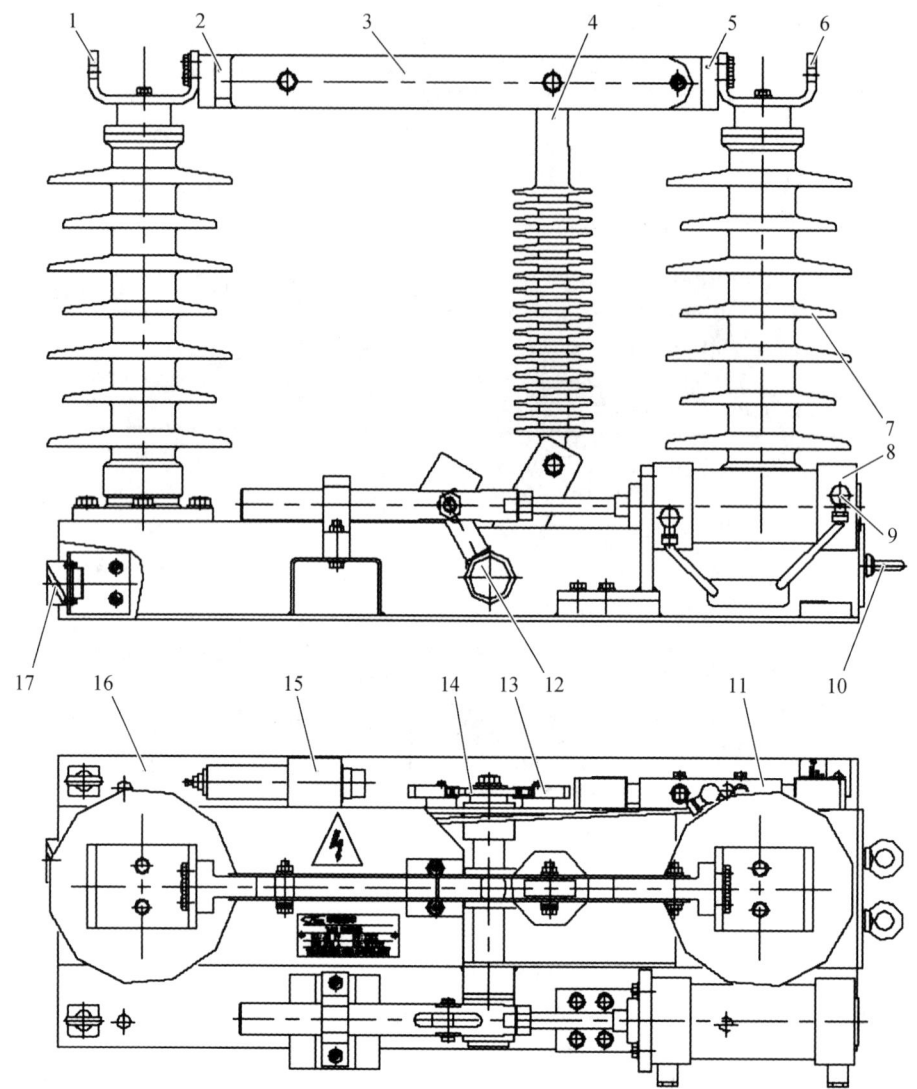

1—输出端连接板；2—静触头；3—闸刀；4—拉杆绝缘子；5—固定块；6—输入端连接板；7—绝缘子；
8—气缸；9—接头；10—吊环螺栓；11—电磁阀；12—操纵杆机构；13—辅助连锁；14—凸轮；
15—调压过滤阀；16—底板；17—电连接器。

图 4-61 气动户内式高压隔离开关 THG5 的结构

1. 支撑绝缘子

图 4-62 所示为支持绝缘子，电气间隙为 347 mm；爬电距离为 1 050 mm。经试验，能承受雷电冲击电压 263 kV、工频耐受电压 158 kV。经试验，支持绝缘子芯棒破坏弯曲负荷达 27.5 kN。

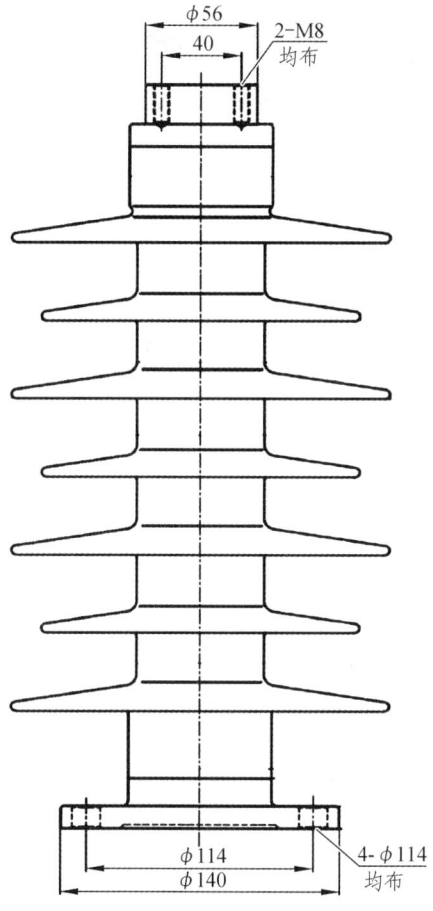

图 4-62　支持绝缘子

2. 电磁阀

电磁阀是高压隔离开关的重要部件（见图 4-63），它是 2 位 5 通型双线圈低能耗电磁阀。高压隔离开关状态的维持需要电磁阀一端线圈短时得电且保证有输入气压的情况下才能实现。

图 4-63　电磁阀

3. 压力气缸

压力气缸是高压隔离开关的重要部件（见图 4-64），它是缸径 63 mm、行程 80 mm 的双缸结构型压力气缸，它的双缸结构与电磁阀的双线圈结构配合。

图 4-64　压力气缸

4. 低温调压阀

低温调压阀能够对风源进行清洁和干燥，减小气路堵塞的概率，从而提高高压隔离开关动作性能的可靠性（见图 4-65）。

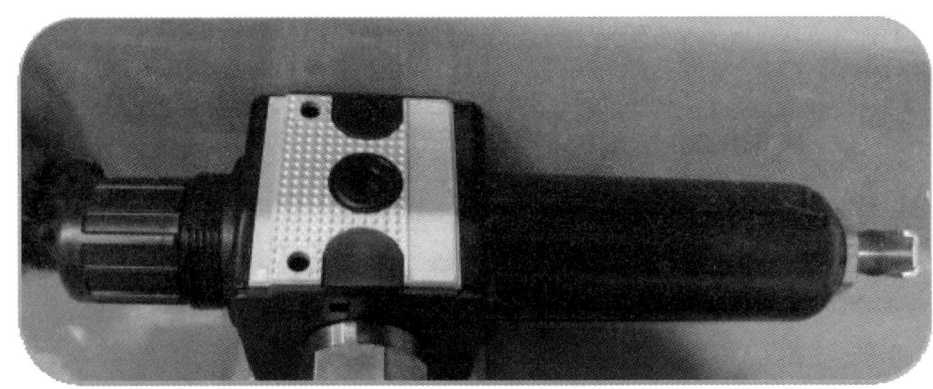

图 4-65　低温调压阀

（三）工作原理

1. 分　闸

当高压隔离开关处于合闸状态时，电磁阀得到分闸信号，得电动作，打开气路，压缩空气经调压过滤阀进入电磁阀，再经电磁阀进入压力气缸，推动操纵杆机构逆时针旋转 60°，隔离开关分断。转轴转动的同时，固定在主轴上的凸轮驱动低压联锁改变为分闸状态，并将信号反馈给控制系统（见图 4-66）。

视频：高压隔离开关

2. 合　闸

当高压隔离开关处于分闸状态时，电磁阀得到分闸信号，得电动作，打开气路，压缩空气经调压过滤阀进入电磁阀，再经电磁阀进入压力气缸，推动操纵杆机构顺时针旋转 60°，隔离开关闭合。转轴转动的同时，固定在主轴上的凸轮驱动低压联锁改变为合闸状态，并将信号反馈给控制系统（见图 4-67）。

图 4-66 高压隔离开关分闸状态

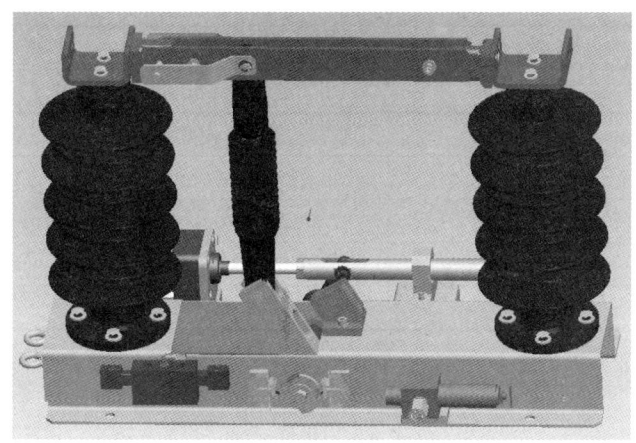

图 4-67 高压隔离开关合闸状态

（四）使用操作

高压隔离开关能在-40～70 ℃范围内正常使用，在-50 ℃下存储。

此外，为了保证高压隔离开关良好的工作性能，必须对其进行定期检修和保养。在维修过程中，要注意以下几点：

（1）高压隔离开关上所有检查和维修必须在断开电源、降下受电弓和车顶电气接地的前提下进行操作。

（2）禁止非专业人员进行高压隔离开关的维护，除非有专业技术人员在场。

（3）高压隔离开关出现损坏和故障，必须由经过培训的专业技术人员进行维修，否则不能保证高压隔离开关能够恢复可靠操作和相关的安全可靠性能。

（4）在维修过程中，要严格按照维修手册要求选择零部件。

安全警告：

高压隔离开关连接着受电弓和机车的电气设备。因此，在正常操作时，高压隔离开关作在 25 kV 的电压下。在与高压隔离开关或车顶设备其他活动部分相接触的情况下，将会引起致命的伤害。

注意：

为了保证安全和正确的接地连接，正确执行隔离开关底板上的接地和机车接地系统之间的电缆连接是非常重要的。

在机车检查，维护或修理期间，隔离开关必须处在"隔离受电弓"的位置，一直到所有的检查、维护或修理操作完成以后。

四、维修简介

（一）维修等级（见表4-5）

表4-5　维修等级

维修等级	说明	运行里程/km	间隔期
VI	目视检查	10 000	2周
I1	检查1级	100 000	6个月
I2	检查2级	200 000	1年
I3	检查3级	400 000	2年
R1	维修1级	800 000～1 200 000	4～6年
R2	维修2级	1 600 000～2 400 000	8～12年
R3	维修3级	3 200 000～3 600 000	16～18年
UM		计划外维修	

（二）维修计划（见表4-6）

表4-6　维修计划

序号	检修内容	日常检查	目视检查	检查1级	检查2级	检查3级	维修1级	维修2级	维修3级	计划外维修	备注
1	检查外观	√	√	√	√	√	√	√	√	—	
2	检查及清洗绝缘子	—	√	√	√	√	√	√	√	—	
3	检查紧固螺栓	—	—	√	√	√	√	√	√	—	
4	油润部件	—	—	—	√	√	√	√	√	—	
5	检查辅助联锁开关	—	—	—	√	√	√	√	√	—	
6	检查闸刀与动静触头	—	—	—	—	√	√	√	√	—	
7	检查传动机构	—	—	—	—	√	√	√	√	—	
8	检查调压阀排水	—	—	—	—	√	√	√	√	—	
9	检查高压隔离开关的气密性	—	—	—	—	√	√	√	√	—	
10	检查高压隔离开关的动作性能	—	—	—	—	√	√	√	√	—	

1. 检查外观

日常检查中,对高压隔离开关底板上方各部件进行外观检查,检查绝缘子是否有损坏,各部件是否有烧损现象,有的需更换。

2. 检查及清洗绝缘子

日常检查中,检查绝缘子表面,是否有污染或较多灰尘,有的需用酒精(或专用清洗剂)和软布将绝缘子表面的灰尘擦拭干净;检查绝缘子表面是否有损伤,有可见明显裂口的必须更换。

3. 检查紧固螺栓

日常检查中,检查各紧固螺栓是否有松动现象,有的必须使用转矩扳手按相应力矩标准紧固。

4. 油润部件

每半年,使用 Molykote G Rapid Plus 润滑脂润滑闸刀与静触头接触面。使用乐泰 8104 润滑剂润滑气缸传动轴;使用美孚 SCH100 润滑脂润滑固定块及闸刀接触面。

5. 检查辅助连锁开关

(1)每半年,使用酒精清洗各辅助联锁的触头。

(2)检查各辅助联锁开关外壳是否有损坏,触头接触状况是否良好。

(3)辅助联锁在自由状态时,其滑轮与凸轮之间需有间隙,触头压缩分断时触头滚轮距触头盒底平面的间隙为 13~15 mm。

(4)检查辅助联锁触头,如果触头磨损,且仅剩 1.5 mm 或更少,必须更换。

6. 检查闸刀与动静触头

(1)每年检查隔离闸刀与动静触头的接触性能是否良好。

(2)将隔离闸刀打开,检测刀夹在自由状态下静触头及固定块厚度和闸刀厚度。

(3)设定值:静触头及固定块厚度≥20.5 mm;闸刀厚度(与静触头及固定块接触部分)≥5.5 mm。

(4)将隔离开关闭合,检查闸刀和静触头的接触长度≥20 mm。

(5)将隔离开关打开,检查闸刀和闸刀座接触长度≥25 mm。

(6)隔离开关闭合时,高压导电部分电阻≤200 μΩ。

7. 检查过滤阀排水

(1)每两年冬季前,对隔离开关进气口过滤阀进行排水。

(2)在隔离开关通气状态下,拧开调压阀的翼形螺钉,充分排放积水。

(3)当气流停止,重新拧紧调压阀的翼形螺钉,并检查是否漏气。

8. 检查气密性

两年检时,对高压隔离开关进行气密性检测,要求如下:高压隔离开关传动气缸体组装好后,将其与 1 L 的贮气缸相连,并充以最大工作气压 600 kPa,经过 10 min 后,测出气压变化的试验结果,泄漏量要求≤150 kPa。

9. 检查辅助连锁

（1）每半年，使用酒精清洗各辅助联锁的触头。

（2）检查各辅助联锁开关外壳是否有损坏，触头接触状况是否良好。

（3）辅助联锁在自由状态时，其滑轮与凸轮之间需有间隙，触头压缩分断时触头滚轮距触头盒底平面的间隙为 13~15 mm。

（4）检查辅助联锁触头，如果触头磨损，且仅剩 1.5 mm 或更少，必须更换。

任务四　高压接地开关维护保养

教学目标

1. 知识目标

（1）熟练掌握高压接地开关的结构。

（2）掌握高压接地开关的工作原理。

2. 能力目标

掌握高压接地开关的检修工艺和维护保养。

知识课堂

一、HXD_3 型电力机车用高压接地开关

高压接地开关的主要功能：当进行机车检查、维护或修理时，把牵引机车上的主断路器两侧的电路接地，保证牵引机车的安全操作，并保证工作人员的人身安全。

动画：高压接地开关

HXD_3 型电力机车采用 1 台 BTE25040L1A2B02 型高压接地开关，其结构如图 4-68 所示。

（一）技术参数

额定电压	30 kV
额定电流	400 A
峰值耐受电流	20 kA
短时耐受电流	8 kA（1 s）
闸刀转换角度	$102°^{+0}_{-2°}$
触头弹簧片距离	6~7 mm（偏差 1~1.5 mm）
闸刀与触头弹簧片接触长度	≥20 mm
操纵力	≤150 N
机械寿命	20 000 次

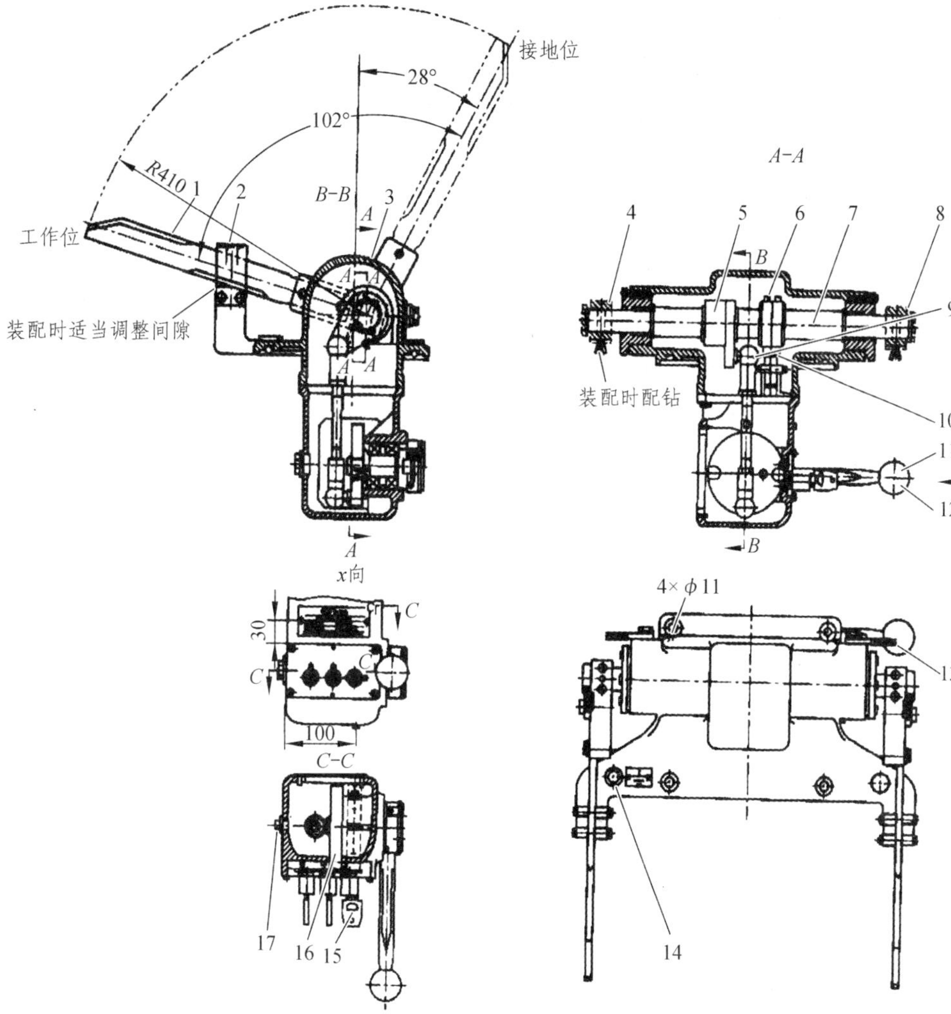

1—闸刀；2—触头弹簧片；3—上罩；4—左支架；5—曲柄组装；6—凸轮块；7—轴；8—右支架；
9—连杆件组装；10—辅助联锁；11—下罩；12—操纵杆组装；13—软连线；14—接地螺栓；
15—锁组装（1A+2B）；16—转盘组装；17—插座。

图 4-68　BTE25040L1A2B02 型高压接地开关结构

（二）结构及动作原理

1. 结　构

高压接地开关主要分车外部分和车内部分。车外部分主要包括：上罩、闸刀、触头弹簧片以及在上罩内的轴等传动机构。车内部分主要包括：下罩、操纵杆组装、锁组装以及在下罩内的传动机构。

动画：高压接地开关的安全防护

2. 动作原理

闸刀通过支架安装在轴上，而轴、曲柄组装、连接杆组装以及操纵杆组装则组成一个传动机构。转动操纵杆，使整个传动机构进行传动，进而使得轴带动闸刀旋转一定角度：在操纵杆从一端旋转180°到另一端时，闸刀也相应从"工作位"旋转102°到"接地位"或者从"接地位"旋转102°到"工作位"。

锁组装控制传动机构能否转动，共设有 3 个锁，其中一个供蓝色钥匙使用，两个供黄色钥匙使用。仅在蓝色锁被蓝色钥匙打开后，操纵杆才能从"操作"位置旋转到"接地"位置。一旦旋转到"接地"位置，联锁机构就被带有黄色钥匙的锁锁定在此位置，然后可把黄色钥匙从锁中拔下。

（三）安装与操作

1. 安　装

接地开关应安装在牵引机车车顶（用 4 个 M10 螺栓）上，邻近于主断路器。安装时，闸刀应刚好滑入主断路器触头弹簧片内。当接地开关处在"接地"位置时，在未完成检查和维护之前，任何情况下都不能把闸刀从触头弹簧片内拉出来。应考虑在接地开关和车顶之间安装 O 形圈以避免有水渗入机车内部。为保证可靠接地，应在接地开关上罩接地线端与牵引机车骨架之间进行适当的电气连接。

动画：高压接地开关的安装

2. 操　作

接地开关有 3 个锁，其中的 2 个用于黄色钥匙，1 个用于蓝色钥匙。

1）高压接地

在制动柜上旋转用于受电弓锁闭的蓝色钥匙 90°，至"受电弓降下"位，拔出钥匙并插入接地开关的蓝色锁内；旋转蓝色钥匙 90°，拉出操纵杆并旋转至"接地"位；两把黄色钥匙可以旋转 90°并拔出，用于打开高压室的门锁或车顶天窗。

2）运用操作

将高压室关闭、车顶天窗关闭后，旋转 90 度并拔出"黄色"钥匙，插入接地开关的黄色锁内；旋转黄色钥匙，拉出接地开关操纵杆并旋转置"操作"位；再将蓝色钥匙旋转 90 度并拔出，插入受电弓开关锁内，并旋转到"受电弓上升"位置，受电弓才能升起。

（四）维护与检修

高压接地开关的维护与检修应在接触网可以断电并且整个系统能可靠接地的机务段内进行。

1. 维护

按规定周期（取决于牵引机车的运行小时数），对闸刀和触头弹簧片进行彻底清理，并涂少许润滑脂。维护所用润滑脂为美孚 SHC100。

2. 小　修

直接在机车上进行，每 3 个月一次。

检查闸刀和触头弹簧片的外观、磨损程度和清洁度。若发现闸刀和触头弹簧片之间有污物，必须彻底清理并涂润滑脂。

3. 中　修

直接在机车上进行，每年一次。

检查闸刀和触头弹簧片的磨损和清洁状况，以及传动机构的动作情况；检查闸刀能否准确滑入主断路器的触头弹簧片内；检查锁组装的连锁情况。若发现闸刀和触头弹簧片之间有污物，必须彻底清理并涂润滑脂。

4. 大　　修

应在接触网可以断电并且整个系统能可靠接地的机务段内进行，每 3 年一次。

检查之前，应彻底清洗整个接地开关。进行中修所有检查操作，并检查零部件的机械状况和功能。更换受损或磨损的部件，对闸刀和触头弹簧片加润滑脂。

5. 故障判断及排除

不能把闸刀从"操作"位置推向"接地"位置的最常见的原因是：闸刀受损或触头弹簧片变形或断裂。为了消除此故障，更换触头弹簧片或闸刀。

其他部件的机械受损的补救措施取决于所涉及部件的受损的种类和程度。

二、HXD$_{3C}$型电力机车用高压接地开关

高压接地开关如图 4-69 所示，其与主断路器两侧接通后如图 4-70 所示。

图 4-69　高压接地开关　　　图 4-70　高压接地开关与主断路器两侧接通

（一）主要技术参数

驱动形式　　　　　　　　手动
短时耐受电流　　　　　　8 kA（1 s）
控制联锁　　　　　　　　机械联锁+电联锁

动画：高压接地开关的结构

（二）结构组成

接地开关的结构如图 4-71 所示，主要部件有接地夹、接地臂、箱体、转轴、锁组装、手

柄组装、转盘、连接杆组成、转套、微动开关一、微动开关二、AMP 连接器、凸轮。

转动手柄，可以带动由转盘、连接杆组成、转套、转轴组成的传动机构动作，从而带动转臂转动，最后实现接地夹与真空断路器的接地触头的连接与分离。手柄组装从一端旋转 180°到另一端时，转臂也相应从"运行"位旋转 90°到"接地"位或者从"接地"位旋转 90°到"运行"位。而控制是否能够转动的是锁组装。锁组装共有两个锁，一个供蓝钥匙使用，一个供黄钥匙使用。仅在蓝钥匙打开蓝色锁后，手柄组装才能从"运行"位旋转到"接地"位，旋转到"接地"位后，就可把黄钥匙从黄色锁中取出，同时联锁机构就被黄色锁锁在"接地"位。手柄组装位于"接地"位时，凸轮将微动开关一的滑轮压下，微动开关二的滑轮松开，AMP 连接器 1、2 点导通，3、4 点不导通；手柄组装位于"运行"位时，凸轮将微动开关一的滑轮松开，微动开关二的滑轮压下，AMP 连接器 1、2 点不导通，3、4 点导通。

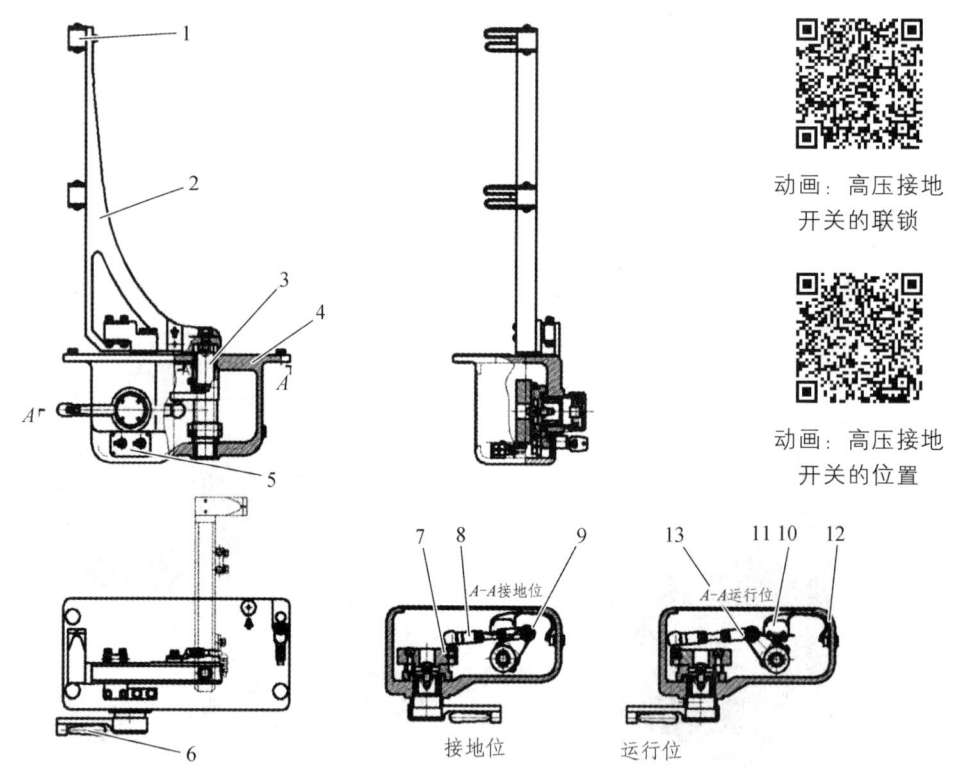

1—地夹；2—接地臂；3—箱体；4—转轴；5—锁组装；6—手柄组装；7—转盘；8—连接杆组成；
9—转套；10—微动开关 1；11—微动开关 2；12—AMP 连接器；13—凸轮。

图 4-71 高压接地开关结构

视频：高压接地开关

动画：高压接地开关的操作

动画：高压接地开关的三视图动作原理

（三）操作及使用说明

1. 接　地

（1）旋转用于受电弓锁闭开关的蓝钥匙到"受电弓降下"位置，拔出钥匙，并插入接地开关蓝色锁内。

（2）顺时针旋转接地开关蓝色钥匙90°，使蓝色钥匙置于平行于车顶的位置。拉出操纵手柄顺时针旋转180°（即由"运行"位旋转到"接地"位）。现在才能转动黄钥匙，顺时针旋转黄色钥匙90°，使黄色钥匙置于垂直于车顶的位置并把它取出来，然后打开电器柜的锁。

2. 运　行

（1）从电器柜中取下黄钥匙，并插入接地开关黄色锁内。逆时针旋转黄色钥匙90°，使黄色钥匙置于平行于车顶的位置。

（2）拉出操纵手柄逆时针旋转180°（即由"接地"位旋转到"运行"位）。

（3）逆时针旋转接地开关蓝色钥匙90°，使蓝色钥匙置于垂直于车顶的位置，并拔出蓝色钥匙，插入受电弓开关锁内，并旋转到"受电弓上升"位置。

（四）维　护

以下项目建议按照表4-7所示时间进行检修。

表4-7　高压接地开关的检修

检修内容	检修周期	检修需要时间/min
检查接地夹	1个月	15
检查接地线	6个月	15
检查安全夹	12个月	30
检查各紧固锁紧结构	12个月	30

根据牵引机车的运行小时数，按规定对接地夹和接地触头进行彻底的清理，并涂少许润滑脂。这些操作应在悬挂电力可以断开，并且整个系统可以接地的机务段内进行。

任务五　高压电压互感器的检修与维护

教学目标

1. 知识目标

熟练掌握高压电压互感器的结构和工作原理。

2. 能力目标

了解高压电压互感器的检修和维护流程。

> 知识课堂

因为轨道交通的接触网的电压比较高，无法进行直接测量，因此需要采用电压互感器降压以后再进行测量。同时，电压互感器还起电气隔离的作用，可将高压电路和低压控制电路进行电气隔离。

一、HXD_3型电力机车用高压电压互感器

为了准确掌握电力机车的输入电压，司机控制台上都设置了网压表，而网压表的输入信号则由电压互感器提供。HXD_3型电力机车上使用了 JDZXW2-25A 型高压电压互感器。该互感器为户外全封闭式电压互感器，采用环氧树脂与硅橡胶复合绝缘支柱式结构，适用于户外交流 50~60 Hz、额定电压为 25 kV 的电力机车电网中作电压测量和继电保护使用。

HXD_3型电力机车采用 1 台 JDZXW2-25A 型电压互感器，连接在高压回路的高压隔离开关及主断路器之间，进行机车电网电压测量和继电保护。该型电压互感器采用环氧树脂与硅橡胶复合绝缘支柱式结构，为户外全封闭式。

本产品外部保护套和伞裙采用耐高温硅橡胶材料，具有良好的憎水性，大大提高了污闪电压，能有效地防止污闪故障的发生，具有抗老化和耐漏电起痕性能，电蚀损性能达到 GB/T 6553—2014 [等效采用 IEC 60587（2007）] 标准中最高级的 1A6.0 级，可以连续承受污闪电压，具有耐机械冲击能力强、质量轻、便于安装、不易损坏、维护周期长的特点。二次端采用聚碳酸酯防护盖板，便于观察二次接线情况及进行检修工作，二次端安装有便于更换的 6 A 保险丝来保护电压互感器。产品一次接地端采用接地片直接接在底板上。

（一）技术参数

额定电压	25 kV
额定电压比	25 000/100 V
相数	单相
精确等级	1.0 级
额定二次输出	30 V·A
极限输出	400 V·A
绝缘等级	E 级
表面爬电距离	1 100 mm
额定电压因数	1.5（30 s）
功率因数	$\cos\phi = 0.8$（滞后）
温升限值	75 K
质量	59 kg

(二) 结构组成

电压互感器从结构及原理上讲,其实就是一台"变压器",只是其功能不是电能的传输,而是信号的检测。高压电压互感器接线原理图如图4-72所示,外形及安装尺寸如图4-73所示。

动画:电压互感器的结构　　动画:电压互感器高压端子

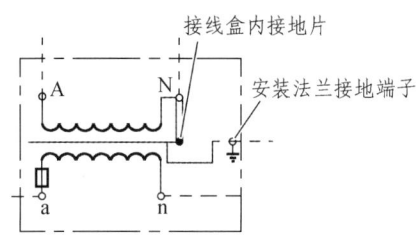

图4-72　接线原理

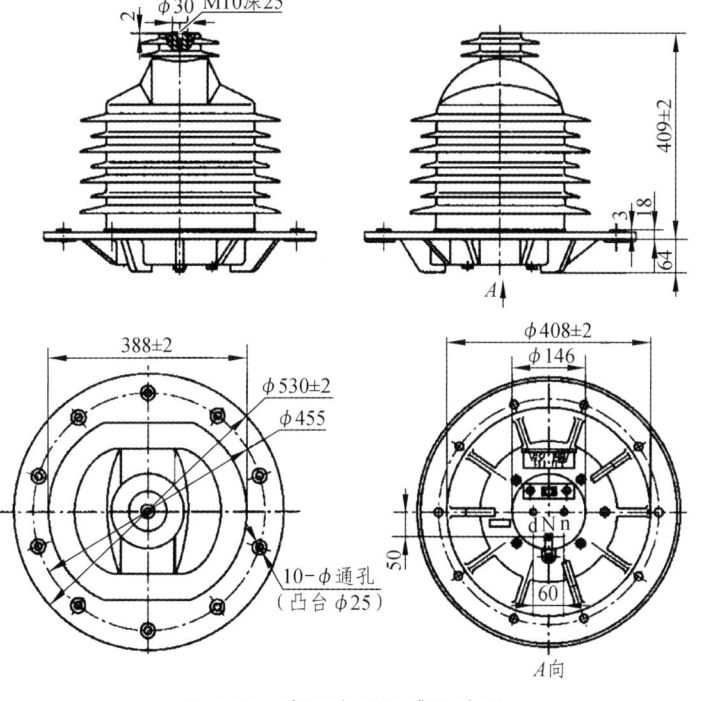

图4-73　高压电压互感器外形

动画:电压互感器外形图

动画:高压电压互感器

动画:电压互感器的位置

高压电压互感器提供绝缘的外部护套和伞裙,采用高温硅橡胶材料,具有良好的憎水性,大大地提高了污闪电压,能有效地防止污闪故障的发生;具有抗老化和耐漏电起痕性能,电蚀损性能高,可以连续承受污闪电压;具有耐机械冲击能力强、质量轻、便于安装、不易损坏、维护周期长的特点。

二次端采用聚碳酸酯防护盖板,便于观察二次接线情况及检修工作,一次接地端采用接地片直接接在底板上。

（三）维护与检修

在正常运行时不需维护和检修，在机车检修期间，需做以下维护检修。

（1）检查外观检查表面有否损伤，如表面完好，可用洁净水或普通洗洁剂清洁表面并擦拭干净，达到表面清洁、无积尘或污垢。切不可用尖锐物体刮刺产品表面，也不得用强酸强碱等腐蚀剂擦拭。

视频：电压互感器

（2）检查紧固一次、二次引线连接件是否有松动及表面氧化接触不良现象，必要时清除氧化层，涂抹导电膏，要求接线端子无氧化层、连接可靠。检查二次熔断器相关紧固件是否已按要求紧固。

（3）检查安装板是否有松动现象，必要时用专用工具重新紧固，要求产品安装牢固，产品运行时无松动。

（4）为保证绝缘及连接更加可靠，一次导线连接完毕后，建议用加热缩套等绝缘材料包封住一次导线裸露部分。

（5）绝缘电阻检测：一次绕组对二次绕组及地≥1 000 MΩ，二次绕组对地≥100 MΩ。

（6）工频耐压试验：一次绕组对二次绕组及地 3 000 V，1 min；二次绕组间及对地 3 000 V，1 min。

（7）感应耐压试验：采用 150 Hz 的频率，从二次侧施加电压 320 V，一次绕组应感应到 80 kV 电压，耐压时间 40 s。

任务六 高压电流互感器的检修与维护

教学目标

1. 知识目标

熟练掌握高压电流互感器的结构和工作原理。

2. 能力目标

了解高压电流互感器的检修和维护流程。

知识课堂

为了计算电力机车的用电情况，并防止因大功率用电设备故障带来的过流、过热，甚至火灾情况，必须要测量高压侧的电流值。

HXD_3 型电力机车上使用了 LMZBK-25 型电流互感器，这是专门为电力机车设计的电网专用电流互感器，采用复合绝缘穿心对接式结构，适用于交流 50 Hz 或 60 Hz、额定电压为 25 kV 的电力机车内作计量或继电保护使用。

一、技术参数

额定电压	25 kV
额定一次电流	400 A
额定二次电流	5 A
额定二次输出	25 V·A
相数	单相
准确级次	3 级
额定绝缘水平	0.5/3 kV
额定频率	50 Hz
准确等级	3 级（在 25%～100%额定电流范围内）
负荷功率因数	$\cos\phi = 0.8$（滞后）
铁心温升限值	50 K
整体结构	穿心对接式
质量	35 kg

二、高压电流互感器外形

高压电流互感器外形如图 4-74 所示。

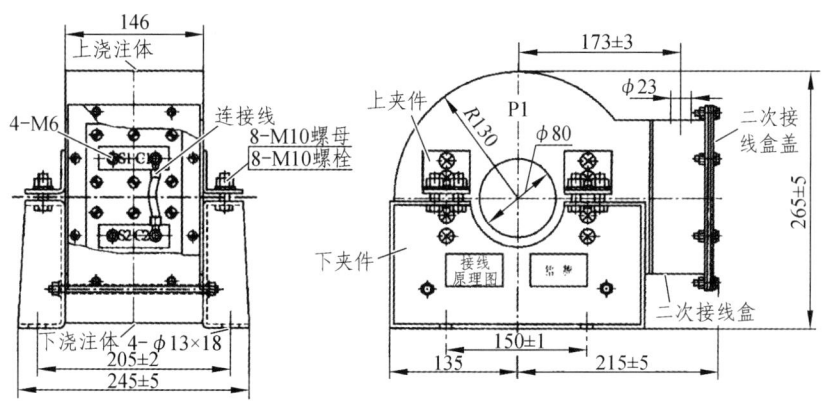

图 4-74　高压电流互感器外形

三、接线原理图

高压电流互感器接线原理如图 4-75 所示。

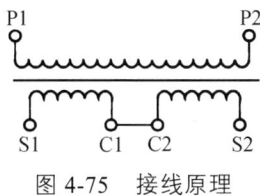

图 4-75　接线原理

四、维护及检修

本产品在正常运行时不需维护和检修,在机车检修期间,需做以下维护和检修。

(1)检查外观表面是否有损伤,在确保表面完好的情况下,可用洁净水或普通洗洁净清洁表面并擦拭干净,达到表面清洁、无积尘或污垢。切不可用尖锐物体刮刺硅橡胶表面,也不得用强酸强碱等腐蚀剂擦拭。

(2)检查紧固二次引线连接件,不得有松动及表面氧化接触不良现象,必要时清除氧化层,涂抹导电膏,达到接线端子无氧化层,保证连接可靠。

(3)检查紧固夹件及安装接线盒的螺钉,不得有松动现象,否则必须加以紧固。

任务七　高压连接器的检修与维护

教学目标

1.知识目标

熟练掌握高压连接器的结构和工作原理。

2.能力目标

了解高压连接器的检修和维护流程。

知识课堂

高压连接器的主要功能是在两节机车进行联挂时,自动连接两节机车车顶的 25 kV 高压电路。它被安装在每节车的尾部车顶,依靠机车联挂车钩的力量与车钩同时对接,分离时也随机车的车钩脱开而自动分离。

高压连接器的主要特点是:

(1)高压连接器自身不带动作机构,其连接与分离都随机车车钩联挂和脱开同时完成,操作方便。

(2)高压连接器不带灭弧装置,所以必须在无电状态下进行分合操作。

(3)两节车的高压连接器构造完全一致,具有良好的互换性。

一、主要技术参数

标称电压	25 kV
额定电压	30 kV
额定电流	400 A
额定频率	50 Hz
接触电阻	≤650 μΩ
左右摆动角度	≥34°
上下摆动角度	≥8.5°

机械寿命	20 000 次
工作温度	-40 ~ 70 ℃
质量	49 kg

二、结　构

高压连接器结构分为高压导电、十字轴支承和绝缘三部分。

1. 高压导电部分

高压导电部分主要包括半圆环、羊角、喇叭形头部、导电杆、波纹管、十字轴支承座、主弹簧、锁止器，是高压连接器的导电主体部分。

动画：高压连接器的结构

导向羊角在水平及垂直方向具有较宽的导向范围，当两台高压连接器对接时，即使它们在水平或垂直方向存在错位误差，也能保证良好的自动导向对接性能。

主弹簧在橡胶波纹管内，对接前高压连接器不受外力，主弹簧使连接器处于最大伸张状态，为对接做准备。对接时，两台高压连接器互相压缩，当压缩力足够时，一台连接器的半圆环与另一台连接器喇叭形头部内的叉形件互相扣紧，连接过程完毕。当两台高压连接器之间的距离随机车的运行变化时，主弹簧也随之拉伸或压缩，以保持半圆环与叉形件的接触状态，保证连接器优良的导电性能。

动画：高压连接器的高压导电部分

锁止器的作用是当高压连接器作上下左右摆动时，其下部的止动杆与球面止挡上的锥形凹腔形成自复位机构，它们能使自由状态的连接器高压导电部分复位至中心位置并保持在该初始状态。当单台连接器处于自由状态时，锁止器也使主弹簧保持一定的初始压力。

2. 十字轴支承部分

十字轴支承部分结构如图 4-67 所示，主要包括缸体、板簧、轴承、卷簧、止动板、十字接头安装、调整螺钉、密封圈。它是控制高压连接器上下左右摆动的机构。

动画：高压连接器十字轴支撑部分

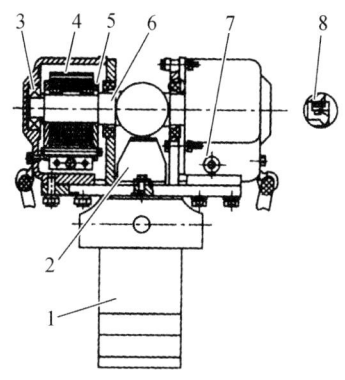

1—缸体；2—板簧；3—轴承；4—卷簧；5—止动板；6—十字接头安装；7—调整螺钉；8—密封圈。

图 4-76　十字轴支撑部分结构

高压连接器的上下摆动由板簧及十字轴支承座内的卷簧控制。当连接器处于自由状态时，板簧弹力、连接器头部重力以及卷簧张力三者形成的力矩构成力矩平衡状态，从而使顶杆保持水平。当连接器由上下摆动状态回到自由状态时，力矩平衡使连接器复位至初始状态。调整螺钉能对卷簧张力进行调整，如果连接器上下方向不能复位，可以通过调整它使连接器复位。

高压连接器左右摆动由缸体中的扭力弹簧控制。当连接器处于自由状态时，扭力弹簧也处于自由状态。当连接器左右摆动时，扭力弹簧产生的力矩与外力力矩平衡，外力撤销后，连接器高压导电部分由扭力弹簧的作用复位至初始状态。如果连接器左右方向不能复位，需要调整扭力弹簧上下的定位螺钉使连接器复位。

此外，轮箍磨耗情况不同的机车对接时，可预先调整连接器的安装高度，使两台高压连接器基本处于同一水平面上。缸体上的刻度线便是做高度调整时用的。

3. 绝缘部分

高压连接器绝缘部分就是它的支持绝缘子。它将连接器的高压导电部分和十字轴支承部分固定在车顶并与车顶电气隔离。高压连接器的绝缘子为硅橡胶绝缘子。

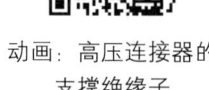

动画：高压连接器的
支撑绝缘子

三、工作原理

1. 对　接

当高压连接器被固定在车顶后，它依靠机车车钩联挂时的力量自动对接。当两台连接器靠近时，在羊角的导向作用下，喇叭形头部对接，同时，主弹簧也开始受力压缩。当压缩到一定量时，一台连接器的半圆环和另一台连接器的叉形件在外力作用下互相扣紧，对接过程完毕。高压连接器接合状态下的电流路径是：从一节车的高压回路到导电板，再经软连线到导电杆，然后通过喇叭形头部内的分流线、叉形件及半圆环到另一台连接器的半圆环、叉形件、分流线、导电杆、软连线及导电板，最后经导电板到另一节车的高压回路。

动画：高压连接器的
连接动作过程

2. 分　离

当两节机车车钩脱开后，高压连接器随之自动分离。当两台连接器分离时，连接器由压缩状态至自由状态，再由自由状态至拉伸状态，同时，主弹簧也开始受力拉伸。当拉伸到一定量，一台连接器的半圆环和另一台连接器的叉形件在外力作用下脱扣分开，分离过程完毕。

动画：高压连接器的
分离过程

四、维护与检修

高压连接器上所有检查和维修，必须在断开电源、降下受电弓和车顶电气接地的前提下进行操作。

禁止非专业人员进行高压连接器的维护，除非有专业技术人员在场。

动画：高压连接器

高压连接器出现损坏和故障，必须由经过培训的专业技术人员进行维修，否则不能保证连接器能够恢复可靠操作和相关的安全可靠性能。

（1）保证在无电状态下进行连接或分离操作。在进行连接操作前，注意观察喇叭形头部是否清洁，头部盖板内的叉形件是否有弹回的情况，如果已经弹回，则需用钩形工具将其拉开到开启状态，然后才能进行连接操作。

（2）检查绝缘子表面是否清洁干燥，有无裂纹或损伤，否则应予及时清扫或更换。

（3）检查橡胶波纹管，如有破损应及时更换，以免雨水、灰尘进入喇叭形头部与十字接头安装结构内，造成零件锈蚀，影响动作性能。

（4）对各转动部分进行润滑处理，使之能上下左右按规定摆动并复位。如果单节连接器喇叭形头部不能保持水平时，可以由十字支承件上的调整螺钉进行调整，顺时针方向调高，逆时针方向调低。

（5）通过观察连接器上下左右摆动情况及前后伸缩情况，了解卷簧、扭簧和弹簧的机械性能。如果出现不能自由摆动、伸缩或不能自行复位的情况，应及时进行检查。

（6）更换波纹管时，应将喇叭形头部盖板拆下，松开与顶杆连接的螺栓，松开卡箍后方能进行。

（7）高压连接器长期存放后，使用前须进行 75 kV（1 min）耐压试验，合格后方能装车。

任务八　避雷器的检修与维护

教学目标

1. 知识目标

熟练掌握避雷器的结构和工作原理。

2. 能力目标

了解避雷器的检修和维护流程。

视频：避雷器

知识课堂

避雷器是一种能释放雷电和电力系统过电压能量的电器，保护电气设备既能免受瞬时过电压的危害，又能截断续流，不致引起系统接地短路。

避雷器是一种限制过电压的保护装置，通常由火花间隙和非线性电阻组成，其基本工作原理如图 4-77 所示。它与被保护物并联，当出现的过电压危及被保护物时，避雷器放电，使高压冲击电流泄入大地，然后它仍能恢复原工作状态，截止伴随而来的正常工频电流，使电路与大地绝缘。过电压越高，火花间隙击穿越快，从而限制了加于被保护物上的过电压。

击穿电压的幅值同击穿时间的关系称为伏-秒特性。为了使避雷器能可靠地保护被保护物，避雷器的伏-秒特性至少应比被保护物绝缘的伏-秒特性低 20%～25%，如图 4-78 所示；另外，避雷器在放电时，应能承受耐热以及机械应力等变化，而本身结构不致损坏。

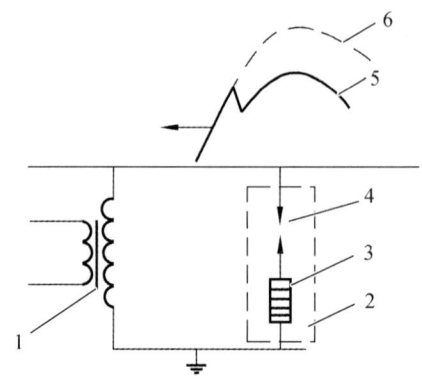

1—被保护变压器；2—避雷器；3—非线性电阻；4—火花间隙；
5—被限制的过电压波；6—未被限制的过电压波。

图 4-77　避雷器的工作原理

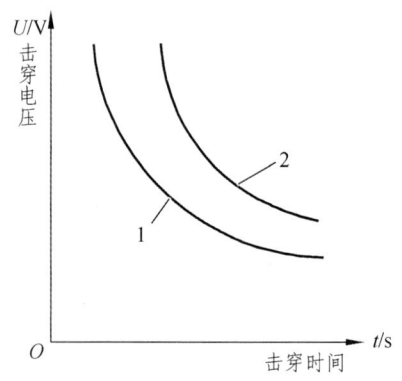

1—避雷器的伏秒特性；2—被保护物绝缘的伏秒特性。

图 4-78　避雷器的伏-秒特性

机车在运用过程中，有可能遭受意外的雷电的侵害，由于雷电电压远远大于接触网的电压，为防止雷电危害，机车上专门配备了避雷器。

HXD$_3$ 型电力机车采用 1 台 YH10WT-42/105D 型硅橡胶外套氧化锌避雷器，安装在机车顶盖上，是专用的过电压防护装置，主要用于机车一次侧高压电气设备的绝缘，使之免受大气过电压和操作过电压的损害。

一、技术参数

系统电压	27.5 kV
额定电压	42 kV
额定频率	50 Hz
持续运行电压	31.5 kV
直流参考电压	≥58 kA（1 mA 下）
标称放电电流	10 mA
操作冲击残压	≤89 kV（峰值）（0.5 kA，30/60 μs）

雷电冲击残压陡波冲击残压	≤105 kV（峰值）（10kA，8/20 μs）
2 ms 方波电流耐受	400 A/18 次
持续运行电压下阻性电流	≤300 μA
0.75 倍直流参考电压下漏电流	≤50 μA
硅橡胶外套表面爬距	≥1 050 mm
闪络距离	≥408 mm

二、结构特点

如图 4-79 所示，YH10WT-42/105D 型硅橡胶外套氧化锌避雷器主要由硅橡胶复合外套、芯棒、连接金具、连接底板等部分组成。其主要工作元件是密封在复合外套内的芯棒。芯棒采用高强度、高电气性能的氧化锌阀片，它具有很好的非线性伏安特性，并且和硅橡胶有很强的亲和性，内部充入高强度绝缘胶，使避雷器形成全密封的固体，抗污性强。连接金具采用不锈钢，保证表面耐蚀性和美观。

动画：避雷器的结构

图 4-79 避雷器

三、工作原理

金属氧化物避雷器利用密封在复合外套内芯棒优异的伏安特性，使其在持续工作电压下仅流过微安级的泄漏电流，动作后无续流，实现无间隙。

动画：避雷器的位置

避雷器安装于机车顶部，与被保护设备并联。当雷电或操作过电压的电压值上升到规定的避雷器阀片的阈值电压时，阀片电阻突然减小，并通过巨大的峰值电流，使避雷器残压被限制在允许值之下，从而保护了机车上其他电气设备的绝缘。当电压值正常后，避雷器又迅速恢复原状，以保证系统正常供电。

四、维护保养

避雷器在使用过程中，应避免激烈碰撞及尖锐物体划伤外壳，周围不得存在强酸、强碱等腐蚀性气体。要定期检查外观，保持外表面光洁，不许有裂纹，安装要牢固。检查顶盖安装螺栓紧固、密封良好；避雷器单元与上下安装座安装良好，不许有开裂等不良状态；接地片安装牢固；避雷器阀口不得有缺口、开裂现象，否则应更新。

避雷器在投入运行前或运行 1 年后，应做预防性试验。具体项目包括：

1. 绝缘电阻测试

用 1 000 V 兆欧表测量避雷器的绝缘电阻，阻值应不低于 1 000 MΩ。

动画：避雷器的绝缘电阻试验

2. 直流参考电压 U_1 mA 测试

避雷器两端施加直流电压，直流电压的脉动不大于±1.5%，待流过避雷器的电流稳定为 1 mA 时读取电压值，其值应大于 58 kV。

3. 直流泄漏电流测试

在避雷器两端施加 $0.75U_1$ mA（直流参考电压），读取流过避雷器的泄漏电流，其值不得超过 50 μA。

动画：避雷器直流参考电压测试

4. 交流参考电压测试

用 LCD-4 型阻性电流仪，对避雷器施加 50 Hz 工频电压，当流过避雷器的阻性电流 1mA 时，读取电压的峰值，其值不得小于 56 kV。

注：避雷器不允许进行工频放电电压或工频电压耐受特性试验，否则会损坏避雷器。试验时硅橡胶外套必须保持干燥、清洁，试验读取数值后应立即降低电压，切断电源。不允许在读数状态长期停留。测参考电压时不得超过 1 min，测试过程尽可能快。

任务九　25 kV 高压套管和车顶绝缘子的维护保养

教学目标

1. 知识目标

掌握 25 kV 高压套管和车顶绝缘子的结构和技术参数。

2. 能力目标

了解 25 kV 高压套管和车顶绝缘子的检修方法。

知识课堂

一、25 kV 高压套管

25 kV 高压套管是电力机车的重要部件，它担负着机车与接触网之间的电气连接，其结构如图 4-80 所示。

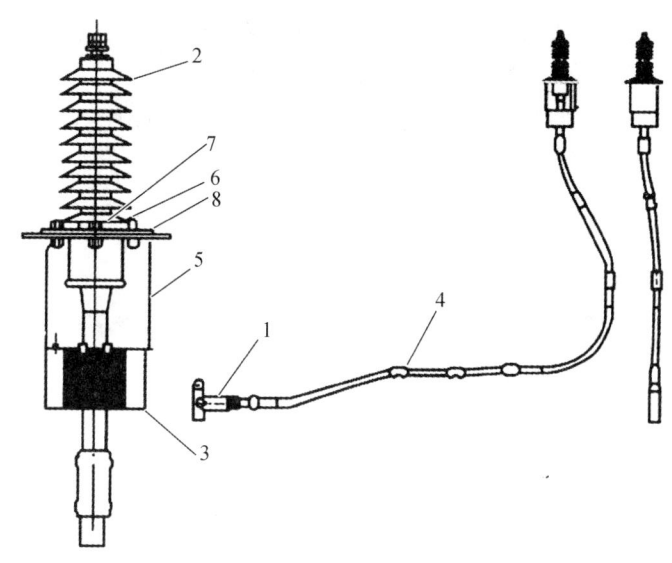

1—T形连接器；2—穿墙套管；3—25 kV电流互感器；4—线套；5—支撑座；
6—隔板；7—密封圆形垫片；8—密封垫。

图 4-80　25 kV 高压套管总体结构

（一）主要技术参数

额定电压　　　　　　　25 kV
额定电流　　　　　　　400 A
额定频率　　　　　　　50 Hz
工作电压范围　　　　　14～31 kV

（二）结　构

导电铜杆插入高压套管中，其连接方式为滑入式连接。高压套管为硅橡胶绝缘子，其结构、外形设计合理，绝缘强度高，抗污闪能力强。导电铜杆与高压电缆采用特殊的连接方式，其工艺先进也很复杂。与车顶盖连接的安装部分密封性能较好，10 MPa（100 bar）高压冲洗没有滴漏现象。T形接头与电缆的连接工艺要求也很复杂，其连接要求也很高。

二、车顶绝缘子

电力机车车顶绝缘子是用来支持受电弓及母线并使其绝缘的部件。HXD_2型机车车顶上的受电弓支持绝缘子和母线支持绝缘子全部采用复合绝缘子，如图 4-81 和图 4-82 所示。每台机车（2节）共安装受电弓支持绝缘子6个，母线支持绝缘子20个。

电力机车车顶复合绝缘子主体由环氧玻璃纤维芯棒与硅橡胶伞裙复合组成，上、下安装座为金属件。由于采用环氧玻璃纤维芯棒与硅橡胶复合材料，因而具有尺寸小、重量轻、机械强度高等优点，伞棱薄，伞伸出长，具有较长的爬电距离，抗污闪和湿闪的能力强，可用于严重污秽地区。

图 4-81 受电弓支持绝缘子　　　图 4-82 母线支持绝缘子

（一）结构参数

电力机车车顶复合绝缘子的整体参数、结构和伞形设计符合 TB/T 3077.1—2006《电力机车车顶绝缘子 瓷绝缘子》附录 A 的有关规定。考虑到电力机车运行的特点，绝缘子具有良好的自洁性。

电力机车车顶复合绝缘子环氧玻璃纤维芯棒与硅橡胶伞裙所使用的材料，其相比漏电起痕指数（CTI）符合 TB/T 1333.1—2002 中 8.2.6.3 的规定，其他技术指标应符合有关的国家或行业标准。绝缘子的上、下安装座为耐腐蚀的金属材料。当上、下安装座采用黑色金属制造时，其表面应有防腐蚀镀层。

受电弓支持绝缘子的高度及安装尺寸应符合图 4-83 标注的尺寸。母线支持绝缘子的高度及安装尺寸应符合图 4-84 标注的尺寸。

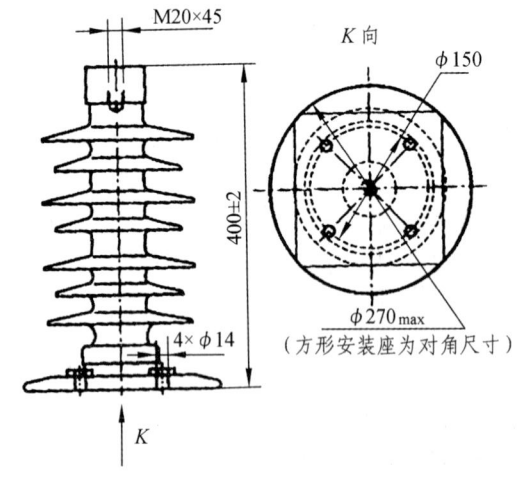 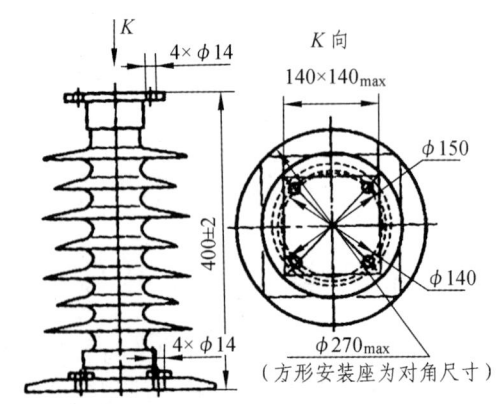

图 4-83 受电弓支持绝缘子高度及安装尺寸　　　图 4-84 母线支持绝缘子高度及安装尺寸

（二）技术要求

标称电压	AC 25 kV
最高工作电压	≥AC 31 kV
爬电距离	≥1000 mm

标准雷电全波冲击耐受电压　　　　　　　　≥170 kV（1.2/50 μs）

工频 1 min 湿耐受电压　　　　　　　　　　≥75 kV

绝缘子试验地点在海拔不高于 1 000 m 处时，上述绝缘子的额定耐受电压值应按照 GB 311.1—1997 中 3.4 给定的公式进行修正。

在绝缘子机械性能试验时，机车受电弓支持绝缘子应能承受不小于 8 kN 的弯曲破坏载荷；机车母线支持绝缘子应能承受不小于 4 kN 的弯曲破坏载荷。

绝缘子能承受 GB 4585.2 规定的盐密/灰密大于 0.15（mg/cm^2）/1.0（mg/cm^2）的固体涂层法人工污秽试验，工频耐受电压不小于 30 kV。

（三）维护与保养

（1）每年定期清扫 2~4 次，采用中性洗洁净兑水擦拭干净。

（2）检验上、下金属安装座是否有松动，滑脱；绝缘伞套是否有变形、撕裂、老化、憎水性失效。

（3）复合绝缘子不需要维修，如果损坏，应进行更换。

思政课堂

实拍中国最长火车！车厢中间还"夹着"火车头。

复习思考题

1. 叙述受电弓的结构和各部分的功能。
2. 简述受电弓自动降弓装置的工作原理。
3. 叙述交流真空主断路器结构和主要部件的作用。
4. 简述交流真空主断路器的合闸和分闸过程。
5. 简述高压隔离开关的结构和工作原理。
6. 高压接地开关的结构和动作原理。
7. 简述高压连接器结构和工作原理。
8. 简述电压互感器的结构和工作原理。
9. 简述电流互感器的结构和工作原理。
10. 简述避雷器的结构和维护保养。

项目五　电器基本知识

电器指能依据操作信号或外界现场信号的要求，自动或手动接通和断开电路，连续或断续地改变电路参数，以实现对电路或用电设备的切换、控制、保护、检测、变换和调节的元件、设备和电工装置。机车电器的种类较多，由于它们的作用和应用条件不同，其外形、尺寸、质量以及结构都有较大的差异，但基本结构主要包括感应机构（电磁机构）、执行机构（触头系统）、灭弧机构（保护机构）三个部分。本项目主要围绕这三基本结构所涉及的知识点，在电力机车电机电器实训室，以接触器、继电器等低压电器及高速断路器、多媒体教学课件为载体，进行详细介绍。

任务一　电弧的产生和灭弧装置

学习目标

1．知识目标

（1）认识电器中电弧产生的物理基础

（2）了解直流电弧及交流电弧的特点

（3）理解机车电器中灭弧装置的设置原理

2．能力目标

（1）掌握几类常见的灭弧方式：磁吹灭弧、灭弧栅、灭弧罩、气吹灭弧、真空灭弧。

（2）能够为有触点电器设计有效灭弧装置。

（3）为从事电力机车检修工作打下基础。

知识链接

在有触点电器中，触头接通和分断电流的过程中往往会伴随着电弧的产生及熄灭。电弧是一种气体放电现象，对电器触头存在危害。应了解电弧产生和熄灭的物理过程，并明确使电弧迅速冷却是熄灭电弧的主要方法。

动画：电器触头

一、电弧的物理基础

（一）电弧的现象及特点

电弧是气体放电的一种形式。试验证明，当在大气中开断或闭合电压超过 10 V、电流超过 80~100 mA 的电路时，在触头间隙（弧隙）中会产生一团温度极高、亮度极强并能导电的气体，称为电弧。

气体放电分为自持放电与非自持放电两类，电弧属于气体自持放电中的弧光放电。由于电弧的高温及强光，它可以广泛应用于焊接、熔炼、化学合成、强光源等方面。对于有触点电器而言，由于电弧主要产生于触头断开电路时，高温将烧损触头及绝缘，严重情况下甚至引起相间短路、电器爆炸，酿成火灾，危及人员及设备的安全。从电器的角度来研究电弧，目的在于了解它的基本规律，找出相应的办法，让电弧在电器中尽快熄灭。

电弧还可按其电流的性质分为直流电弧和交流电弧。

（二）电弧产生和熄灭的物理过程

当触头开断，在触头间隙中有电弧燃烧时，电路仍然导通。这说明此时触头间隙的气体由绝缘状态变成了导电状态。

1. 开断电路时电弧产生的物理过程

当触头开断电路，在间隙产生电弧时，电路仍然是导通的。这就说明已分开的触头间的气体由绝缘状态变成了导电状态。

触头开断电路时，产生电弧的原因主要有：阴极热发射电子、阴极冷发射、碰撞游离和热游离等。

1）阴极热发射电子

触头开断过程中，触头间的接触面积逐渐减小，接触处的电阻越来越大，电流密度也逐渐增大，触头表面的温度剧增，金属内由于热运动急剧活跃的自由电子就克服内部的吸力而从阴极表面发射出来，这种主要是由于热作用所引起的发射称为热发射。温度越低、逸出的功越大时，热发射的电流密度越小（见图 5-1）。

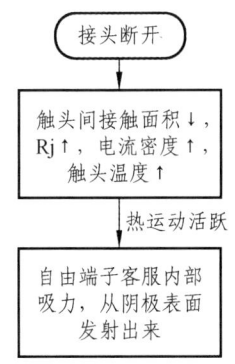

图 5-1　阴极热发射电子

2）阴极冷发射电子

在触头刚刚分开发生热发射的同时，由于触头之间的距离很小，线路电压在这很小的间隙内形成很高的电场，此电场将电子从阴极表面拉出，形成强电场发射。在强电场发射中，并不需要热功的参与，所以强电场发射也称作冷发射（见图 5-2）。当金属的温度越低、阴极表面电场越小时，电子发射的数量就越少。通常阴极电子的发射，同时包含了热发射和冷发射的过程，只是不同的材料热发射和冷发射的程度各不相同。

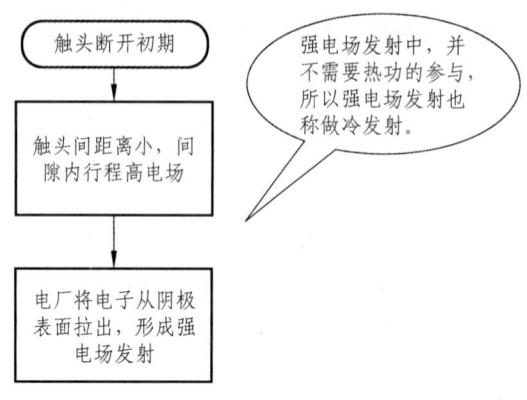

图 5-2　阴极冷发射电子

3）碰撞游离

由于这两种发射的作用,大量电子从阴极表面进入弧隙。它们在电场的作用下,获得动能而加速,随着触头的分开不断地撞击气体的原子或分子（中性粒子）,当此粒子具有的动能大于中性粒子的游离能时,该中性粒子则分解为带电荷的自由电子和正离子,这一现象叫作碰撞游离（称为电场游离）(见图 5-3)。碰撞游离后出现的自由电子在电场作用下又可同其他中性粒子发生新的撞击和游离,使得自由电子和正离子数累进增加。弧隙中的中性气体就变为导电的自由电子与正离子。在电场作用下,它们向阴极、阳极运动,电弧形成,电路并未断开。若电子撞击中性粒子不足以使其立即游离,但经多次撞击,中性粒子所获得能量也使其发生了游离,这种过程称为累积游离。在带电粒子中,由于电子体小质轻,自由行程长,容易加速而获得能量,故其游离作用比正、负离子大得多。

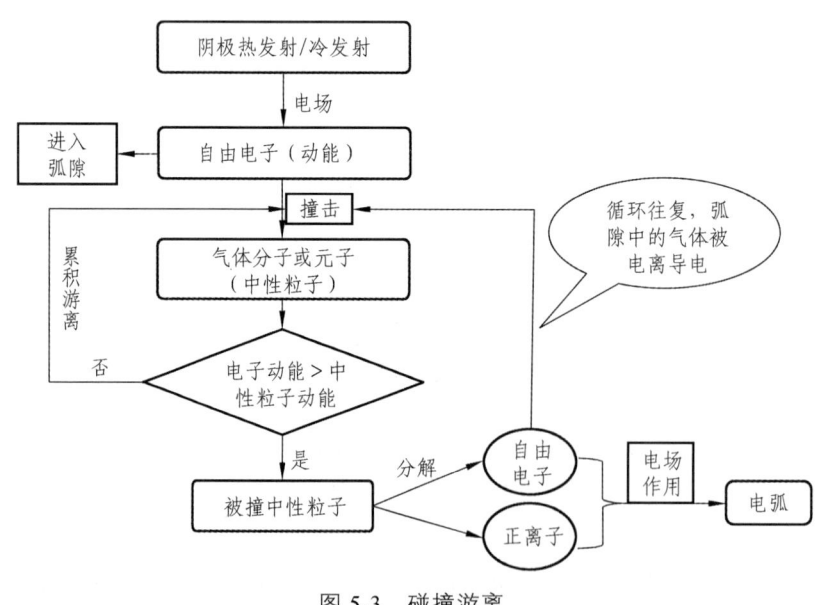

图 5-3　碰撞游离

4）热游离

随着电弧的形成,在电弧燃烧时,弧隙中气体温度很高,气体中的中性原子或分子由于热运动而发生互相撞击,其结果也造成游离,这就是热游离(见图 5-4)。热游离实质上也是碰撞游离，只不过发生碰撞的原因是高温引起而不是电场引起的。所以温度越低，热游离愈弱；相反温度愈高，热游离愈强。

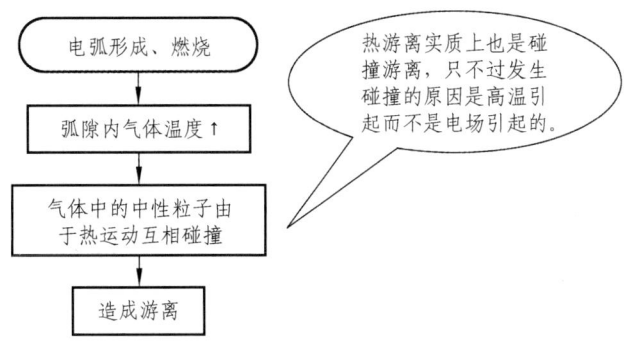

图 5-4　热游离

中性粒子热游离的程度与温度的高低、气压的大小、物质的游离能大小有关。在高温状况下，金属材料容易发生气化，金属蒸气的游离能比气体的游离能小得多。当气体中混有金属蒸气时，游离程度更加迅速。

由上可见，电弧的产生，一是由于热的作用，发生热发射和热游离；二是由于电场的作用，发生冷发射和碰撞游离，在气隙间出现大量电子流，使气体由绝缘体变成导体。

2. 电弧熄灭的物理过程

当电弧稳定燃烧时是处在热动平衡状态，此时不可能有电子和离子的积累。这说明电弧中气体游离现象的同时还存在一个相反的过程，我们称之为消游离。消游离就是正、负带电粒子中和而变成中性粒子的过程。消游离的方式分两类：复合和扩散。

1）复合

带异性电荷的粒子相遇后相互作用中和而变成中性粒子称为复合（见图 5-5）。

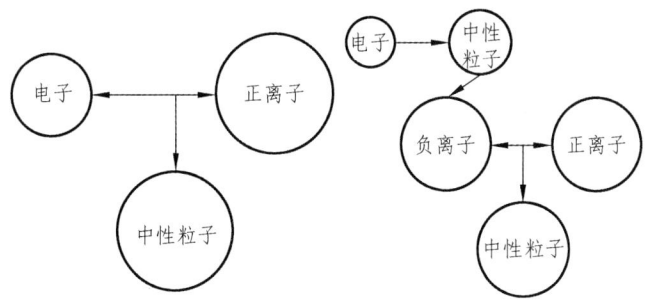

图 5-5　带电粒子复合

复合按其作用的地点不同可分为：表面复合，带正、负电荷的粒子附在金属或绝缘材料表面上，相互吸引而中和电荷，变成中性粒子；空间复合，带正、负电荷的粒子在放电间隙中相互吸引而中和电荷，变成中性粒子。

自由电子与正离子相遇，相互吸引而中和电荷而变成中性粒子，称为直接复合。

自由电子黏合在中性粒子上形成负离子的强弱与气体的种类和纯净度有关。氟原子及其化合物 SF6 分子与自由电子的黏合作用很强，所以称为负电性气体。SF6 的复合能力很强，是比较理想的消游离绝缘介质,现已应用在高压断路器中。

2)扩散

带电粒子从电弧区转移到周围介质中去的现象称为扩散。电弧是一个电子和离子高度密集的空间,同时其中温度很高。它和气体分子一样,有均匀地分布在容积中的倾向,这样电子便从弧隙中向四周扩散,扩散出来的电子(离子)因冷却互相结合而成为中性分子,这种过程的进行不在电弧的内部,而在电弧的表面空间进行。

3. 游离和消游离在电弧产生和熄灭过程中的作用

电弧中存在着游离和消游离两方面的作用。当游离作用占优势时电弧就会产生和扩大;当消游离作用占优势时,电弧就趋于熄灭;当游离作用和消游离作用处于均衡状态时,则弧隙中保持一定数量的电子流而处于稳定燃烧状态。

二、直流电弧及其熄灭

1. 直流电弧的伏安特性

直流电弧是指产生电弧的电路电源为直流。当直流电弧稳定燃烧时,电路仍是导通的,因而电弧中有电弧电流,电弧两端有电弧压降。电弧的伏安特性就是指电弧电压与电弧电流之间的关系曲线(见图5-6),实质上反映了电弧内的物理过程,是电弧重要特性之一。

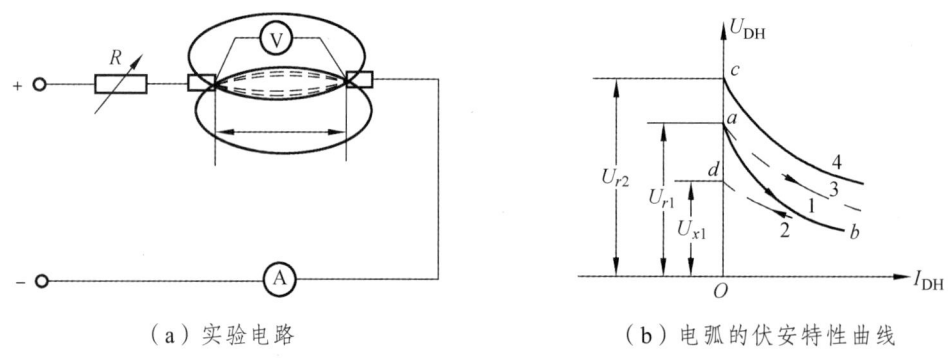

(a)实验电路　　　　　　　(b)电弧的伏安特性曲线

图5-6　直流电弧伏安特性曲线的测定

从曲线1可见,触头在开断直流电路时所产生的电弧,相当于在电路中串入一个非线性电阻,当电弧电流增加时,电弧电压减小。在弧隙中,电弧电阻随着电弧电流变化。随着电流的增大,电弧电阻值愈小,从而维持电弧稳定燃烧所需的电压也相应减小;反之,当电弧电流减少时,维持电弧稳定燃烧所需的电压相应增大。

由于静伏安特性向上平移,燃弧电压和熄弧电压也都要增加。从这个角度来说,拉长电弧,可以加速电弧的熄灭。在良好的冷却和通风条件下,能使伏安特性曲线上移。所以在弧长相同条件下,冷却条件越好,电弧越易熄灭。

2. 直流电弧的熄灭

直流电弧的熄灭条件如图5-7所示。

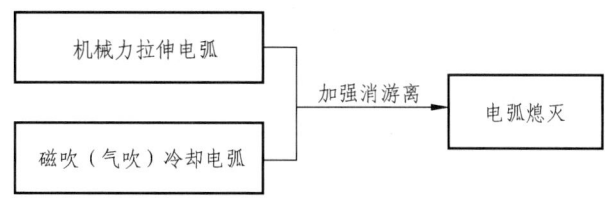

图 5-7　直流电弧熄灭条件

3. 断开感性电路的过电压

感性负载是指各种具有交直流电磁线圈的负载。由于线圈作为一种感性元件，具有抑制加在它上面的电流发生变化的特性，当断开线圈电源时，为了维持原有电流，它就会产生自感电动势。自感电势通常也可以达到电源电压的几十倍左右，通常称为过电压。它属于前沿很陡、变化迅速的强干扰脉冲（见图5-8）。

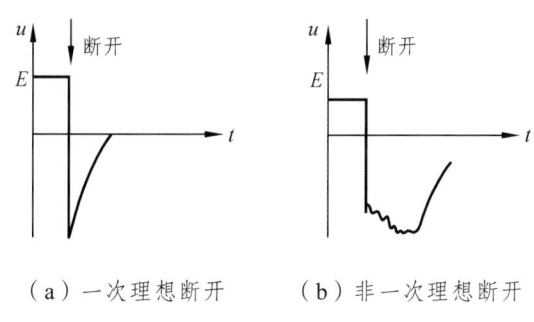

（a）一次理想断开　　（b）非一次理想断开

图 5-8　感性电路断开的过电压

如果不采取有效的抑制措施，它不仅会对本回路造成强干扰，而且还会以电磁感应的方式施扰于邻近回路，反映到电气产品上，则会加大对电气产品的绝缘冲击和触头的磨损，加大电气产品的二次吸合率。

三、交流电弧及其熄灭

（一）交流电弧的伏安特性

交流电弧的伏安特性是指在弧长不变时，一个周期内电弧电压与电弧电流之间的关系。其特点是交流电流的瞬时值随时间变化，每个周期内有两次过零点。由于弧柱的受热升温和散热降温都有一个过程，跟不上电流的快速变化，所以电弧温度的变化总滞后于电流的变化，这种现象称为电弧的热惯性。

在交流电路中，电流经过零点时，弧隙的输入能量为零，电弧温度下降，电弧自然熄灭。过零后随着电压、电流的变化，电弧又重新点燃。所以，交流电弧的燃烧，实际上是一连串点燃和熄灭的过程（见图5-9）。

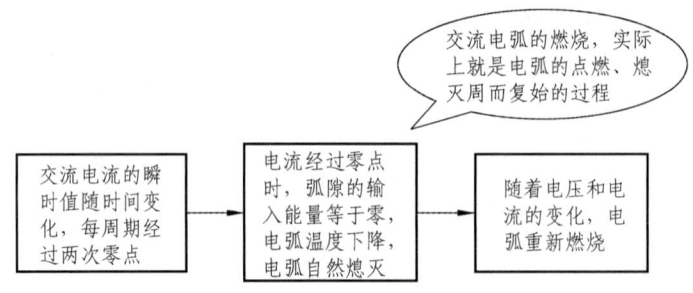

图 5-9　交流电弧燃烧过程

（二）交流电弧过零后的物理过程

按照交流电弧的上述特性，交流电弧电流通过零点时，由于电源停止供给电弧能量，热游离迅速下降，为电弧的最终熄灭创造了最有利的条件，此时只要采取一定的消游离措施，使少量的剩余离子无法复合，就能防止电弧在下半周重燃，使电弧最终熄灭。因此，交流电弧比直流电弧容易熄灭。我们通常把利用电弧电流自然过零的特点进行的熄弧称为零点熄弧原理。

交流电弧过零点自然熄灭，但是交流电弧过零自然熄灭后，还会重新燃烧。所以怎样防止电弧重燃就是研究交流电弧的重点。交流电弧电流过零期间，同时存在两个对立的基本过程：一是介质强度恢复过程，二是弧隙电压恢复过程。

1. 弧隙介质强度的恢复过程

能够承受外加电压而不致使弧隙击穿的电压称为弧隙介质强度。交流电弧过零熄灭后，由于外部条件的变化，弧隙内消游离作用加强，使得原来的导电状态要向绝缘介质状态转变，这个转变过程就是介质强度恢复过程。这个过程的快慢与许多因素有关，如温度、散热情况等。在靠近两极的区域，由于金属材料的传热性好，所以此区域的温度要比弧柱区的温度低，故此处的介质强度恢复要比弧柱区快（见图 5-10）。

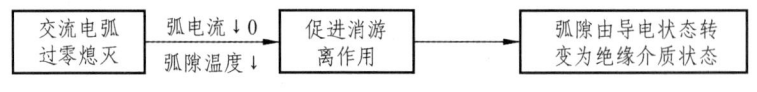

图 5-10　弧隙介质强度的恢复过程

2. 弧隙电压的恢复过程

在交流电路中，电流过零后，弧隙电压从后峰值逐渐增长，直到恢复电源电压，注意过程中的弧隙电压称为恢复电压。触头两端电压从熄弧电压恢复到电源电压的过程，称为电压恢复过程（见图 5-11）。电压恢复过程与线路参数、负荷性质等有关。

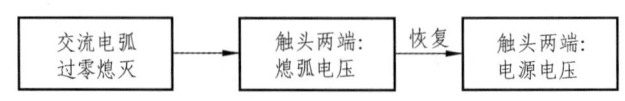

图 5-11　弧隙电压的恢复过程

触头两端电压从熄弧电压恢复到电源电压需要经过一段过程，而且这个过程会呈现振荡或非振荡现象。由于电压恢复过程是使电弧重燃的因素，很显然，周期振荡电压恢复过程中有较高的电压峰值，容易使电弧重燃，所以也是应该尽量避免的。

（三）交流电弧熄灭的条件

交流电弧过零时，由于电源停止供给电弧能量，热游离迅速下降，为电弧的最终熄灭创造了有利条件。此时只要采取一定的消游离措施，使少量的剩余离子复合，就能防止电弧在下半周重燃，使电弧熄灭。我们通常把利用电弧电流自然过零的特点进行熄弧的原理称为零点熄弧原理。

交流电弧过零后弧隙间介质强度恢复和电压恢复是两个对立的过程。因为介质强度恢复过程主要是弧隙内部带电粒子不断减少的过程，而电压恢复过程则相反，它使弧隙中的气体产生新的游离而使带电粒子不断增加。

交流电弧熄灭条件为：交流电弧电流过零后，如果弧隙介质强度恢复的速度超过了弧隙电压恢复的速度，则电弧熄灭。反之，电弧重燃。在实际中，由于介质恢复过程与电压恢复过程是相互联系又相互影响的，如果恢复电压上升得快，弧隙游离加强，使得介质强度恢复速度减慢；如果介质强度增长的速度快，它又对恢复电压上升起阻尼作用。

（四）交流电弧的熄灭方法

在交流电弧熄灭过程中有两个方面的因素要加以考虑：

（1）交流电弧电流过零是最有利的灭弧时机，这时输入弧隙的功率趋近于零，如电弧散失的功率大于此时由电源输入的功率，电弧就会熄灭。

（2）对交流电弧的电路参数而言，电源电压越高，恢复电压峰值也愈高，熄弧越困难。电弧熄灭前电路的电流越大，电弧功率越大，熄弧越困难。电路中电感比例越大，熄弧越困难。

为了使交流电弧过零点后不再重燃，总的来讲可减小恢复电压增长速度和增加介质强度恢复速度。

四、灭弧装置

通过前面的一系列理论分析，我们可以找出加速电弧熄灭的很多方法，例如，拉长电弧、降低温度、将长弧变为短弧、将电弧放置于特殊介质中、增大电弧周围气体介质的压力等。

（一）拉伸电弧

电弧拉长以后，电弧电压就增大，改变了电弧的伏安特性。在直流电弧中，其静伏安特性上移，电弧可以熄灭。在交流电弧中，由于燃弧电压的提高，电弧重燃困难。电弧的拉长可以沿电弧的轴向（纵向）拉长，也可以沿垂直于电弧轴向（横向）拉长。

1. 机械力拉长

电弧沿轴向拉长的情况是很多的，电器触头分断过程实际上就是将电弧不断地拉长。刀开关中闸刀的拉开也拉长电弧，电焊过程中将焊钳提高可使电弧拉长并熄灭。

2. 回路电动力拉长

桥式双断点触头在一个回路中有两个产生电弧的间隙。当触头打开时，在断口中产生电弧，动、静触头的弧区内产生磁场，根据左手定则，电弧电流要受到一个指向外侧的力 F 的作用而向外运动，迅速离开触头而熄灭。电弧的这种运动，一方面会使电弧本身被拉长，另一方面会使电弧穿越冷却介质时受到较强的冷却作用，这都有助于熄灭电弧。另外，如果是交流电器，两个断口处的每一个电极近旁，在交流过零时都能出现 150~250 V 的截至绝缘强度，也有利于电弧的熄灭。

桥式双断点触头结构的用途有两方面：① 小电流场合，如继电器触头、接触器的辅助触头；② 三相交流接触器的主触头。

3. 磁吹灭弧

因利用回路本身灭弧的电动力不够大，电弧拉长和运动的速度都较小，所以这种方法一般仅用于小容量的电器中。开断大电流时，为了有较大的电动力而专门设置了一个产生磁场的吹弧线圈，这种利用磁场力使电弧运动而熄灭的方法称为磁吹灭弧。

（二）灭弧栅

灭弧栅利用的是短弧灭弧原理。栅片，由外镀薄钢片和石棉绝缘板组成，彼此绝缘片距 2~3 mm，安装在触点上方的灭弧罩内。横向金属栅片灭弧装置主要用于交流电器，因为它可将起始介质强度成倍地增长。对于直流电弧而言，只能靠成倍提高极旁压降来进行灭弧。由于极旁压降值较小，要想达到较好的灭弧效果，金属栅片的数量太大，会造成灭弧装置体积庞大，所以直流电器中很少采用。

（三）灭弧罩

灭弧罩是让电弧与固体介质相接触，降低电弧温度，从而加速电弧熄灭的装置。其结构型式是多种多样的，但其基本构成单元为"缝"（灭弧罩壁与壁之间构成的间隙）。根据缝的数量可分为单缝和多缝。根据缝的宽度与电弧直径之比可分为窄缝与宽缝。根据缝的轴线与电弧轴线间的相对位置关系可分为纵缝与横缝。缝的轴线和电弧轴线相平行的称为纵缝，两者相垂直的则称为横缝。

1. 纵缝灭弧罩

纵缝灭弧罩一般下宽上窄，减小电弧进入时的阻力。纵缝灭弧罩：纵向窄缝式、纵向宽缝式、纵向曲缝式（见图 5-12）。

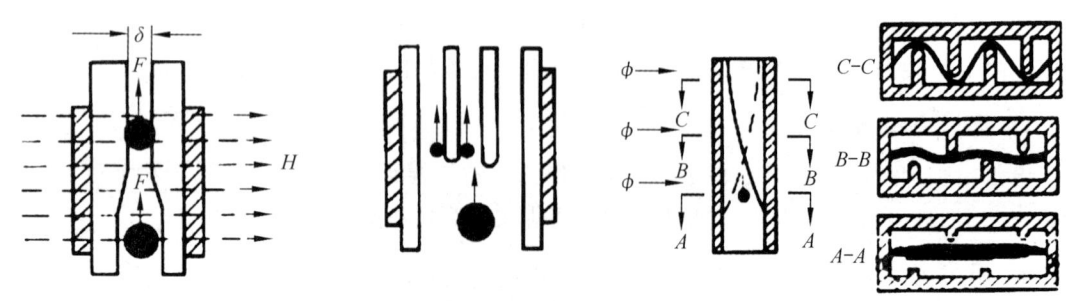

图 5-12 纵缝灭弧罩

2. 横向金属栅片灭弧罩

由于灭弧罩要受电弧高温的作用,所以对灭弧罩的材料也有一定的要求,如受电弧高温作用不会因热变形、绝缘性能不能下降,机械强度好且易加工制造等。灭弧罩材料过去广泛采用石棉水泥和陶土材料。逐渐改为采用耐弧陶瓷和耐弧塑料,它们在耐弧性能与机械强度方面都有所提高。图 5-13 所示为横向金属栅片灭弧罩。

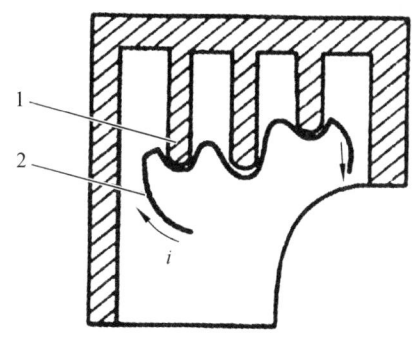

图 5-13 横向金属栅片灭弧罩

(四) 气吹灭弧

气吹灭弧是利用压缩空气来熄灭电弧。压缩空气作用于电弧,可以很好地冷却电弧、提高电弧区的压力、很快带走残余的游离气体,所以有较高的灭弧性能(见图 5-14)。按照气流吹弧的方向,它可以分为横吹和纵吹两类。压缩空气沿电弧径向吹入,然后通过动触头的喷口、内孔向大气排出,电弧的弧根能很快被吹离触头表面,因而触头接触表面不易烧损。由于气吹灭弧的灭弧能力较强,故一般运用在高压电器中。

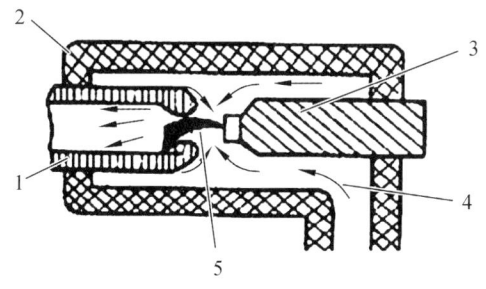

1—动触头;2—灭弧室瓷罩;3—静触头;4—压缩空气;5—电弧。

图 5-14 气吹灭弧

(五) 真空灭弧

真空灭弧是使触头电弧的产生和熄灭在真空中进行,它是依据零点熄弧原理,以真空为熄弧介质工作的。在真空中气体很稀薄,自由电子在弧隙中作定向运动时几乎不会和气体分子或原子相碰撞,不会产生碰撞游离。在真空中触头有很高的介质恢复速度、绝缘能力和分断电流的能力。

任务二　电器触头

学习目标

1. 知识目标

（1）了解有触点电器触头系统的基本情况（定义、分类、基本参数及工作情况等）。

（2）掌握触头系统的接触电阻、振动、磨损等问题的分析。

2. 能力目标

（1）掌握减少电器触头电磨损问题的方法。

（2）能够为有触点电器触头合理设置参数、选取材料。

知识链接

在电路中，通过触头相互接触的地方被称为电接触。电接触用于使电流由一个导体流到另一个导体上，完成电路接通任务，因此又叫作接触连接。触头是接触连接的一种形式。

一、概　述

（一）触头的定义及其工作特点

触头是电器的执行机构，用来接通或断开被控制电路（在有触点电器中，直接接通和断开电路的零件）。触头总是以静触头、动触头成对出现。

（二）触头的分类

1. 按触头的工作情况分

（1）有载开闭触头：触头的分断、闭合过程中允许有电流通过。

（2）无载开闭触头：触头在分断电路过程中不允许有电流通过，在接通后才允许有电流通过（无电分断不产生电弧，可延长触头寿命）。

2. 按触头在电路中的用途分

（1）主触头：用来接通或断开主要工作电路，如轨道列车的主电路和辅助电路。

（2）辅助触头：通常用在小电流的控制电路中，用以控制其他分支电路，实现轨道列车所要求的某种电气联锁作用。辅助触头又称为联锁触头，有常开联锁触头和常闭联锁触头两种。

3. 按工作状态分

（1）常开触头：原始状态时（即线圈未通电）断开，线圈通电后闭合的触头。

（2）常闭触头：原始状态闭合，线圈通电后断开的触头（线圈断电后所有触头复原）。

4. 按结构形式分（见图5-15）

（1）指形触点：形状像大拇指。

（2）桥形触头：形状像桥。

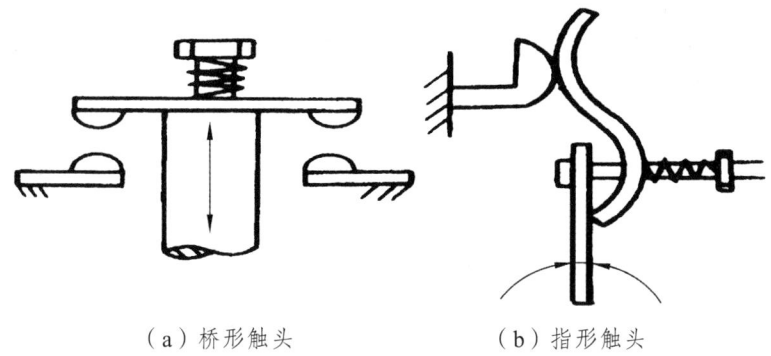

（a）桥形触头　　　　（b）指形触头

图 5-15　不同形状及接触形式的触头

5．按接触形式分（见图 5-16）

（1）点接触式触头：点与点接触或点与面接触的触头，如继电器触头和接触器的联锁触头。

优点：压强较大、接触点较固定、接触电阻稳定、触头结构简单、自净作用较强。

缺点：接触面积小、不宜通过较大电流、热稳定性差。

用途：电流不大、触点压力小的场合，如多用于 10 A 以下的继电器。

（2）线接触式触头：圆柱与圆柱接触或圆柱与平面接触的触头。

优点：接触压力与接触面积适中。

用途：电流较大的场合，触点分合次数多的场合，如接触器、自动开关及高压开关电器的主触头。

（3）面接触式触头：平面与平面接触的触头。

优点：接触压力与接触面积较大。

用途：电流较大的场合，如固定母线接触、大容量的接触器和断路器的主触头、闸刀开关。

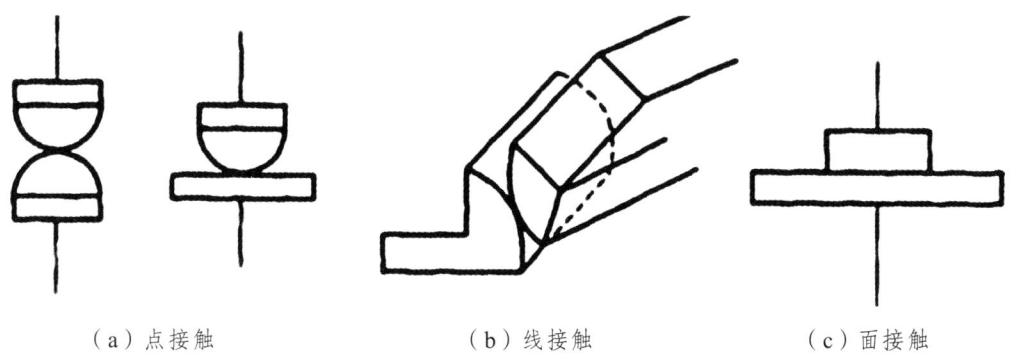

（a）点接触　　　　（b）线接触　　　　（c）面接触

图 5-16　点接触、线接触及面接触

（三）触头的主要参数

触头的参数主要有开距、超程、压力和研距。

1．开距 S

触头的开距是指动、静触头断开位置时，动、静触头之间的最短距离，如图 5-17 所示。

开距是触头的一个重要参数。不仅能在断开短路电流时把电弧拉长拉细,增加其自然灭弧能力,保证断开短路电流时不会发生气隙击穿而发生电弧复燃,而且要使触头间具有一定的绝缘能力,经得起过电压的冲击。

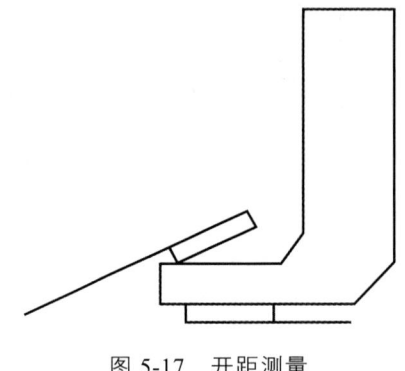

图 5-17 开距测量

2. 触头压力

触头压力是指两触头闭合后,其接触处所具有的压力,可分为初压力和终压力。初压力指动、静触头刚接触时由触头弹簧产生的压力。起限制和防止触头刚接触时产生机械振动,从而避免在接通电流时产生电磨损,降低寿命的作用。终压力指在触头完全闭合,即动触头不再继续运动时产生的触头压力,起保证在闭合时接触电阻最小,触头温升不超过允许值,保证触头在通过短路电流时不至因电动斥力而产生跳动或引起熔焊的作用。

3. 超程 γ

超程是指触头在闭合位置后,将静触头移开,动触头所能继续移动的距离,如图 5-18 所示。超程参数的设置取决于传动连杆的磨损和触头的磨损,必须保证在寿命终了时,主触头仍能可靠接触,一般为 2~6 mm。

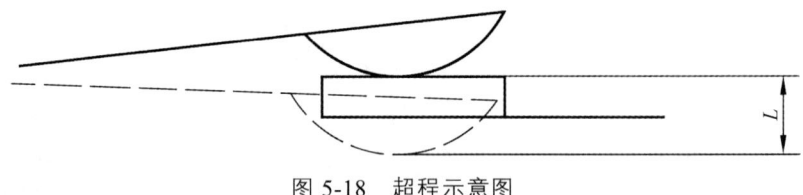

图 5-18 超程示意图

二、触头的接触电阻

(一)接触电阻的产生

当动静触头接触时,除两触头的电阻外,在两者的接触处会产生一个附加电阻,这个附加电阻就是接触电阻。

(二)影响接触电阻的因素

影响接触电阻的因素有接触压力、触头材料、触头温度、触头表面情况、接触形式及化学腐蚀等。

1. 接触压力的影响

接触压力对接触电阻的影响最大，当接触压力很小时，接触压力微小的变化都会使接触电阻值产生很大的波动。计算接触电阻的经验公式（$R_j=K/F_m$），触头接触电阻与接触压力近似双曲线关系，如图 5-19 所示。

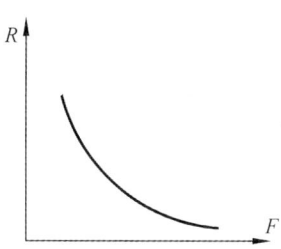

图 5-19　触头接触电阻与接触压力关系曲线

因为在压力作用下，两表面接触处产生弹性变形，压力增大，变形增加，有效接触面积也增加，收缩电阻减小。因为材料的弹性变形是有一定限度的，因而接触面积的增加也是有限的，故接触电阻不可能完全消除。增大接触压力，可将氧化膜压碎，使膜电阻减小，但压力增大到一定程度后，膜电阻稳定在一个较小的数值。

2. 触头材料的影响

触头材料对接触电阻的影响主要决定于触头材料的电阻系数、材料的抗压强度、材料的化学性能等。触头材料的电阻系数越低，接触电阻就越小。表 5-1 给出了电器中常用材料的电阻系数与铜的比较值。

表 5-1　触头材料电阻系数

触头材料和它的覆盖层	ρk 比较值	触头材料和它的覆盖层	ρk 比较值
铜	1	碳	1 000
镀锡的铜	0.7	黄铜-黄铜	4.0
镀银的铜	0.3	铜-黄铜	2.2
银	0.2	铜-铝	1.3
铝	2.5	铜-钢	7.0
钢	35		

3. 触头温度的影响

触头的接触电阻与它本身的金属电阻一样，也受温度的影响，随着触头温度的升高，接触电阻增加。

4. 触头表面情况的影响

暴露在空气中的接触面（除铂和金外）都将产生氧化作用。空气中的铜触头在室温下（20~30 ℃）即开始氧化，但其氧化膜很薄，在触头彼此压紧的过程中就被破坏，故对接触电阻影响不大。当温度高于 70 ℃ 时，铜触头氧化加剧，氧化铜的导电性能很差，使膜电阻急剧增加，因此，铜触头的允许温升都是很低的。

5. 触头表面清洁状况的影响

当触头的压力较小时，触头表面的清洁度对接触电阻影响较大。随着压力的增加，这种影响逐渐减小。

6. 触头表面的电化学腐蚀

采用不同的金属作触头对时，由于两金属接触处有电位差，当湿度大时，在触头对的接触处会发生电解作用，引起触头的电化学腐蚀，使接触电阻增加。

(三) 减小接触电阻的方法

为了避免触头超过允许温升，一方面要尽量减小接触电阻；另一方面应具有足够的触头散热面积。根据接触电阻的形成原因，减小接触电阻一般可采用下列方法：

(1) 增加接触点数目。选择适当的接触形式，用适当的方法加工接触表面，并在接触处加一定的压力，均可使接触点数目增加。

(2) 选择合适的材料。采用本身电阻系数小，且不易氧化或氧化膜电阻较小的材料作为接触导体，或作为接触面的覆盖层。

(3) 触头在开闭过程中应具有研磨过程，以擦去氧化膜。

(4) 经常对触头清扫，使触头表面无油污、尘埃，保持干燥。

任务三　传动装置

学习目标

1. 知识目标

(1) 熟知电磁机构的组成及工作原理。

(2) 了解电磁机构的分类。

(3) 理解电磁铁的吸力与特性。

(4) 熟知电空传动机构的工作原理。

(5) 熟知电空阀的结构及工作原理。

(6) 认识薄膜传动装置。

2. 能力目标

(1) 理解机车电器中常用的电磁传动装置的工作原理。

(2) 理解机车电器中常用的电空传动装置的工作原理。

(3) 掌握机车电器中传动装置的设置原理。

(4) 为从事电力机车检修工作打下基础。

> 知识链接

电器传动装置是各种电器的感测部分,该装置接收来自于外界的电/非电信号,将所接收到的信号经过处理之后,传递给触头系统,成为触头系统动作的标准。

一、电磁传动装置

(一) 电磁机构的基本组成和工作原理

1. 主要组成

电磁机构又称为电磁铁,是各种电磁式电器的感测部分。能将电磁能转换为机械能,使触头完成接通和分断电路的任务。电磁铁主要由吸引线圈和磁系统两部分组成。磁系统一般由铁心、磁轭和衔铁三部分组成。(衔铁又称为动铁心,铁心和磁轭又称为静铁心。)

拍合式电磁铁传动装置的结构如图 5-20 所示,其结构包括线圈、静铁心、衔铁、反力弹簧、极靴、止挡(调节螺钉)、衔铁与极靴之间的工作气隙。

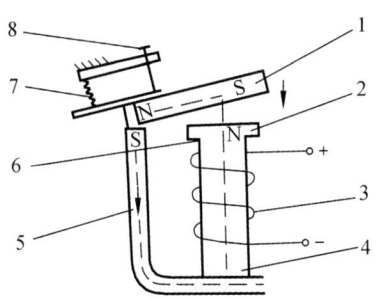

1—衔铁;2—极靴;3—线圈;4—铁心;5—磁轭;6—非磁性垫片;
7—反力弹簧;8—止挡(调节螺钉)。

图 5-20 拍合式电磁铁

2. 工作原理

释放状态:吸引线圈未通电时,衔铁在反力弹簧的作用下处于打开位,衔铁与极靴之间保持一定的气隙。

吸合过程:当吸引线圈通入电流后,线圈中将产生磁通势 $F_m=IW$,在磁系统和工作气隙所构成的回路中产生磁通 Φ,其流动的方向用右手螺旋法则确定。在工作气隙两端的衔铁和极靴上产生异性磁极(N、S 极),由于铁心固定不动,则衔铁将受到电磁吸力作用。当电磁吸力大于反力弹簧反力时,衔铁被吸向铁心与极靴接触,并带动触头动作,吸合过程结束。

释放过程:当吸引线圈中电流减小或中断时,其磁通势减小,吸力也减小。当电磁吸力小于反力弹簧反力时,衔铁在反力弹簧作用下返回到打开位,同时带动触头动作,释放过程结束。

非磁性垫片用来减少剩磁通,以防线圈断电后衔铁被剩磁吸力吸住而不能释放。

(二) 电磁机构的分类

电磁机构实际上就是一个电磁铁。它的形式有很多,如螺管式、直动式、E 形、U 形等,但它们的基本组成和工作原理却是相同的。电磁铁可以按衔铁运动方式、磁系统形状、线圈电流种类和连接方式等分类（见图 5-21）。

（1）按吸引线圈通电电流的性质，可分为直流电磁铁和交流电磁铁。
（2）按吸引线圈与电路的连接方式，可分为并联电磁铁和串联电磁铁。
（3）按衔铁的运动方式，可分为直动式和转动式电磁铁两大类。
（4）按磁系统的结构形状，可分为 U 型、E 型和螺管型。

此外，还可以按电磁铁的动作速度分为快速电磁铁、一般速度和延时动作电磁铁。

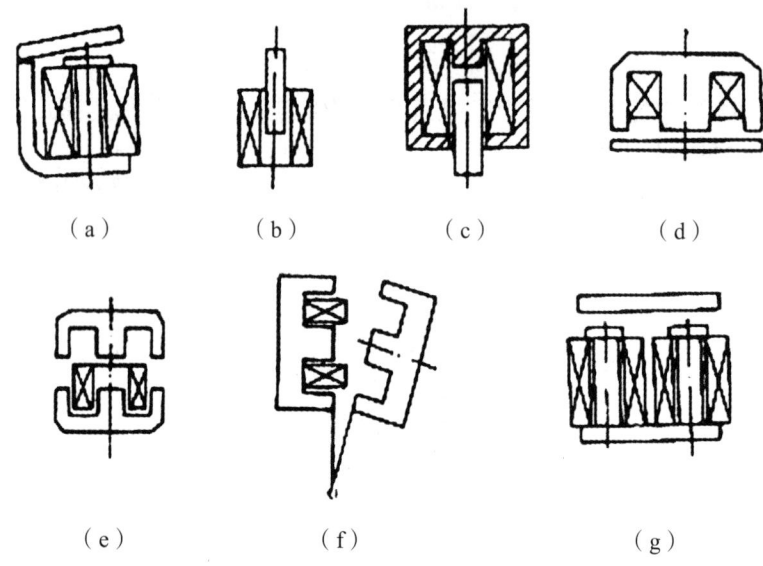

注：图中（a）(f) 为转动式，其余均为直动式。图中（a）和（g）为 U 型，（b）和（c）为螺管型，（d）(e)(f) 均为 E 型。

图 5-21　电磁机构的结构示意图

二、电空传动装置

由电磁传动装置的吸力特性可知，电磁吸力随气隙的增加而下降，因此电磁传动装置不适宜行程长、传动力大的场合。电空传动装置能将较大的力传递较远，而且电力机车上有现成的压缩空气气源。所以，在电力机车上还采用了许多电空传动的电器设备。与电磁传动装置相比，采用电空传动时，有色金属的消耗及动作时的控制电源功率都可大为减少。电空传动装置是一种以电空阀控制的压缩空气作为动力，驱使触头按规定动作的执行机构。电空传动装置主要由电空阀和压缩空气驱动装置组成。

（一）电空阀

电空阀是借电磁吸力来控制压缩空气管路的导通或关断，从而达到远距离控制气动器械的目的。电空阀从结构来说都由电磁机构和气阀两部分组成。电空阀按电磁铁的形式分为拍合式和螺管式。螺管式电磁阀按工作原理分为开式和闭式两种。

1. 闭式螺管电空阀

闭式电空阀是电力机车上应用较多的一种（见图 5-22）。

闭式电空阀的工作原理如图 5-23 所示。

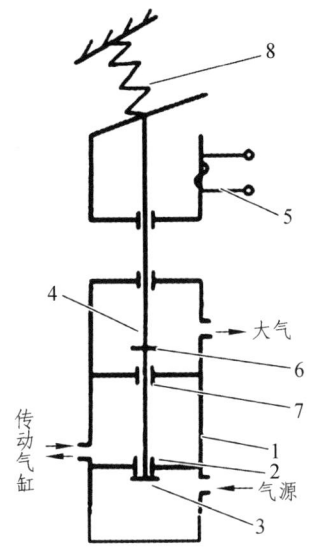

1—阀体；2—下阀门；3、6—阀块；4—阀杆；
5—电磁铁；7—上阀门；8—反力弹簧。

图 5-22 闭式螺管电空阀

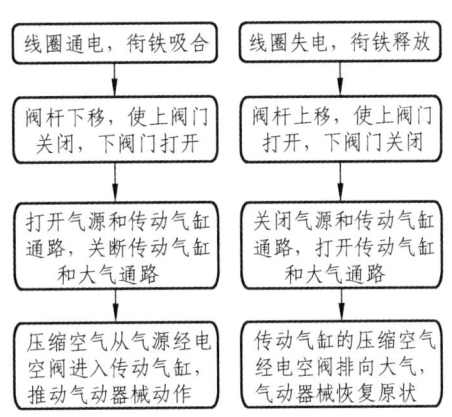

图 5-23 闭式电空阀工作原理

闭式电空阀的实际结构如图 5-24 所示。

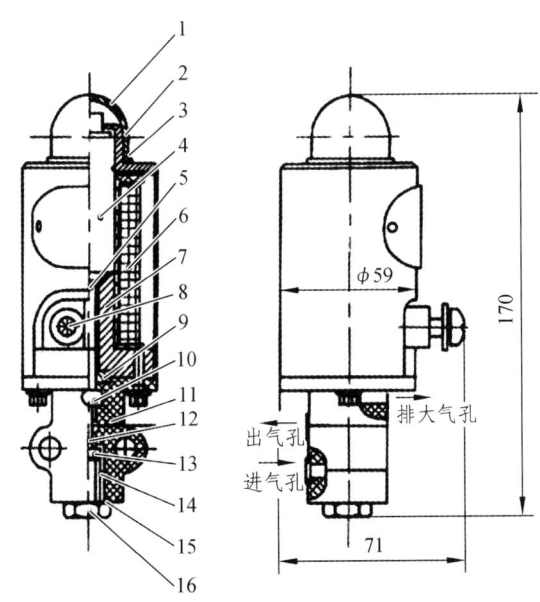

1—防尘罩；2—磁轭；3—铜套；4—动铁心；5—心杆；6—线圈；7—铁心座；8—接线座；9—滑道；
10—上阀门；11—阀座；12—阀杆；13—下阀门；14—弹簧；15—密封垫；16—螺母。

图 5-24 TFK1B 型电空阀结构

2. 开式螺管电空阀

开式阀是在线圈失电时，使气源和传动气缸接通，大气和传动气缸关闭的阀。其原理结构如图 5-25 所示。其工作原理与闭式螺管电空阀相似。

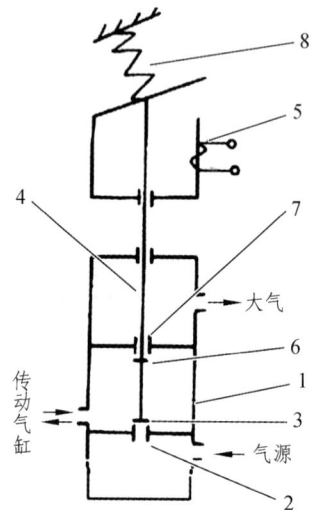

1—阀体；2—下阀门；3、6—阀块；4—阀杆；5—电磁铁；7—上阀门；8—反力弹簧。

图 5-25　开式螺管电空阀

（二）压缩空气驱动装置

压缩空气驱动装置有气缸式传动和薄膜式传动两种。

1. 气缸传动装置

气缸式传动装置分为单活塞压缩空气驱动装置和双活塞压缩空气驱动装置。图 5-26（a）所示是典型的单活塞气缸传动装置的结构简图。压缩空气通过气缸盖（5）上的进气孔（6）进入气缸。气缸中装有活塞（2）在压缩空气的作用下，活塞（2）克服弹簧（4）的弹力，带动活塞杆（3）向右移动，通过活塞杆驱动触头动作。当通向气缸的气源被切断，且气缸中的压缩空气排出时，活塞在复原弹簧的作用下恢复原位。这种传动方式的优点：工作行程可以选择，以满足开距和超程的要求。其缺点：摩擦力较大，动作较慢。通常活塞由皮碗或耐油橡胶制成，活塞上涂有机油，以减少摩擦力并具有良好的密封性能。

图 5-26（b）所示是双活塞气缸传动装置的结构简图，通过一个活塞杆连接两个活塞，均有压缩空气驱动。该装置有两个工作位置。其工作原理是当气口（1）进入压缩空气，气口（2）通大气时，压缩空气驱动活塞右移。反之，当气口（2）进入压缩空气，气口（1）通大气时，压缩空气驱动活塞左移。这种传动方式的特点是：所控制的行程受一定限制，且对被控制的触头不具有压力传递，所以应用较少。

2. 薄膜传动装置

压缩空气驱动装置的另一种结构形式是薄膜传动装置，其结构原理如图 5-27 所示，其实际结构如图 5-28 所示。

工作原理：当气孔进入压缩空气时，压迫薄膜，克服弹簧张力，使活塞杆右移，带动触头动作。反之，则触头在弹簧的作用下打开。与气缸传动装置相比，其特点有：动作灵活、摩擦力和磨损较小、加工制作及维修方便、活塞杆行程小。但在低温条件下，其薄膜易开裂，需经常更换。

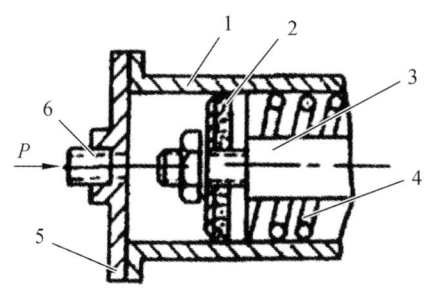
1—气缸；2—活塞；3—活塞杆；4—弹簧；
5—气缸盖；6—进气孔。

（a）单活塞气缸传动装置

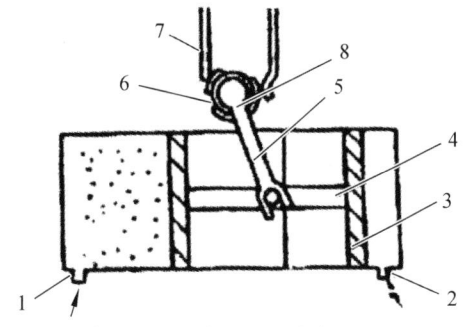
1、2—气口；3—活塞；4—活塞杆；5—曲柄；
6—转鼓；7—静触头；8—动触头。

（b）双活塞气缸传动装置

图 5-26　气缸式传动装置

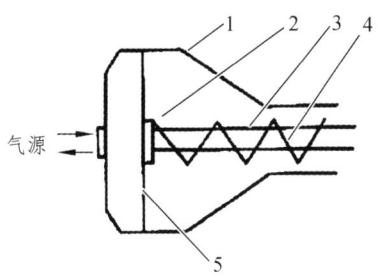

1—阀体；2—活塞；3—活塞杆；4—开断弹簧；5—橡胶薄膜。

图 5-27　薄膜式传动装置原理结构

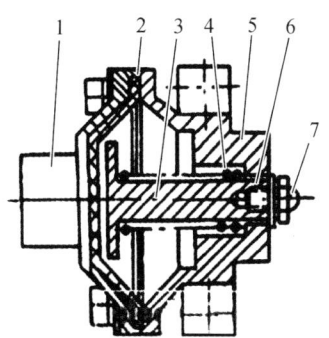

1—气缸盖；2—弹性薄膜；3—活塞杆；4—复原弹簧；5—气缸座；6—衬套；7—杆头。

图 5-28　薄膜式传动装置实际结构

思政课堂

新时代·铁路榜样 | 田伟明：一线走出的"电气专家"

复习思考题

1. 简述电器产生电弧的基本条件是什么。
2. 电弧对电器有哪些危害？
3. 电弧产生过程中有哪几种物理现象起作用？
4. 复合和扩散在电弧熄灭过程中如何起作用？
5. 影响直流电弧伏安特性的因素有哪些？为什么拉长电弧就可以将电弧熄灭？
6. 一般采用什么方式来熄灭直流电弧？
7. 什么是零点熄弧原理？
8. 交流电弧有什么特征？熄灭交流电弧的条件是什么？
9. 什么是介质强度恢复过程和电压恢复过程？它们与哪些因素有关？
10. 试述短弧灭弧原理。
11. 什么是磁吹灭弧？
12. 磁吹灭弧装置由哪些部分组成？
13. 试述磁吹灭弧的工作原理。
14. 灭弧罩有什么作用？
15. 灭弧罩结构有哪些形式？
16. 什么叫作触头？触头有哪些主要参数？叙述其主要作用。
17. 什么叫作电器触头的开距？触头为什么要有开距？
18. 触头有哪几种工作状态？各种工作状态中要解决的主要问题是什么？
19. 什么是收缩电阻？
20. 影响接触电阻的因素有哪些？
21. 减小接触电阻的方法有哪些？
22. 什么是有害振动？
23. 什么是触头的熔焊？触头工作在哪个状态可能发生熔焊？
24. 什么叫作触头的电磨损？简述减小触头电磨损的方法。
25. 分析产生触头磨损的几种原因。
26. 什么是液态金属桥？什么是金属转移？
27. 常用的纯金属材料有哪几种？试举例说明纯金属材料一般用在什么电器上。
28. 电磁传动装置一般由哪些部分组成？简述其工作原理。
29. 直流电磁铁有何特点？
30. 交流电磁铁有何特点？

31. 交流电磁铁的分磁环是如何起作用的?
32. 电空式传动装置有何优点?
33. 压缩空气驱动装置有哪几种?试分析其工作原理。
34. 简述电磁传动与电空传动装置的区别与联系。
35. 简述电磁传动的工作原理。
36. 简述电空传动的工作原理。

项目六　低压电器

项目概述

为了实现对目前常用的各种电力机车的监测与控制，在机车的控制电路与检测电路中常使用到各种按钮、开关、继电器、接触器、司控器以及传感器等多种电器设备。本项目主要对各种常见的电器设备的结构、功能以及工作原理进行讲解，包括开关与按钮、继电器、接触器、司机控制器和传感器相关的内容。

任务一　开关与按钮

学习目标

1. 知识目标

（1）熟悉常用的开关和按钮的类型。
（2）掌握常用的开关和按钮的作用。
（3）掌握常用的开关和按钮的工作原理。

2. 能力目标

（1）能够讲解各种开关和按钮的结构、作用。
（2）能够清晰表述各种开关和按钮的工作原理。

视频：司机控制器

知识课堂

开关和按钮可以直接作用于控制电路，也可以通过电磁式电器的转换实现对电路的控制。电力机车中常见的开关和按钮包括：按钮开关、万能转换开关、行程开关、自动空气开关、刀开关以及扳键开关组等。

一、按钮开关

1. 功能与分类

在电力机车中设置的按钮开关有开/关门按钮、发车按钮、停放制动按钮、紧急制动蘑菇按钮和司机主控手柄（司机控制器）上的警惕按钮等。其中，紧急制动按钮安装在司机台上，表面呈红色。当发生紧急情况时，司机按下此按钮，受电弓降下，列车实施紧急制动直至列车完全停止。

动画：司机控制器

司机主控手柄上的警惕按钮是用于确认列车处于司机控制状态的控制按钮，用力按下此按钮时，列车才能够正常运行。当超过 3 s 或者 5 s（各车型的参数有所不同）未按下时，列车会紧急制动以保证列车的安全。

2. 基本结构

按钮开关的基本结构如图 6-1 所示。由图中可以看出，按钮开关的结构包括：按钮帽、复位弹簧、动触头、静触点、外壳以及接线柱等。

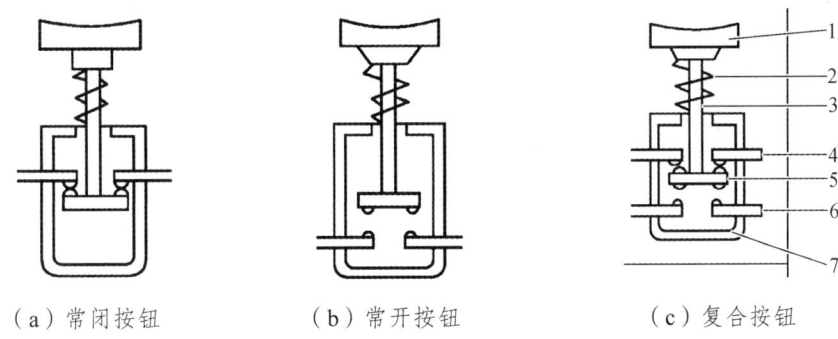

（a）常闭按钮　　　　　（b）常开按钮　　　　　（c）复合按钮

1—按钮帽；2—复位弹簧；3—支柱连杆；4—常闭静触头；5—桥式动触头；
6—常开静触头；7—外壳。

图 6-1　按钮开关的基本结构示意图

根据原始状态下按钮开关的状态，可将其分为常闭按钮，常开按钮和复合按钮。其图形符号如图 6-2 所示。典型的按钮开关的外形如图 6-3 所示。

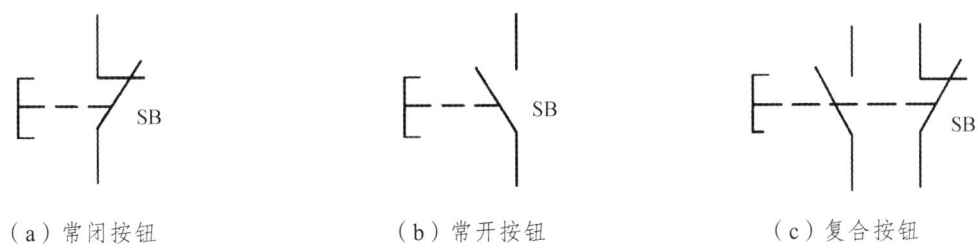

（a）常闭按钮　　　　　（b）常开按钮　　　　　（c）复合按钮

图 6-2　按钮开关的图形符号

图 6-3　按钮开关的外形

国标 GB 5226—1985 中规定，"停止"和"急停"按钮必须是红色，"启动"按钮必须是绿色，"点动"按钮必须是黑色，"启动"与"停止"交替动作的按钮必须是黑色等。

二、万能转换开关

万能转换开关也被称为转换开关,是一种多档式、可控制多个回路的低压电器,也是一种由多组相同结构的触头组件叠装而成的手动电器。

图 6-4 所示是万能转换开关的外形及某一层的触头的开闭情况,当手柄转到不同的位置时,通过凸轮的作用,触头按需要接通或者断开电路。

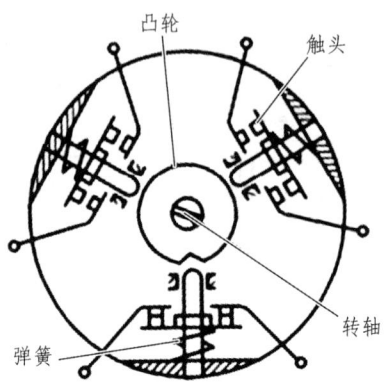

图 6-4 万能转换开关的外形及某一层触头的示意图

万能转换开关由多层组成,每一层的结构及原理是相同的。其结构主要包括:操作机构、定位装置(凸轮)、触点、接触系统、转轴、手柄等。触点在绝缘基座内,为双断点桥式结构。在使用万能转换开关时,正是通过对凸轮和支架的操作,实现控制触点的断开和闭合的。

以一种具有 4 路触点的万能转换开关为例,其文字、图形符号以及触点接线表如图 6-5 所示。图 6-5(a)中,用竖直的虚线表示操作手柄的位置,哪一路接通就用黑点"·"进行标注。例如,当操作手柄处于左边时,触头 5-6 和触头 7-8 连通。当操作手柄处于右边时,触头 3-4 和触头 5-6 连通。图 6-5(b)中显示了开关的挡位、触头数目和接通状态,表中用"×"表示触头接通,否则对应断开。

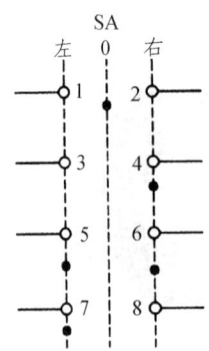

触点	位置		
	左	0	右
1-2		×	
3-4			×
5-6	×		×
7-8	×		

(a)文字及图形符号   (b)触头接线表

图 6-5 万能转换开关的文字、图形符号及触头接线表

三、行程开关

行程开关又称为限位开关或位置开关,它是一种常用的小电流低压电器,其作用和按钮开关相同。它能够根据运动部件的具体位置来实现对电路的控制,可用于限位保护。

行程开关按照结构可分为直动式和旋转式,而旋转式又分为单轮旋转式和双轮旋转式。行程开关主要由操作头、触头系统和外壳组成,其中,操作头是行程开关的感应测量部分。常用的行程开关的外形如图6-6所示,其工作原理是:先将行程开关安装在预先安排的位置,当运动部件上的撞块撞击行程开关的操作头时,操作头带动行程开关的触头动作,实现电路的切换。行程开关的文字及图形符号如图6-7所示。

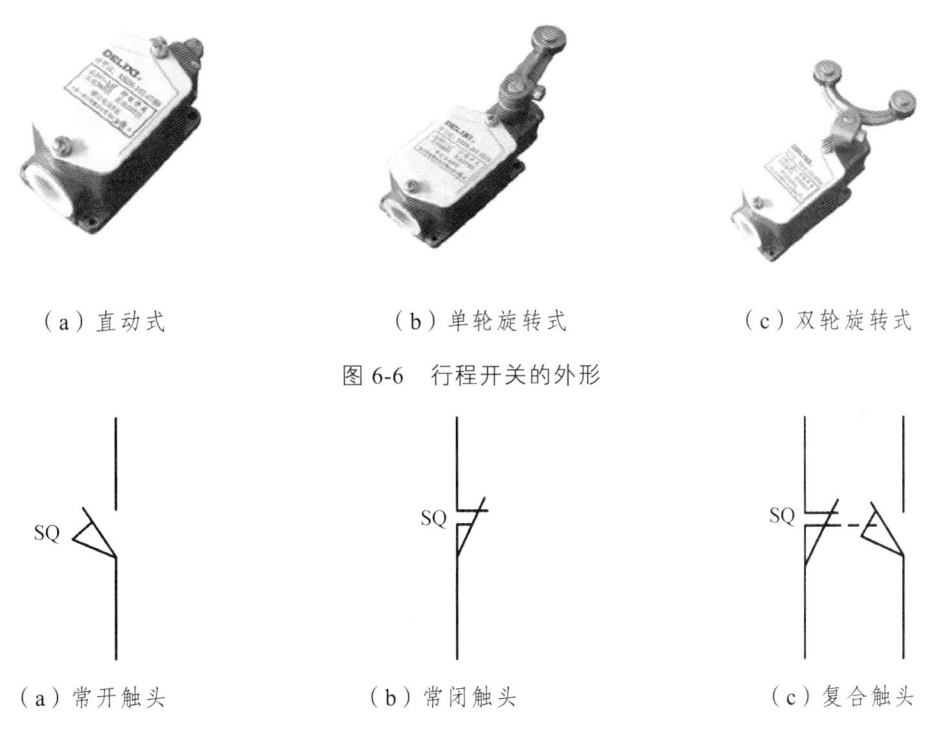

（a）直动式　　　　　（b）单轮旋转式　　　　　（c）双轮旋转式

图 6-6　行程开关的外形

（a）常开触头　　　　　（b）常闭触头　　　　　（c）复合触头

图 6-7　行程开关的文字及图形符号

一种直动式行程开关的内部结构如图6-8所示,主要包括有顶杆、弹簧、常闭触头、常开触头和触头弹簧5个部分。当运动机械的挡铁撞到行程开关的顶杆（1）时,顶杆在受到压力之后使得常闭触头（3）断开,常开触头（5）闭合。当顶杆上的挡铁移走后,顶杆在弹簧的作用下复位,各触头又恢复到原始的通断状态。

一种典型的旋转式行程开关的结构如图6-9所示。当运动机械的挡铁撞到行程开关的滚轮（1）时,行程开关的杠杆（2）连通转轴（3）、凸轮（4）一起传动,凸轮将撞块（5）压下。当撞块被压至一定位置时便推动微动开关（7）动作,使常闭触头断开,常开触头闭合。当滚轮上的挡铁被移走后,复位弹簧（8）使行程开关各部件恢复到原始位置。

1—顶杆；2—弹簧；3—常闭触头；4—触头弹簧；5—常开触头。

图 6-8 直动式行程开关结构

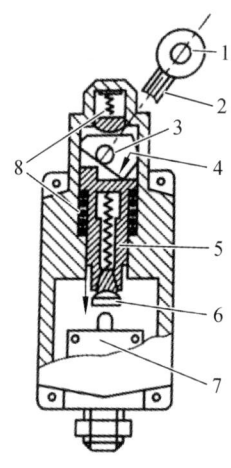

1—滚轮；2—杠杆；3—转轴；4—凸轮；5—撞块；6—调节螺钉；
7—微动开关；8—复位弹簧。

图 6-9 旋转式行程开关的结构示意图

四、自动空气开关

自动空气开关也被称为低压断路器，是一种结构较为复杂、动作性能较为完整的低压电器。目前，它被广泛用于供电回路的过载、过流和短路保护。低压断路器的保护性能比熔断器更好，因为对于三相电路而言，使用熔断器时，很可能只有一相的熔断器熔断，造成缺相运行，而当使用断路器时，只要有短路发生，自动开关就会动作，三相电源被同时切断。

（一）低压断路器的基本结构

低压断路器的外形如图 6-10 所示，主要包括触头系统、灭弧装置、各种脱扣器、脱扣机构和操作机构等部分。

图 6-10 低压断路器的外形

低压断路器各部分的功能：

1. 触头系统

触头系统是自动开关的执行机构，主要承担电路的接通、分断任务。

2. 灭弧系统

灭弧系统在低压断路器分断电路时保护触头系统，减小触头的电磨损。

3. 传动机构

传动机构有手操纵直接传动式、手操纵弹簧传动式、电磁铁传动、电动机传动、压缩空气传动等几种，用于操纵触头的闭合和断开。

4. 自由脱扣机构

自由脱扣机构是与触头系统和保护装置相联系的，通过自由脱扣机构的作用可使触头自动断开。"自由脱扣"是指人为操纵手柄使触头处于闭合位置，当手还未离开手柄就发生短路、过载和欠电压等故障时，保护装置作用于自由脱扣机构，自动开关也能自动断开，起保护作用。

5. 脱扣器

脱扣器用于检测故障并作用于操作机构，使其脱扣，带动自动空气开关的触头断开。

（二）低压断路器的工作原理

低压电路器的原理结构如图 6-11 所示，可以看出，低压断路器的部件较多。它能够实现的保护功能概述如下：

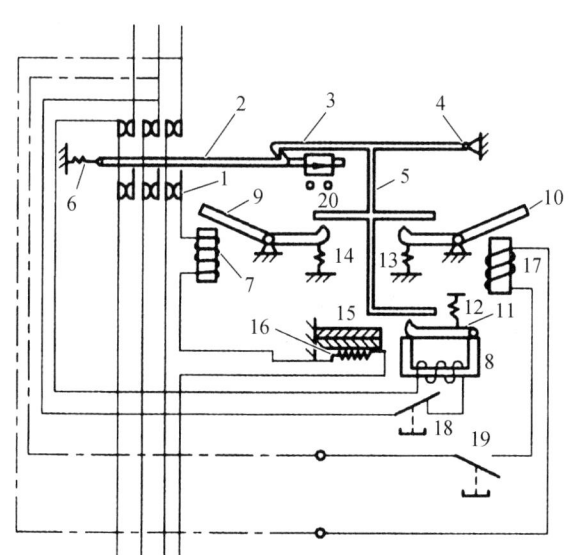

1—主触点；2—锁键；3—搭钩；4—转轴；5—杠杆；6、12、13、14—弹簧；7—过电流脱扣器；
8—欠电压脱扣器；9、10、11—衔铁；15—热脱扣器双金属片；16—热元件；
17—分励脱扣器；18、19—按钮；20—合闸电磁铁。

图 6-11 低压断路器的工作原理示意图

1. 正常接通和分断

主触点 1 串接在被保护的三相主电路中,通过操作机构合闸之后,主触点(1)被锁键(2)固定在闭合状态,锁键(2)被搭钩(3)支持着,电路接通并能够正常工作。当低压断路器需要正常分断时,通过操作机构由杠杆(5)将搭钩(3)顶开[搭钩(3)绕着转轴(4)转动],锁键和主触点被弹簧(6)拉开,电路分断。

2. 远距离分闸

分励脱扣器(17)能够通过按钮(19)实现远距离分闸。正常工作时,分励脱扣器的线圈没有电流。当需要远距离操作时,按下按钮使线圈通电,电磁铁带动自由脱扣机构动作,使低压断路器跳闸,切断电路。

3. 欠电压保护

欠电压脱扣器(8)线圈并联在主电路上,相当于一个电压继电器。正常工作时,脱扣器线圈的电压是额定电压,电磁力使衔铁(11)吸合,断路器保持合闸状态。当电路电压过低或消失时,电磁吸力小于弹簧(12)的拉力,衔铁(11)被弹簧(12)拉开,衔铁撞击杠杆(5),顶开搭钩,使主触点断开,从而实现欠电压保护的功能。

4. 过电流保护

过电流脱扣器(7)相当于一个电流继电器,脱扣器的线圈串接于电路中。正常工作时,脱扣器线圈的电流是额定电流,断路器保持合闸状态。当电路发生短路或者产生很大的过电流时,过电流脱扣器产生的电磁吸力将衔铁(9)吸合。衔铁撞击杠杆(5),顶开搭钩,使主触点断开,电路也被切断。

5. 过载保护

热脱扣器相当于一个无触点的热继电器,脱扣器的线圈串接于电路中。正常工作时,断路器保持合闸状态。当电路发生过载时,过载电流流过热元件(16),使热脱扣器双金属片(15)受热弯曲,通过杠杆(5)顶开搭钩,使主触点断开,从而起到过载保护的作用。

五、扳键开关组

1. 扳键开关组的触头及参数

HXD_3 型电力机车操纵台上安装有 S460W-B 型扳键开关组,它可以通过控制电路中的低压电器间接实现对主电路中电气设备的控制。根据应用场合的不同,S460W-B 型扳键开关组的触头主要有 S847W2A2b 型和 S800A/SB 型两种。这两种触头的外形如图 6-12 所示,其主要参数如表 6-1 所示。

2. 扳键开关组的外形和结构

列车上的扳键开关组可以实现对列车上的各个设备的控制。例如,可以实现主断路器的断开和闭合、受电弓的升起和降下、压缩机的启动和停止等。扳键开关组的外形和结构如图 6-13 所示。

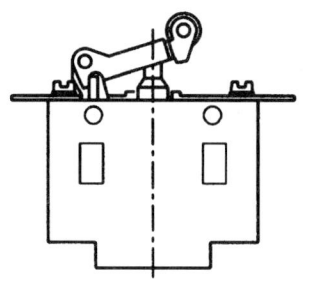 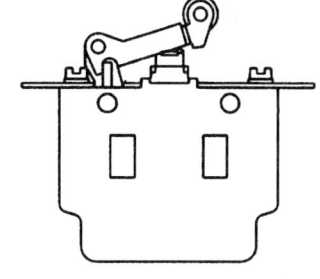

（a）S847W2A2b 型触头　　　　　　　（b）S800A/SB 型触头

图 6-12　扳键开关组的两种典型触头结构示意图

表 6-1　扳键开关组的主要参数

部件名称	参数
S847W2A2b 型触头	额定电压（U_e）：DC 110 V 约定发热电流（I_{th}）：DC 10 A 额定电流（I_e）：DC 1.0 A
S800A/SB 型触头	额定电压（U_e）：DC 110 V 约定发热电流（I_{th}）：DC 10 A 额定电流（I_e）：DC 1.0 A
机械寿命	$>1\times10^6$ 次
电寿命	$>1\times10^5$ 次
质量	8 kg

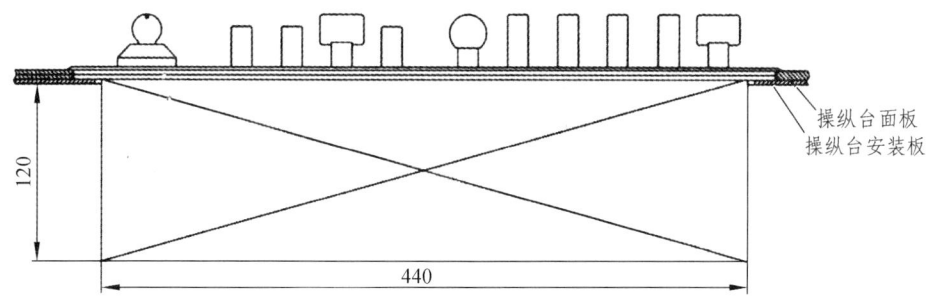

（a）扳键开关组的外形

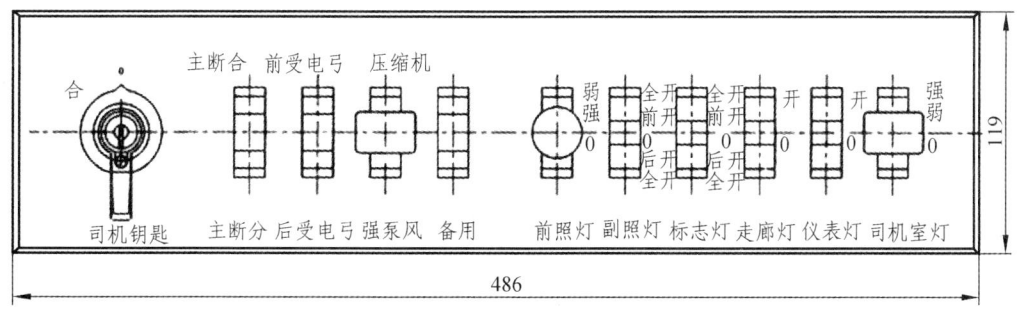

（b）扳键开关组的结构示意图

图 6-13　S460W-B 型扳键开关组外形和结构示意图

在图 6-13 所示的扳键开关组中，为了防止可能产生的误操作，扳键开关组设有机械联锁装置，具体的联锁关系如下：当钥匙转换开关处于"0"位时，所有的扳键开关都被锁定，不能进行操作。当钥匙转换开关处于"合"位时，各扳键开关能够正常操作，实现对设备的控制。

3. 扳键开关组的维护与保养

扳键开关组检修与维护时的注意事项：

（1）扳键开关组的铭牌及标识符号应齐全、完整、清晰、正确。
（2）扳键开关组的各部件应清扫干净，绝缘性能良好，零部件齐全完整。
（3）各紧固部件齐全，紧固状态良好。
（4）各扳键开关应动作灵活，不卡顿。

六、刀开关

刀开关又称为闸刀开关，是一类结构简单、手动控制的低压电器。按照刀的极数，刀开关可分为单极、双极和三极刀开关，按照是否有灭弧装置可以分为不带灭弧罩的刀开关和带灭弧罩的大容量刀开关。

刀开关的应用也较为广泛，一般用于不需经常切断与闭合的交、直流低压（不大于 500 V）电路中，同时能在电路与电源之间形成明显的断电，保证检修人员的安全。

常见的刀开关的结构如图 6-14 所示，可以通过控制它的动触头（闸刀）与底座上静触头（刀夹座）的契合（分离）来实现接通（断开）电路。

图 6-14 刀开关的结构

任务二 接触器

学习目标

1. 知识目标

（1）熟悉常见的接触器的类型。
（2）掌握常用的接触器的组成。

（3）掌握常用的接触器的工作原理。

2. 能力目标

（1）能够讲解各种接触器的结构、作用。

（2）能够清晰表述各种接触器的工作原理。

知识课堂

电力机车中，常用的接触器包括电磁接触器、真空接触器和电空接触器等。接触器的容量大，适用于频繁、远距离的电气控制，成为自动控制系统中的重要元件之一。

一、接触器的组成

常见的接触器主要包括触头装置、传动装置、灭弧装置、支架和固定装置等。

1. 触头装置

触头分为主触头和辅助触头（联锁触头）。主触头一般由动、静主触头和触头弹簧支持件、导电板、固定连接用螺钉等组成。它是接触器的执行部分，用于直接控制相应电路的通断。主触头额定电流较大，接通和分断的是主电路。辅助触头通常由两对以上常开联锁触头和两对以上常闭联锁触头组成，用于控制其他电器、信号或电气联锁等。它的额定电流只有 5～10 A，接通和分断的是控制电路。

在触头系统中，常开（动合）联锁触头指的是接触器的吸引线圈失电时处于断开状态的触头；与此相反，常闭（动断）联锁触头指的是接触器的吸引线圈失电时处于闭合状态的触头。辅助触头与灭弧装置通常在产品上要分开安装，以避免电弧弧焰的危害。

接触器的辅助触头与主触头是联动的，在接触顺序上要求主触头闭合前常开联锁触头应提前闭合，常闭联锁触头应滞后分断；主触头分断时常开联锁触头应同时或提前分断，常闭联锁触头应同时或稍微滞后闭合。

2. 传动装置

传动装置包括驱使触头闭合的装置、开断触头的弹簧机构以及缓冲装置，用来可靠地驱使触头按规定要求动作。

在电力机车中主要采用的是电磁传动装置和电空传动装置，其次还有采用手动式、机械式传动装置，个别的还采用了电动机传动（如调压开关）。

3. 灭弧装置

灭弧装置一般与主触头配合使用，在主触头断开电路产生电弧时，灭弧装置可以及时地熄灭电弧、切断电路、保护触头，并保证电弧不会与其他金属或带电体接触。根据电流的性质、灭弧方法和原理，可以制成各种不同灭弧装置。

4. 支架和固定装置

支架和固定装置包括各部件间的连接、固定、支持和传动部分。它属于非工作部分，用于合理地安装和布置电器各部件，使接触器构成一个整体。支架和固定装置应有足够的机械强度，并能对内部部件起到保护作用，保证接触器达到一定的寿命。

二、电磁接触器

电磁接触器通常可分为直流、交流、交直流三大类。电磁接触器的核心部件是电磁传动装置,它是一种能够通过电磁铁把电磁能转变成机械能来驱使电器触头动作的机构。电磁传动装置的形式有很多,如螺管式、直动式、E形、U形等,但它们的基本组成和工作原理却是相同的。

电磁接触器的应用广泛,在辅助电路和控制电路中都会用到电磁接触器。其中,交流电磁接触器主要应用在辅助电路中,直流电磁接触器用在控制电路中。

(一)直流接触器

图 6-15 所示为直流接触器结构示意图。可以看出其主要结构包括:吸引线圈、衔铁、主静触头、主动触头和反力弹簧等。

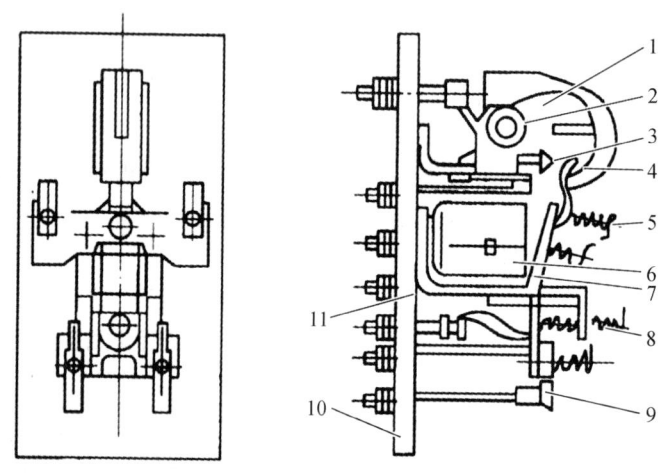

1—灭弧罩;2—吹弧线圈;3—主静触头;4—主动触头;5—触头弹簧;6—吸引线圈;7—衔铁;
8—反力弹簧;9—辅助触头;10—底板;11—磁轭。

图 6-15 直流接触器结构示意图

直流接触器的工作原理与电磁铁类似,当吸引线圈 6 未通电时,衔铁在反力弹簧的作用下打开,使常开触头断开,常闭触头闭合。当吸引线圈 6 得电时,线圈产生磁场并将衔铁吸合,使常开触头闭合,常闭触头断开。

为了在电路中将直流电磁接触器表示出来,经常使用的直流接触器的文字符号及图形符号如图 6-16 所示。

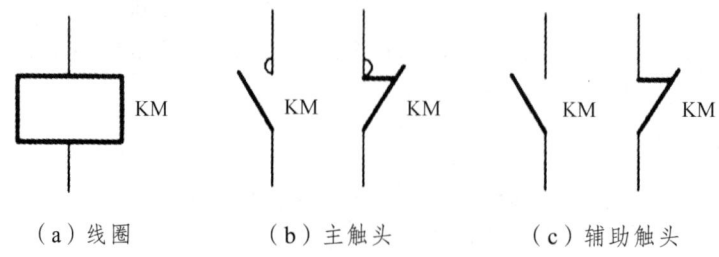

(a)线圈　　　　(b)主触头　　　　(c)辅助触头

图 6-16 直流电磁接触器的文字符号及图形符号

（二）交流接触器

1. 基本结构

交流电磁接触器主要由电磁系统、触头系统、灭弧系统和其他部分组成。其文字符号及图形符号如图 6-17 所示，其结构如图 6-18 所示。

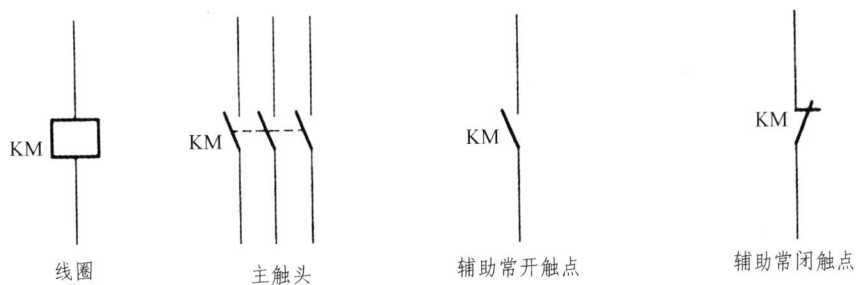

图 6-17　交流电磁接触器的文字符号及图形符号

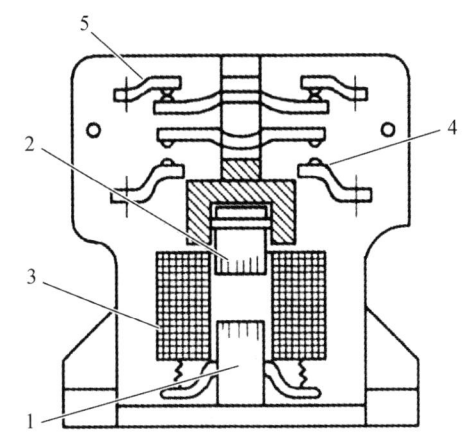

1—铁心；2—衔铁；3—线圈；4—常开触头；5—常闭触头。

图 6-18　交流电磁接触器结构示意图

交流接触器的电磁系统包括电磁线圈和铁心，一般为单 E 直动式。交流接触器的铁心由硅钢片叠压而成以减少铁心中的涡流损耗，避免铁心过热。电磁线圈一般加工成粗而短的圆筒形并与铁心间留有一定的间隙，以免与铁心直接接触而受热烧坏。电磁线圈的额定电压一般有 380 V、220 V、110 V 和 36 V 等几种类型。

触头系统主要包括主触头和辅助触头。其中，主触头一般是用于接通和分断主电路，控制较大的电流。辅助触头用于控制电路中，起电气联锁作用。交流接触器一般有 3 对主触头、2 对常开辅助触头和 2 对常闭辅助触头。

灭弧系统用来迅速熄灭主触头在分断电路时所产生的电弧，以保证主触头不受电弧灼伤。容量较小的交流接触器，采用双断点桥式触头，主要利用电动力灭弧。容量较大的交流接触器，采用灭弧栅灭弧。

2. 工作过程

交流电磁接触器的工作过程与电磁铁的工作过程类似，通电和断电后的工作过程如下：

线圈得电→线圈电流建立磁场→静铁心产生电磁吸力→吸合衔铁→带动触头动作→常开触头闭合，常闭触头断开。

线圈失电→电磁吸力消失→反作用弹簧使衔铁释放→各触头复位。

三、真空接触器

真空接触器由于其灭弧原理上的特点（依据真空灭弧的零点熄弧原理），比较适用于交流电路。它比传统的空气交流接触器有更多的优点，如耐压强度高、介质恢复速度快、接通和分断能力强、电气和机械寿命长等。

真空接触器的主要组成部分与电磁接触器相似，所不同的是它的主触头密封在高度真空的玻璃或陶瓷圆筒内，构成真空灭弧室。由于真空既是一种很好的绝缘介质又是一种很好的熄弧介质，因此真空接触器的触头只要分开很小的距离就能可靠地熄灭电弧，它的开距比其他类型接触器的开距都要小。

单极真空接触器是由真空开关管、联轴节、电磁驱动机构等组装在绝缘夹板上组成的，其结构如图 6-19 所示。

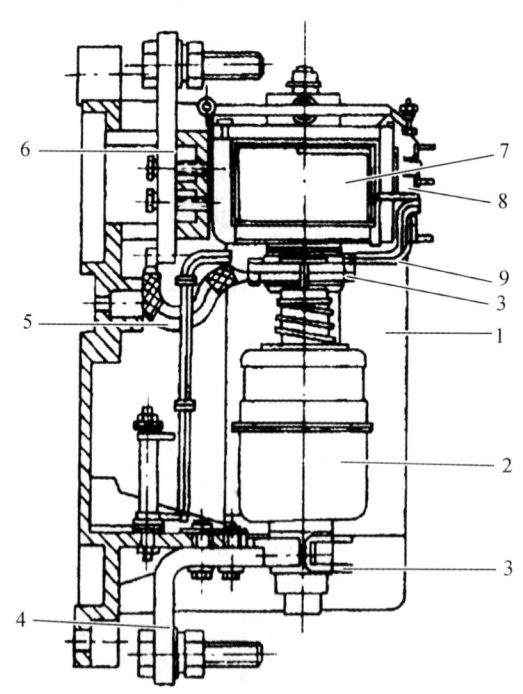

1—基座；2—真空开关管；3—连接卡圈；4—下连接板；5—软连接；6—上连接板；
7—电磁驱动机构；8—辅助开关；9—联轴节。

图 6-19 真空接触器结构剖视图

在真空接触器的基座上，驱动机构和装在其旁的辅助开关组件位于真空开关管的上方。真空开关管的动触头经联轴节组件与驱动机构连接。真空开关管的静触头支杆经连接卡圈和下连接板连接。真空开关管是真空接触器的核心部件，如动触头、静触头和灭弧室等都安装在其内部。

图 6-20 是真空开关管的结构示意图。可以看出，静导电杆的上下端分别焊接上金属法兰盘和静触头，动导电杆的上端部与动触头相焊接，稍下部焊有一金属屏蔽罩，屏蔽罩的下端与波纹管相连。波纹管的下部和导向套的端部焊接在下金属法兰盘上。上、下金属法兰盘间为玻璃或陶瓷材料的外壳。壳内的空气由排气管排出，上部设有保护帽。动触头在上下运动时，都是由导向套进行导向。

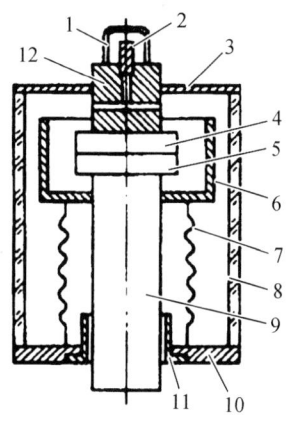

1—保护帽；2—排气管；3—上金属法兰盘；4—静触头；5—动触头；6—屏蔽罩；7—波纹管；8—外壳；9—动导电杆；10—下金属法兰盘；11—导向套；12—静导电杆。

图 6-20 真空开关管的结构示意图

屏蔽罩的作用：一是有效的凝结从触头间隙扩散出来的金属蒸气，以利于电弧熄灭；二是防止金属蒸气飞溅到绝缘外壳上，保护绝缘外壳；三是可以提高灭弧后介质的恢复速度。波纹管是可以伸缩的弹性元件，利用波纹管的可伸缩性，可以保证外部操作力在通过动导电杆使真空管内的动、静触头接通或分断时不会降低真空管的真空度。

总之，真空接触器的开通和断开是通过驱动机构和动导电杆的配合来实现的。在断开状态时，真空开关管的两触头被驱动系统中的压力弹簧拉开，间距为 1.5 mm。由于是在真空中断开，这个距离已经能完全切断电路。

四、电空接触器

电空接触器因其具有较大的开断能力，且具有体积小、重量轻、传动力大等优点，在动车组上得到广泛应用。一种典型的电空接触器的结构如图 6-21 所示。

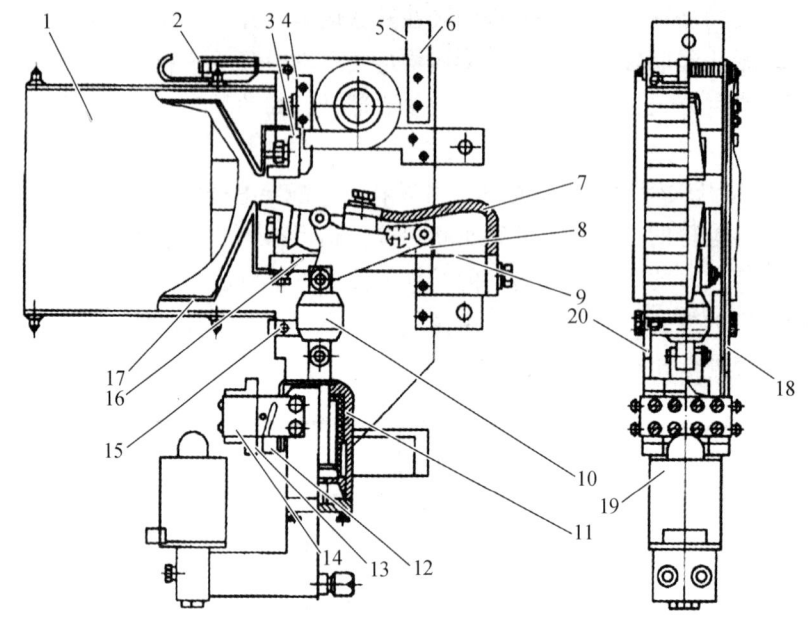

1—灭弧罩；2—挂钩；3—静触头弧角；4—静触头；5—吹弧线圈；6—安装杆；7—软连线；
8—杠杆出线座；9—杠杆支架；10—绝缘杆；11—传动汽缸；12—联锁板；13—联锁触头；
14—联锁支架；15—灭弧室支板；16—动触头弹簧；17—动触头弧角；
18—右侧板；19—电空阀；20—左侧板。

图 6-21　电空接触器的结构

可以看出，电空接触器的主要部件包括触头装置、灭弧装置和传动装置等，其各部件的作用如下。

1. 触头装置

触头装置主要由主触头和联锁触头组成。主触头为 L 形，采用线接触形式。它以紫铜触头为基座，表面镶有银碳化钨粉末冶金片，具有较好的抗熔焊、耐电弧、耐机械磨耗和电磨耗的性能，且导电、导热性能好。联锁触头采用盒式桥式双断点触头，材料是纯银，两个常开触头和两个常闭触头。

2. 灭弧装置

灭弧装置主要由灭护罩、灭弧角、吹弧线圈及磁吹铁心等组成。灭弧罩的结构为横缝式，采用长短弧相结合的横缝螺圈式灭弧方式；灭弧角由 2 mm 厚黄铜板压制而成用来导弧；在磁吹线圈中装有磁吹铁心，线圈两端用左、右侧板夹紧，组成了接触器的磁吹灭弧系统。

3. 传动装置

传动装置主要由电空阀、传动气缸、绝缘杆等组成。电空阀采用闭式电空阀；传动气缸竖放，缸内有活塞及连杆等，绝缘杆用以隔离带电体。

电空接触器传动装置的结构如图 6-22 所示。

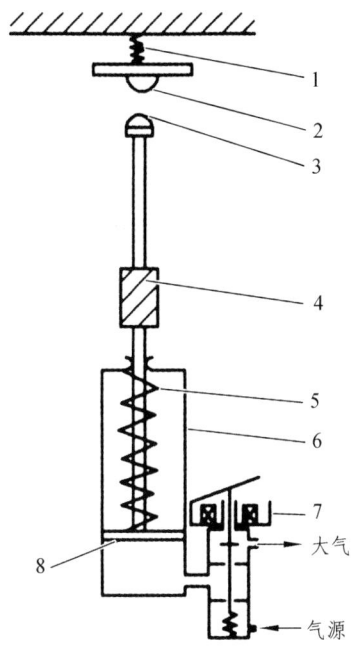

1—缓冲弹簧；2—静主触头；3—动主触头；4—绝缘块及活塞杆；
5—开断弹簧；6—缸体；7—电空阀；8—活塞。

图 6-22 电空接触器传动装置的结构示意图

在电空阀的线圈得电时，压缩空气经电空阀进入传动气缸，缸内气压上升并推动活塞克服反力弹簧的作用力带动绝缘杆上移，并通过杠杆支架带动动触头与静触头接触完成触头的闭合。

当电空阀的线圈失电时，传动风缸内的压缩空气经电空阀排向大气，使活塞在反力弹簧的作用下复位，带动绝缘杆、杠杆支架及动触头下移。动触头与静触头分离，切断电路。触头带电分断时产生的电弧，在磁吹线圈的作用下，沿着分弧角进入灭弧罩，被分割、拉长、冷却进而熄灭；主触头动作的同时，活塞杆通过联锁支架带动联锁触头作相应的分合转换。

任务三　继电器

> 学习目标

1. 知识目标

（1）熟悉常用的继电器的类型。

（2）掌握常用的继电器的作用和工作原理。

2. 能力目标

（1）能够讲解各种继电器的结构、作用。

（2）能够清晰表述各种继电器的工作原理。

> 知识课堂

继电器是一种能够根据某种输入量的变化来控制电路的接通或断开，实现对电路的自动控制和保护的低压电器。继电器也是现代工业生产中不可缺少的自动化组件，被广泛应用于交通行业。在电力机车的控制电路中，继电器常用于实现控制、保护或信号转换等功能。继电器种类繁多，常见的继电器包括电流继电器、电压继电器、中间继电器、热继电器等。本任务主要介绍常见的继电器的组成和工作原理。

一、继电器的定义及组成

继电器是一种能够根据电物理量（如电压、电流）或非电物理量（如温度、时间、压力、速度等）的变化来控制电路的接通或断开，以实现对电路的自动控制、保护等功能的电器，即它是一种能够根据输入量变化来控制输出量跃变的自动电器。继电器常用于控制电路中，例如在动车组的控制电路中，继电器可用于实现控制、保护或转换信号的功能。

所有的继电器，无论其形状、动作原理有何不同，均可认为是由测量机构、比较机构和执行机构所组成的，其原理如图 6-23 所示。

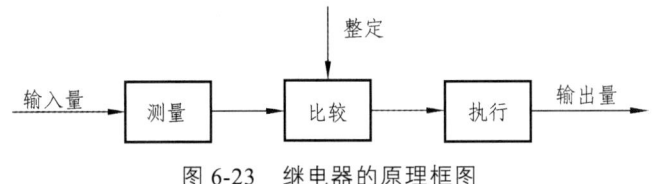

图 6-23 继电器的原理框图

测量机构的作用是对输入量进行测量并进行相应的物理量转换。如电磁继电器的测量机构是线圈和铁心构成的磁系统，它们可用来测量输入量的大小，并在衔铁上将输入量转换成相应的电磁吸力。

比较机构的作用是将输入量与预先设定的整定值进行比较，根据比较的结果决定执行机构是否动作。如当电磁继电器的电磁力大于反力弹簧拉力时，衔铁吸合，触头（接点）动作，有输出。当电磁力小于反力弹簧拉力时，衔铁被释放，触头（接点）不动作，没有输出。

执行机构是反应继电器输出的装置，它可以根据比较的结果进行动作，作用于被继电器控制的相关电路，以得到必须的输出量。对于常见的有触头的继电器而言，执行机构就是触头；对于无触头电器而言，执行机构一般是晶体管。

二、电磁式继电器

由于电磁式继电器具有工作可靠、结构简单、易于制造等优点，被广泛应用于各种轨道交通车辆中。电磁继电器的测量机构是电磁铁，执行机构是触头，其外形和结构如图 6-24、图 6-25 所示。常用的电磁式继电器按照输入量的不同，可分为电压继电器、电流继电器、中间继电器、时间继电器和信号继电器等。按照流过线圈的电流的不同，可分为直流电磁式继电器和交流电磁式继电器。

图 6-24 电磁式继电器的外形

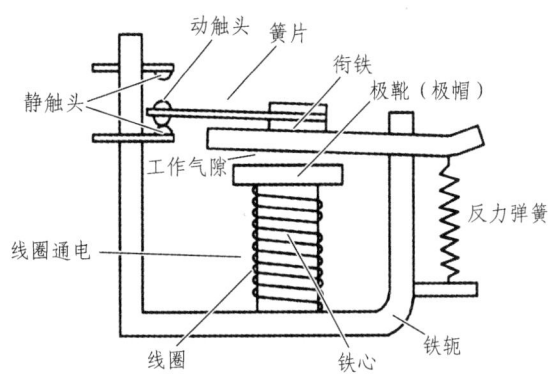

图 6-25 电磁式继电器结构示意图

（一）电流继电器

根据线圈中电流的大小，接通或断开电路的继电器称为电流继电器，其输入量是电流信号。在正常使用时，电流继电器的线圈与负载电路串联，线圈线径较大，匝数较少，阻抗小，分压小，不影响电路正常工作，多作过载或短路保护之用。电流继电器的结构如图 6-26 所示，其文字符号是 KA，图形符号如图 6-27 所示。

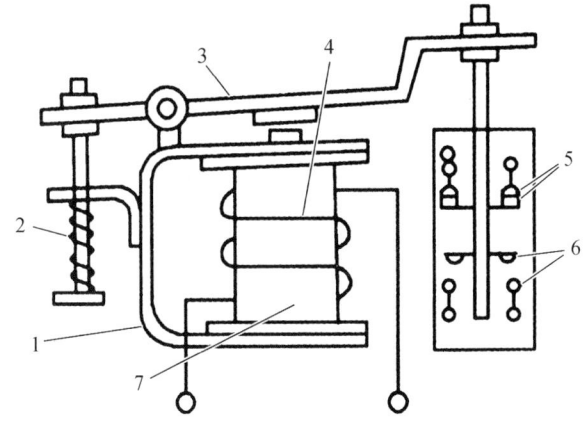

1—磁轭；2—反力弹簧；3—衔铁；4—电流线圈；5—常闭触头；6—常开触头；7—铁心。

图 6-26 电流继电器的结构示意图

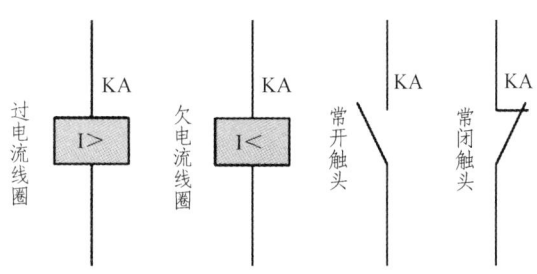

图 6-27 电流继电器的图形符号

电流继电器的测量机构是一个拍合式电磁铁。以过流保护用的电流继电器为例，当主回路正常工作时，流过电流继电器线圈的电流所产生的电磁吸力不足以克服反力弹簧的反作用力，此时衔铁不动作。当线圈中流过的电流超过整定值时，电磁吸力大于弹簧的反作用力，铁心吸引衔铁动作，带动常闭触头断开，常开触头闭合。调整反作用力弹簧的作用力，可以实现对继电器动作电流值的整定。

（二）电压继电器

根据线圈两端电压的大小，接通或断开电路的继电器称为电压继电器，其输入量是电压信号。在正常使用时，电压继电器的线圈与负载电路并联，线圈匝数多且线径小，主要作控制用。常见的电压继电器有过电压继电器和欠电压继电器，主要用于蓄电池电压的监测、交流电源和直流电源电压的监测。

过电压继电器主要用于电路的过电压保护，当电路的电压超过一定值时，继电器动作并切断电源。欠电压继电器主要用于电路的欠电压保护，在电路电压正常时吸合，若由于某种原因电源电压降低过多或暂时停电，继电器动作并切断电源。例如，地铁车辆的蓄电池采用欠电压保护继电器，当蓄电池电压过低时，欠电压保护继电器断开，以保护蓄电池不受伤害。

图 6-28 所示是 JSZD-1A 型的直流电压电压继电器的外形，其前面板上有一个选择开关，可选择是用于欠压检测或过压检测。电压继电器的文字符号和图形符号如图 6-29 所示。

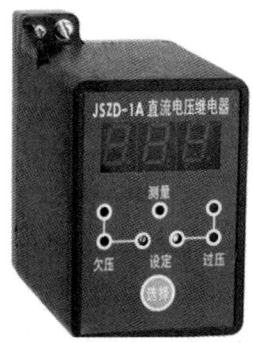

图 6-28 直流电压继电器的外形

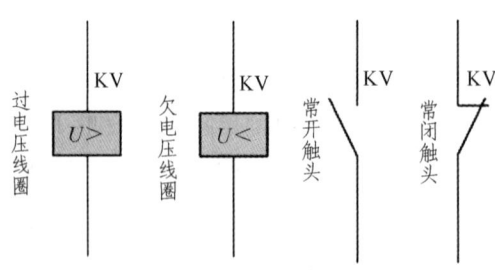

过电压、欠电压继电器的图形符号

图 6-29 电压继电器的符号

（三）中间继电器

中间继电器实质上是一个电压线圈继电器，可以用来增加控制电路中的信号数量或将信号进行放大。通过控制线圈的通电和断电，可以实现对触点状态的调整。中间继电器的触点较多,有些型号的中间继电器可以包含8对触点(4对常开和4对常闭),触点的容量较大(额定电流是5~10 A),且动作灵敏。

以 JZX-22F/2Z 型中间继电器为例,其外形和引脚分布分别如图 6-30、图 6-31 所示。在继电器未动作时,常开触点断开,常闭触点闭合。继电器动作后,常开触点闭合,常闭触点断开。与线圈并联的二极管,可以直接指示出线圈的得电和失电情况。

图 6-30　JZX-22F/2Z 型中间继电器的外形

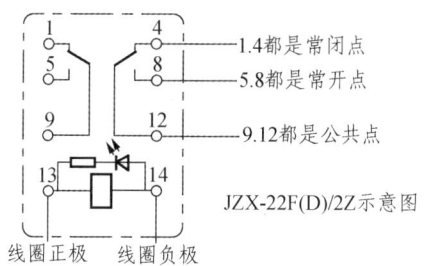

图 6-31　JZX-22F/2Z 型中间继电器电路

(四)时间继电器

时间继电器是指接收信号后,经过一定时间才输出信号(即触头动作)的继电器,用于实现触头的延时接通或断开。时间继电器的种类很多,主要包括电磁式时间继电器、空气阻尼式时间继电器和电子式时间继电器。其中,电子式时间继电器按构成可分为晶体管式和数字式两种。

时间继电器中常见的通电延时线圈、断电延时线圈,延时断开触头和延时闭合触头的文字符号及图形符号如图 6-32 所示。

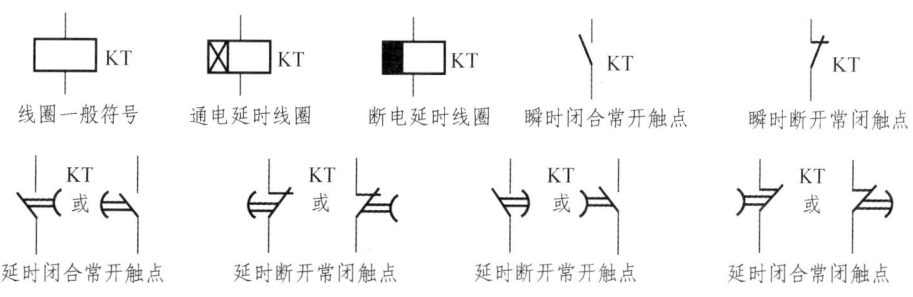

图 6-32　时间继电器及其触点的符号

1. 电磁式时间继电器

图 6-33 所示是断电延时型直流电磁式时间继电器，其铁心和磁轭为一体，采用圆柱形钢材制成，用铝基座浇注，可以降低磁阻，有利于提高时间继电器的灵敏度。在磁轭上套装一个阻尼套筒（铜或铝），以达到断电延时的目的。

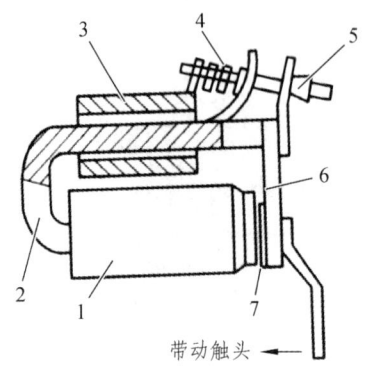

1—线圈；2—铁心；3—阻尼套筒；4—反作用弹簧；
5—调节螺钉；6—衔铁；7—非磁性垫片。

图 6-33　断电延时型直流电磁式时间继电器的结构示意图

当线圈通电时，联锁触头的动作是瞬时完成的，即常开触头闭合，常闭触头断开。当线圈断电时，阻尼套筒内部产生感应电势，并流过感应电流，此电流产生的磁通与铁心中产生的主磁通方向相同，将阻止主磁通下降，使主磁通的衰减变慢，从而得到所需的延时时间，最终使常开触头延时断开，常闭触头延时闭合。

图 6-34 所示是 TDE-U204 型电磁式时间继电器的外形和结构。

图 6-34　TDE4-U204 型电磁式时间继电器的外形和结构

（1）基本结构：动、静铁心，吸引线圈，动、静触点，触点簧片，延时机构（电子电路）、接线端子、调节旋钮和外壳等。

（2）接线和调节：TDE4-U204 型电磁时间继电器的接线图如图 6-35（a）所示。在时间继电器上方的面板上有一个旋钮，如图 6-35（b）所示，可用于时间延时量的设定。

（3）延时原理：时间继电器是带有延时机构的螺管线圈式继电器，具有交流和直流两种。交流继电器内部装有桥式整流器，将交流电源整流后供给电磁机构。每个时间继电器具有两对瞬时转换触头，一对滑动延时触点，一对延时主触点。

当线圈通电时，动铁心克服簧片的反作用力被吸向静铁心，则瞬时转换触点进行瞬时转换，同时延时机构启动，经过一定的延时，滑动延时触点和延时主触点闭合。主触点接触后由于上挡限制机构的转动，机构停止，从而得到所需的延时时间。当线圈断电时，在簧片的作用下，动铁心和延时机构返回原位。

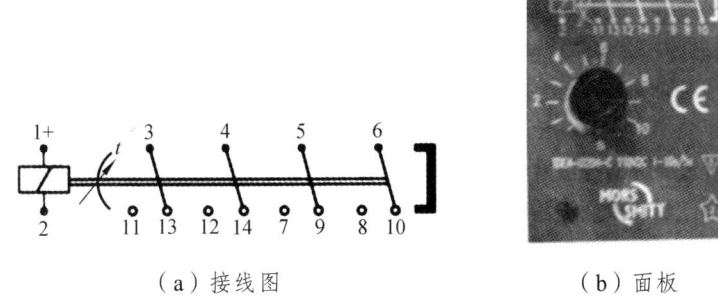

（a）接线图　　　　　　（b）面板

图 6-35　TDE-U204 型电磁式时间继电器

2. 空气阻尼式时间继电器

空气阻尼式时间继电器是利用空气阻尼原理来获得延时的，也可做成断电延时型。电磁机构可以是直流的，也可以是交流的，如图 6-36 所示。以通电延时型时间继电器为例介绍其工作原理。

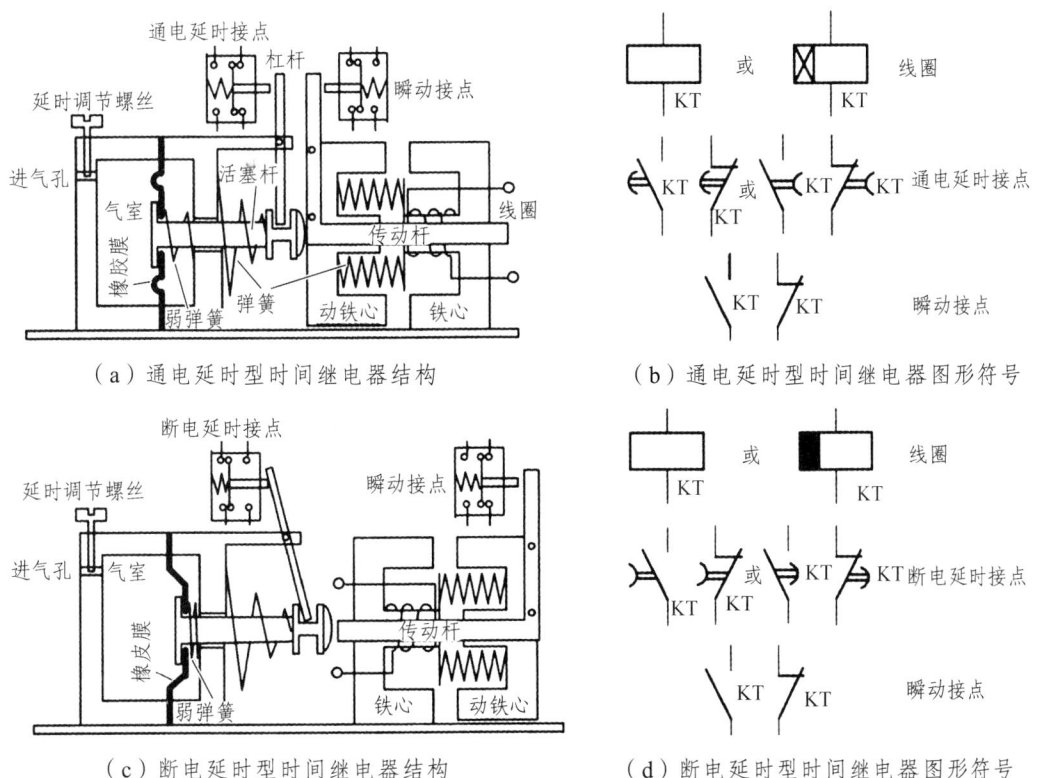

（a）通电延时型时间继电器结构　　　（b）通电延时型时间继电器图形符号

（c）断电延时型时间继电器结构　　　（d）断电延时型时间继电器图形符号

图 6-36　空气阻尼式时间继电器的结构示意图及图形符号

图 6-36（a）所示是通电延时型时间继电器线圈不通电时的情况，当线圈通电后，动铁心吸合，带动 L 形传动杆向右运动，使瞬动接点受压，其接点瞬时动作。活塞杆在塔形弹簧的作用下，带动橡皮膜向右移动，弱弹簧将橡皮膜压在活塞上，橡皮膜左方的空气不能进入气室的右边，气体经过进气孔进入气室，因此活塞杆能够缓慢地向右移动。活塞杆的移动速度和进气孔的大小有关（通过延时调节螺丝调节进气孔的大小可改变延时时间）。经过一定的延时后，活塞杆移动到右端，通过杠杆压动微动开关（通电延时接点），使其常闭触头断开，常开触头闭合，起到通电延时的作用。

当线圈断电时，电磁吸力消失，动铁心在反力弹簧的作用下释放，并通过活塞杆将活塞推向左端，这时气室内的空气通过橡皮膜和活塞杆之间的缝隙排掉，瞬动接点和延时接点迅速复位，无延时。

如果将通电延时型时间继电器的电磁机构反向安装，就可以将其改为断电延时型时间继电器，如图 6-36（c）所示。线圈不通电时，塔形弹簧将橡皮膜和活塞杆推向右侧，杠杆将延时接点压下（注意，原来通电延时型的常开接点现在变成了断电延时型的常闭接点，原来通电延时型的常闭接点现在变成了断电延时型的常开接点）。当线圈通电时，动铁心带动 L 形传动杆向左运动，使瞬动接点瞬时动作，同时推动活塞杆向左运动。如前所述，活塞杆向左运动不延时，延时接点瞬时动作。线圈失电时动铁心在反力弹簧的作用下返回，瞬动接点瞬时动作，延时接点延时动作。

时间继电器线圈和延时接点的图形符号都有两种画法，线圈中的延时符号可以不画，接点中的延时符号可以画在左边，也可以画在右边，但是圆弧的方向不能改变，其符号如图 6-36（b）（d）所示。

空气阻尼式时间继电器的优点是结构简单、延时范围大、寿命长、价格低廉，且不受电源电压及频率波动的影响；其缺点是延时误差大、无调节刻度指示，一般适用于延时精度要求不高的场合。

3．电子式时间继电器

目前，地铁车辆中已开始采用由单片机控制的电子式时间继电器，它是由晶体管、电子元件或集成电路等构成的，也被称为半导体时间继电器。

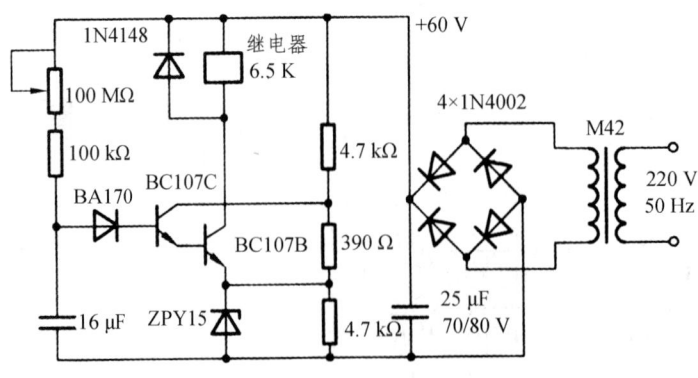

图 6-37　晶体管式时间继电器电路图

图 6-37 所示是一种晶体管式延时电路，刚接通电源时，16 μF 的电容两端的电压是零，两个晶体管都是关断状态，继电器不动作。随着 16 μF 的电容不断充电，经过一段时间后，其

两端的电压达到高电平，两个晶体管都导通，继电器吸合。该电路的延时时间可以通过调节 10 MΩ 的滑动变阻器来调节。

(五) 接地继电器

1. 制动工况下的接地保护用接地继电器

当列车处于制动工况时，用于主电路接地保护的继电器是接地继电器，其结构与过电流继电器基本相同，也是由拍合式的电磁机构和触头系统两大部分组成。在制动工况下，当主回路的某处发生接地故障，接地电流达到整定值时，接地继电器动作，常闭触头断开，进而保护主电路不受影响。

在北京地铁的车辆上使用的接地继电器的代号为 DJ，其工作原理如图 6-38 所示。当主回路无接地故障时，接地继电器 DJ 的线圈中没有电流，因此接地继电器的触头处于释放状态。若主回路某处出现接地故障，接地继电器 DJ 的线圈中有电流通过，电流达到整定值时，接地继电器动作，切断主电路，达到保护的目的。

2. 牵引工况下的接地保护用差动继电器

当列车处于牵引工况时，用于主电路接地保护的继电器是差动继电器，它也属于拍合式继电器，有两组线圈，即低压线圈和高压线圈。它是利用两组线圈的电流差而工作的。

差动继电器的工作原理如图 6-39 所示。正常工作时，两组电流线圈通过的电流方向相反，产生的磁场方向也相反，因此电磁吸力相互抵消，差动继电器不工作。

若主电路出现接地故障，导致电流泄漏，此时 $I_1=I_2+I_地$，即 $I_1>I_2$，使得电流线圈产生的电磁吸力不相等，这样在铁心周围产生的磁场吸力克服了弹簧的拉力，衔铁吸合，差动继电器动作，切断主电路，达到保护的目的。

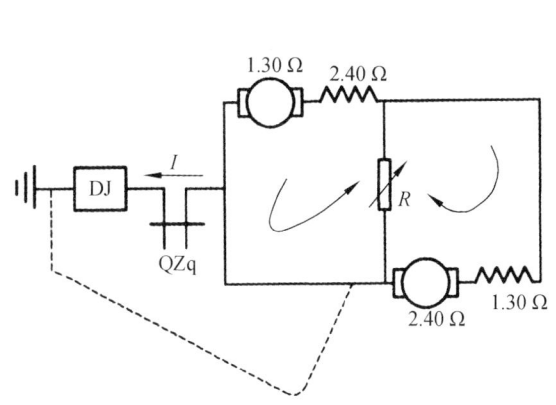

图 6-38 接地继电器的工作原理示意图

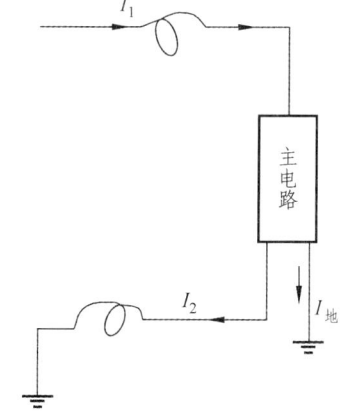

图 6-39 差动继电器的工作原理示意图

三、热过载继电器

热过载继电器利用流入热元件的电流产生热量，使有不同膨胀系数的双金属片发生弯曲变形，推动传动机构动作，最终实现过载保护，由于是过载发热而引起动作的电器，其动作值自然要低于回路中主要电器零部件的允许温度值,这样就可以起到保护作用。

热继电器在地铁车辆中的空调单元、辅助电极等工作回路中均有广泛应用。3UA 系列热继电器的基本结构如图 6-40 所示,其文字符号及图形符号如图 6-41 所示。

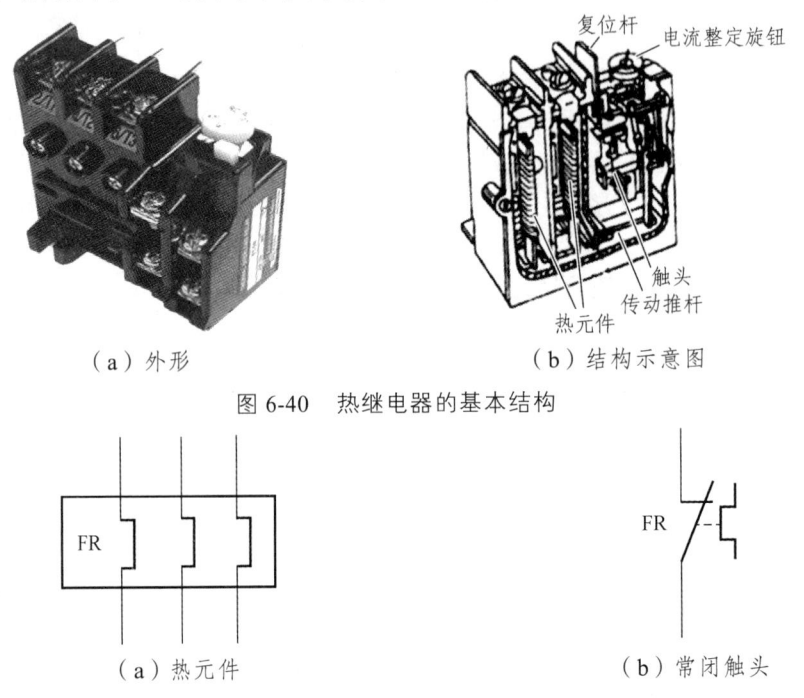

图 6-40 热继电器的基本结构

图 6-41 热过载继电器文字符号及图形符号

1. 基本结构

热过载继电器主要由发热元件、双金属片、触点、传动机构和调整机构组成。发热元件是一段阻值不大的电阻丝,与被保护电动机的定子绕组串联。常闭触点串联在交流接触器的电磁线圈控制电路中。

双金属片由两种热膨胀系数不同的金属,用机械碾压而成(或焊接而成)的,一端被固定,另一端为自由端。受热后双金属片向膨胀系数小的金属一侧弯曲,如图 6-42 所示。

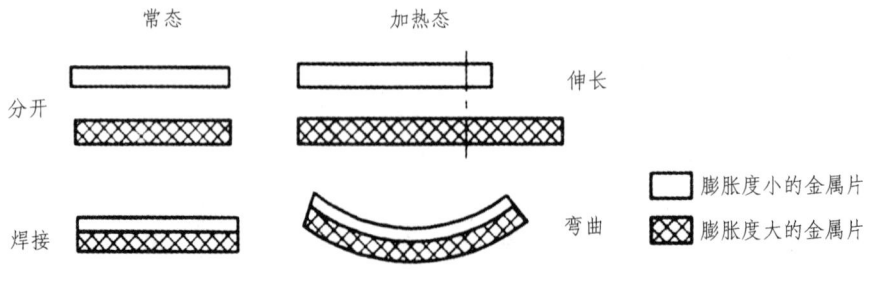

图 6-42 双金属片的工作原理

2. 工作原理

热过载继电器的工作原理如图 6-43 所示。

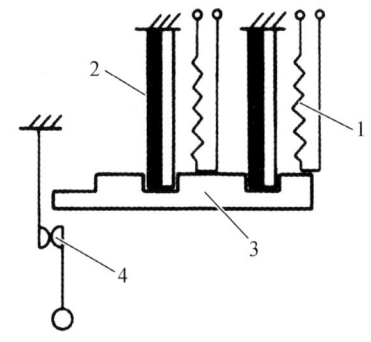

1—热元件；2—双金属片；3—导板；4—触头。

图 6-43 热过载继电器的工作原理示意图

当电动机正常工作时 通过发热元件的电流是电动机的额定电流，双金属片受热弯曲，但形变量较小，不足以推动传动机构，所以电动机正常运行。

当电动机出现过载时，电动机绕组中电流增大，双金属片受热后向左弯曲，温度继续升高，弯曲程度加大，达到一定程度时就推动导板（3）向左推动执行机构发生运动，传动机构使常闭触点打开，切断控制电路，从而使交流接触器电磁线圈失电释放，保护电路断开，实现对电动机的过载保护。

热继电器动作后一般不能自动复位，而是要等双金属片冷却后按下复位按钮进行复位。热继电器动作电流的调节可以借助旋转凸轮来实现。

由于热惯性，当电路短路时热过载继电器不能立即动作使电路立即断开，因此不能用作短路保护。同理，在线路短时过载时，热过载继电器也不会动作，这可避免线路不必要的断电。每一种电流等级的热元件，都有一定的电流调节范围，一般应调节到与线路额定电流相等，以便更好地起到过载保护作用。

3. 主要技术参数

（1）额定电压：指热过载继电器能够正常工作的最高电压值，一般为交流 220 V、交流 380 V。

（2）额定电流：指被保护电动机的额定电流。通常热过载继电器的额定电流略大于电动机的额定电流。

（3）额定频率：45～60 Hz。

（4）整定电流范围：调整到电动机额定电流的 1.1～1.2 倍。

4. 常见的热过载继电器的型号

目前，国内生产的热过载继电器主要有 JR0、JR1、JR2、JR9、R10、JRI5、JR16 等系列。JR0、JR1、JR2 和 JRI5 系列的热过载继电器均为两相结构，是双热元件的热继电器，可以用作三相异步电动机的均衡过载保护和定子绕组为星形联结的三相异步电动机的断相保护，但不能用作定子绕组为三角形联结的三相异步电动机的断相保护。JR16 和 JR20 系列热继电器均为带断相保护的热过载继电器，具有差动式断相保护机构。

四、继电器的选用

继电器是现代工业生产中不可缺少的自动化组件,也被广泛应用于交通行业。其品种多,用量大。因此,充分了解各种继电器的性能、参数、使用条件、正确选择和使用继电器是确保继电器及其控制和保护对象可靠工作的关键。

选用继电器的一般原则:

(1)根据被控制或保护对象的具体要求,确定应采用的继电器的种类。

(2)确定控制和被控电路的基本参数,如控制电流(继电器线圈电路)的线圈数量,电流的种类,继电器动作、释放和工作状态的电流、电压或功率值以及它们的变化范围。被控电路的常开和常闭接点的数量,电路中的电流的种类(直流或交流)及其大小,负载的电阻和电感参数等。

(3)根据控制和被控电路对继电器的要求,在考虑使用寿命、工作制、使用条件、继电器各主要技术参数及质量和尺寸的基础上,选择合理的继电器。

任务四 司机控制器

学习目标

1. 知识目标

(1)掌握 HXD_{1C} 型电力机车司机控制器的作用及工作原理。

(2)掌握 HXD_3 型电力机车司机控制器的作用及工作原理。

(3)掌握 SS_{4G} 型电力机车司机控制器的作用及工作原理。

2. 能力目标

(1)熟练掌握各类司控器的组成与结构。

(2)熟悉各类司控器的拆解、检修维护及组装调试。

知识课堂

司机控制器是列车乘务员用来操纵列车运行的主令电器,利用控制电路的低压电器间接控制主电路的电气设备。通过司机控制器,司机可以控制列车的牵引、制动工况以及运行方向。因此,司机控制器质量的好坏直接影响到列车控制的操作平稳性以及各种工况的实现。

一、HXD_{1C} 型电力机车司机控制器

司机控制器是机车的主令控制电器(见图6-44),用来转换机车的牵引与制动工况,改变机车的运行方向,实现机车的起动和调速等工况。

(一)技术参数

司机控制器的机械寿命　　　　　$\geqslant 2\times 10^6$ 次

辅助触头盒电寿命	$\geqslant 2\times 10^5$ 次
司机控制器的质量	$\leqslant 9$ kg
辅助触头盒的防护等级	IP40（依照 IEC 60529）
辅助触头盒标称电压	110 V（DC）
辅助触头盒约定发热电流	5 A
最小电气间隙	>3 mm
最小爬电距	>4 mm
油浸电位器机械寿命	$\geqslant 1\times 10^7$ 次

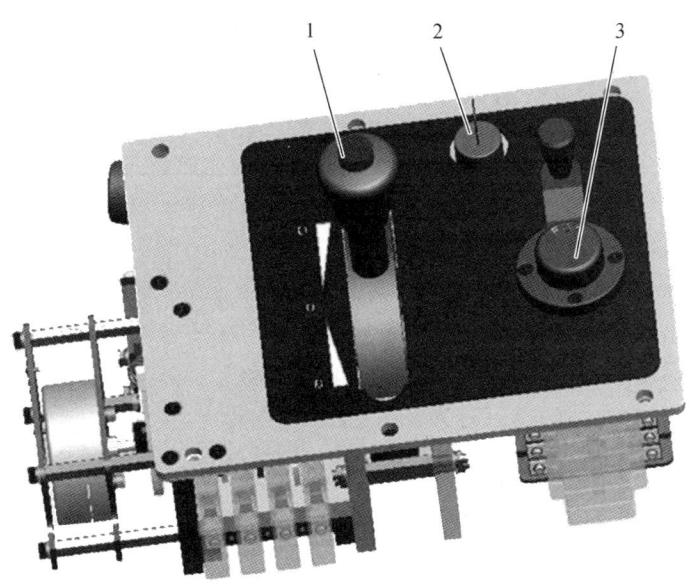

1—牵引制动单元；2—电钥匙；3—方向转换开关。

图 6-44　司机控制器总图

（二）基本机构（见图 6-45、表 6-2）

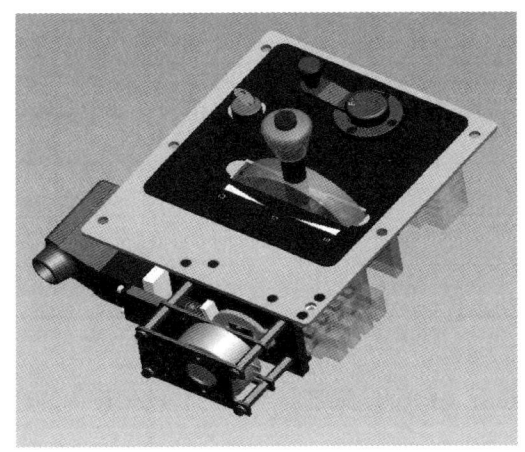 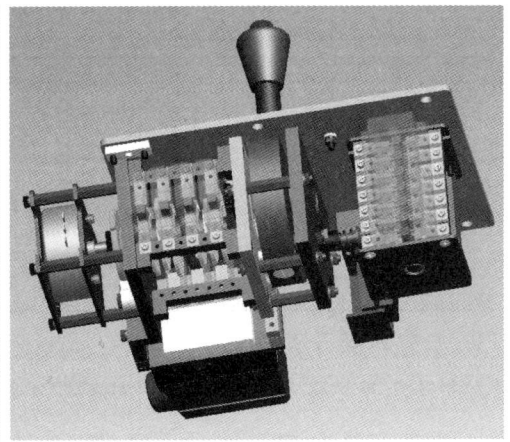

图 6-45　司机控制器结构

表 6-2　司机控制器部件清单

序号	名称	备注
1	油浸电位器	
2	面板	
3	有机玻璃标牌	
4	牵引/制动单元	
5	钥匙开关	
6	方向转换开关	
7	S847W2A2B 辅助触头盒	
8	电连接器和连接电缆	

（三）工作原理

1. 牵引/制动单元

牵引/制动单元位于司机控制器左侧，用于调节机车的牵引和制动工况。可前后推动，具有"牵引""0""制动"三个区域。牵引/制动单元手柄垂直时为"0"位，向前推进入"牵引"区，推动 55°后到达"牵引"最大位；向后拉进入"制动"区，拉动 55°后到达"制动"最大位。

2. 油浸电位器

油浸电位器外形结构如图 6-46 所示。

牵引/制动单元手柄在各位置的手柄角度及油浸电位器输出值如表 6-3 所示。

图 6-46　电位器外形

表 6-3　牵引/制动手柄角度及电位器输出

牵引/制动单元位置	手柄角度	电位器值/V
制动最大位	+55°	8.8～9
制动小零位	+7.5°	<0.15
0 位	0°	0
牵引小零位	-7.5°	<0.15
牵引最大位	-55°	8.8～9

3. 方向转换开关

方向转换开关有"向前""0""向后"3 个位置，每个位置之间开关的转动角度为 30°。

4. 钥匙开关

钥匙开关具有"ON"和"OFF"两个位置。使用 IKON 锁。

5. 牵引/制动单元与方向转换开关之间机械联锁关系

（1）方向转换开关在"0"位时，转换手柄才能插入或取出。

（2）当方向转换开关在"0"位时，牵引/制动单元手柄被锁在"0"位。

（3）当方向转换开关在"向前"位或"向后"位时：

牵引/制动单元手柄从"0"位向前推动进入牵引区域时，需按下该单元手柄头部红色警惕按钮。

牵引/制动单元手柄从"0"位向后拉动进入制动区域时，无需按下该单元手柄头部红色警惕按钮。

（4）牵引/制动单元手柄在"0"位时，方向转换开关可在"向前""0""向后"之间转换。

（5）牵引/制动单元手柄在"牵引"或"制动"区域时，方向转换开关被锁在"向前"位或"向后"位。

二、HXD_3型电力机车司控器

HXD_3型电力机车采用S640U-B型司机控制器（见图6-47），在机车的两端司机室操纵台上各装有一台。

图6-47　S640U-B型司机控制器实物

1. 主要技术参数

（1）触头S847W2A2b的参数：额定电压DC 110 V；约定发热电流（I_{th}）DC 10 A；额定电流（I_e）DC 1.0 A。

（2）电位器参数：电阻值$R=2\times1\,043\ \Omega$；线性度1%；功率4 W（20 ℃）；使用环境温度 −50 ~ +80 ℃；绝缘电压AC 550 V 50 Hz；机械寿命1×10^9次。

（3）手柄参数：主手柄操作力不大于20 N；换向手柄操作力不大于20 N。

（4）防护等级(污染等级3)：整机IP00；触头S847W2A2b(接线部分)IP00；触头S847W2A2b（触点部分）IP60。

（5）逆变器输入电压：DC 110 V。

（6）机械寿命：1×10^9次。

（7）电寿命：>1×10^5 次。

（8）质量：10 kg。

2. 基本结构

S640U-B 型司机控制器如图 6-48 所示。设有主（控制）手柄和换向手柄两种可操作机构。主手柄设有"0"位、牵引指示挡位"*-2-4-6-8-10-12-13"和制动指示挡位"*-1-3-5-7-9-11-12"；换向手柄设有"后""0""前"3 个挡位。

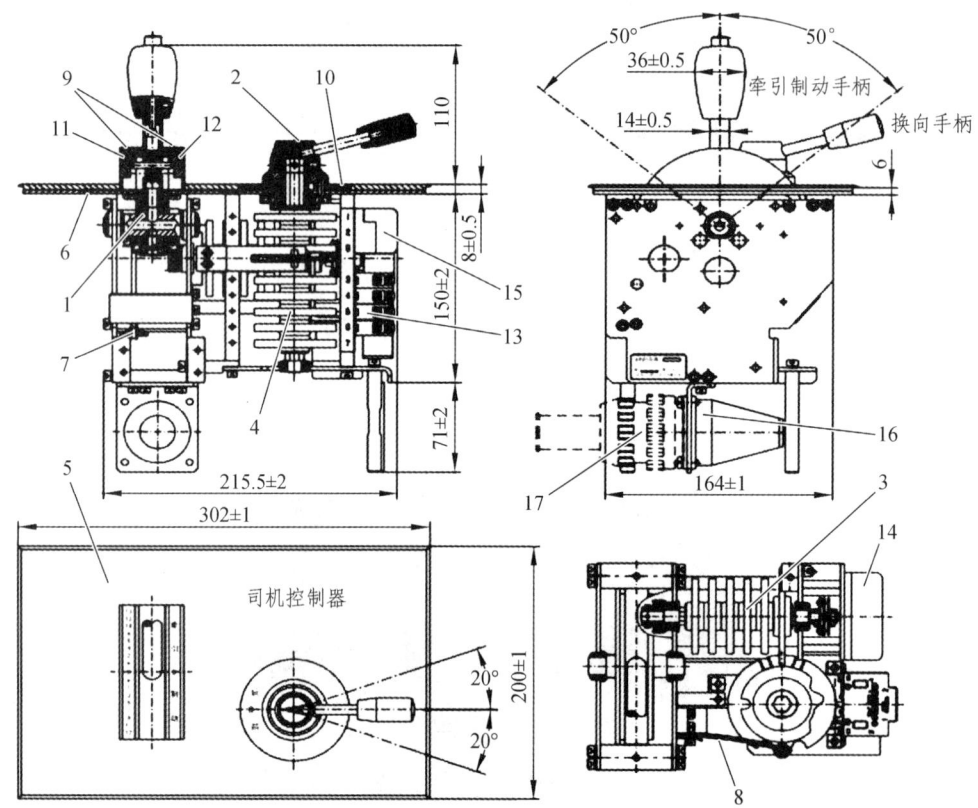

1—控制手柄座组件；2—换向手柄组件；3—控制凸轮组件；4—换向凸轮组件；5—面板；6—安装板；
7—（控制侧）滚轮弹片组件；8—（换向侧）滚轮弹片组件；9—（控制侧）发光片；
10—（换向侧）发光片组；11—左挡位支座；12—右挡位支座；
13—速动开关 S847W2A2b；14—电位器；15—逆变器；
16—20 芯插座 JL16-20ZY；17—20 芯插头 JL16-20TY。

图 6-48　S640U-B 司机控制器结构示意图

主手柄是固定式，在牵引指示的"0""*"位有定位，在其他级位之间为无级调节。在牵引工况下主手柄向前推，在制动工况下主手柄向后拉，通过齿轮传动带动驱动电位器调节输入电子柜的电压指令，从而达到调节机车牵引力和电气制动的目的。

换向手柄是可取式（钥匙式），且只能在"0"位插入或取出，每个挡位均有定位，换向手柄稳定在相应的挡位中。

为了防止可能产生的误操作，S640U-B 型司机控制器的主手柄和换向手柄之间设有机械联锁装置，具体联锁方式如下：

整台机车的司机控制器合用一只活动手柄（钥匙手柄），从而保证了机车在运行中只能操作一台司机控制器，不致引起电路指令发生混乱。换向手柄在"0"位时，主手柄被锁在"0"位；换向手柄在"前""后"位时，主手柄可离开"0"位转动至牵引区或制动区。主手柄一旦离开"0"位，换向手柄被锁住；主手柄在"0"位时，换向手柄能在"后""0""前"各位间转动。

S640U-B 型司机控制器采用 S8472W2b 触头，其外形结构如图 6-49 所示。

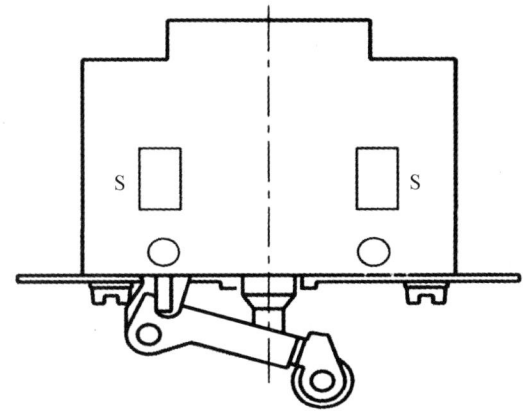

图 6-49　触头 S8472W2b 外形结构

触头接点为速动型，采取密封式结构；接点具有自净功能，可提高用作机车微机控制信号时的可靠性。

S640U-B 司机控制器闭合表及对外接线如图 6-50 所示。

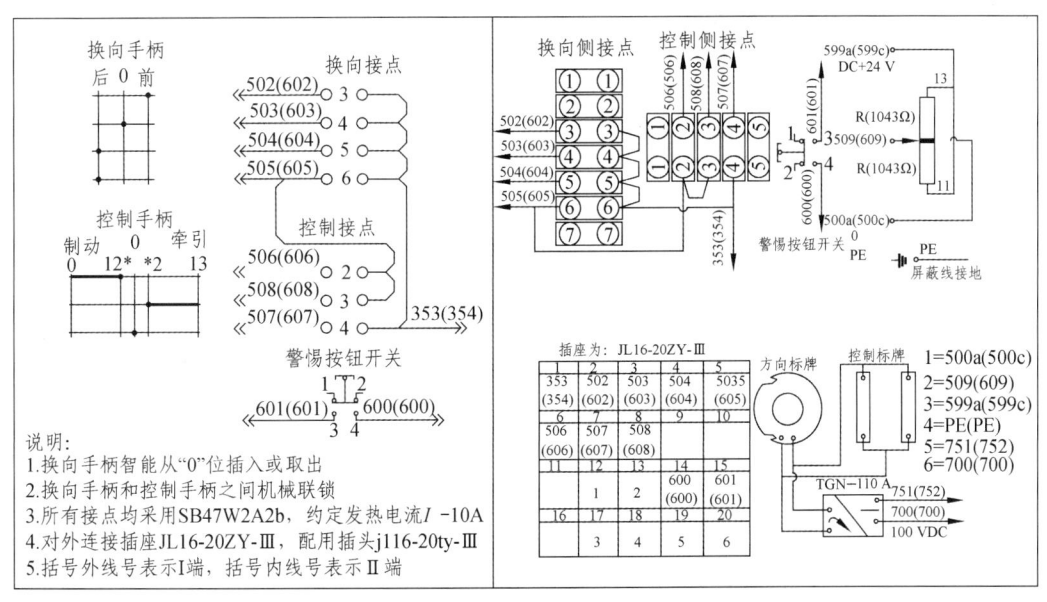

图 6-50　S640U-B 司机控制器闭合表及对外接线图

S640U-B 型司机控制器主手柄上设有警惕按钮。主手柄在任意位置时，警惕按钮均可按下。司机控制器级位的夜间显示用"仪表照明"扳钮开关控制。夜间行车时，打开"仪表照明"扳钮开关，司机控制器的级位和机车仪表同时发光。

3. 工作原理

司机控制器的面板上有主手柄、换向手柄两种可操作机构。

主手柄有"0"位、牵引指示级位"*-2-4-6-8-10-12-13"和制动指示级位"*-12-10-8- 6--4-2-0"；换向手柄有"后""0""前"三个级位。

司机控制器的主手柄在牵引指示的"0""*"位有定位，在其他级位之间为无级调节；在牵引工况下主手柄向前推，在制动工况下主手柄向后拉，通过齿轮传动带动驱动电位器调节输入到微机柜的电压指令，从而达到调节机车牵引力和电制动力的目的；换向手柄在每个挡位均定位，换向手柄稳定在相应的挡位中。

4. 维护保养

本司机控制器维护时应注意以下内容：

（1）司机控制器的铭牌及标识符号应齐全、完整、清晰、正确。

（2）司机控制器各部件应清扫干净，绝缘性能良好，对外连接插座连接正确，零部件齐全完整。

（3）各紧固件齐全，紧固状态良好。

（4）控制手柄在各个级位之间应转动灵活，无机械卡阻，相邻两级位之间不应出现停滞现象。

（5）换向手柄在各级位应转动灵活，无机械卡阻，相邻两级位之间不应出现停滞现象。且手柄位在"0"位时，应能顺利卸下。

（6）司机控制器控制、换向手柄之间的联锁关系应正确无误。

（7）司机控制器的闭合表和对外连接线应与其规定的相一致。

（8）司机控制器电位器输出应符合以下规定：

电位器管脚 1、3 端加电压 DC 24 V±0.1 V（1 正、3 负），测量 1、2 输出电压：

① 控制手柄在"0"位时，输出电压值≤DC 0.1 V。

② 控制手柄在"牵引"区"*"位和"制动"区"*"位时，输出电压值≤DC 0.1 V。

③ 控制手柄在"牵引"区"13"位和"制动"区"0"位时，输出电压值≥DC 23.6 V，对称误差≤0.3 V。

④ 司机控制器电位器输出值整定完成后，在 6 个紧固螺钉处加螺纹胶乐泰 243 紧固。

（9）因司机控制器安装螺钉不在司机控制器面板上，从操纵台上拆装司机控制器时，注意先将插头、换向手柄拔下，利用面板背后的螺柱将面板顶起，拿下面板，松开司机控制器安装板上的 4-M5 的安装螺钉，将司机控制器拆下。放置司机控制器时，注意保护司机控制器插座，防止司机控制器插座损坏。

（10）司机控制器发光装置应发光均匀，无闪烁或不发光现象。如确有发光不均匀或不发光者，应更换发光片组件（换向侧）或挡位支座组件（控制侧），更换时按以下方法进行：

① 检测发光装置回路，判定故障原因。注意控制侧、换向侧发光片（3 片）并联在逆变器输出端，其中一片的短路会造成所有发光片均不发光。

② 去掉司机控制器换向手柄、面板。

③ 从并连的端子处或发光片底部拆除故障的发光片的连线。

④拆下发光装置组件。对挡位支座组件（控制侧）使用十字螺丝刀松开 2-M4 螺钉（其中一个螺钉需使用长螺丝刀），发光片组件（换向侧）用螺丝刀从安装板背后顶起。

⑤换上新的发光片组件或挡位支座组件，注意严格按接线图中的接线方法接线。

（11）在司机控制器的各个转动部位加注 6 号汽油机油（GB 485—1972），在机械联锁处加润滑脂。

（12）司机控制器的绝缘应符合以下要求：

①相互绝缘的带电部分之间及对地的绝缘电阻不小于 10 MΩ（用 500 V 兆欧表）。

②检修后应进行绝缘介电强度试验。司控器的发光装置及电位器回路带电部分对地施以 50 Hz、500 V 正弦波交流电 1 min，应无击穿、闪络现象。司控器的其余带电部分对地及相互间施以 50 Hz、1100 V 正弦波交流电 1 min，应无击穿、闪络现象。

注意：司机控制器耐压试验应单独进行，整车耐压试验时应将司机控制器插头拔下，避免电位器及发光装置的损坏。

（13）司机控制器触头的检修应符合以下要求：

①司机控制器日常检修时，应注意检查触头内部及滚轮架（包括滚轮滚动）的动作是否灵活可靠。否则，应在触头滚轮轴芯及滚轮架轴芯部分加少许稀 6 号汽油机油（GB 485—72），以增加触头动作的灵活性。

②S847W2A2b 触头为自净式速动开关元件，均为免维修型。如确有严重烧损和动作不灵活者，应更换触头。更换时，注意触头型号和触头滚轮的安装方向。

③定期检测触头的接触电阻，采用低电阻测试仪测量，测量电流不小于 1 A。触头的接触电阻应小于 500 mΩ，如果接触电阻较大，分断 1 A 左右时间常数 t 为 20~50 ms 的感性电流负载，用分断弧光清除表面氧化膜，减小接触电阻。

（14）若是由于机械原因造成的故障，需要对司机控制器进行拆卸时，请注意以下几点：

①司机控制器的控制凸轮组件和换向凸轮组件有机械联锁关系，在拆装时，应注意做好标记，必须按照闭合表进行。

②司机控制器控制手柄、换向手柄如出现卡阻现象，首先检测司机控制器圆齿轮与控制凸轮组件配合处的弹性圆柱销是否松动，如松动，予以更换。如不松动，调整联锁处间隙。

③控制侧和换向侧的弹片组件安装的前后位置，可调整控制联锁板和换向联锁板之间的间隙。调整司机控制器换向侧弹片组件前后位置，可调整联锁处间隙。如换向手柄已扳到位（如"前"位），控制手柄被锁住时，可通过此方法解决。调整司机控制器控制侧弹片组件前后位置，可调整联锁处间隙。如控制手柄在"0"位，换向手柄被锁住时，可通过此方法解决。控制侧弹片位置调整完成后，需重新整定电位器输出值。

④控制侧和换向侧的弹片组件安装的倾斜程度，可调整控制手柄和换向手柄的操作力大小，在保证司机控制器动作可靠的情况下，两手柄操纵轻便、灵活。

⑤控制侧和换向侧的凸轮是出厂前整定好的组件，不得随意拆开。

⑥为保证发光片组件正常工作，在拆装时，应注意逆变器 TGN-110A 的输入及输出不能接反。

⑦为了保证司机控制器对外连接无误，在检修、拆装时，应注意司机控制器内部 20 芯插座 JL16-20ZY-Ⅲ，操纵台 20 芯插头 JL16-20TY-Ⅲ。

三、SS₄G 型电力机车司控器

主司机控制器和调车控制器从结构来看都属于凸轮控制器，与鼓形控制器不同的是，它的凸轮是由凸轮架和凸轮块拼装而成的，因而每一个凸轮的凸凹形状可根据控制需要而改变。

TKS14A 型司机控制器由上层、中上层、中下层和下层 4 部分构成，各层之间由钢板隔开，并由 6 方支柱支撑：左右两侧装有主轴和转换轴（也称换向轴），主轴用于调节机车的速度，换向轴用于控制机车的运行状态及方向（见图 6-51）。

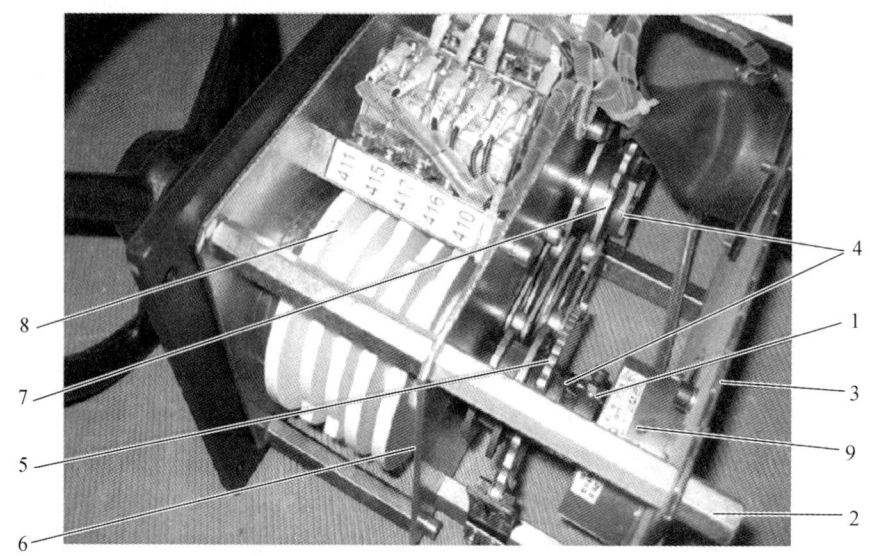

1—内六方螺钉；2—外罩支撑；3—底板；4—锁紧螺母；5—调速棘轮组；6—中间板；
7—换向凸轮组；8—调速凸轮组；9—电位器。

图 6-51　TKS14A 型司机控制器实物图

1. 结　构

该控制器的上层为主司机控制器的面板，其上有手轮，手柄；中上层主要为机械联锁装置，包括作为联锁用的凸轮组、定位用的凸轮组；中下层包括作为控制，用以实现电逻辑要求的凸轮架和安装在其上的凸轮块，以及辅助触头盒；下层主要有电位器及接线插座。

电位器固定在主轴上，它为塑料导电膜电位器。辅助触头盒由两根挡棍固定，其接触组件为双断点桥式常闭型结构，具有自润滑功能。

根据触头闭合表的需要，手轮可在"牵引"区域或"制动"区域内操纵主轴转动，与此同时，带动电位器（9）随主轴一起转动，电位器"1""2"端输出电压的大小随之改变，该电压被作为机车电路的指令来决定电机的转速，最终达到调节机车速度的目的。主轴转动时，自"0"位开始可顺时针方向或逆时针方向各转动150°：顺时针方向0°~15°区域为"0"位区，在此区域内，司机控制器无输出（即电位器 1、2 端电压约为 0 V），15°~150°区域为"牵引"区域；同理，逆时针方向 0°~15°区域为"0"位区，司机控制器无输出，15°~150°区域为"制动"区域。

主轴上装有 10 层凸轮架，其中 7 层为备用层，另 3 层根据主轴触头闭合表的要求，在凸轮架上安装相应的凸轮块。凸轮架上，装有凸轮块的地方形成凸缘，无凸轮块的地方形成凹槽。

主轴下方对应安装有辅助触头盒，当主轴转动到凸缘对准辅助触头盒的杠杆时，该辅助触头盒的触点断开，当主轴转动到凹槽对准辅助触头盒的杠杆时，辅助触头盒的触点闭合。转换轴与主轴的结构及控制方式相似，其备用层只有 5 层，凸轮块的位置和形状根据转换轴触头闭合表的要求设计和布置。

换向轴共有"后""0""制""前"4 个位置，这四个位置由机械联锁装置中定位凸轮来定位。

2. 主要技术参数

额定电压	DC 110 V
额定电流	5 A
触头开距	两断点之和≥4 mm
触头超程	0.5 ~ 1 mm
触头终压力	2×1.0 N
手柄操作力	>50 N

3. 控制原理

司机借助手轮 1 及手柄 2 实现对司机控制器的操作。手轮 1 固定在面板上，手柄为可取式（钥匙式），利用面板上限位器的缺口，保证只有当转换轴处于"0"位时才能将手柄插入或取出。手柄同时又是调车控制器的手柄。同样，利用调车控制器面板上限位器的缺口，保证只有当调车控制器的主轴处于"取"位时，手柄才能插入或取出。这样，整台机车的主司机控制器和调车控制器共享一个活动手柄，从而保证了机车在运行中，司机只能操作一台司机控制器，其余 3 台均被锁在"0"位或"取"位，不致引起电路指令发生混乱。

为了防止司机可能产生的误操作，确保机车设备及机车运行安全，司机控制器的手轮与手柄之间设有机械联锁装置，它们之间的联锁要求如下：

（1）手柄在"0"位时，手轮被锁在"0"位不能动作。

（2）手柄在"前"或"后"位时，手轮可在"牵引"区域转动。

（3）手柄在"制"位时，手轮可在"制动"区域转动。

（4）手轮在"0"位时，手柄可在"0""前""后""制"各位间任意转动。

（5）手轮在"牵引"区域时，手柄被锁在"前"位或"后"位。

（6）手轮在"制动"区域时，手柄被锁在"制"位。

电逻辑即闭合表的要求是由主轴、转换轴、辅助触头盒及电连接来实现的。

司机控制器凸轮架上装有凸轮块。当转动手轮时，主轴、凸轮架随之转动，当凸轮块的位置转动到辅助触头盒的杠杆位置时，杠杆受到凸轮块的挤压而将与其连动的动触头顶开，此时，与该辅助触头盒相连的控制线失电；当主轴转动到辅助触头盒杠杆处的凸轮架上无凸轮块时，由于辅助触头盒恢复弹簧的作用，辅助触头盒的触点闭合，这样，与该辅助触头盒相连的控制线得电。利用此原理，可根据电路原理图上司机控制器各控制线得、失电情况，在主轴、转换轴的凸轮架上布置相应的凸轮块以满足要求（见图 6-52）。

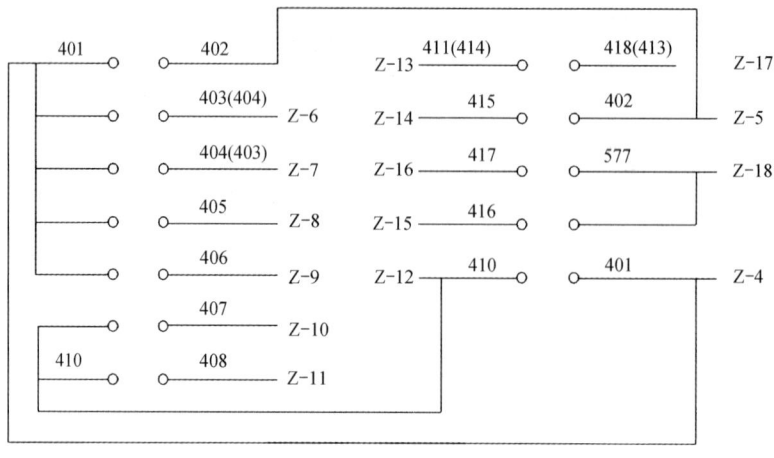

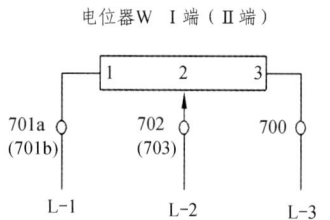

图 6-52 司机控制器接线图

任务五　传感器

> **学习目标**

1．知识目标

（1）理解并掌握传感器的概念。

（2）掌握电力机车中常用的各种传感器的作用和工作原理。

2．能力目标

（1）能够讲解各种传感器的结构、作用。

（2）能够清晰表述各种传感器的工作原理。

> **知识课堂**

传感器作为测量元件在轨道交通车辆上广泛应用。使用传感器进行检测时，被测信号绝大部分是非电量。

一、概述

传感器一般由敏感元件、转换元件、转换电路和辅助电源 4 个部分组成,其结构框图,如图 6-53 所示。

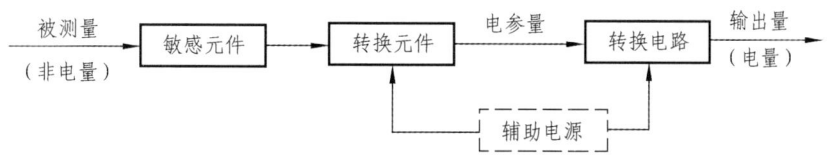

图 6-53 传感器组成框图

传感器的各元件中,敏感元件是传感器中直接感受被测量的元件,它可以将被测量转换成一个与之有确定关系的且更易于转换的非电量,这个非电量通过转换元件被转换成电气量。例如:电感式压力传感器的作用是将输入的压力信号变换成电压信号并完成输出,它的敏感元件是一个膜盒,作用是将压力转换成膜盒上半部移动,产生相应的位移量。

传感器中将敏感元件输出的中间非电量转换成电参量并输出的元件是转换元件。例如,电感式压力传感器的转换元件是电感线圈,它能够将输入的位移量转换成电感的变化量。

转换电路的作用是将转换元件输出的电参量转换成易于处理的电压、电流或者频率量。例如,电感式压力传感器中的转换电路是一个电桥电路,它可以将电感值转换成为电压信号,该信号经过放大后可以推动记录、显示仪表工作。但若转换元件输出的已经是上述电参量,就不需要用转换电路了。

辅助电源用于提供传感器正常工作时所需的电能,尤其是一些需要电源才能正常工作的转换电路和转换元件。

在实际的应用中,有些传感器只由敏感元件和转换元件组成,没有转换电路。但是有些传感器含有多个转换元件,要经过多次转换才能得到想要的电参量。

二、速度传感器

(一)速度传感器分类

轨道交通车辆上安装的速度传感器用于检测列车的实际速度,常用的速度传感器主要包括磁电式速度传感器、光电式速度传感器、霍尔式转速传感器与霍尔位移传感器。

1. 磁电式速度传感器

磁电式速度传感器是利用电磁感应原理将被测量信号转换成电信号的一种传感器,可用于速度检测。它不需要辅助电源,若要实现转速的测量,只需要对传感器输出的脉冲信号进行计数即可。

转速测量中,根据传感器的安装方式不同,可分为接触式和非接触式测量。这里介绍一种非接触式的磁电式传感器,其结构如图 6-54 所示。

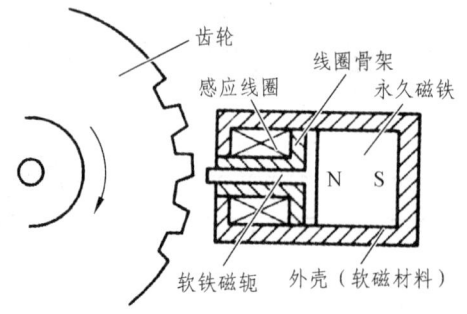

图 6-54 磁电式速度传感器结构示意图

磁电式传感器的外壳、永久磁铁和感应线圈固定不动,齿轮安装在车轴端部并随着车轴一起旋转,传感器安装于轴箱盖上。当车轮转动时,齿轮随之一起旋转,齿轮和齿谷交替通过传感器并切割磁力线,即在传感器的输出线圈上感应出相应的电脉冲信号,且产生的电脉冲信号的频率正比于运行速度。另外,在运行过程中,齿轮和软铁磁轭之间的气隙长度会周期性地变化并引起气隙磁阻和穿过气隙的主磁通发生变化,在线圈中感应出电动势。假设车轮每旋转一圈,传感器发出 N 个脉冲,则脉冲信号的频率是

$$f = nN/60 \tag{6-1}$$

式中,f 为输出的脉冲信号的频率,单位为 Hz;n 为车轮每分钟旋转的转数,单位为 r/min;N 为车轮旋转一圈,传感器发出的脉冲数。

脉冲信号经过整形和放大之后输出整齐的矩形波信号,经过定时计数器,把频率转换成转速。这种传感器的结构简单,工作可靠。在编组车辆的动车上,每根轴装有一只双通道式传感器,分别为牵引和电制动系统的空转与滑动保护系统及空气制动的滑动保护系统提供速度信号。

2. 光电式速度传感器

光电传感器是将光信号转换为电信号的装置,使用它测量非电量时,需要将这些非电量的变化转换为光信号的变化。光电传感器的基本转换原理就是将被测量的信号的变化转换为光信号的变化,然后将光信号作用于传感器中的光电元件并转换成电信号进行输出。光电传感器具有精度高、反应快、非接触式等优点,而且其结构简单,可测量的参数很多。因此,光电传感器在检测和控制中系统中被广泛应用。

光电传感器由光源、光学通路和光电元件三个部分组成,其工作基础是光电效应。

1) 光电效应和光电元件

(1) 光电效应。

光电传感器中能够将光信号转换成电信号输出的元件称为光电元件,而光电元件的这种特性就是光电效应。目前,利用各种光电元件制成的光电传感器广泛应用于转速、位移、温度、距离等参数的测量。随着电子技术的发展以及新光源、新光电元件的出现,光电传感器的应用范围日益扩大,成为一种很有发展前景的传感器。

(2) 光电元件。

光电元件的种类很多,下面仅分析几种典型的光电元件的基本工作原理。

① 光电管

常见的光电管的外形如图 6-55 所示，其阳极 A 和阴极 K 封装在一个玻璃管中。

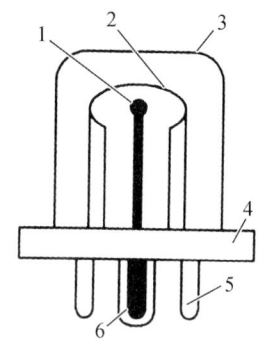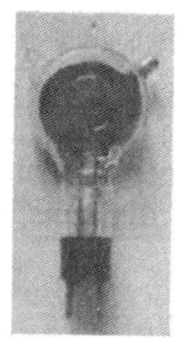

1—阳极 A；2—阴极 K；3—玻璃外壳；4—管座；5—电极引脚；6—定位销。

图 6-55 常见的光电管的外形

当入射光照射在阴极上时，阴极表面的电子吸收光子的能量，当其自身能量足以克服阴极的束缚力时，就会从阴极表面逸出。若在阴极和阳极之间加以正向电压，逸出的电子就会定向地向着阳极运动并形成光电流。

光电管的图形符号及测量电路如图 6-56 所示，负载电阻 R_L 与光电管串联接入电路，该电阻上的压降随着光电流的大小而变化，而光电流的大小又直接取决于光照强度的变化，从而利于光电管实现光电信号的转换。由于光电管的灵敏度较低，所以在微光测量中，常使用光电倍增管。

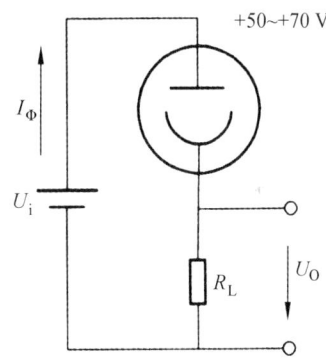

图 6-56 光电管的图形符号及测量电路

② 光电倍增管

光电倍增管的结构原理和图形符号如图 6-57 所示。

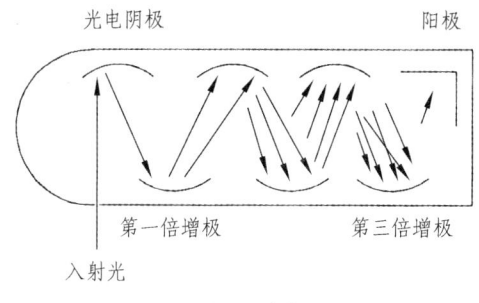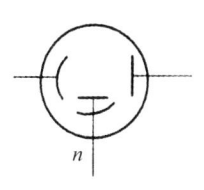

（a）结构原理　　　　　　（b）图形符号

图 6-57 光电倍增管的结构原理和图形符号

光电倍增管在普通光电管阴极和阳极的基础上，又加入了光电二次发射的倍增极。光电倍增管由光电阴极、光电阳极和倍增电极三个部分组成。光电阴极由半导体光敏材料锑-铯

（Sb-Cs）制成。光电倍增管的灵敏度比普通光电管高出几万倍甚至更多，因此在很微弱的光照下就能产生很大的光照电流。

③ 光敏电阻

在半导体光敏材料两端装上电极导线，并将其封装在带有透明窗口的管壳里，就构成了光敏电阻（由于光敏电阻的灵敏度容易受到湿度的影响，所以要严密封装）。光敏电阻又称为光导管，为纯电阻元件，其电阻的阻值随着光照的增强而减小。光敏电阻一般由金属的硫化物、硒化物等材料制成（如硫化镉、硒化铅等）。

光敏电阻的结构、图形符号及其连线电路如图 6-58 所示。

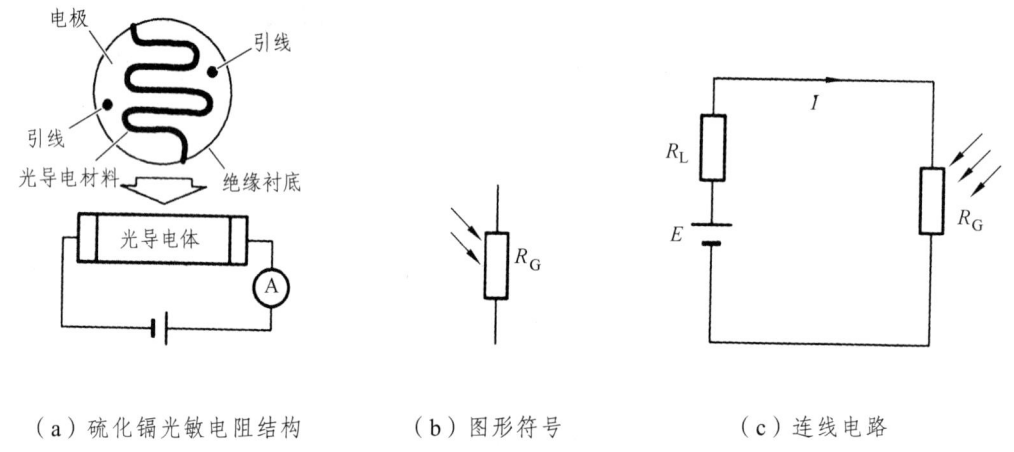

（a）硫化镉光敏电阻结构　　　（b）图形符号　　　（c）连线电路

图 6-58　光敏电阻的结构、符号及连线电路图

如图 6-58（c）所示，如果把光敏电阻连接到外电路中，在外加电压的作用下，便有电流流过。若有光照，电流就增加，即用光照射就能改变电路中的电流的大小。由于光敏电阻的光电效应只限于受光照的表面层，所以，光敏电阻一般都做成薄片状。为了获得更高的灵敏度，光敏电阻的电极一般采用梳状的形状，如图 6-58（a）所示。

④ 光敏二极管

光敏二极管的结构、图形符号及测试电路如图 6-59 所示。

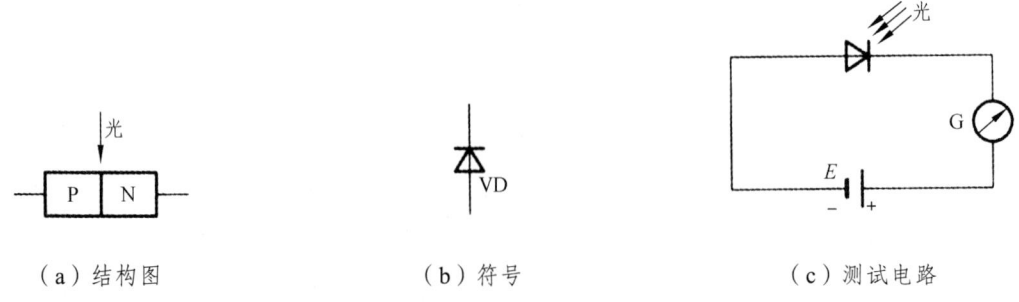

（a）结构图　　　（b）符号　　　（c）测试电路

图 6-59　光敏二极管的结构、符号及测试电路

光敏二极管的结构与普通的二极管相似，是两层半导体组成的元件，含有一个 PN 结。PN

结装在透明管的顶部，直接接受光照。光敏二极管在电路中处于反向偏执的状态。当没有光照时，由于 PN 结反偏，光敏二极管截止，反向电流很小（可忽略）。当有光照射到二极管的 PN 结时，PN 结附近会产生很多对电子和空穴，它们在外电场和内电场的共同作用下，漂移越过 PN 结，产生光电流。此时，光电流和光照强调成正比，光敏二极管处于导通状态。

⑤ 光敏三极管

光敏三极管的结构、电路符号和开关电路如图 6-60 所示。

光敏三极管由三层半导体组成，形成两个 PN 结。它与普通三极管不同，通常只有两根电极引线，如图 6-60（a）所示。当光线通过透明窗口照在集电结上时，会使集电结反偏、发射结正偏，此时在集电结附近产生电子-空穴对。电子受集电结电场吸引流向集电区，基区留下空穴。由于空穴带正电，则基区电位升高，使电子从发射区流向基区。又由于基区很薄，只有很小的一部分从发射区来的电子与基区的空穴结合，大部分电子越过基区流向集电区。这一过程与普通三极管放大基极电流的作用很相似，所以，光敏三极管放大了光电流，它的灵敏度比光敏二极管高出许多。

利用光敏三极管可以实现简单的光电开关，其电路如图 6-60（c）所示。图中两个光电开关在有光照和无光照的条件下，实现的开关状态截然相反。

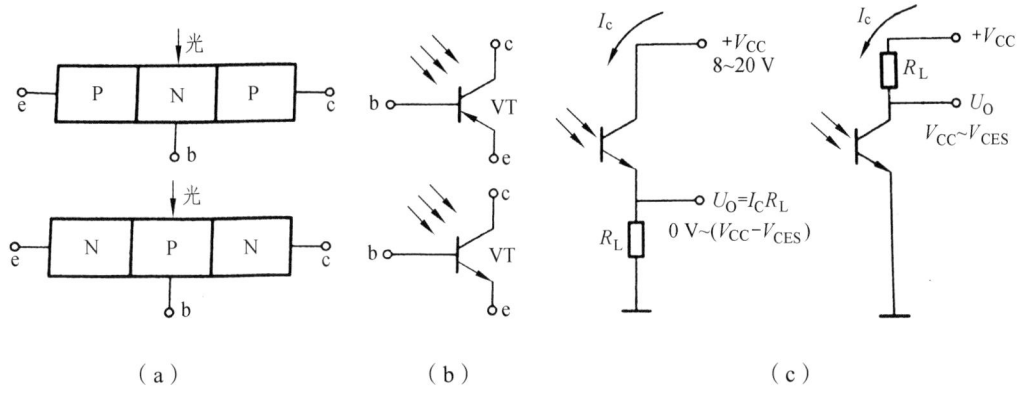

图 6-60 光敏三极管的结构、电路符号和开关电路

⑥ 光电池

光电池是一种自发式的光电元件，为有源器件。当光电池受到光照时，会产生一定方向的电动势，在测量时无须外接电源。

硅光电池的结构与图形符号如图 6-61（b）所示。硅光电池的结构简单，核心部分是一个大面积的 PN 结，即在 N 型硅片上用扩散的方法掺入一薄层 P 型杂质，从而形成了一个大面积的 PN 结。当光照射在硅光电池的 PN 结区时，会在半导体中激发出光生电子-空穴对。PN 结两边的光生电子-空穴对，在内电场的作用下，多数载流子不能穿越阻挡层，而少数载流子却能穿越阻挡层。结果，P 区的光生电子进入 N 区，N 区的光生空穴进入 P 区，使每个区中的光生电子-空穴对被分割开来。光生电子在 N 区的集结使 N 区带负电，光生电子在 P 区的集结使 P 区带正电，从而使 P 区和 N 区之间产生光生电动势。当硅光电池接入负载后，光电流从 P 区经负载流向 N 区，负载中可以得到功率输出。

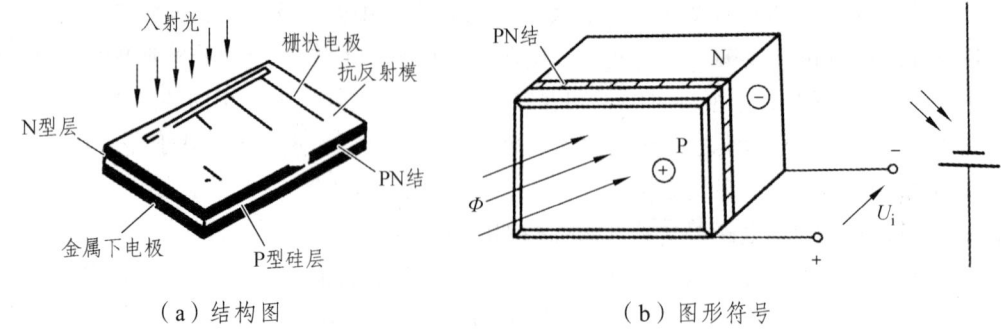

(a)结构图　　　　　　　　（b）图形符号

图 6-61　硅光电池的结构和图形符号

2）光电传感器的应用

（1）光电式转速传感器。

光电式转速传感器的结构和工作原理如图 6-62 所示。当被测的车轴转动时，带有缝隙的转盘会随之一起转动。带缝隙的圆盘每旋转一圈，光敏元件输出与圆盘上缝隙的个数相同的电脉冲。根据测量时间 t 内产生的脉冲的个数为 N，就可以测出转速为

$$n = 60N/Zt \tag{6-2}$$

式中，Z 为圆盘上的缝隙的个数；n 为转速。

电脉冲被送入测量电路进行放大和整形后，再送入频率计显示即可。

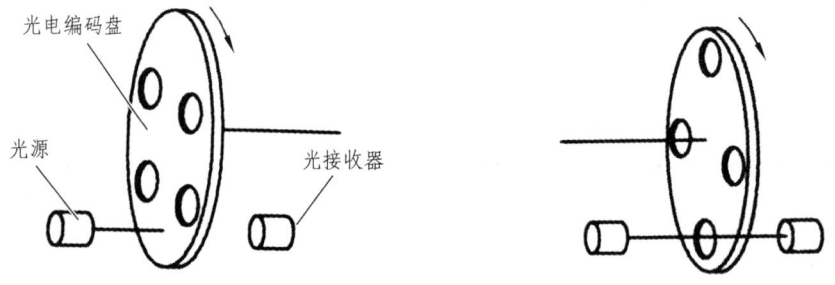

（a）光线被遮住，接收器无信号　　　　（b）光线未被遮住，接收器有信号

图 6-62　光电式转速传感器的工作原理示意图

（2）光电耦合器。

光电耦合器是由一个发光元件和一个光电元件同时封装在一个外壳内组合而成的转换元件，目前广泛应用于隔离电路、开关电路和逻辑电路中。常见的光电耦合器有金属密封型和塑料密封型两种结构，如图 6-63 所示。

金属密封型采用金属外壳和玻璃绝缘结构，为了提高灵敏度，其中心装片用环焊的方式保证发光管和光敏管对准。塑料密封型采用直插式塑料封装结构，管芯先装于管脚上，中间再用透明树脂固定，具有聚光作用，这种结构灵敏度较高。

光电耦合器的发光元件常采用砷化镓发光二极管。当 PN 结外加正向电压时，引起载流子的相遇、复合而释放出能量，这种能量是以发光的形式表现出来的。

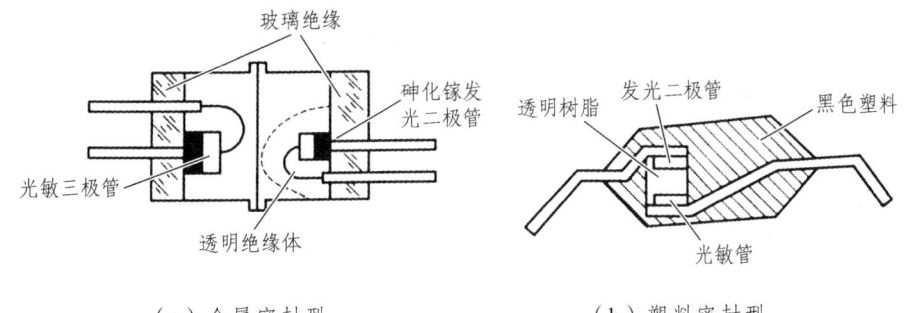

（a）金属密封型　　　　　　　（b）塑料密封型

图 6-63　光电耦合器结构示意图

光电耦合器的工作原理是在输入端加电信号使发光源发光，光的强度取决于激励电流的大小。当光照射到封装在一起的受光器（光敏三极管）上后，会因光电效应而产生电流，并从受光器输出端引出，实现了电-光-电的转换。

（3）光电传感器在电力机车上的应用

HXD_3 型电力机车采用 DF16 型速度传感器，该传感器是上海德意达公司组装生产的光电式速度传感器。针对不同的应用场合，它有单、双、三及四通道多种类型可供选择，各通道间彼此隔离，且带有极性保护和输出短路保护。

列车运行时，传感器内部的光电模块扫描与轮轴同步旋转的光栅盘，传感器可输出和速度成线性比例的方波信号。此外，该传感器可方便地安装于轴箱盖上，传动部分采用软性连接，能克服安装不同心及驱动间隙带来的影响。此外，它还具有坚固、密封性好、抗震、抗冲击、测速范围宽、温度适应范围宽、可靠性好、使用寿命长等优点，适用于国内外各种类型电力机车的速度检测。

DF16 型速度传感器的外形如图 6-64 所示，其主要部件包括光电模块、光栅、外壳、传动轴、软性连接器、14 芯防水插头、座和外附导线等，各模块彼此隔离，可安装于内或外轨道上，其接线如图 6-65 所示。

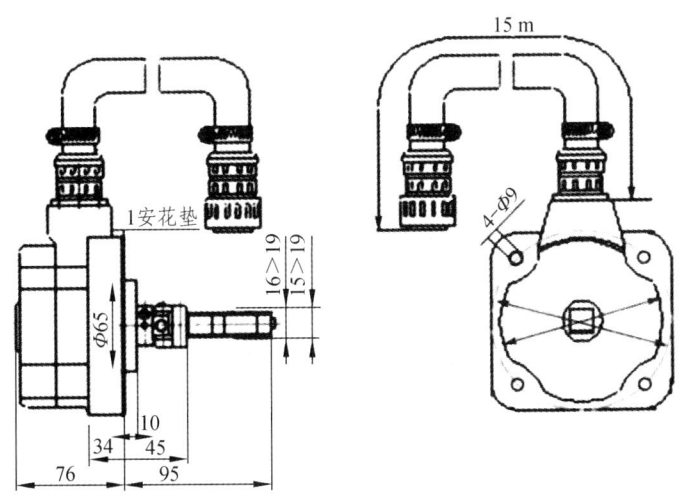

图 6-64　DF16 型速度传感器外形图

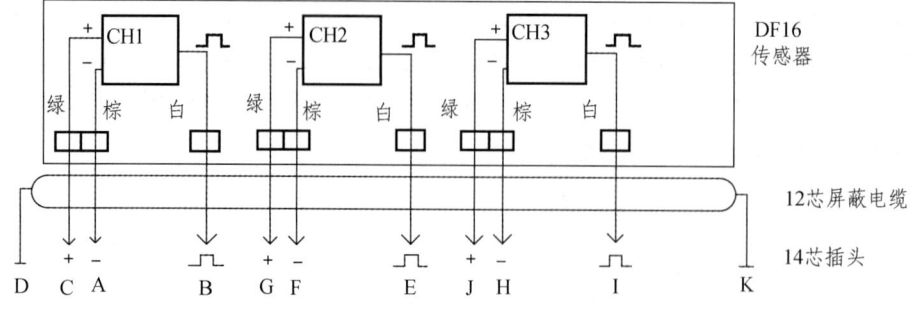

图 6-65　DF16 型速度传感器接线图

当车辆运行时,传感器输出方波信号,其频率和轮轴转速的关系为

$$f = NP/60 \qquad (6-3)$$

式中,N 为转速,单位是 r/min;P 为车轮每旋转一圈产生的脉冲数。

3. 霍尔式转速传感器与位移传感器

1)概述

霍尔式传感器是基于霍尔效应的一种传感器,它利用霍尔效应来实现磁-电转换,主要用于电磁、压力、位移、速度和振动等方面的测量。

(1)霍尔效应。

将金属或半导体薄片置于磁场中,当有电流流过时,在垂直于电流和磁场的方向上将产生电动势,这种物理现象称为霍尔效应,所产生的电动势称为霍尔电动势,这种金属或半导体薄片称为霍尔元件。

(2)工作原理。

霍尔元件工作原理如图 6-66 所示,金属或半导体在磁场作用下,两端会产生电位差 U_H。利用霍尔电动势的产生原理,可用霍尔元件检测磁通。一般的霍尔元件均有 4 根引线,其中 2 根为外加电压输入,提供电能,另外 2 根引线输出霍尔电动势 U_H。当外加电压和电流 I_1 恒定时,输出的霍尔电动势 U_H 与磁场有良好的线性关系。

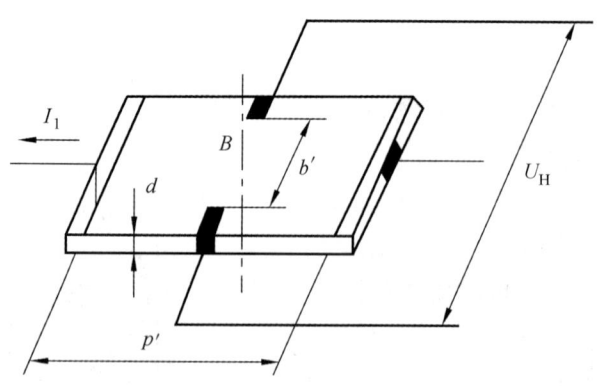

图 6-66　霍尔元件的工作原理示意图

(3)基本结构。

如图 6-67(a)所示的霍尔元件由霍尔片、4 根引线和壳体组成。霍尔片是一块矩形半导

体单晶薄片（一般为 4 mm×2 mm×0.1 mm），在它的长度方向两端面上焊有两根引线（1 和 1'），用来加激励电压或电流，称为激励电极。另两侧端面的中点对称焊有两根引线（2 和 2'），为霍尔输出引线，称为霍尔电极。霍尔元件的壳体由非导磁金属、陶瓷或环氧树脂封装而成。

在电路中霍尔元件可用几种符号表示，如图 6-67（b）所示。

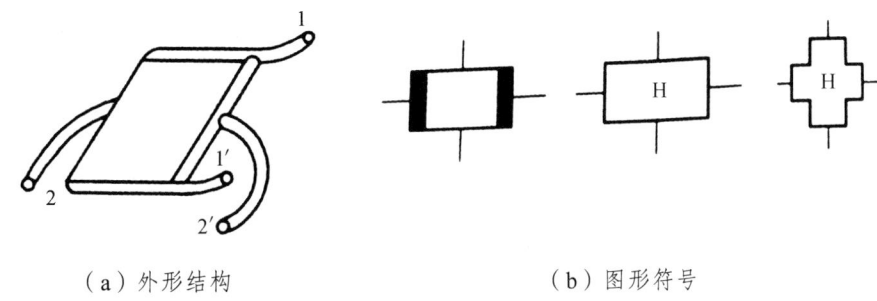

（a）外形结构　　　　　　　　　（b）图形符号

图 6-67　霍尔元件的外形结构和图形符号

2）霍尔式转速传感器

利用霍尔开关器件测量转速的原理很简单，只要在被测转轴上安装一个非金属圆形薄片，将磁钢嵌在薄片圆周上，转轴每转动一周，霍尔转速传感器就输出一个检测信号。当磁钢与霍尔器件重合时，霍尔转速传感器输出的是低电平；当磁钢离开霍尔器件时，霍尔转速传感器输出的是高电平。信号可经非门整形后，形成脉冲，只要对此脉冲信号计数就可以测得转速。为了提高转速的分辨率，可增加薄片圆周上磁钢的个数。几种不同的霍尔转速传感器的结构如图 6-68 所示。

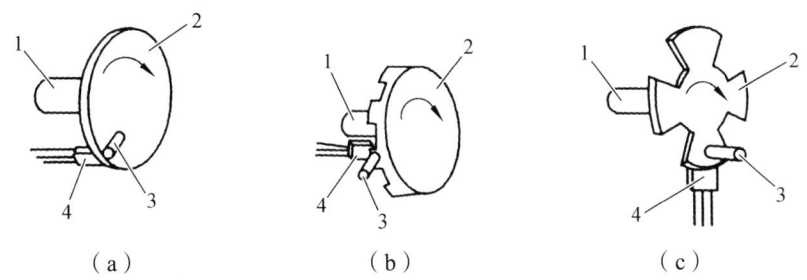

（a）　　　　　　　　（b）　　　　　　　　（c）

1—输入轴；2—转盘；3—小磁铁；4—霍尔传感器。

图 6-68　几种霍尔转速传感器的结构示意图

3）霍尔式位移传感器

霍尔式位移传感器的工作原理如图 6-69 所示。

图 6-69（a）所示为磁场强度相同的两块永久磁铁同极性相对放置，霍尔元件处在两块磁铁中间。由于磁铁中间的磁感应强度为零，因此霍尔元件输出的霍尔电势也等于零，此时位移等于零。若霍尔元件在两磁铁中产生相对位移，霍尔元件感受到的磁感应强度也随之改变，这时霍尔电势不为零，其量值大小反映出霍尔元件在磁铁之间相对位置的变化量。

图 6-69（b）所示为另一种结构简单的霍尔式位移传感器，是由一块永久磁铁组成磁路的传感器，在位移等于零时，霍尔电压不等于零。图 6-69（c）所示为一个由两个结构相同的磁路组成的霍尔式位移传感器，为了获得较好的线性分布，在磁极端面装有极靴，霍尔元件调

整好初始位置,可以使霍尔电压为零。这种传感器灵敏度很高,即便位移量很小也能够被检测出来,适合于微位移量及振动的测量。

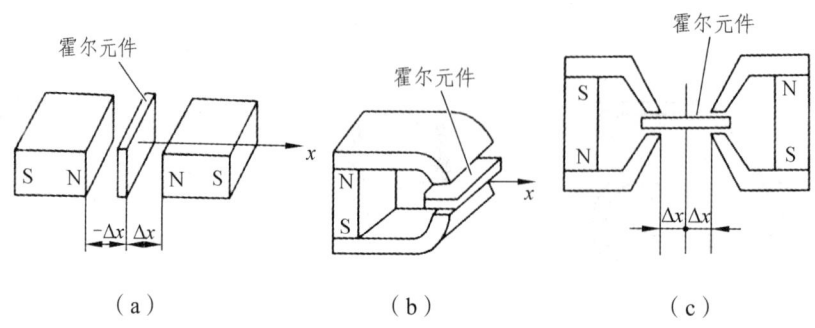

图 6-69 霍尔式位移传感器的工作原理示意图

(二)速度传感器检测原理

如图 6-70 所示,司机给出牵引/制动指令送数字量输入输出模块 DXM,DXM 将电气信号转换成控制信号,经由车载网络控制系统送往牵引控制单元 TCU 完成各种控制功能;TCU 发出指令到门极驱动板让逆变器触发,最后使牵引电机工作。电机工作后,电机速度传感器信号送往 TCU,TCU 送出指令经门极驱动板送到逆变器,最后构成一个闭环控制系统。同时 TCU 将信号经车载网络控制系统,送至笔记本电脑用于检测各位电机的实际速度。若 TCU 检测到牵引电机速度传感器故障,无速度测量设备,牵引电机不能够继续运行,TCU 锁定相应的逆变模块。

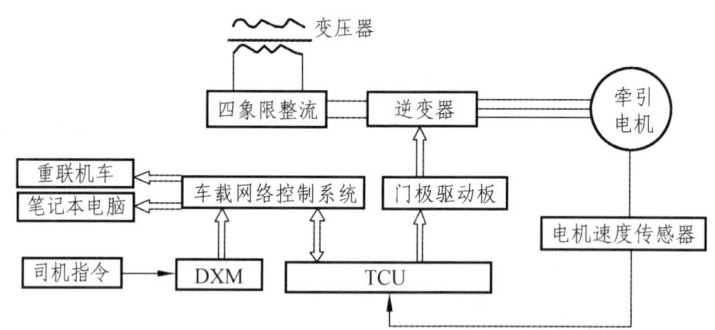

图 6-70 电机速度传感器检测系统原理框图

(三)测速装置

为了检测电机的转速,在非传动端安装了测速装置。测速装置由测速齿盘和产生信号的速度传感器组成。测速齿盘、速度传感器与输出波形的关系示意图如图 6-71 所示。测速齿盘采用球墨铸铁,设有 118 个锯形。传感器为双通道信号相位差 90°,控制系统通过两路信号的相位差识别电机的正、反转向,电机每转一圈,传感器发出 118 个脉冲信号。转速信号用于控制系统对电机进行控制。电机速度传感器与被测齿轮不接触,无磨损,安装方便,且测速范围宽,温度适应范围宽,抗震性强。

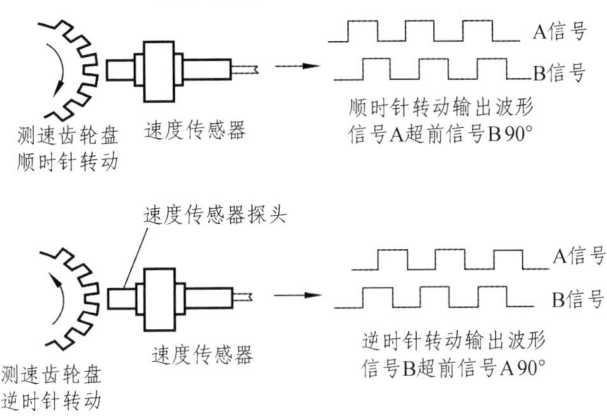

图 6-71 测速齿轮盘、速度传感器与输出波形的关系

1. 速度传感器例行试验参数

速度传感器引脚定义：A——电源+，B——电源-，C——信号 A（通道 A），D——信号 B（通道 B），E——屏蔽。信号与转向关系定义：从传动端看逆时针方向旋转，定义为正转，信号 A（通道 A）超前信号 B（通道 B）90°，如图 6-71 所示。

绝缘电阻检查：用 100 V 直流兆欧表检查转速传感器各线端对地绝缘电阻，应不小于 1 MΩ，完后用导线接地放电。

动态检查：试验转速 1 000 r/min，在正转和反转时测试并记录信号 A 和 B 相位关系、高电平、低电平和占空比。

判定依据：相差 90°±30°；高电平高于 13 V；低电平低于 1.5 V；占空比 50%±25%。

2. 速度传感器连接总成

速度传感器连接总成由机车连接器、电机速度传感器连接器和多芯屏蔽连接导线组成（见图 6-72）。

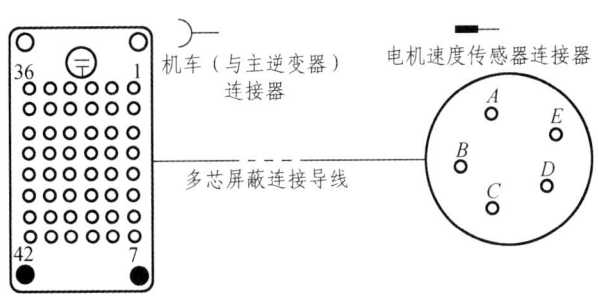

图 6-72　速度传感器连接总成

三、电压、电流传感器

常见的电压和电流传感器是基于霍尔效应制成的霍尔电压传感器和霍尔电流传感器。

1. 霍尔电压传感器

霍尔电压传感器被广泛应用于需要进行电压测量的场合，其使用方法简单，将其直接跨接在被测元件的两端，就能检测出该元件上电压的大小。

霍尔电压传感器中的关键器件是霍尔元件，如图 6-73 所示，霍尔元件通入合适的控制电流 I_C 后，在磁场不变的情况下，其输出电压正比于所在磁场的磁感应强度 B。

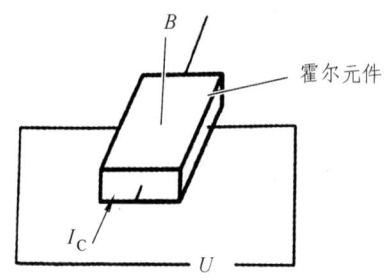

图 6-73　霍尔元件

如图 6-74 所示，电压传感器是由限流电阻 R_1、一次侧线圈 W_1、霍尔发生器、二次侧线圈 W_2 及放大电路等部分组成。当被测电压 U 在限流电阻 R_1 和一次侧线圈 W_1 中产生电流 I_P 时，该电流流经 W_1 并产生磁场 H_P，使霍尔发生器有霍尔电势输出。

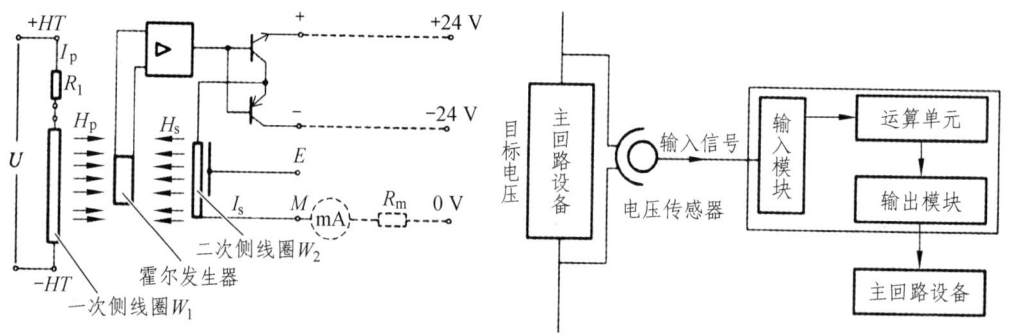

图 6-74　电压传感器的工作原理示意图

该信号经过放大电路进行放大，推动功率管，从电源获得补偿电流 I_s，I_s 经过 W_2 所产生的磁场 H_S 的方向和 H_P 的方向相反，从而补偿了 H_P，直到 $I_PW_1=I_sW_2$ 为止。根据 $I_PW_1=I_sW_2$，可以求得 $I_P=I_s(W_2/W_1)$。另外，被测电压 $U=I_P×R_X$，其中 R_X 是 R_1 和一次线圈的内阻之和。因此，测得电流 I_s 就可以求出电流 I_P 并求出被测电压 U 的值。

电压传感器的输出最终被输入到控制系统的输入模块中。这些输入的模拟量将被牵引控制系统检测、计算和比较，一旦发现某些电压值和设定值之间的差值超过允许范围，控制系统将根据故障的危害程度决定如何处理该故障。

以城轨列车为例，其主回路的工作电压范围为 1 000～1 800 V，如果超出该范围，就有可能对主回路系统造成损害，甚至影响运营安全，因此必须进行监控。主回路的电压检测设备是电压传感器，它的主要作用是检测主回路相关的电压，并反馈给控制单元，当出现过电压或欠电压时，由控制单元控制相应的保护动作。

图 6-75 所示是检测主回路电压的霍尔电压传感器的外形。其工作原理如图 6-76 所示，被测电压 U_n 作用在电阻 R 上，R 中流过的电流 I_n 通过导体产生的磁场，由霍尔元件输出信号控制

的补偿电流 I_m 流过次级线圈产生的磁场补偿,当原边与副边的磁场达到平衡时,其补偿电流 I_m 即可精确反映原边电流 I_n 的值。该类电压传感器的输出也是电流。

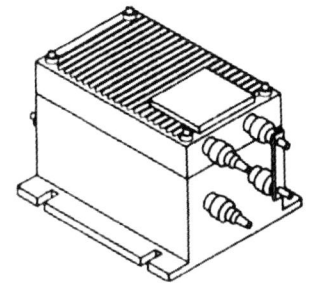

图 6-75 电压传感器外形

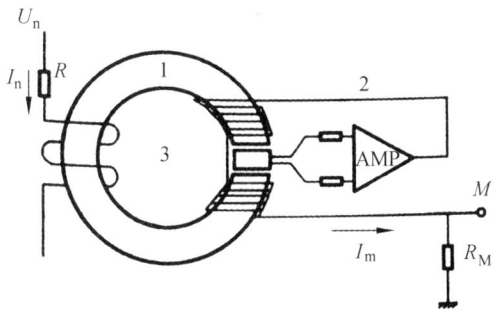

1—磁心;2—副边补偿线圈;3—霍尔元件。

图 6-76 电压传感器工作原理示意图

2. 霍尔电流传感器

霍尔电流传感器被广泛应用于需要进行电流测量的场合中,例如,在电机控制驱动中,它可作为电流反馈元件,构成电流反馈回路。此外,利用电流传感器还可以制成电流过载检测器或过载保护装置。

霍尔电流传感器结构如图 6-77 所示。标准软磁材料圆环中心直径为 40 mm,截面面积为 4 mm×4 mm (方形);圆环上有一个缺口,放入集成霍尔元件;圆环上绕有一定匝数的线圈,当通过检测电流时会产生磁场,则霍尔器件有信号输出。霍尔电流传感器中的关键器件也是霍尔元件。

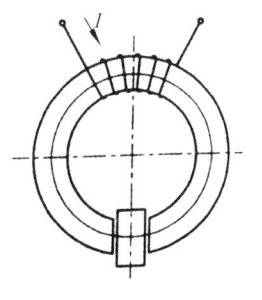

300~2 000 A   3 000~6 000 A

图 6-77 霍尔电流传感器外形及结构

图 6-78 所示为霍尔电流传感器的原理框图。霍尔电势经过运算放大器差分放大推动功率放大电路中上方的三极管导通并产生电流信号 I_s，电流 I_s 流经次边线圈并产生磁场，该磁场与被测电流 I_p 产生的磁场大小相等但方向相反。因而，使置于该磁场中的霍尔发生器工作在零磁通的状态，即

$$I_s N_s = I_p N_p \qquad (6\text{-}4)$$

假设原边的匝数 $N_p=1$，N_s 为次边匝数，为 5 000，因此 $I_s=I_p/5\ 000$。若 $I_p=1\ 000\ A$，则 $I_s=I_p/5\ 000=200\ mA$；若 $I_p=500\ A$，则 $I_s=I_p/5\ 000=100\ mA$。

电流传感器的输出最终被输入到控制系统的输入模块中，这些输入的模拟量会被牵引控制系统检测、计算和比较。一旦发现某些电流值和设定值之间的差值超过允许范围，控制系统将根据故障的危害程度决定如何处理该故障。

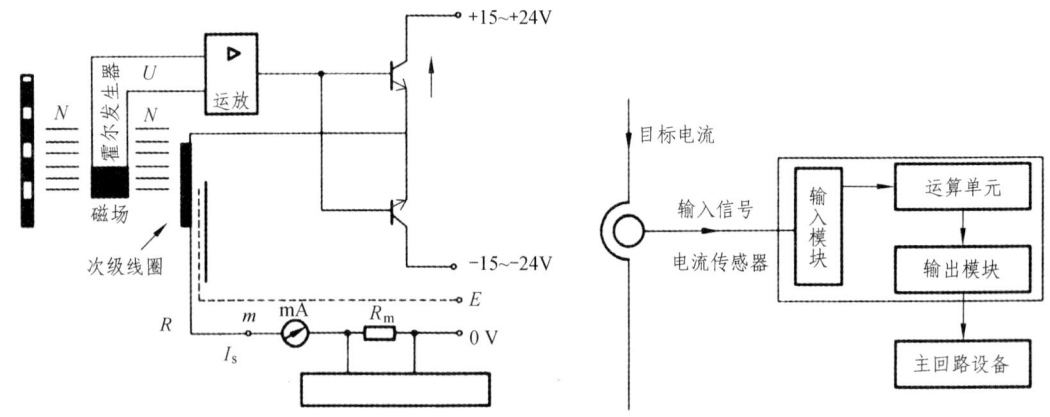

图 6-78 电流传感器原理框图

值得注意的是，使用电流传感器时，必须先接通电源，然后再加上被测电流。当测量结束时必须先断开被测电流，然后再断开电源，否则将因剩磁而影响测量精度。

图 6-79 所示是安装在设备柜中的电流传感器。它的主要作用是检测主回路相关电流并反馈给控制单元，其工作原理如图 6-80 所示，被测电流 I_n 流过导体产生的磁场，由通过霍尔元件输出信号控制的补偿电流 I_m 流过次级线圈产生的磁场补偿，当原边与副边的磁场达到平衡时，其补偿电流 I_m 即可精确反映原边电流 I_n 的值。

图 6-79 安装在设备柜中的电流传感器

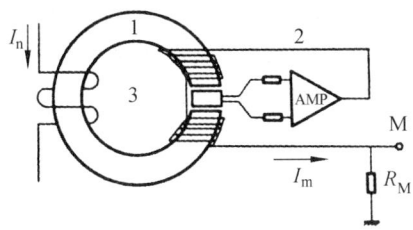

1—磁心；2—副边补偿线圈；3—霍尔元件。

图 6-80　电流传感器原理示意图

四、温度传感器

温度传感器是指能够将温度量转化为电阻或者电势的传感器，最常见的是热电阻和热电偶，其中将温度变化转换为电阻值变化的称为热电阻传感器，将温度变化转换为电势变化的称为热电偶传感器。这两种传感器在诸多领域得到应用。

热电阻传感器中的热电阻大多都是由纯金属材料铜、铂或镍制成，通常将铜、铂或镍丝绕在陶瓷或云母基板上，或是采用电镀的方法，将某种金属涂敷在陶瓷材料基板上形成薄膜。其电阻率随温度变化而变化，致使它的电阻值随温度变化而变化，并且当温度升高时阻值增大，温度降低时阻值减小，这样就达到了测量温度的目的。图 6-81 所示为热电阻外形。

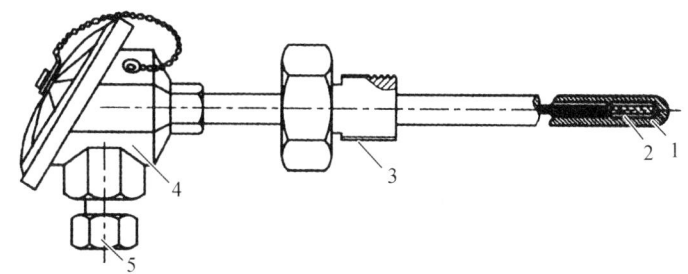

1—保护套管；2—感测元件；3—紧固螺栓；4—接线盒；5—引出线密封套管。

图 6-81　热电阻的外形

图 6-82 所示是地铁列车上使用的一种 PT100 热电阻温度传感器的外形。地铁车辆上，常用该元件监测牵引逆变器相关模块、制动电阻等的温度。该热电阻的受热部分（感温元件）是用细金属丝均匀地双绕在绝缘材料制成的骨架上，当被测介质中有温度梯度存在时，所测量的温度是感温元件所在范围内介质中的平均温度。

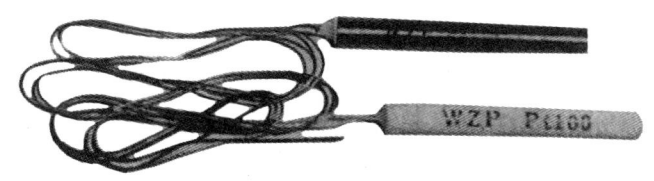

图 6-82　PT100 热电阻温度传感器

热电阻的输入电路如图 6-83 所示，由 R_1、R_2、R_3 和被测电阻组成的普通的四臂桥温度测量电路。热电阻温度传感器的输出为模拟量，只要将 V_+ 和 V_- 之差值乘以一个系数再加上常数，即 $T=(V_+-V_-)\times A+B$，便可得到被测设备的具体温度。

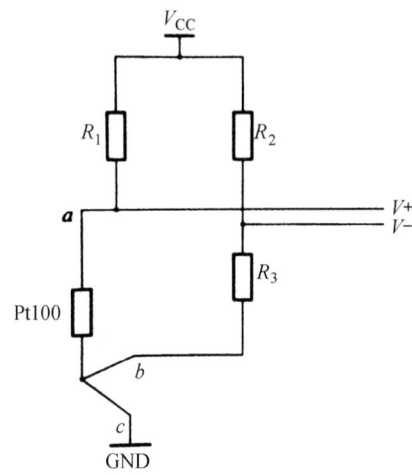

图 6-83　热电阻输入电路

五、压力传感器

1. 霍尔式微压力传感器

1）霍尔式微压力传感器的结构

霍尔式微压力传感器的结构如图 6-84 所示。

霍尔式微压力传感器由霍尔元件、磁系统和压力弹性元件（波纹膜盒）组成。霍尔元件固定在弹性元件上，当弹性元件产生位移时，将带动霍尔元件在磁场中移动，从而产生霍尔电势，以完成将压力变换为电量。压力弹性元件（波纹膜盒）用来感受压力，并将压力转换为位移量。

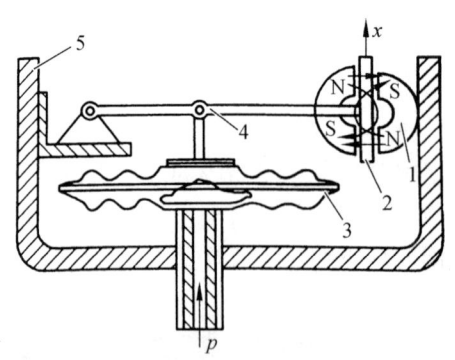

1—磁铁；2—霍尔元件；3—波纹膜盒；4—杠杆；5—外壳。

图 6-84　霍尔式微压力传感器结构示意图

2）霍尔式微压力传感器的原理

当被测压力平衡时，霍尔元件的上半部分和下半部分感受的磁场方向相反，大小相等，相互抵消，霍尔电动势为零。当被测微压力 P 从进气口进入弹性波纹膜盒时，膜盒膨胀，带动杠杆移动，从而使霍尔元件在磁系统中移动，改变了霍尔元件感受到的磁场大小及方向，引起霍尔电势的大小和极性改变，故霍尔元件输出的总电势不为零，实现了压力-位移-电势的转换。由于波纹膜盒与霍尔元件的灵敏度很高，所以可用于测量压力的微小变化。这种传感器可以使用线性型霍尔集成电路。

2. 压电式压力传感器

压电式压力传感器是利用压电效应把非电量转换为电量。压电式压力传感器是一种典型的有源传感器，它还具有一定的可逆性，由于其体积小、质量轻、结构简单、敏度高、固有频率高而得到了广泛应用。压电元件是一种典型的力敏元件，凡是能够变换为力的物理量，如应力、压力、加速度等均可测量。

压电式压力传感器的结构如图 6-85 所示。

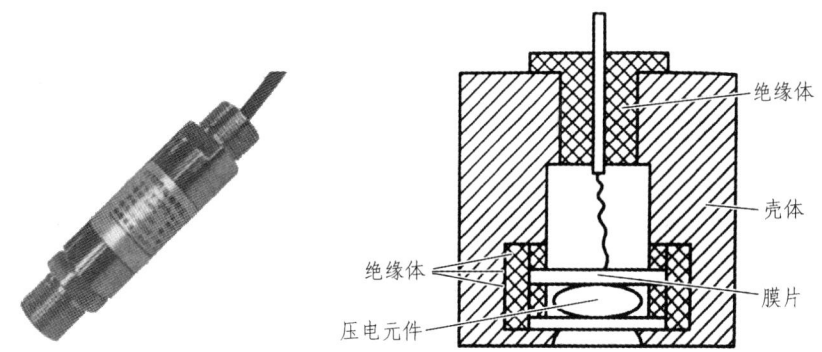

图 6-85　压电式压力传感器结构示意图

1）压电元件材料

压电元件材料主要有单晶体，例如天然石英（SiO_2）；多晶体，例如人工制造的压电陶瓷。压电陶瓷在进行极化处理之前，因各单晶体的压电效应都互相抵消而表现为电中性，所以必须先对压电陶瓷进行极化处理。经极化处理的压电陶瓷具有非常高的压电系数，为石英的几百倍。

2）压电效应

压电效应是指将压电元件承受的作用力转换成压电元件表面所带的电荷，即压电材料受压时会在其表面产生电荷，产生的电荷量与所受的压力成正比。外力消失后，压电材料又重新恢复到不带电状态。当作用力的方向改变时，电荷的极性也随之改变。当在电介质极化方向施加电场时，这些电介质也会发生变形，这种现象称为逆压电现象。压电式压力传感器都是利用压电材料的正压电效应而制成的。

3）工作原理

压电式压力传感器的工作原理主要是压电效应，它是利用电气元件和其他机械结构把待测的压力转换成为电量，再进行相关的测量工作。压电式压力传感器主要由膜片、压电元件和绝缘体组成。膜片起密封、预压和传递压力的作用。由于膜片的质量很小，而压电晶体的刚度很大，所以传感器具有很高的固有频率，极其适用于动态压力测量。

六、接近开关

1. 接近开关的概念

可以在一定距离内检测物体的有无，或者说对接近它的物体有"感知"能力的元件，称为接近开关。接近开关也被称为无触点行程开关，它既有行程开关和微动开关的作用，同时又具有传感性能，是一种非接触型的检测装置，可用于检测零件尺寸和测速等，也可用于变频计数器、变频脉冲发生器、液面控制和加工程序的自动衔接等。

接近开关的种类很多，有电感式、电容式、霍尔式、交流型、直流型。例如，光电传感器、霍尔传感器、超声波传感器等均可作为接近开关，它们的测量距离可达几米至几十米，而霍尔式接近开关的测量范围一般在几毫米到几十毫米。接近开关的特点是响应快、体积小、安装调试方便，易与计算机或者PLC相连接。

2. 接近开关的结构与工作原理

图6-86所示是霍尔式接近开关的工作原理，图6-87所示是接近开关的文字符号与图形符号，霍尔式接近开关中的霍尔元件是一种磁敏元件，利用霍尔元件做成的开关也叫作霍尔开关。

图6-86（a）所示为轴向接近式结构，磁极与霍尔元件在同一轴线上，当磁铁随着运动物体移动到距离霍尔元件只有几毫米时，霍尔器件的输出由高电平变成低电平，经驱动电路使继电器吸合或者释放。

图6-87（b）所示为穿孔式结构，磁铁随着物体一起沿着X方向运动，霍尔元件从两块磁铁间滑过，当磁铁与霍尔元件的间距小于某一数值时，霍尔元件的输出由高电平变成低电平，与图6-86（a）不同的是，若运动物体继续向前移动，霍尔元件的输出将恢复到高电平。

图6-86（c）所示为分流翼片与运动部件联动，当它移动到磁铁与霍尔元件之间时，磁力线被分流，遮挡了磁场对霍尔元件的激励，霍尔元件输出高电平。

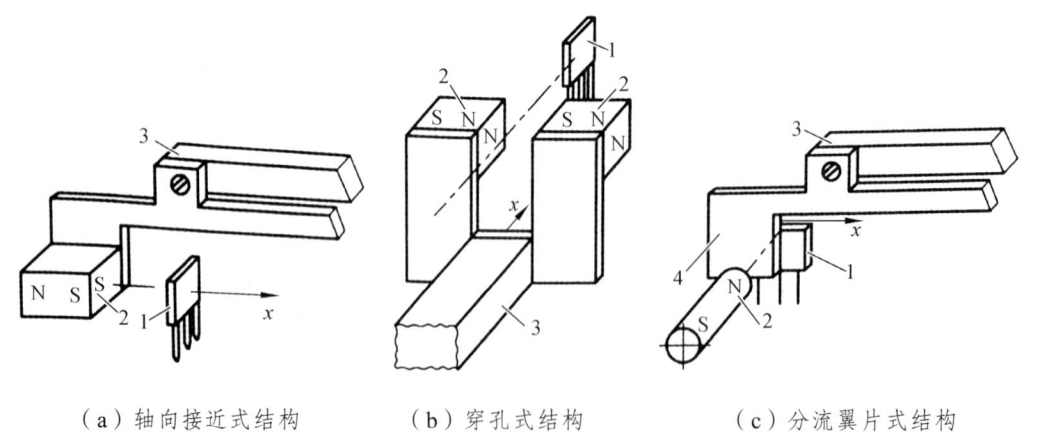

（a）轴向接近式结构　　（b）穿孔式结构　　（c）分流翼片式结构

1—霍尔元件；2—磁铁；3—运动部件；4—软铁。

图6-86　霍尔式接近开关工作原理示意图

（a）动合触点　　　　　　　　　　　　　　（b）动断触点

图 6-87　接近开关的文字符号和图形符号

七、互感器

1. 互感器的概念

互感器是电压、电流的变换设备，可以将高电压、大电流变换成低电压、小电流，以供继电保护和电气测量使用，使测量仪表与高压电路绝缘，保证工作人员的人身安全，扩大仪表量程。

常用互感器有电压互感器 PT 和电流互感器 CT，从结构和工作原理来说，互感器是一种特殊变压器，其实，电压互感器和电流互感器都是根据变压器的原理制成的，如图 6-88 所示。

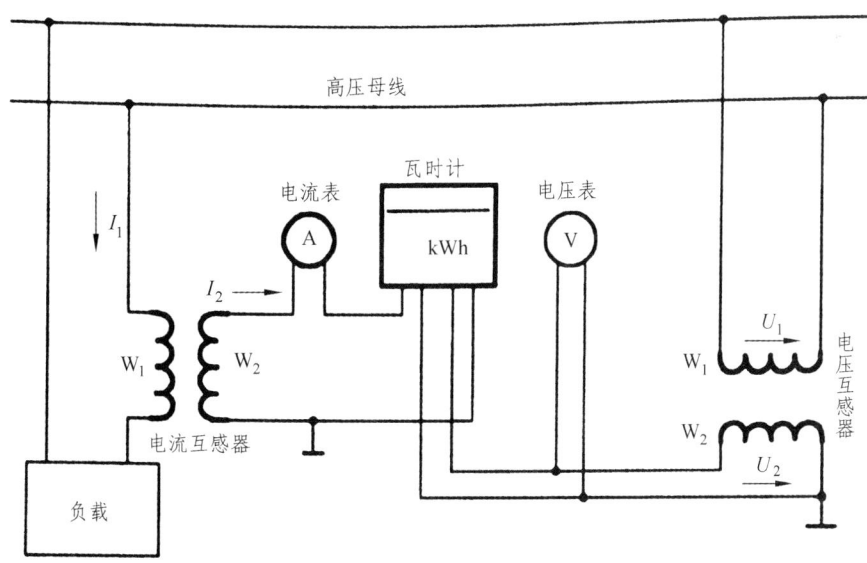

图 6-88　互感器工作原理示意图

互感器主要功能是安全绝缘。采用互感器作为一次侧电路与二次侧电路之间的中间元件，既可以避免一次侧电路的高电压直接引入仪表、继电保护设备等二次设备，又可避免二次侧电路的故障影响一次侧电路，提高了两方面工作的安全性和可靠性，保障了人身安全。另外，使用互感器还可以扩大仪表和继电器的使用范围。

互感器的铁心线圈分为直流铁心线圈和交流铁心线圈两种。直流励磁电流产生的磁通是恒定的，在线圈和铁心中不会感应出电动势，在一定电压 U 下线圈中的电流 I 只和线圈本身的电阻 R 有关，功率损耗也只有 I^2R。而交流铁心线圈在电磁关系、电压电流关系及功率损耗等几个方面和直流铁心线圈是不同的。

工作于轨道交通车辆的互感器主要通过变换、检测相应的直流和交流形式的电压、电流值，传输到列车的控制单元进行控制，如电机电压互感器和电流互感器、线路电压互感器和电流互感器、中间电路电压互感器以及接地电流互感器等。

2. 电压互感器

电压互感器的基本结构如图 6-89 所示。

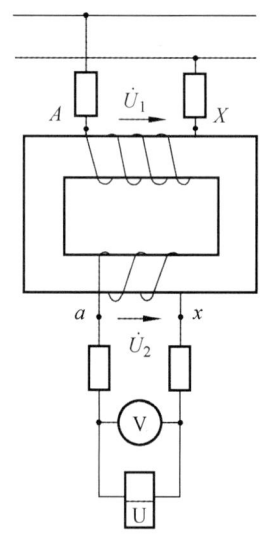

图 6-89　电压互感器结构示意图

电压互感器的结构特点是：一次绕组匝数很多，二次绕组匝数很少，相当于降压变压器。它接入电路的方式是：一次绕组并联在一次电路中，二次绕组并联仪表和继电器的电压线圈。由于二次仪表、继电器的电压线圈阻抗很大，所以电压互感器工作时二次回路接近于空载状态，因此二次绕组的电压一般为 100 V。使用电压互感器时，二次侧绝对不允许短路，否则二次侧电流会很大，使回路发热，烧毁绕组及负载回路的电气设备。

电压互感器一次电压和二次电压之间有以下关系：

$$\frac{U_1}{U_2} = \frac{N_1}{N_2} = K_u \tag{6-4}$$

式中，N_1、N_2 分别是电压互感器一次绕组和二次绕组的匝数；K_u 是电压互感器的变比。

3. 电流互感器

电流互感器的作用是将大电流变换成小电流。其原边绕组（一次侧）的匝数很少（只有一匝或几匝），缠绕在被测电路中。副边绕组（二次侧）的匝数较多，它与电流表或其他仪表或继电器的电流线圈相串联，形成一个闭合回路。电流互感器的基本结构如图 6-90 所示。

由于电流互感器二次侧接的仪表或继电器的电流线圈的阻抗很小，电流互感器工作时二次侧回路接近于短路状态，二次侧绕组的额定电流一般为 5 A。由于电流互感器的二次侧电压很高，因此在使用电流互感器时，二次侧绝对不允许开路，否则会击穿绕组和回路中的绝缘，从而伤及设备，并对人身安全构成威胁。

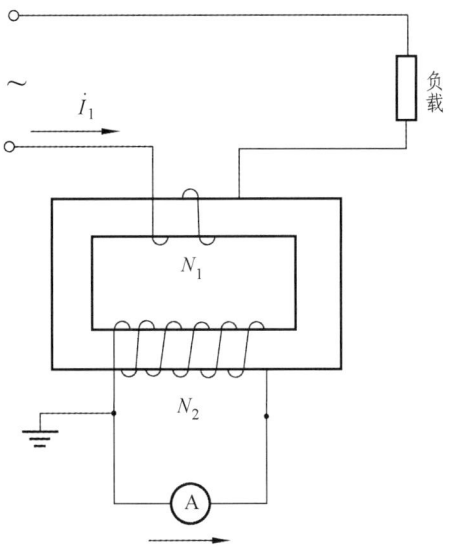

图 6-90　电流互感器结构示意图

电流互感器一次电流与二次电流之间有以下关系：

$$\frac{I_1}{I_2}=\frac{N_2}{N_1}=K_\mathrm{i} \quad 或 \quad I_1=\frac{N_2}{N_1}I_2=K_\mathrm{i}I_2 \tag{6-6}$$

式中，K_i 为电流互感器的变流比。

由以上公式可知，利用电流互感器可将大电流转换为小电流，方便测量。

思政课堂

让"最美精神"在万里铁道线上赓续绵延！

复习思考题

1. 按钮开关的结构包括哪些部分？画出常开按钮和常闭按钮的图形符号。
2. 对于万能开关而言，其触头的通断是由哪些部件控制的？
3. 常见的行程开关可以分为哪几种？行程开关的作用是什么？
4. 以直动式行程开关为例，说明其工作原理和工作过程。
5. 自动空气开关的特点是什么？自动空气开关是由哪几个部分组成的？自动空气开关能够实现哪些保护功能？
6. 对于扳键开关组而言，它能够实现对列车上哪些部件的控制？
7. 什么是接触器？接触器有什么特点？

8. 常见的接触器是由哪些部分组成的？简述每个部分的作用。
9. 接触器的基本参数包括哪些？
10. 对于交流接触器而言，其工作过程是怎样的？
11. 单极真空接触器包括哪些部分？
12. 电空接触器包括哪些部分？简述该器件的工作过程。
13. 什么是继电器？对于继电器中的比较机构，该如何理解？
14. 继电器的基本参数包括哪些？
15. 什么是返回系数？过量继电器的返回系数为什么大于1？
16. 常见的电磁式继电器有哪几种？
17. 电磁式电流继电器包括哪些部分？其图形符号如何表示？
18. 时间继电器是什么？常见的时间继电器可以分为哪几种？通电延时型时间继电器的图形符号是怎样的？
19. 热过载继电器主要包括哪些部分？其作用是什么？
20. 司机控制器与司机钥匙开关之间的联锁有哪些要求？
21. 简述司机控制器的检修与维护主要工作内容。
22. 司机控制器的主控制手柄上设有警惕按钮，该警惕按钮有何作用？
23. 简述 HXD_{1C} 型电力机车司机控制器的结构及工作原理。
24. 简述 HXD_3 型电力机车司机控制器的结构及工作原理。
25. 简述 SS_{4G} 型电力机车司机控制器的结构及工作原理。
26. 什么是传感器？传感器一般是由哪些部分组成的？
27. 常见的速度传感器有哪几种？对于光电式速度传感器而言，其输出的脉冲信号的频率与速度有什么关系？
28. 什么是接近开关？
29. 电流传感器和电压传感器的作用分别是什么？它们分别有什么特点？

实训篇

实训一 HXD₃型电力机车牵引电机维护检查与试验

工作任务单

工单编号	GD-DGJC01	工单名称	HXD₃型电力机车牵引电机维护检查与试验
面向专业	铁道机车类专业	职业岗位	设备维护检查与试验
考核点	HXD₃型电力机车牵引电机维护检查与试验		
工单简介	该任务主要完成 HXD₃型电力机车牵引电机维护检查与试验，以现场实际作业项目为引导，采用标准化作业方式，使学生不仅掌握现场 HXD₃型电力机车牵引电机维护检查与试验的标准化作业过程，同时可树立较强的安全生产意识		
设备环境	操作台、拆装工具套装等		
教学方法	采用教师操作示范辅助讲解，学生动手实际操作的方式		
用途说明	本工单可用于机车电机电器实训课程的教学实训		
注意事项	必须戴防护眼镜，防止异物掉进眼睛		
参考资料	1.《HXD₃型电力机车用户手册》 2.《HXD₃型电力机车检修手册》		
备注	1. 如实填写检修记录并及时在管理信息系统中回填 2. "检"表示质量检查员对作业过程进行检查监控 3. "📷"表示作业人员拍照留存		

实施人员信息

姓 名		班 级		学 号		电 话	
隶属组		组 长		岗位分工		伙伴成员	

任务目标

实施该工单的任务目标如下：

【知识目标】

（1）能识别牵引电动机的各部件结构，说出其名称和作用

（2）能说出牵引电动机的工作原理

【能力目标】

（1）能按照牵引电动机的检修工艺步骤检修牵引电动机各部件，并进行组装

（2）能按照牵引电动机的试验步骤进行牵引电动机试验

（3）能对牵引电动机常见故障进行判断和处理

【素养目标】

（1）具有安全生产意识

（2）具有团队协作精神

（3）具有分析问题、解决问题的创新意识

工具清单

序号	名称	规格型号	单位	数量	备注
1	功率分析仪		个	1	
2	存储记录仪		个	1	
3	直流双臂电桥		个	1	
4	红外线测温仪		个	1	
5	数字万用表		个	1	
6	测振仪		个	1	
7	磁电式传感器		个	1	
8	电机工频耐电压试验仪		个	1	
9	噪声统计分析仪		个	1	
10	流量通风系统控制器		个	1	
11	电子秤		个	1	
12	测试传感器专用电源		个	1	

物料清单

序号	物料名称	物料号	单位	数量	备注

作业步骤

序号	作业项目	作业内容及标准
1	牵引电机的型式试验和出厂试验	1. 试验类别 电机的试验分型式试验、例行试验和装机运行试验。 （1）型式试验。 试验时，电源最好采用运行中实际使用的逆变器，也可以采用与实际变流器的电气输出特性非常相似的电源。 凡遇到下列情况之一时，应进行型式试验，试验在一台电机上进行： ① 新产品试制完成时； ② 电机设计或工艺材料的变更，足以引起某些特性和参数发生变化时； ③ 出厂试验结果与以前进行的型式试验结果发生不可允许的偏差时； ④ 转产或长期停产后重新投产时； ⑤ 对成批或大量生产的产品进行定期的抽试，每两年抽试2台； ⑥ 逆变器的输出特性发生变化时。 （2）例行试验：每台出厂电机都应进行。电机的例行试验，由工频 50 Hz，2 150 V 电源供电，试验在一个旋转方向上进行。 （3）装车运行试验：新产品在型式试验后进行装车运行试验，在运行中工作应安全可靠，零部件状态应正常
		2. 试验依据 GB 1032《三相异步牵引电机试验方法》 IEC 60349-2《铁路机车车辆和公路车辆用旋转电机第二部分：电子变流器供电的交流牵引电机》 IEC 60349-3《铁路机车车辆和公路车辆用旋转电机第三部分：用损耗总和法来确定变流器供电的交流牵引电机的总损耗》 GB 10068《旋转电机振动测定方法及限值》 GB 10069.1《旋转电机噪声测定方法及限值》 JTD 3530001《YJ85A 异步牵引电机技术条件》
		3. 试验方法 试验在通过国家试验站资质认证的、交流电机试验站进行。采用能量反馈的试验线路，即从工频电网取电，经变频调速控制系统，到被试电机。再通过扭矩仪将机械力传递到陪试负载电机，陪试负载电机发出电，经过控制系统将能量反馈到电网

续表

序号	作业项目	作业内容及标准
2	牵引电机的维护保养、故障诊断和检修	1. 电机的维护保养 经常检查轴承的温升情况，如发现轴承温升过高时，应及时找出原因予以处理。一般原因有：加油过多，油质不纯，变质，轴承径向游隙太小，轴承窜油，轴承质量不良，油封摩擦以及内部不干净等原因。 不得使用未经制造厂同意的润滑脂，严格保证润滑脂的清洁。建议润滑脂的补充量为：10～15 g/50 000 km 2. 电机的故障诊断 1）电机转向不对 一般原因是三相引出线与电源连接错误。 2）电机转速太低 一般原因有三条：一条是电源电压太低，不能产生足够的扭矩来抵消电机空转所需的扭矩；另一条是频率太低；再一条是负载过大，即转差太大。 3）绝缘击穿 应从以下两个方面分析处理： （1）电机发生异常情况，短时电压过高。 （2）绝缘电阻太低，绝缘受到酸、碱等腐蚀性气体侵害，线圈不洁、过热、过潮、环境温度过低、绝缘老化等原因引起。 4）电机振动大 应从以下三个方面分析处理： （1）安装不良。 （2）电机转轴弯曲。 （3）电机转子平衡不良。 5）轴承过热 应从以下四个方面分析处理： （1）电蚀。 现象：表面可看见斑点，在显微镜下可观察到斑点是由细小的凹坑簇集而成，进一步发展就可导致波纹状表面。 原因：电流流经轴承，就会产生电火花，从而熔融滚道表面。 解决办法：通过集流环或绝缘轴承避免电流流动。 （2）剥离。 现象：滚道表面被剥离，表面发生剥离后非常粗糙。 原因：碾压疲劳。剥离常常是因为过载而过早发生，而过载是由不正确操作导致，轴和轴承座精度太低，安装误差，异物侵入或生锈等引起。

序号	作业项目	作业内容及标准
2	牵引电机的维护保养、故障诊断和检修	解决办法： ① 找出载荷过重的原因。 ② 检查工作环境并且尽量采用承载能力大的轴承。 ③ 增加润滑油的黏度和改善润滑系统以形成润滑油膜。 ④ 减小安装误差。 （3）刮痕。 现象：表面粗糙并且有细小微粒黏着。 原因：滚动体在滚动中产生滑动，而润滑剂性能太差，不能避免滑动。 解决办法： ① 选择最佳润滑油和润滑系统，使之能够形成完整的油膜。 ② 使用附带加压装置的润滑剂。 ③ 采取如选择较小径向游隙和预压的方式以避免滑动。 （4）缺损和破裂。 现象：轴承内、外圈以及滚动体部分破损。 原因：较大固体异物侵入，冲击或过大载荷，不适当的搬运方式。 解决办法： ① 排除故障，矫正冲击载荷或过大载荷。 ② 改善搬运条件。 ③ 改善密封条件
		3．电机的检修 1）基本技术要求 （1）电机内、外部清洁，整齐，铭牌清晰，引出线标记准确。 （2）机座端盖无裂纹与缺陷，各部件应完整牢固，不得松动。 （3）接线各部分紧固螺栓无松动，接线、插座无损伤，连接插座紧固无松动。 （4）定子绕组线电阻换算到 20 ℃ 时，阻值应与典型值 0.079 48 Ω 的相对误差不超过±10%。 （5）电机绝缘要求： 用 1 000 V 兆欧表测量定子绕组冷态绝缘电阻不低于 100 MΩ，热态绝缘电阻不低于 10 MΩ；用 500 V 兆欧表测量转轴对定子的绝缘电阻不低于 5 MΩ。

续表

序号	作业项目	作业内容及标准
2	牵引电机的维护保养、故障诊断和检修	（6）耐压试验： 50 Hz 正弦波交流 5 400 V，1 min，无击穿闪络现象。 （7）轴承转动灵活无异音，温升不超过 55 K。 （8）电机上的速度传感器应连接紧固无松动，信号显示正确。 （9）探伤范围： ① 电机轴锥处。 ② 更换轴承时，轴承位轴颈。 2）原形尺寸及限度 电机在进行维护、检查、修理时，请参照以下标准： （1）机座与端盖的配合。 进风端止口原形尺寸为 $\phi 752H7/p6$、出风端止口原形尺寸为 $\phi 704H7/p6$。允许等级修，每修一次，机座孔径尺寸加大 1 mm，配制端盖，配合过盈量（+0.008～+0.138）不变。 警告：电机出风端的机座与端盖间有一定子过渡盘，此过渡盘与定子是对号配装的，检修中一般不需要将他们分离。若有必要分离，重新装配时应对号配装。 （2）出风端端盖与轴承的配合。 端盖公差 $\phi 320_{-0.038}^{-0.02}$，不允许等级修。 （3）进风端端盖与轴承的配合。 端盖公差 $\phi 215_{-0.028}^{-0.015}$，不允许等级修。 （4）进风端轴承与轴的配合。 进风端轴承有 2 个，NU 轴承靠内、QJ 轴承靠外，NU 轴径尺寸 $\phi 100_{+0.028}^{+0.050}$，QJ 轴径尺寸 $\phi 90n6$。不允许等级修。 （5）出风端轴承与轴的配合。 轴径 $\phi 150n6$，不允许等级修。 （6）轴承间隙： 径向自由间隙 组装后径向间隙 报废径向间隙 传动端 0.165～0.215 0.064～0.181 ≥0.26 非传动端 0.125～0.165 0.057～0.168 ≥0.21 由于非传动端有 2 个轴承，上述非传动端轴承间隙指 NU 轴承的间隙。QJ 轴承在按设计要求的配合下安装时一般无需检测径向间隙。 QJ 轴承的轴向间隙为 0.186～0.246。

序号	作业项目	作业内容及标准
2	牵引电机的维护保养、故障诊断和检修	（7）转子轴锥： 外锥长 169 mm，锥度 1∶50，接触面积≥80%，修理极限接触面积≥75%。 （8）转子轴和轴承的配合超过限度时的处理方法： 在车削掉表面粗糙和变形等部分（表面粗糙度要达到 R_a≤1.6 以上）后，进行镀硬铬处理，再精加工到规定公差，加工完后的镀层厚度为 0.1~0.4 mm。 3）检修工艺过程 （1）解体前的检查。 ① 查阅履历卡（簿），根据实际技术状态和历次检修的记载及运用动态变化，确定重点检修项目。 ② 外观检查：电机各部分状况，特别注意有无裂纹、松动、折断、灼伤等现象。 ③ 测量绝缘电阻：用 1 000 V 兆欧表测量定子绕组对地的冷态绝缘电阻；用 500 V 兆欧表测量转轴对定子的绝缘电阻。 ④ 在 50 Hz，1 500 V 的工况下，正反转各 30 min，检查下列项目： a. 检查电机是否振动，以确定电机转子是否需做动平衡。 b. 检查轴承有无异音。 c. 观察是否有其他异状，确定故障所在。 （2）解体。 ① 定、转子分离。 拆去绑测速传感器的绑线和卡子、非传动端外轴承盖螺栓，退下非传动端外轴承盖；拆去非传动端轴承座螺栓，在非传动端轴承座上装上 2 个导向螺杆，在传动端轴锥上装上总装吊具。再用顶出螺栓两端同时对称顶出转子。 注意：顶出用螺栓头部必须磨成圆弧，以减少对机座面的损伤；拧顶出螺栓时必须两端同时拧且应对称，边拧边晃动吊具，整个转子顶出过程中吊具都应在可晃动状态。 ② 端盖与转子分离： a. 用拉拔器拉出传动端外封环。 b. 卸下传动端轴承外盖，退下传动端端盖。 注意：端盖较重，退下时应装吊环螺钉才能吊出。

续表

序号	作业项目	作业内容及标准
2	牵引电机的维护保养、故障诊断和检修	c. 使用拉轴承外圈工装,将轴承外圈和传动端内封环拉出。 d. 使用拉拔器将大轴承内圈和传动端轴套从转子轴上拆下。 e. 打开非传动端扣片,退出压测速齿轮的螺钉,取下测速齿轮。 f. 退出非传动端外封环螺栓,取下非传动端外封环。 g. 用拉拔器拉出非传动端轴承座,此时球轴承的半个内圈将同时被拉出。球轴承的外圈也同时可取出。 h. 使用拉轴承外圈工装,将轴承外圈和非传动端内封环拉出。 i. 使用拉拔器将两个轴承内圈和非传动端轴套从轴上拆下。 j. 取出轴承后,要做好标记,以便对号组装。 注意:电机的 3 个轴承均为外圈绝缘轴承,绝缘层为陶瓷,很脆,拉拔时要十分小心,严防损伤绝缘层。轴承拉出后,要做好标记(不得在轴承外圈上刻划),以便对号组装。 (3)吹扫和清洗。 ① 将大小轴承表面残油刮去,放入轴承专用清洗机清洗,洗后的轴承按号放在专用存放架上。不能用棉纱擦洗轴承,如需擦洗,只能用棉布。 ② 清洗测速齿轮,油封,轴承盖,端盖等部件。 注意:应将所用工具一并清洗并妥善存放。 ③ 定子、转子的清洗。 ④ 用铲刀、刷子清除电机各部件外表面的油垢污物,黏结在定子或转子上的污垢硬壳要用铲刀或竹片仔细刮掉。 ⑤ 把定子、转子吊入吹扫室用压缩空气吹扫灰尘。 ⑥ 把定子、转子分别吊入专用清洗机清洗。洗涤液为 3%~5%浓的中性洗涤剂溶液,pH 不大于 9,温度为 60~80 ℃,洗涤剂冲洗时间 10 min。排掉洗涤剂溶液后,用 50~70 ℃ 的清水再冲洗 4~5 min,洗掉电机绝缘层表面的残存洗涤剂。 ⑦ 电机定子、转子各部件,凡用清洗机无法洗掉的污垢,应用手工继续清洗。可用毛刷、软布、竹片等刷洗擦净。清洗后要求表面露出绝缘漆、覆盖漆的本色。 ⑧ 定子前、后端盖可用高温压力清水直接冲洗,或用 5%左右的洗涤液煮洗。清洗时可用刷子,铲子配合刮刷,直到洗净为止。 ⑨ 清水冲洗完毕的电机定子、转子从清洗箱吊出后,用 0.5~0.6 MPa 的压缩空气吹去残留在转子内部及定子内外表面的水。

续表

序号	作业项目	作业内容及标准
2	牵引电机的维护保养、故障诊断和检修	⑩ 把清洗干净的电机定子、转子吊入烘箱。烘燥时要逐步升温，先用约 1 h 的时间升温到 60 ℃，保温约 2 h，以利于电机内外水汽彻底蒸发散逸。然后加温至 110～120 ℃ 左右烘 8～10 h。 ⑪ 在烘燥过程中用 1 000 V 兆欧表每隔 1 h 测量绕组对地绝缘电阻。在最终温度进行烘焙 3 h 后，每隔 20 min 测量一次绝缘电阻值，当三次测量值均大于 10 MΩ，且三次误差不大于 10% 时可以认为烘焙合格，否则应延长烘焙时间。 （4）检修过程。 ① 定、转子的检修。 a. 定子的检修，用 1 000 V 兆欧表，测量定子绕组对地的绝缘电阻应不低于 100 MΩ。 b. 用双臂电桥或 TZ 测量仪测量定子三相绕组，20 ℃ 时绕组的线电阻为 0.079 48×(1±10%)Ω，测量值折合到 20 ℃ 时应在此范围内，三个线电阻与线电阻平均值的差不应超过平均值的 ±4%。 c. 允许用 2.5 kV 兆欧表或升高电压的方法判断击穿点。 d. 定子应保持良好的清洁状态，绕组端部、槽口、通风孔内不许积存油污和灰尘。 e. 用 4 590 V、50 Hz 正弦交流电进行对地耐压检查 1 min 无击穿、闪络现象。 f. 轴、油封、平衡块、护环、端环、支架不得有裂伤变形及松动。轴锥面不许有擦伤、划痕等缺陷。 g. 转轴轴承位和轴锥面及轴锥过渡圆角处应磁粉探伤检查，不得有裂纹。 h. 平衡块丢失、松动、空转振动大或经重新浸漆，转子需做动平衡试验。转子最大不平衡力矩为 62 g·cm（即不平衡量 3 g）。 经过上述检查确认定子没有缺陷的，首次修可不浸漆，以后二次修时应补一次浸漆。浸漆最好用真空，确实条件有限时也可用普浸代替，但不论是否浸漆都应喷一次表面漆；转子若用导条振动仪检测发现振频低于 1 300 Hz 时应补刷绝缘漆，以充实转子铁芯槽。与定子一样检修后都应喷一次表面漆。 ② 端盖的检修 a. 检查端盖的螺栓孔，油槽等状况良好。端盖有裂纹，允许焊修加固处理。 b. 端盖轴承安装孔座或内油封磨损拉伤时，可用金属喷涂或电刷镀方法修复，恢复至原形尺寸。

续表

序号	作业项目	作业内容及标准
2	牵引电机的维护保养、故障诊断和检修	③ 轴承的检修 　a. 轴承内外套圈、滚动体、工作表面及套圈的配合面，必须光洁。不许有裂纹、磨伤、压坑、锈蚀、剥离、疲劳起层等缺陷。 　b. 轴承的清洗，应采用能在轴承表面留下油脂的清洗剂。 　c. 轴承保持架不许有裂纹、飞边、变形。铆钉或螺钉不许有折断、松动，防缓件应作用良好。 　d. 轴承拆装时，严禁直接锤击。加热温度不得超过 120 ℃，采用电磁感应加热时剩磁感应强度不大于 3×10^{-4} T。轴承内圈与轴的接触电阻值不大于统计平均值的 3 倍。 　e. 轴承要成套更换，并分别在内、外圈上标明安装日期，下次检修时外圈要转动 90°～120°。轴承上写字使用酸液配方为：硫酸铜 8.5%，亚硒酸 7.5%，硝酸 10%。 　注意：绝缘轴承外圈上严禁刻划。 　f. 更换轴承内圈时，必须检查轴承内圈与轴径的配合尺寸，选配过盈量应符合技术要求和限度的要求。 （5）电机的组装。 ① 非传动端端盖的组装。 　定子非传动端止口上抹上密封胶，在非传动端端盖进风孔对角装二个 M12 吊环螺钉，将端盖吊于定子处，对准止口，用端盖螺栓将端盖均匀压入止口，禁止锤击端盖，以防变形。 ② 转子非传动端的组装。 　a. 用烘箱加热轴套、封环和轴承内圈（球轴承仅需加热内圈 E），将他们按顺序套在轴上，轴承标记朝外。轴承内圈加热温度为 110～120 ℃，其他件加热温度为 140～160 ℃。 　b. 内封环外圈上稍抹点润滑脂，油槽内加 210 g 润滑脂，油槽朝上放置待用；滚柱轴承外圈上稍抹点润滑脂标记朝外放置待用。 　c. 将非传动端轴承座电磁感应加热或烘箱加热后水平放在一平台上，将内封环放入轴承座内，放入后应有间隙可转动。将滚柱轴承外圈放入轴承座内，用力顶压使其到位，稍后在轴承内抹上润滑脂，加脂量为 70 g，加时应用手指或合适的工具使润滑脂挤入轴承的滚柱间。 　注意：禁止锤击轴承外圈。

续表

序号	作业项目	作业内容及标准
2	牵引电机的维护保养、故障诊断和检修	d. 在隔套内油槽加 180 g 润滑脂,外油槽加 70 g 润滑脂,将球轴承外圈上稍抹点润滑脂压入轴承隔套内,轴承内抹上润滑脂,加脂量为 30 g,加时应用手指或合适的工具使润滑脂挤入轴承的球间。将隔套连同球轴承外圈一起放入轴承座内,放时注意隔套上的缺口对正轴承座缺口,放入时最好用均匀的压力压入,确实条件受限时可用铜棒对称均匀地轻击隔套,使其到位。 注意:禁止锤击轴承外圈。 e. 将非传动端轴承座整体套在非传动端轴上。 f. 将球轴承内圈 F 加热套在非传动端轴上。 g. 在隔套和轴承座二件对正的缺口上装上定位键,密封垫换新。外封环的四个外槽内加 165 g 润滑脂,内槽内加 100 g 润滑脂,用螺栓将其拧在轴承座上。 h. 装上测速齿盘,扣片四角扣在螺栓的边上,不得扣在角上。 ③ 转子传动端的组装。 a. 用烘箱加热轴套和轴承内圈,加热温度同上。将他们按顺序套在轴上,轴承标记朝外; b. 内封环外圈上稍抹点润滑脂,油槽内加 555 g 润滑脂,油槽朝上放置待用;滚柱轴承外圈上稍抹点润滑脂标记朝外放置待用。 c. 将传动端端盖电磁感应加热或烘箱加热后水平放在一平台上,将内封环放入端盖内(注意小销子应对正端盖相应的缺口),放入后应有间隙可转动。将滚柱轴承外圈放入端盖内,用力顶压使其到位,稍后在轴承内抹上润滑脂,加脂量为 240 g,加时应用手指或合适的工具使润滑脂挤入轴承的滚柱间。 注意:禁止锤击轴承外圈。 d. 用天车将传动端端盖连同轴承外圈吊起,套在传动端轴上;密封圈换新。 e. 轴承外盖的四个外槽内加 300 g,内槽内加 280 g,用螺栓将其拧在端盖上,轴承外盖与端盖的间隙抹密封胶。 f. 将传动端外封环在烘箱内加热到 140~160 ℃ 后套在传动端轴上,套前端盖应向内推到底。 ④ 定子与转子的组装。 a. 非传动端轴承座上装上 2 个导向螺杆。 b. 传动端轴上套上总装用铜套,用压板螺栓压紧,将总装吊弓套在铜套上,用锁紧螺栓锁紧,移动吊弓上的吊鼻,试吊转子,使转子呈水平。

续表

序号	作业项目	作业内容及标准
2	牵引电机的维护保养、故障诊断和检修	c. 徐徐移动天车，将转子水平装入定子内，转动二个导向螺杆，使非传动端轴承座上的加油孔对正端盖上的加油孔，传动端端盖的抱轴缺口与定子的抱轴缺口对正。 d. 两端端盖进入定子止口后，用端盖螺栓两端同时对称将端盖均匀压入止口，与拆卸时一样，拧螺栓时应晃动吊弓，使其可活动。禁止锤击，以防变形。 注意：传动端端盖螺栓拧紧前，应调整齿轮罩安装孔与大吊挂间的距离。 e. 卸去总装吊具，卸去铜套，拨动转子应转动灵活。 f. 按总装图要求，在非传动端轴承外盖的止口位抹上密封胶，在外盖未覆盖住的一个轴承座螺孔上抹上密封胶，用螺栓将外盖装在非传动端端盖上。 g. 测量测速传感器孔到测速齿轮齿顶的距离应为（50.8±0.15）mm，孔口抹上密封胶（注意，此胶与抹轴承外盖的胶不同），用螺栓将测速传感器装上，按总装图要求将测速传感器电缆绑好。 （6）电机的试验。 为保证牵引电机的检修质量，解体检修过的电机均需进行运转试验，以考核电机的运转状态，及时消除不良。中修后的电机必须进行下列试验： ① 空转试验，电机在 50 Hz 正弦，1 500 V 电源驱动下，正、反转各 30 min，测量轴承温升不超过 35 K。 ② 热态绝缘电阻测定：用 1 000 V 兆欧表测量定子绕组对地绝缘电阻应不低于 10 MΩ，用 500 V 兆欧表测量定子对转轴绝缘电阻应不低于 5 MΩ。 ③ 电机检修各项数据均按检修记录表要求详细记录。 （7）搬运与存放。 ① 电机的搬运。 a. 电机应装在包装箱内运输，包装箱应有足够的强度和刚度，并能防雨防潮。电机在包装箱内应固定牢靠，使电机能经受住运输途中的颠簸震动。 b. 电机到达用户后，用户应在一周内开箱检查，检查是否受潮、损伤，发现问题及时处理。

续表

序号	作业项目	作业内容及标准
2	牵引电机的维护保养、故障诊断和检修	c. 为防异物进入电机，电机在收尾时通风口上装有密封盖板，在电机与机车通风道相连前应取下该盖板。 d. 为避免运输途中转子的轴向窜动损伤轴承，在轴头上装有防止电机轴向窜动的工装，电机使用时，拆下此工装。 ② 电机的存放。 为了防备万一出现零件损伤等情况，建议应经常配备备品。备品的使用量因零件的寿命及电机台数的不同而不同，请根据使用经验来决定适当数量的备品。 长期保管备品时，请避开高温、高湿的场所，不要直接放置在地上，而要放在适当的平台上进行保管。 请使用防潮剂，以避免受潮。 容易生锈的零件，要涂上防锈涂料后再进行保管。 ③ 备品电机的使用。 开始使用长期保管的备品电机时，要先进行充分的检查整理，确认没有问题后再使用。特别是开始使用备用电机时，请按以下步骤进行检查： a. 测量绝缘电阻，确认无异常。 b. 检查轴承润滑脂，发现有老化或异常时，请更换润滑脂。保管期超过一年时，使用前必须更换润滑脂。 c. 使用变频电源，先加上 10~15 Hz 频率，$46.74 \times f$（频率）的电压值，空转 15 min；再接通 50 Hz，不大于 2 150 V 的电源（1 500 r/min）空载运行 1 h 左右，检查有无异常
3	完工确认	作业完毕后，应做到"工完、料净、场地清"
4	填记纸质记录	
5	填管理信息系统	

📇 任务扩展

测量牵引电机的绝缘电阻时，绝缘摇表的使用有什么要求？

质量监控单（教师完成）

工单实施栏目评分表

评分项	分值	作答要求	评审规定	得分
任务资讯	15	回答问题清晰准确，能够紧扣主题，没有明显错误项	对照标准答案，错误一项扣5分，扣完为止	
任务规划	15	任务规划周密、可实施，没有细节错误	参照标准答案，错误一项扣2分，扣完为止	
任务实施	50	有具体实施方案，各步骤清晰正确	A类错误点一次扣3分，B类错误点一次扣2分，C类错误点一次扣1分	
任务扩展	5	实施方案清晰正确	A类错误点一次扣2分，B类错误点一次扣1分	
其他	15	日志和问题项目填写详细、能够反映实际工作过程	没有填或者填写太过简单，每项扣2分	
合计得分				

职业能力评分表

评分项	等级	作答要求	等级
知识评价	A/B/C	A：能够完整准确地回答任务扩展的所有问题，准确率在90%以上 C：对基础知识掌握得非常差，任务扩展和答辩的准确率在50%以下	
能力评价	A/B/C	A：熟悉各个环节的实施步骤，完全独立地完成任务，并有能力辅助其他同学完成规定的工作任务，工作实施快速，准确率高（任务规划和任务实施正确率在85%以上） C：未完成任务或只完成了部分任务，有问题没有积极向老师和其他同学请教，工作实施拖拉，不积极，各个部分的准确率在50%以下	
态度素养评价	A/B/C	A：不迟到、不早退，对人有礼貌，善于帮助他人，积极主动地完成规定工作任务，工作台整洁有序，能正确回答老师提问 C：未完成任务或只完成了部分任务，有问题没有积极向老师和其他同学请教，工作实施拖拉不积极，不能准确回答老师提出的问题	

注：作答结果介于 A、C 之间的，等级评定为 B。

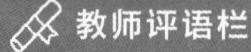 教师评语栏

实训二 HXD$_3$型电力机车牵引变压器维护检查与试验

		工作任务单	
工单编号	GD-DGJC02	工单名称	HXD$_3$型电力机车牵引变压器维护检查与试验
面向专业	铁道机车类专业	职业岗位	设备维护检查与试验
考核点	HXD$_3$型电力机车牵引变压器维护检查与试验		
工单简介	该任务主要完成HXD$_3$型电力机车牵引变压器维护检查与试验，以现场实际作业项目为引导，采用标准化作业方式，使学生不仅掌握现场HXD$_3$型电力机车牵引变压器维护检查与试验的标准化作业过程，同时可树立较强的安全生产意识		
设备环境	操作台、拆装工具套装等		
教学方法	采用教师操作示范辅助讲解，学生动手实际操作的方式		
用途说明	本工单可用于机车电机电器实训课程的教学实训		
注意事项	必须戴防护眼镜，防止异物掉进眼睛		
参考资料	1.《HXD$_3$型电力机车用户手册》 2.《HXD$_3$型电力机车检修手册》		
备注	1. 如实填写检修记录并及时在管理信息系统中回填 2. "检"表示质量检查员对作业过程进行检查监控 3. "📷"表示作业人员拍照留存		
		实施人员信息	
姓 名		班 级		学 号		电 话	
隶属组		组 长		岗位工		伙伴成员	

任务目标

实施该工单的任务目标如下：

【知识目标】

能说出机车主变压器的结构组成、各部件的名称及作用

【能力目标】

（1）能按照主变压器的检查项目对主变压器进行检维护保养

（2）能按照主变压器的试验要求对主变压器进行试验

【素养目标】

（1）具有安全生产意识

（2）具有团队协作精神

（3）具有分析问题、解决问题的创新意识

工具清单

序号	名　　称	规格型号	单位	数量	备注
1					
2					
3					
4					
5					

物料清单

序号	物料名称	物料号	单位	数量	备注
1					
2					
3					
4					
5					

作业步骤

一、维护检查

根据下表列出的检查项目,氮压力和绝缘温度的相关检查是必要的,对于其他的检查,不需要特殊的工具和试验器具。

主变压器容器维护检查项目表

检查项目	检查内容	注意事项	检修周期				备注
			行修	辅修	小修	中修	
外观	目视检查电气设备有无损伤及灰尘附着	如无故障,禁止拆卸	√	√	√	√	修理或者更新吹净后用干净布擦拭
紧固件	检查有无松动		√	√	√	√	紧固牢靠
接线	目视确认有无污垢,损伤以及松动		√	√	√	√	清扫或更新后若有松动要上紧
电瓷管	目视确认有无污垢、损伤以及裂纹		√	√	√	√	清扫或更新
氮压力和绝缘油温度的关系	点检氮压力和绝缘油温度的关系,确认氮气有无泄漏					√	油温度-氮压力曲线范围外的情况,变压器运转停止时请通过氮气的补给或放出调整
绝缘电阻	1. 常温状态下测定。记录测定时的气温、湿度、油温。 2. 主变压器温度继电器、油流继电器(2 台全部)测定。 3. 油泵(2 台全部)的绝缘电阻					√	1. 主变压器一次-二次接地间,二次-三次接地间,三次-接地间每个都在 200 MΩ以上。 2. 温度继电器端子-接地间 100 MΩ 以上,油流继电器(2 台全部)端子-接地间 100 MΩ 以上。 3. 油泵(2 台全部)端子-接地间 100 MΩ 以上

二、部件的更换周期

各部件正确期保养标准、更换周期、更换期限见下表,不满足保养标准值则应进行更换。

续表

部件的更换周期		
部件名称	更换周期	更换期限
温度指示控制器	5 年	
油流继电器	5 年	
潜油泵	仅轴承为 10 年	如有异常音响则应进行更换
波纹管	5 年	如有漏油则应进行更换
压力释放阀	5 年	如有漏油则应进行更换
各种阀类	根据检查结果更换	如发现漏油现象则应更换
套管类	根据检查结果更换	如发现破损,漏油现象则应进行更换
箱沿密封圈（耐油橡胶）	5 年	根据检查结果确定是否更换
各端子密封件（耐油橡胶）	5 年	根据检查结果确定是否更换
油路密封件（耐油橡胶）	5 年	根据检查结果确定是否更换
其他橡胶件（耐油橡胶）	10 年	根据检查结果确定是否更换

三、主变压器试验

主变压器试验的目的是对变压器参数性能的验证、对其质量的考核。执行标准为国际电工委员会标准 IEC 60310—2004 和中华人民共和国铁道行业标准 TB/T 1680—2006。变压器的试验按照试验大纲的要求包括以下项目:

1. 外观检查

要求按图纸检查铭牌的标示,查看各继电器、电源线的走线是否按图纸要求等。

2. 线圈的电阻测量

测量高压线圈及牵引、辅助线圈的电阻并折算到 85 ℃。

3. 变压比测量

测量高压绕组和其他绕组间的变压比,并判断是否在规定的范围内。

4. 空载电流和空载损耗的测量

出厂试验时要求测量一次线圈在额定电压 $1.0U$ 下的空载电流和空载损耗,型式试验时则要分别考核 $0.7U$、$0.8U$、$0.9U$、$1.0U$、$1.1U$、$1.24U$ 下的空载电流和空载损耗。

5. 阻抗电压的测量

出厂试验中要求测量高压绕组分别对 6 个牵引绕组和 2 个辅助绕组间的短路阻抗、6 个牵引绕组串联和 2 个辅助绕组串联间的短路阻抗;而型式试验包括了上述内容,还要测量高压绕组、6 个牵引绕组、2 个辅助绕组中任意两个绕组间的短路阻抗。

续表

6. 负载损耗和总损耗的测量

负载损耗在测量短路阻抗时同时被记录下来。总损耗是空载损耗与折算到相应基准温度的绕组负载损耗之总和。

7. 温升试验

该项试验仅在型式试验中进行,模拟变压器在满负荷时的工况,测量各绕组和不同位置的油温。

8. 耐电压试验包括感应耐压试验、工频耐压试验和雷电冲击试验

工频耐压试验考核低压线圈的主绝缘,感应耐压试验则考核各线圈的纵绝缘是否有缺陷;雷电冲击试验用 5（±30%）/50（±20%）μs 的脉冲波形,模拟大气雷电对变压器进行冲击,该项试验仅出现在主变压器的型式试验中。除以上项目外,主变压器试验还包括密封性试验、变压器油的试验等;主变压器的主要附件如油泵等也需要试验

任务扩展

测量牵引变压器的负载损耗和总损耗包括哪些?

质量监控单（教师完成）

工单实施栏目评分表

评分项	分值	作答要求	评审规定	得分
任务资讯	15	回答问题清晰准确，能够紧扣主题，没有明显错误项	对照标准答案，错误一项扣5分，扣完为止	
任务规划	15	任务规划周密、可实施，没有细节错误	参照标准答案，错误一项扣2分，扣完为止	
任务实施	50	有具体实施方案，各步骤清晰正确	A类错误点一次扣3分，B类错误点一次扣2分，C类错误点一次扣1分	
任务扩展	5	实施方案清晰正确	A类错误点一次扣2分，B类错误点一次扣1分	
其他	15	日志和问题项目填写详细、能够反映实际工作过程	没有填或者填写太过简单，每项扣2分	
合计得分				

职业能力评分表

评分项	等级	作答要求	等级
知识评价	A/B/C	A：能够完整准确地回答任务扩展的所有问题，准确率在90%以上 C：对基础知识掌握得非常差，任务扩展和答辩的准确率在50%以下	
能力评价	A/B/C	A：熟悉各个环节的实施步骤，完全独立地完成任务，并有能力辅助其他同学完成规定的工作任务，工作实施快速，准确率高（任务规划和任务实施正确率在85%以上） C：未完成任务或只完成了部分任务，有问题没有积极向老师和其他同学请教，工作实施拖拉，不积极，各个部分的准确率在50%以下	
态度素养评价	A/B/C	A：不迟到、不早退，对人有礼貌，善于帮助他人，积极主动地完成规定工作任务，工作台整洁有序，能正确回答老师提问 C：未完成任务或只完成了部分任务，有问题没有积极向老师和其他同学请教，工作实施拖拉不积极，不能准确回答老师提出的问题	

注：作答结果介于A、C之间的，等级评定为B。

 教师评语栏

实训三　HXD₃型机车受电弓维护保养及检修作业

工作任务单

工单编号	GD-DGJC01	工单名称	HXD₃型机车受电弓维护保养及检修作业
面向专业	铁道机车类专业	职业岗位	设备维护检查与试验
考核点	HXD₃型机车受电弓维护保养及检修作业		
工单简介	受电弓是列车牵引系统主要部件，电力机车受电弓结构复杂，并伴随着日常损耗，因此必须对机车受电弓进行日常检查、维护保养、检修作业等。该任务主要完成HXD₃型机车受电弓的维护保养及检修作业，以现场实际作业项目为引导，采用标准化作业方式，使学生不仅掌握现场HXD₃型电力机车受电弓维护保养及检修作业的标准化作业过程，同时可树立较强的安全生产意识		
设备环境	操作台、拆装工具套装等		
教学方法	采用教师操作示范辅助讲解，学生动手实际操作的方式		
用途说明	本工单可用于机车电机与电器实训课程的教学实训		
注意事项	必须戴防护眼镜，防止异物掉进眼睛		
参考资料	1.《HXD₃型电力机车用户手册》 2.《HXD₃型电力机车检修手册》		
备注	1. 如实填写检修记录并及时在管理信息系统中回填 2. "检"表示质量检查员对作业过程进行检查监控 3. "📷"表示作业人员拍照留存		

实施人员信息

姓　名		班　级		学　号		电　话	
隶属组		组　长		岗位工		伙伴成员	

任务目标

实施该工单的任务目标如下：

【知识目标】

（1）掌握受电弓的作用、结构组成和动作原理

（2）掌握受电弓主要部件的作用

（3）掌握受电弓 C1-C3 修检修作业流程

【能力目标】

（1）能够阐述受电弓的工作原理

（2）能够结合实物，认知受电弓的主要部件

（3）能够根据受电弓 C1-C3 修的作业流程进行实操训练

【素养目标】

（1）具有安全生产意识

（2）具有团队协作精神

（3）具有分析问题、解决问题的创新意识

工具清单

序号	名称	规格型号	单位	数量	备注
1	钢板尺或高度测量仪		个	1	
2	管型测力计		个	1	
3	秒表		个	1	
4	滑板厚度测量尺		个	1	
5	扳手		套	1	

物料清单

序号	物料名称	物料号	单位	数量	备注
1	白布		个	1	
2	酒精		瓶	1	
3	棉纱		个	1	
4	软黄油		支	1	
5	专用（中性）清洁剂		瓶	1	
6	滑板条		个	2	

作业步骤

序号	作业项目	作业内容及标准
1	清扫检查	1. 弓头 1）检查滑板 滑板不许有泄漏。滑板接触面光滑，无深沟槽及变形，紧固良好，弓角无裂纹。局部缺损宽度不大于总宽度的1/3。滑板边缘掉块，须用锉刀修复到平滑过渡。大面积掉块的滑板、裂纹一直延伸到底托处的滑板、有微细裂纹延伸到底托处且电弧损伤的滑板应更换。用滑板厚度测量尺测量滑板厚度，最小厚度≤24 mm 时应更换滑板。同一受电弓两块滑板高度差不大于 3 mm。 2）更换滑板条 更换滑板条时，在滑板安装座接触表面加导电接触脂，用扭矩扳手拧紧螺母，紧固力矩 15 N·m，连接气管接头时，气管的压紧螺母的扭紧力矩为 3 N·m。 3）检查弓头支架装置状态 检查支架、弹簧组装无变形、裂纹，各活动轴、套作用灵活，油润良好。滑板条与弓头支架安装面密贴，弓角与滑板须平滑过渡。TSG15型受电弓弓角与滑板间隙为 0.5～1.5 mm
		2. 上框架底架各杆件及活动关节分流线检查 1）检查各部螺栓及状态 各螺丝紧固，无过热。 2）检查支架各杆件 支架各部清洁。底架、上臂、下臂杆、上导杆、下导杆无变形、弯曲、扭曲、裂损，裂纹应补焊，钢丝绳应绷紧，备紧螺母紧固。除去各部锈蚀用汽油擦拭干净并涂漆。 3）检查活动关节分流线状态 支架的活动部分在任何高度均能动作灵活，各分流线接触良好，安装牢固、无过热，截面折损不大于原形的 10%
		3. 升弓装置 1）检查钢丝绳 在落弓位置检查钢丝绳：张紧适中，两边松紧一致，无凹陷、无扭曲，两螺母拧紧量应相同。出现断股更新。落弓位置无凹陷无扭曲。

续表

序号	作业项目	作业内容及标准
1	清扫检查	2）检查气囊、主气道 检查气囊无老化、无异常磨损。气囊裂缝达到长 20 mm、深 1.2 mm（露出夹层布）或泄漏者更新；主气道不得有泄漏。 3）检查托架、线导向、轴销 无变形，无裂损，无严重锈蚀或电蚀，轴销润滑良好，支杆上下活动灵活 4. 阻尼器 检查阻尼器外观： 安装牢固、无漏油，保护套无破损，锁紧螺母紧固。磨损、动作不灵活、漏油时，应更换 5. 绝缘子 分别检查各支持绝缘子： 各支持绝缘子安装牢固，表面清洁，无破损 6. 自动降弓装置 1）检查自动降弓装置及各风管路 自动降弓装置状态良好，各风管路无折损和接磨，接头紧固、无泄漏，气路畅通。车顶绝缘风管清洁良好，无扭曲、变形，长度适中。对折损、裂损、老化的风管更新。更新时按照原车风管走向安装、固定，不得有碰磨、挤压，拐角处圆弧过渡，适量冗余。 2）检查快排阀、试验阀 快排阀安装紧固、无泄漏。试验阀安装牢固，无泄漏，作用良好，位置正确。 3）检查压力开关、电磁阀 车下的压力开关、电磁阀安装紧固，接线良好。 4）检查电器控制盒 安装牢固，插头插接良好，各指示灯指示正确，按钮开关位置正确，工作良好 7. 控制阀板 1）检查空气过滤器 安装牢固，排水作用良好，无泄漏，滤清器锁止位不得旋转。

续表

序号	作业项目	作业内容及标准
1	清扫检查	2）检查单向节流阀（上升、下降） 作用良好，锁紧螺母良好。作用良好，无漏风。 3）检查安全阀 安装紧固，作用良好，无漏风。 4）检查调压阀 安装紧固，作用良好
		8. 电空阀及风管 检查升弓电空阀及风管路： 安装及作用良好，无漏风，接线紧固、作用良好，风管路管卡、接头紧固，无泄漏。
2	调试试验	1. 最大升弓高度 1）测量升弓高度 TSG15型受电弓最大升弓高度不小于2 400 mm（不含绝缘子）；DSA200型受电弓最大升弓高度不小于$3\,000^{+100}_{-25}$ mm（含绝缘子）。 2）检查弓头平衡状态 弓头在1.6 m高度应保持水平，若不平时应调整上导杆
		2. 静态接触压力 测量、调整静态接触压力： DSA200型受电弓从落弓位滑板面起在300～2 200 mm、TSG15型受电弓从落弓位滑板面起在220～2 250 mm工作高度范围内静态接触压力为（78±5）N。冬季调至上限75～80 N
		3. 升、降弓时间（升、降弓时间是指从弓头起动瞬间直至弓头停止不动为止的时间） （1）受电弓从落弓位升至2 200 mm（包括绝缘子高度）高度的时间为升弓时间，受电弓从2 200 mm（包括绝缘子高度）高度降至橡胶止档的时间为降弓时间。 （2）升弓时间为≤5.4 s，如有偏差，调整（上升）单向节流阀，降弓时间≤4 s，有偏差，调整（下降）单向节流阀。升弓时须平稳、不冲网，降弓时能迅速脱离接触网导线而后再缓慢落至止挡

续表

序号	作业项目	作业内容及标准
2	调试试验	4. 压力差 （1）用弹簧秤测量受电弓上升和下降的压力差。 （2）在同一升弓高度，上升和下降的压力差值≤20 N 5. 自动降弓装置试验 （1）在更换滑板、检验ADD性能时须进行自动降弓装置试验。 （2）将受电弓升起0.6 m，打开试验阀，受电弓应迅速降下（必须注意安全）
3	完工确认	作业完毕后，应做到"工完、料净、场地清"
4	填记纸质记录	
5	填管理信息系统	

任务扩展

列举电力机车受电弓的常见故障并简要分析原因

质量监控单（教师完成）

工单实施栏目评分表

评分项	分值	作答要求	评审规定	得分
任务资讯	15	回答问题清晰准确，能够紧扣主题，没有明显错误项	对照标准答案，错误一项扣5分，扣完为止	
任务规划	15	任务规划周密、可实施，没有细节错误	参照标准答案，错误一项扣2分，扣完为止	
任务实施	50	有具体实施方案，各步骤清晰正确	A类错误点一次扣3分，B类错误点一次扣2分，C类错误点一次扣1分	
任务扩展	5	实施方案清晰正确	A类错误点一次扣2分，B类错误点一次扣1分	
其 他	15	日志和问题项目填写详细、能够反映实际工作过程	没有填或者填写太过简单，每项扣2分	
合计得分				

职业能力评分表

评分项	等级	作答要求	等级
知识评价	A/B/C	A：能够完整准确地回答任务扩展的所有问题，准确率在90%以上 C：对基础知识掌握得非常差，任务扩展和答辩的准确率在50%以下	
能力评价	A/B/C	A：熟悉各个环节的实施步骤，完全独立地完成任务，并有能力辅助其他同学完成规定的工作任务，工作实施快速，准确率高（任务规划和任务实施正确率在85%以上） C：未完成任务或只完成了部分任务，有问题没有积极向老师和其他同学请教，工作实施拖拉，不积极，各个部分的准确率在50%以下	
态度素养评价	A/B/C	A：不迟到、不早退，对人有礼貌，善于帮助他人，积极主动地完成规定工作任务，工作台整洁有序，能正确回答老师提问 C：未完成任务或只完成了部分任务，有问题没有积极向老师和其他同学请教，工作实施拖拉不积极，不能准确回答老师提出的问题	

注：作答结果介于A、C之间的，等级评定为B。

 教师评语栏

实训四　HXD₃型机车主断路器维护保养及检修作业

工作任务单

工单编号	GD-DGJC01	工单名称	HXD₃型机车主断路器维护保养及检修作业
面向专业	铁道机车类专业	职业岗位	设备维护检查与试验
考核点	HXD₃型机车主断路器维护保养及检修作业		
工单简介	主断路器是电力机车的一个重要组成部件,用于开通与关断电力机车的25 kV高压电路,对列车的行车安全性有直接影响。因此,为确保主断路器的工作可靠性,必须及时对主断路器进行日常检查、维护保养、检修作业等		
设备环境	操作台、拆装工具套装等		
教学方法	采用教师操作示范辅助讲解,学生动手实际操作的方式		
用途说明	本工单可用于机车电机电器实训课程的教学实训		
注意事项	必须戴防护眼镜,防止异物掉进眼睛		
参考资料	1.《HXD₃型电力机车用户手册》 2.《HXD₃型电力机车检修手册》		
备注	1. 如实填写检修记录并及时在管理信息系统中回填 2. "检"表示质量检查员对作业过程进行检查监控 3. "📷"表示作业人员拍照留存		

实施人员信息

姓　名		班　级		学　号		电　话	
隶属组		组　长		岗位工		伙伴成员	

任务目标

实施该工单的任务目标如下:

【知识目标】

(1) 掌握主断路器的结构组成和工作原理

(2) 掌握主断路器维护保养及检修作业的主要内容

(3) 掌握主断路器维护保养及检修作业的操作流程

【能力目标】

(1) 能够根据实物认知主断路器的主要结构

(2) 能够结合实物阐述主断路器的工作原理

(3) 能够对 HXD_3 型电力机车主断路器进行维护保养和检修作业

【素养目标】

(1) 具有安全生产、团队协作的意识

(2) 具有分析问题、解决问题的创新意识

(3) 具有精益求精的工匠精神

工具清单

序号	名 称	规格型号	单位	数量	备注
1	扭力扳手		个	1	
2	气压传动工具		个	1	
3	管堵夹具		个	1	
4	扳手		个	若干	
5	压力检测仪		台	1	
6	真空度检测仪		台	1	
7	位移传感器		台	1	

物料清单

序号	物料名称	物料号	单位	数量	备注
1	酒精		瓶	1	
2	毛刷		个	1	
3	导线		根	若干	
4	绝缘漆		个	1	
5	砂布		个	1	
6	润滑脂		个	1	
7	中性清洁剂		瓶	1	
8	毛巾		条	1	

作业步骤

序号	作业项目	作业内容及标准
1	外观检查	进行主断路器的外观检查和高压绝缘子检查（裂纹或瓷釉损害）和高压接地开关连接附件的检查。 部件更换条件： （1）裂纹或绝缘子的瓷釉和密封件损坏。 （2）高压接地开关连接件损坏。 用棉布等软制品把主断路器外部清理干净。 注意：禁止使用任何含有氟酸盐或氯酸盐成分及钠硅酸盐的清洗剂清洗部件
2	检查扭紧力矩	检查所有可见的有红线标记的螺栓和螺母是否扭紧：螺栓和螺母的标识红线必须成一直线；如果标记不成直线，按扭矩要求重新拧紧螺栓
3	气路系统检查	为了保证气路元件的正常动作，必须找到断路器管路中容易积水的器件必须定期排除积水。 1. 调压阀排水 在储风缸供有高压气体的情况下，拧开调压阀的翼形螺钉（2）充分排放积水。当气流停止，重新拧紧调压阀的翼形螺钉（2）和检查是否漏气 2. 储风缸排水 （1）若储风缸装有排水阀：当储风缸有压缩气体时，打开排水阀，排光积水（注意气密性）。储风缸排水完毕后关掉排水阀。检查是否漏气，如有必要，清理排放管路。

续表

序号	作业项目	作业内容及标准
3	气路系统检查	（2）若储风缸没有排水排：关闭隔离阀，慢慢拧开位于储风缸下面的塞门（4）和释放压缩空气。当储风缸的气体排放完后，完全打开塞门。慢慢打开主气路的隔离阀，让压缩气体从出气口排出，直到储风缸积水排尽。关闭主气路的隔离阀。拧紧塞门（4）。检查是否漏气。 注意：务必在冬季之前排放气路，以免积水冻结造成气动元件误操作 3. 检查密封件 在排放完断路器气路系统的积水后，必须检查连接断路器主要管道的气密性，包括连接器的密封件，塞门密封件和软管连接的密封件
4	耐压检查	为了检查真空管（12）和垂直绝缘子（13）的清洁度，建议使用真空度检测仪进行绝缘检测。两项检测同时进行。这个设备接在真空断路器的两高压连接端，施加峰值电压 40 kV（9），因为要进行这个操作，所以有必要在进行试验的时候拆开机车的高压连接端。

续表

序号	作业项目	作业内容及标准
4	耐压检查	试验步骤： （1）检查主断路器是否处于开断状态（主触头开）。 （2）断开机车高压回路（HV）并且使它尽量远离高压接线端子。 （3）连接试验设备的鳄鱼夹。 （4）把接地线（8）与主断路器接地端（15）连接。 （5）把高压电缆（18）与 HV1 端子用黑色鳄鱼夹连接。 （6）把回路电缆（19）与底板用红色鳄鱼夹（14）连接。 （7）把底板（14）和 HV2 端用线缆（20）连接。 （8）将连接于断路器的接地开关打开。 （9）确保设备上的主开关（11）处于"0"位。然后接通主线缆（115/230V）确保红色的高压报警灯不闪。通过三相导线连接到交流主电源，在电源出口处要有一条线来可靠接地。 （10）确保维护人员在试验区域三米以外，并且人员避免接触所有带电导体。 （11）把试验设备的主开关（11）打到"1"位置，绿色指示灯（5）亮。 （12）用选择器（9）选择试验电压，参考电压 40 kV。 （13）在 10 秒钟内通过旋转钮（6）进行耐压试验。此时红灯（2）闪烁，黄灯（3）灭。 （14）如果黄色指示灯（3）亮，那么必须重新试验。因为达不到试验设备的额定试验电压。 （15）指示灯（4）在整个试验过程中一直保持发亮，那么试验成功，真空泡中的真空度是合格的。注意：试验的成功与否取决于绝缘子（内表面和外表面）的情况，绝缘试验过程中能听到爆裂声。 （16）如果红色的指示字样"Defective"（10）是亮的，表明真空断路器的部分器件绝缘性能较低。试验需要重做以确定是真空泡（12）真空度过低还是垂直绝缘部分（13）绝缘性能下降导致的。 注意：把试验设备的主开关（11）打到"0"位置，待 30 s 后，取下连接到断路器所有的鳄鱼夹。考虑到安全因素，首先把接地鳄鱼夹（15）取下并使其与其他的鳄鱼夹（18，19，20）连接，目的是释放电容上的电荷。

续表

序号	作业项目	作业内容及标准
4	耐压检查	（17）断开线缆（20）进行垂直绝缘子试验。 （18）断开底板（14）上的回路电缆（19），并使其连接到HV2端，进行真空开关管试验。 （19）有缺陷部件必须更换。更换真空开关管或者大修垂直绝缘子需要独立的检修文件和专门的培训；或设备厂家可以进行这些操作。更换这些部件后，需要进行例行试验。 （20）试验完成后，关闭主开关（11），移去主断路器上的线缆（15，18，19，20）。 注意：把试验设备的主开关（11）打到"0"位置，待30 s后，取下连接到断路器所有的鳄鱼夹。考虑到安全因素，首先把接地鳄鱼夹（15）取下并使其与其他的鳄鱼夹（18，19，20）连接，目的是释放电容上的电荷。 （21）用扭矩扳手重新连接机车高压连接端，扭紧力矩为67 N·m。如果真空管的真空度是合格的，但是电寿命和机械寿命已经超出，那也应该更换真空管或更换整个真空断路器。使用者对延长寿命使用负有完全责任
5	主触头磨损检查	检查必须在检修站进行，不要求从机车上拆下来。机车与电网隔离并且接地后，可以进行真空开关管检查操作。 注意：真空断路器所有的检查和维修操作必须在断电、受电弓降弓和断路器接地的情况下进行。在测量过程中确保没有水、碎颗粒物、灰尘进入高压部分密封腔体。行程测量杆工作时不要对断路器进行分闸或合闸操作。 1. O_{BR} 尺寸测量 主断路器分闸。 （1）将行程测量杆（2）插入传动轴头上的旋紧螺母（3）。

续表

序号	作业项目	作业内容及标准
5	主触头磨损检查	（2）用旋紧螺母（3）将行程测量杆（2）安装在传动头（4）上，手工旋紧。 （3）用劲使量规紧靠弹簧支架（5）。 （4）测量和记录 O_{BR} 值。 （5）取得量规的最大值。 闭合主断路器 2. C_{BR} 尺寸测量 主断路器合闸。 （1）用劲使行程测量杆（2）紧靠弹簧支架（5）。 （2）测量和记录 C_{BR} 值。 （3）旋松管接头，移去行程测量杆 3. C_{CM} 尺寸测量 主断路器合闸。 （1）手工旋紧轴头导管，不用行程测量杆。 （2）将行程测量杆（2）插入旋紧螺母（3）。 （3）用劲使量规紧靠推板（6）。 （4）测量和记录 C_{CM} 值。 （5）将行程测量杆从旋紧螺母移出。 主断路器分闸

序号	作业项目	作业内容及标准
5	主触头磨损检查	4. 测量 O_{CM} 尺寸 断路器分闸 （1）将行程测量杆（2）插入旋紧螺母（3）。 （2）用劲使量规紧靠推板（6）。 （3）测量和记录 O_{CM} 值。 （4）将量规从导管移出且旋松导管
		5. 测量值的计算 （1）弹簧支架的水平总行程 = $O_{BR} - C_{BR}$（mm） （2）动触头行程 = $O_{CM} - C_{CM}$（mm） （3）触头压力行程 = ($O_{BR} - C_{BR}$) - ($O_{CM} - C_{CM}$)（mm）
		6. 总结 对比例行试验的原始值与测量得到的值。必须满足以下三个条件： （1）2 mm < {($O_{BR} - C_{BR}$) - ($O_{CM} - C_{CM}$)} < 4.25 mm （2）{$C_{CM} - C_{CM}$ original} < 2 mm （3）{$O_{BR} - C_{BR}$} > 19 mm to < 20.5 mm 如果这三个条件不同时满足，更换真空断路器或者真空开关管。更换真空开关管必须有另外技术文件和专业的培训，或者设备厂家进行操作。更换真空开关管后，需要进行例行试验。 如果主触头没有过度磨损，但是电气和机械寿命已经超过范围，也必须更换真空开关管或者主断路器
6	完工确认	作业完毕后，应做到"工完、料净、场地清"
7	填记纸质记录	
8	填管理信息系统	

任务扩展

列举电力机车主断路器的常见故障，并简要分析原因

质量监控单（教师完成）

工单实施栏目评分表

评分项	分值	作答要求	评审规定	得分
任务资讯	15	回答问题清晰准确，能够紧扣主题，没有明显错误项	对照标准答案，错误一项扣5分，扣完为止	
任务规划	15	任务规划周密、可实施，没有细节错误	参照标准答案，错误一项扣2分，扣完为止	
任务实施	50	有具体实施方案，各步骤清晰正确	A类错误点一次扣3分，B类错误点一次扣2分，C类错误点一次扣1分	
任务扩展	5	实施方案清晰正确	A类错误点一次扣2分，B类错误点一次扣1分	
其他	15	日志和问题项目填写详细、能够反映实际工作过程	没有填或者填写太过简单，每项扣2分	
合计得分				

职业能力评分表

评分项	等级	作答要求	等级
知识评价	A/B/C	A：能够完整准确地回答任务扩展的所有问题，准确率在90%以上 C：对基础知识掌握得非常差，任务扩展和答辩的准确率在50%以下	
能力评价	A/B/C	A：熟悉各个环节的实施步骤，完全独立地完成任务，并有能力辅助其他同学完成规定的工作任务，工作实施快速，准确率高（任务规划和任务实施正确率在85%以上） C：未完成任务或只完成了部分任务，有问题没有积极向老师和其他同学请教，工作实施拖拉，不积极，各个部分的准确率在50%以下	
态度素养评价	A/B/C	A：不迟到、不早退，对人有礼貌，善于帮助他人，积极主动地完成规定工作任务，工作台整洁有序，能正确回答老师提问 C：未完成任务或只完成了部分任务，有问题没有积极向老师和其他同学请教，工作实施拖拉不积极，不能准确回答老师提出的问题	

注：作答结果介于A、C之间的，等级评定为B。

教师评语栏

实训五　HXD_{1C}型电力机车高压隔离开关检修

工作任务单

工单编号	GD-DGJC01	工单名称	HXD_{1C}型电力机车高压隔离开关
面向专业	铁道机车类专业	职业岗位	设备维护检查与试验
考核点	HXD_{1C}型电力机车高压隔离开关		
工单简介	THG2B-400/25型高压隔离开关属于车顶保护电器。它的主要作用是优化配置25 kV电路内高压设备的运行工况,并当受电弓发生故障时,能将故障部分隔离,维持机车运行		
设备环境	常暴露在机车外部的部分能承受雨、雪、风、沙的侵袭,并且具有防水、防风、防沙的能力		
教学方法	采用教师操作示范辅助讲解,学生动手实际操作的方式		
用途说明	本工单可用于机车电机电器实训课程的教学实训		
注意事项	高压隔离开关或其他车顶设备进行任何工作之前,必须确保机车没有在有电接触网之下		
参考资料	1.《HXD_{1C}型电力机车用户手册》 2.《HXD_{1C}型电力机车检修手册》		
备注	1. 如实填写检修记录并及时在管理信息系统中回填 2. "检"表示质量检查员对作业过程进行检查监控 3. "📷"表示作业人员拍照留存		

实施人员信息

姓　名		班　级		学　号		电　话	
隶属组		组　长		岗位工		伙伴成员	

任务目标

实施该工单的任务目标如下:

【知识目标】

(1) 能描述高压隔离开关的功能及用途

(2) 能说出高压隔离开关的结构及工作原理

【能力目标】

(1) 能对高压隔离开关进行安装与拆卸

(2) 能对高压隔离开关进行调试

(3) 能对高压隔离开关常见故障进行判断和处理

【素养目标】

(1) 具有安全生产意识

(2) 具有团队协作精神

(3) 具有分析问题、解决问题的创新意识

工具清单

序号	名 称	规格型号	单位	数量	备注
1	测量设备		个	1	
2	试验设备		个	1	
3	万用表		个	1	
4	压线、退线器		个	1	
5	转矩扳手		个	1	
6	游标卡尺		个	1	
7	卷尺		个	1	
8	扳子		个	1	
9	耐压测试设备		个	1	
10	磨损件		个	1	
11	润滑油脂		个	1	
12	化学清洗剂		个	1	
13	测量和试验设备		个	—	

物料清单

序号	物料名称	物料号	单位	数量	备注

作业步骤

序号	作业项目	作业内容及标准
1	结构及技术说明	1. 支持绝缘子 支持绝缘子是高压隔离开关的重要部件，此绝缘子是 400mm 高的硅橡胶绝缘子。它具有机械性能优越，抗污闪性能好，耐电蚀性优异，结构稳定性好，重量轻等优点。 1—下法兰；2—伞套；3—芯棒；4—上法兰。 2. 连接板 连接板是高压隔离开关的高压连接端 HV1，它表面镀银，一般与自受电弓引出的导电母排连接。

续表

序号	作业项目	作业内容及标准
1	结构及技术说明	3. Reed 簧片 簧片是高压隔离开关高压导电部分关键部件，它表面镀银，当它损坏时应及时更换。 4. 闸刀 闸刀是高压隔离开关高压连接端 HV2，它一般通过软连线与另一个高压电器连接。当它与簧片触指接触后，把来自受电弓的电流引自其他高压电器。它表面镀银，被损坏时应及时更换。

续表

序号	作业项目	作业内容及标准
1	结构及技术说明	5. 底板 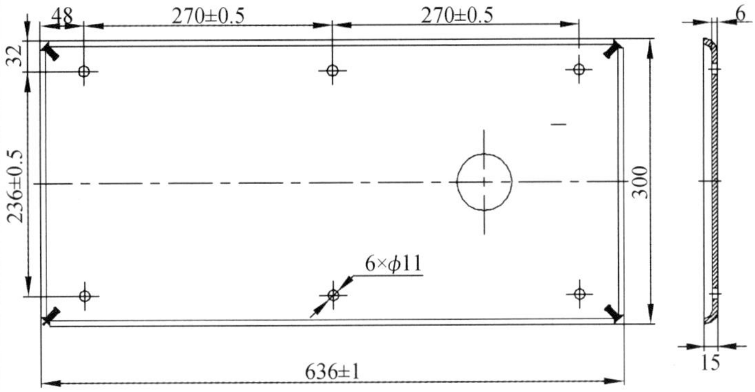 高压隔离开关通过底板和 6 个 M10 紧固螺栓固定于车顶 6. 接地座 高压隔离开关在底板上焊有 2 个接地座用于底板部分接地连接，尺寸见下图。 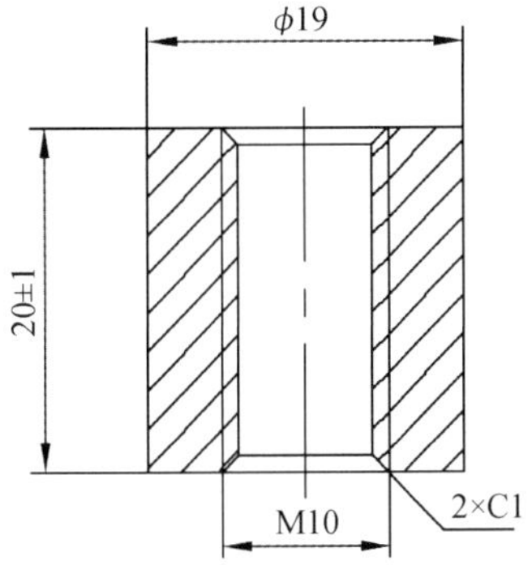 7. Lock 锁 高压隔离开关与高压接地开关上都使用 KABA 锁。用黄色钥匙打开锁后，转动手轮可以使高压隔离开关处于分闸位。当高压隔离开关处于合闸状态后，必须使用黄色钥匙锁好 KABA 锁。 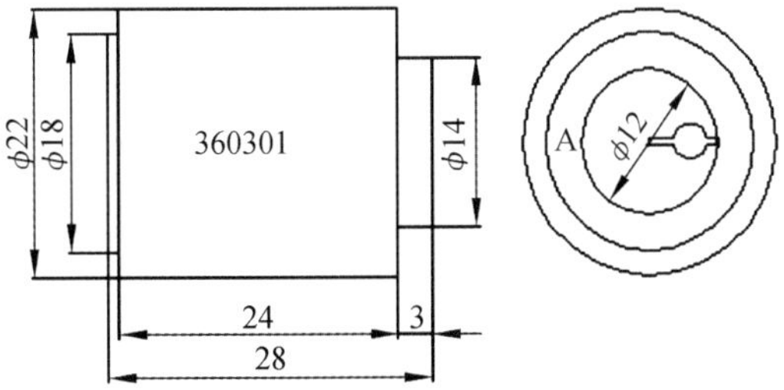

续表

序号	作业项目	作业内容及标准
2	工作原理	分闸：当主断路器断开车顶高压电路，受电弓降弓后，使用黄色钥匙打开 KABA 锁，再转动手轮使轴组装及与其连接的转动绝缘子和闸刀旋转 60°，闸刀与簧片分离，隔离开关分断。转轴转动的同时，固定在主轴上的凸轮驱动低压联锁改变为分闸状态，并将信号反馈给控制系统。 合闸：当高压隔离开关处于分闸状态时，转动手轮使轴组装及与其连接的转动绝缘子和闸刀旋转 60°，闸刀与簧片接触，隔离开关闭合，同时使用黄色钥匙锁好 KABA 锁。转轴转动的同时，固定在主轴上的凸轮驱动低压联锁改变为合闸状态，并将信号反馈给控制系统。 CZ | 1 | 2 | 3 | 4 | | QS1.a | QS1.b | QS2.a | QS2.b | CZ1 a QS1 b CZ2 CZ3 a QS2 b CZ4
3	安装和调试	1. 安装说明 （1）必须采用坠落保护安全装置（如安全带）。当然，最好采用可移动平台。 （2）列车必须与受电弓线路隔离，切除列车电源。 （3）必须切断列车的辅助电源，切断列车电源。 （4）列车必须处于断电状态，切断列车电源。 （5）在进行车顶作业前，架空线必须切断电源并接地，必须防止未经授权接通架空线。此外，必须遵守当地相关规定 2. 安装高压隔离开关 将高压隔离开关用一个合适的起重装置升至其位于车顶的安装位置，放置于车顶安装面上。通过 6 个 M10 螺栓及配套垫圈安装隔离开关，连接好电路接口 3. 调试 （1）检查各紧固件是否紧固，如果紧固件有松动，必须及时使用螺纹胶紧固。

续表

序号	作业项目	作业内容及标准
3	安装和调试	（2）检查闸刀能否正常动作及在接触簧片中正常滑动。 （3）检查辅助联锁各触点，各触点应动作灵活，接触良好，各触头闭合和断开应符合图纸闭合表的规定，司机室隔离开关指示灯工作状态显示正常。 （4）检查支持绝缘子表面状况，绝缘子表面无损伤。 （5）检查高压隔离开关。分闸：当主断路器断开车顶高压电路，受电弓降弓后，使用绿色钥匙打开KABA锁，再转动手轮使轴组装及与其连接的转动绝缘子和闸刀旋转60°，闸刀与簧片分离，隔离开关分断。合闸：当高压隔离开关处于分闸状态时，转动手轮使轴组装及与其连接的转动绝缘子和闸刀旋转60°，闸刀与簧片接触，隔离开关闭合，同时使用黄绿色钥匙锁好KABA锁。司机室信号与高压隔离开关实际分合状态一致
4	检修	（1）用酒精（或专用清洗剂）和软布将瓷瓶表面的灰尘擦拭干净，并仔细观察瓷瓶表面，是否有明显可见裂纹，有裂纹需更换。 （2）检查各紧固螺栓是否有松动现象，松动螺栓必须按相应力矩标准紧固。 （3）使用美孚润滑脂SHC100润滑闸刀与簧片接触面及其余滑动配合面。 （4）用酒精清洗各辅助联锁的触头并检查各辅助联锁触头接触状况是否良好，接触不良者必须更换。 （5）检查隔离闸刀与刀夹的接触性能是否良好。将隔离闸刀打开，检测刀夹在自由状态下两弹簧片间的距离≤7.5 mm，闸刀接触部分厚度。 （6）检查锁和手轮操作机构能否正常动作，动作不正常的必须更换。 （7）对绝缘子进行工频耐压测试，测试电压为56 kV，1 min，无击穿和闪络现象，如有需更换
5	拆卸	拆卸高压隔离开关。先断开隔离开关高压电路连接端、断开隔离开关低压控制电源，再移去6个具有垫圈M10安装螺钉，小心地从车顶吊下隔离开关

续表

序号	作业项目	作业内容及标准
6	拆解修复或更换	（1）拆除损坏的绝缘子时需给损坏处作标识。 （2）拆除损坏的闸刀应先拆下连接电缆及连接附件，松开连接螺栓，松开紧固螺钉将闸刀处于打开位置，拆下电缆及连接附件，松开连接螺栓，松开紧固螺钉。 （3）拆除损坏的簧片应将隔离开关处于分断状态，拆下电缆及连接附件，松开连接螺栓松开紧固螺钉。 （4）拆除损坏的辅助连锁应先断开低压控制电源，拆下电缆及连接附件，松开连接螺栓。 （5）拆除损坏的锁应先将隔离开关处于分断状态，松开紧固螺栓，拆下盖板，松开紧固螺栓，拆下锁安装板及锁
7	组装	（1）绝缘子的组装，安装紧固螺钉和连接螺栓、安装连接电缆及连接附件。 （2）闸刀的组装，将闸刀处于打开位置、安装紧固螺钉和连接螺栓、安装电缆及连接附件。 （3）簧片的组装，将开关处于分断状态、安装紧固螺钉和连接螺栓、安装电缆及连接附件。 （4）辅助连锁的组装，断开低压控制电源、安装连接螺栓、安装电缆及连接附件。 （5）锁的安装，将隔离开关开关处于分断状态、安装锁及锁安装板并紧固螺栓、安装盖板，紧固螺栓
8	重新安装	（1）高压隔离开关的重新安装根据图纸布置检查车顶安装点和电连接。底部应水平安装，无变形。通过使用提升起重机把隔离开关提升到车顶的位置。起重机的吊钩必须系在底板吊环上。移去提升起重机。通过6个M10螺栓及配套垫圈安装隔离开关。连接螺栓接触处涂一层乐泰螺纹胶。 （2）簧片的重新安装在更换簧片后，将隔离闸刀打开，检测刀夹在自由状态下两弹簧片间的距离≤7.5 mm，闸刀接触部分厚度≥9 mm。更换时，紧固件需涂螺纹胶。 （3）绝缘子的重新安装，在更换新绝缘子后，对绝缘子进行工频耐压测试，测试电压为75 kV，1 min，无击穿和闪络现象。更换时，紧固件需涂螺纹胶。 （4）辅助连锁的重新安装，更换辅助连锁后，依照接线图核对辅助连锁开关在分合闸时的闭合状态是否正确

续表

序号	作业项目	作业内容及标准
9	完工确认	作业完毕后,应做到"工完、料净、场地清"
10	填记纸质记录	
11	填管理信息系统	

任务扩展

测量牵引电机的绝缘电阻时,绝缘摇表的使用有什么要求?

质量监控单（教师完成）

工单实施栏目评分表

评分项	分值	作答要求	评审规定	得分
任务资讯	15	回答问题清晰准确，能够紧扣主题，没有明显错误项	对照标准答案，错误一项扣5分，扣完为止	
任务规划	15	任务规划周密、可实施，没有细节错误	参照标准答案，错误一项扣2分，扣完为止	
任务实施	50	有具体实施方案，各步骤清晰正确	A类错误点一次扣3分，B类错误点一次扣2分，C类错误点一次扣1分	
任务扩展	5	实施方案清晰正确	A类错误点一次扣2分，B类错误点一次扣1分	
其他	15	日志和问题项目填写详细、能够反映实际工作过程	没有填或者填写太过简单，每项扣2分	
合计得分				

职业能力评分表

评分项	等级	作答要求	等级
知识评价	A/B/C	A：能够完整准确地回答任务扩展的所有问题，准确率在90%以上 C：对基础知识掌握得非常差，任务扩展和答辩的准确率在50%以下	
能力评价	A/B/C	A：熟悉各个环节的实施步骤，完全独立地完成任务，并有能力辅助其他同学完成规定的工作任务，工作实施快速，准确率高（任务规划和任务实施正确率在85%以上） C：未完成任务或只完成了部分任务，有问题没有积极向老师和其他同学请教，工作实施拖拉，不积极，各个部分的准确率在50%以下	
态度素养评价	A/B/C	A：不迟到、不早退，对人有礼貌，善于帮助他人，积极主动地完成规定工作任务，工作台整洁有序，能正确回答老师提问 C：未完成任务或只完成了部分任务，有问题没有积极向老师和其他同学请教，工作实施拖拉不积极，不能准确回答老师提出的问题	

注：作答结果介于 A、C 之间的，等级评定为 B。

教师评语栏

实训六　BTE25.04D 高压接地开关维护检查与试验

工作任务单

工单编号	GD-DGJC01	工单名称	BTE25.04D 高压接地开关维护检查与试验
面向专业	铁道机车类专业	职业岗位	设备维护检查与试验
考核点	BTE25.04D 高压接地开关维护检查与试验		
工单简介	该任务主要完成 BTE25.04D 高压接地开关维护检查与试验,以现场实际作业项目为引导,采用标准化作业方式,使学生不仅掌握现场 BTE25.04D 高压接地开关维护检查与试验的标准化作业过程,同时可树立较强的安全生产意识		
设备环境	操作台、拆装工具套装等		
教学方法	采用教师操作示范辅助讲解,学生动手实际操作的方式		
用途说明	本工单可用于机车电机电器实训课程的教学实训		
注意事项	必须戴防护眼镜,防止异物掉进眼睛		
参考资料	1.《HXD$_{1C}$ 型电力机车用户手册》 2.《HXD$_{1C}$ 型电力机车检修手册》		
备注	1. 如实填写检修记录并及时在管理信息系统中回填 2. "检" 表示质量检查员对作业过程进行检查监控 3. "📷" 表示作业人员拍照留存		

实施人员信息

姓　名		班　级		学　号		电　话	
隶属组		组　长		岗位工		伙伴成员	

任务目标

实施该工单的任务目标如下:

【知识目标】

(1)掌握机车高压接地开关的结构组成、各部件的名称及作用;

(2)掌握机车高压接地开关的工作原理;

(3)掌握机车高压接地开关的动作原理。

【能力目标】

(1)能按照高压接地开关的检查项目对其进行检维护保养

(2)能按照高压接地开关的试验要求对高压接地开关进行试验

【素养目标】

(1)具有安全生产意识

(2)具有团队协作精神

(3)具有分析问题、解决问题的创新意识

工具清单

序号	名　称	规格型号	单位	数量	备注

物料清单

序号	物料名称	物料号	单位	数量	备注

作业步骤

序号	作业项目	作业内容及标准										
		高压接地开关维修计划										
		序号	检修内容	维修所需人工工时（人-时数）	维修工具及材料名称	维修等级						
						DI	VI	I1	I2	I3	R1	R2	R3	UM
1	高压接地开关维修计划	1	检查软联线磨损与清洁度	1-0.1	无		√	√	√	√	√	√	√	√
		2	检查闸刀磨损与清洁度	1-0.1	无		√	√	√	√	√	√		√
		3	检查触头弹簧片磨损与清洁度	1-0.1	无		√	√	√	√	√	√		
		4	根据污秽、损耗与凝结情况，清理并加润滑脂	1-0.2	刀片、润滑脂			√	√	√	√	√		
		5	锁组装联锁关系良好	1-0.2	无			√	√	√	√	√		
		6	应能准确滑入断路器触头弹簧片内	1-0.2	无			√	√	√	√	√		
		7	接地螺栓拧紧力矩 19.3 N·m	1-0.1	扭力扳手			√	√	√	√			
		8	车顶固定螺栓拧紧力矩 39.4 N·m	1-0.2	扭力扳手					√	√	√		
		9	检查触头弹簧片间间距符合 6~7 mm 要求	1-0.2	游标卡尺				√	√	√	√		
		10	检查软连线无明显断裂、损坏现象	1-0.2	无			√	√	√	√			
		11	检查传动机构动作良好	1-0.1	无				√	√	√			
		12	检查零部件机械状况和功能	1-0.3	无						√	√	√	

续表

序号	作业项目	作业内容及标准		
2	高压接地开关保养	1. 日常保养		
		序号	部件	保养要求
		1	外观	保持软联线清洁
				保持闸刀清洁度
		2	美孚润滑脂 SHC 100	检查美孚润滑脂污秽、损耗与凝结情况，视情况清理并加润滑脂
		3	锁组装 1A+1B	检查锁组装，保证联锁关系良好
		4	闸刀	应能准确滑入断路器触头弹簧片内
		5	拧紧力矩	接地螺栓拧紧力矩 19.3 N·m
				安装螺栓拧紧力矩 39.4 N·m
		2. 长期备用的保养说明		
		序号	部件	保养计划
		1	外观	保持软联线清洁
				保持闸刀清洁度
		2	美孚润滑脂 SHC 100	检查美孚润滑脂污秽、损耗与凝结情况，视情况清理并加润滑脂
		3	锁组装	检查锁组装，保证联锁关系良好
		4	闸刀	应能准确滑入断路器触头弹簧片内
		5	拧紧力矩	接地螺栓拧紧力矩 19.3 N·m
				安装螺栓拧紧力矩 39.4 N·m
		6	软联线	无明显断裂、损坏现象
		7	传动机构	传动机构动作良好
3	高压接地开关的目视维护	高压接地开关的目检维护工作		
		序号	部件	检查
		1	软联线	检查磨损与清洁度。保持软联线表面清洁
		2	闸刀	检查磨损与清洁度。保持闸刀表面清洁
		3	触头弹簧片	检查磨损与清洁度。保持触头弹簧片表面清洁

续表

序号	作业项目	作业内容及标准			
4	高压接地开关的功能试验	高压接地开关的功能试验			
		序号	部件	方法	注意
		1	闸刀	闸刀与刀夹接触长度	≥20 mm
		2	触头弹簧片	间距	6~7 mm
		3	锁组装	联锁关系	良好
		4	转动机构	动作性能	良好
5	完工确认	作业完毕后,应做到"工完、料净、场地清"			
6	填记纸质记录				
7	填管理信息系统				

任务扩展

高压接地开关日常保养的要求是什么?

质量监控单(教师完成)

工单实施栏目评分表

评分项	分值	作答要求	评审规定	得分
任务资讯	15	回答问题清晰准确,能够紧扣主题,没有明显错误项	对照标准答案,错误一项扣5分,扣完为止	
任务规划	15	任务规划周密、可实施,没有细节错误	参照标准答案,错误一项扣2分,扣完为止	
任务实施	50	有具体实施方案,各步骤清晰正确	A类错误点一次扣3分,B类错误点一次扣2分,C类错误点一次扣1分	
任务扩展	5	实施方案清晰正确	A类错误点一次扣2分,B类错误点一次扣1分	
其他	15	日志和问题项目填写详细、能够反映实际工作过程	没有填或者填写太过简单,每项扣2分	
合计得分				

职业能力评分表

评分项	等级	作答要求	等级
知识评价	A/B/C	A:能够完整准确地回答任务扩展的所有问题,准确率在90%以上 C:对基础知识掌握得非常差,任务扩展和答辩的准确率在50%以下	
能力评价	A/B/C	A:熟悉各个环节的实施步骤,完全独立地完成任务,并有能力辅助其他同学完成规定的工作任务,工作实施快速,准确率高(任务规划和任务实施正确率在85%以上) C:未完成任务或只完成了部分任务,有问题没有积极向老师和其他同学请教,工作实施拖拉,不积极,各个部分的准确率在50%以下	
态度素养评价	A/B/C	A:不迟到、不早退,对人有礼貌,善于帮助他人,积极主动地完成规定工作任务,工作台整洁有序,能正确回答老师提问 C:未完成任务或只完成了部分任务,有问题没有积极向老师和其他同学请教,工作实施拖拉不积极,不能准确回答老师提出的问题	

注:作答结果介于A、C之间的,等级评定为B。

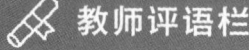 教师评语栏

实训七　HXD₁c 型电力机车 TBY1-25 型电压互感器检修

工作任务单

工单编号	GD-DGJC01	工单名称	HXD₁c 型电力机车 TBY1-25 型电压互感器检修
面向专业	铁道机车类专业	职业岗位	设备维护检查与试验
考核点	HXD₁c 型电力机车 TBY1-25 型电压互感器检修		
工单简介	TBY1-25 型电压互感器一种电磁式电压互感器，具有体积小、测量精度和准确度高的特点。TBY1-25 型电压互感器适用于埃塞俄比亚客运、货运电力机车，每台车需一个高压电压互感器。适用于额定电压为 25 kV 的电力机车牵引网中作电压测量和继电保护使用		
设备环境	操作台、拆装工具套装等		
教学方法	采用教师操作示范辅助讲解，学生动手实际操作的方式		
用途说明	本工单可用于机车电机电器实训课程的教学实训		
注意事项	1. 电压互感器运行时或做感应耐压试验时电压互感器一定要接地牢固 2. 只有所有引出线均正确连接后，才允许通电操作		
参考资料	1.《HXD₁c 电力机车用户手册》 2.《HXD₁c 电力机车检修手册》		
备注	1. 如实填写检修记录并及时在管理信息系统中回填 2. "检"表示质量检查员对作业过程进行检查监控 3. "📷"表示作业人员拍照留存		

实施人员信息

姓　名		班　级		学　号		电　话	
隶属组		组　长		岗位工		伙伴成员	

任务目标

实施该工单的任务目标如下:

【知识目标】

(1) 能描述 TBY1-25 型电压互感器的功能及用途

(2) 能说出 TBY1-25 型电压互感器的结构

【能力目标】

(1) 能对 TBY1-25 型电压互感器进行安装与拆卸

(2) 能按照 TBY1-25 型电压互感器进行调试

(3) 能对 TBY1-25 型电压互感器常见故障进行判断和处理

【素养目标】

(1) 具有安全生产意识

(2) 具有团队协作精神

(3) 具有分析问题、解决问题的创新意识

工具清单

序号	名　称	规格型号	单位	数量	备注
1	绝缘电阻测试仪		个	1	
2	100 kV 工频耐压仪		个	1	
3	手电筒		个	1	
4	直流电阻测试仪		个	1	
5	感应耐压测试系统		个	1	
6	吊具、		个	1	
7	误差测试仪		个	1	
8	工频耐压仪		个	1	
9	气相色谱分析仪		个	1	
10	油瓶、		个	1	
11	针管、		个	1	
12	各型扳手		个	1	
13	测量仪表		个	1	

物料清单

序号	物料名称	物料号	单位	数量	备注

作业步骤

序号	作业项目	作业内容及标准
1	结构及技术说明	TBY1-25 型高压电压互感器主要由：线圈组、铁心、油箱、瓷套、出线装置等部分组成。 TBY1-25 型高压电压互感器外形 1—油箱；2—观察窗；3—二次侧套管；4—一次侧低压端套管； 5—铭牌；6—压力释放阀；7—箱盖； 8—呼吸器；9—25 kV 套管。 TBY1-25 型高压电压互感器结构图

续表

序号	作业项目	作业内容及标准
2	工作原理	高压电压互感器是利用电磁感应原理，把一次测的高电压变换为标准测量电压。高压电压互感器是一种专门用作变换电压的特种变压器。 TBY1-25 电压互感器接线原理图
3	安装和调试	1. 安装 电压互感器的安装。电压互感器垂直安装在机车顶部上，通过 4 个 M12 的螺栓紧固，安装孔中心距为 300×300。M12 螺栓扭矩为 74 N·m；一次绕组连接端子 A、X，端子 A 连接高压网侧，M20 螺母扭矩为 74 N·m 左右。端子 X 通过油箱接地；二次绕组出线端子 a1、x1，二次绕组出线端子 a1、x1 连接到控制回路，出线端子导电杆为 M6。扭矩为 5 N·m；接地螺母处电压互感器一次绕组端子 X 通过油箱接地，接地螺母为 M10，扭矩为 42 N·m 2. 调试前检查 一次绕组和二次绕组出线端子，检查引出线连接是否正确，接地是否紧固。每根引出线需与电压互感器出线端子一一对应，即接在同一个接线端子上。 一次绕组应用 2 500 V 兆欧表测量一次绕组对地及其他绝缘电阻。一次绕组对地及其他绝缘电阻≥500 MΩ。二次绕组应用 500 V 兆欧表测量二次绕组对地及其他绝缘电阻。二次绕组对地及其他绝缘电阻≥100 MΩ

序号	作业项目	作业内容及标准
3	安装和调试	调试前应检查绝缘子表面有无破损和裂纹。缘子表面应无破损和裂纹,并清洁绝缘子表面;油位表应检查油位显示是否在正常范围内,油位显示应与环境温度接近;油箱各处有无渗漏油;呼吸器,检查吸湿器状态,干燥剂(硅胶)是否因吸湿后由蓝色变红。若2/3硅胶变红则应更换或干燥处理;压力释放阀,检查压力释放阀是否处于正常工作状态,压力释放阀正常时闭合。 电压互感器一次加电压后,二次是否有电压输出,且电压比是否正确。 退出调试时关掉所有电源,将测量仪表拆下
4	维修	1. 总检修计划 (1)电压互感器外部组件,应检查各紧固件应无松动;绝缘子表面应无破损和裂纹,并清洁绝缘子表面;油位显示在正常范围内,油箱各处有无渗油现象;检查吸湿器状态,干燥剂(硅胶)是否因吸湿后由蓝色变红。 (2)25 kV套管,瓷瓶表面应光洁,无裂纹,安装牢固,如表面缺损应进行绝缘处理,缺损面积大于 3 cm^2 时,必须经 75 kV耐压试验,试验合格后方可使用;缺损面积大于 30 cm^2 时应更换。 (3)二次绕组出线端子观察其有无渗油。 一次绕组及二次绕组,用兆欧表 2 500 V测量一次绕组对地及其他绝缘电阻。绝缘电阻≥500 MΩ;用兆欧表 500 V测量二次绕组对地及其他绝缘电阻。绝缘电阻≥100 MΩ;一次绕组及二次绕组,测量一次绕组和二次绕组直流电阻。 (4)电压互感器器身检修时,对电压互感器器身进行检查;线圈绝缘应无破损、过热、放电痕迹,并测量绝缘电阻、直流电阻;各连线绝缘包扎应无破损、过热、放电痕迹。铁心螺杆应紧固良好,夹件、引线焊接无开裂。线圈不许有短路、断路,外部绝缘不得有裂损及过热现象。 (5)检查铁心接地装置应连接可靠、紧固良好。 (6)检查器身安装的引线应连接可靠、紧固件应紧固良好。 (7)变压器油,油理化及色谱分析。 (8)电压互感器,电压互感器误差试验、电压互感器耐压试验、电压互感器感应试验

续表

序号	作业项目	作业内容及标准
4	维修	2. 检查1级 1）电压互感器外部组件 检查各紧固件应无松动；绝缘子表面应无破损和裂纹，并清洁绝缘子表面；油位显示在正常范围内，油箱各处应无渗油现象。若油箱出现焊缝渗漏油时，先用砂布将渗漏处打磨，再进行补焊，补焊后要打磨平整；检查密封部位有无渗漏，若渗漏，则需更换橡胶垫；检查吸湿器状态，干燥剂（硅胶）是否因吸湿后由蓝色变红；若多于2/3的干燥剂（硅胶）变红，需更换新的干燥剂。 2）25 kV套管 瓷瓶表面光洁，无裂纹，安装牢固，如表面缺损应进行绝缘处理，缺损面积大于3 cm^{2}时，必须经75 kV耐压试验，试验合格后方可使用；缺损面积大于30 cm^{2}时应更换。 3）二次绕组出线端子 观察其有无渗油，若渗漏，则需更换橡胶垫。 4）一次绕组及二次绕组 用兆欧表2 500 V测量一次绕组对地及其他绝缘电阻。绝缘电阻≥500 MΩ，再用兆欧表500 V测量二次绕组对地及其他绝缘电阻。绝缘电阻≥100 MΩ 5）变压器油 从油样活门处取油样进行油理化及色谱分析 3. 检查2级 1）电压互感器外部组件 检查各紧固件应无松动；绝缘子表面应无破损和裂纹，并清洁绝缘子表面；油位显示在正常范围内，油箱各处应无渗油现象。若油箱出现焊缝渗漏油时，先用砂布将渗漏处打磨，再进行补焊，补焊后要打磨平整；检查密封部位有无渗漏，若渗漏，则需更换橡胶垫；检查吸湿器状态，干燥剂（硅胶）是否因吸湿后由蓝色变红；若多于2/3的干燥剂（硅胶）变红，需更换新的干燥剂。 2）25 kV套管 瓷瓶表面光洁，无裂纹，安装牢固，如表面缺损应进行绝缘处理，缺损面积大于3 cm^{2}时，必须经75 kV耐压试验，试验合格后方可使用；缺损面积大于30 cm^{2}时应更换。

续表

序号	作业项目	作业内容及标准
4	维修	3）二次绕组出线端子 观察其有无渗油，若渗漏，则需更换橡胶垫。 4）一次绕组及二次绕组 用兆欧表 2 500 V 测量一次绕组对地及其他绝缘电阻。绝缘电阻 $\geqslant$ 500 MΩ，再用兆欧表 500 V 测量二次绕组对地及其他绝缘电阻。绝缘电阻 $\geqslant$ 100 MΩ。 5）变压器油 从油样活门处取油样进行油理化及色谱分析。 6）一次绕组及二次绕组 通过直流电阻测试仪测量一次绕组和二次绕组直流电阻 4. 检查 3 级 1）电压互感器外部组件 检查各紧固件应无松动；绝缘子表面应无破损和裂纹，并清洁绝缘子表面；油位显示在正常范围内，油箱各处应无渗油现象。若油箱出现焊缝渗漏油时，先用砂布将渗漏处打磨，再进行补焊，补焊后要打磨平整；检查密封部位有无渗漏，若渗漏，则需更换橡胶垫；检查吸湿器状态，干燥剂（硅胶）是否因吸湿后由蓝色变红；若多于 2/3 的干燥剂（硅胶）变红，需更换新的干燥剂。 2）25 kV 套管 瓷瓶表面光洁，无裂纹，安装牢固，如表面缺损应进行绝缘处理，缺损面积大于 3 cm^2 时，必须经 75 kV 耐压试验，试验合格后方可使用；缺损面积大于 30 cm^2 时应更换。 3）二次绕组出线端子 观察其有无渗油，若渗漏，则需更换橡胶垫。 4）一次绕组及二次绕组 用兆欧表 2 500 V 测量一次绕组对地及其他绝缘电阻。绝缘电阻 $\geqslant$ 500 MΩ，再用兆欧表 500 V 测量二次绕组对地及其他绝缘电阻。绝缘电阻 $\geqslant$ 100 MΩ。 5）变压器油 从油样活门处取油样进行油理化及色谱分析。 6）一次绕组及二次绕组 通过直流电阻测试仪测量一次绕组和二次绕组直流电阻。 7）电压互感器 用误差测试仪进行电压互感器误差试验，用工频耐压仪进行电压互感器耐压试验，用感应耐压测试系统进行电压互感器感应试验

续表

序号	作业项目	作业内容及标准
4	维修	5. 修正 1、2、3 级 1）电压互感器外部组件 检查各紧固件应无松动；绝缘子表面应无破损和裂纹，并清洁绝缘子表面；油位显示在正常范围内，油箱各处应无渗油现象。若油箱出现焊缝渗漏油时，先用砂布将渗漏处打磨，再进行补焊，补焊后要打磨平整；检查密封部位有无渗漏，若渗漏，则需更换橡胶垫；检查吸湿器状态，干燥剂（硅胶）是否因吸湿后由蓝色变红；若多于 2/3 的干燥剂（硅胶）变红，需更换新的干燥剂。 2）5 kV 套管 瓷瓶表面光洁，无裂纹，安装牢固，如表面缺损应进行绝缘处理，缺损面积大于 3 cm2 时，必须经 75 kV 耐压试验，试验合格后方可使用；缺损面积大于 30 cm2 时应更换。 3）二次绕组出线端子 观察其有无渗油，若渗漏则需更换橡胶垫。 4）一次绕组及二次绕组 用兆欧表 2 500 V 测量一次绕组对地及其他绝缘电阻。绝缘电阻≥500 MΩ，再用兆欧表 500 V 测量二次绕组对地及其他绝缘电阻。绝缘电阻≥100 MΩ。 5）变压器油 从油样活门处取油样进行油理化及色谱分析。 6）一次绕组及二次绕组 用直流电阻测试仪测量一次绕组和二次绕组直流电阻。 7）电压互感器 用工频耐压仪对电压互感器工频耐压试验 AX 对 ax 及地施加频率 50 Hz，电压 2 400 V 的交流电，持续 1 min，无放电及击穿现象。ax 对地施加频率 50 Hz，电压 2400 V 的交流电，持续 1 min，无放电及击穿现象。用感应耐压测试系统进行电压互感器感应试验，X 端接地，在 a-x 上施加 150 Hz，224 V 交流电，持续 40 s 无异常现象

续表

序号	作业项目	作业内容及标准
5	修复性维修	若出现电压互感器二次绕组无电压输出的故障，可能原因之一是接线端子接触不良，未紧固，可通过去除一、二次绕组接线端子上的污垢后，重新按要求力矩紧固螺栓或螺母。原因之二是一次绕组断路，可通过测量一次绕组的直流电阻值是否正确，若绕组内部断路，更换电压互感器。原因之三是二次绕组断路，可通过测量二次绕组的直流电阻值是否正确，若绕组内部断路，更换电压互感器。 若出现电压互感器二次绕组输出电压不正确的故障，可能原因一是一次、二次绕组短路，可通过测量一次、二次绕组的直流电阻值是否正确，若绕组内部短路，更换电压互感器。可能原因二是误差试验不合格，可以通过重新进行误差试验。若误差试验不合格，更换电压互感器。 若出现压力释放阀动作的故障，可能原因是内部有短路或接地，可通过检查一次、二次绕组间以及对地绝缘电阻。若绕组短路接地，更换电压互感器
6	拆卸	注意：必须确认互感器断电之后才能进行互感器的拆卸工作。起吊用吊具必须须经严格检查，在确定起吊设备的吨位和吊具参数大于电压互感器的重量时才能起吊。起吊时先试吊，合格后才能正式起吊。起吊时，要由专人负责，四周要有人监视。 1. 拆卸 拆除电压互感器高压 A 端子的连接线时，先给电缆做标记，然后拆下电缆。 拆除电压互感器二次绕组的连接线及互感器接地线时，首先拆除与 a、x、X 接线端连接的外部连接线前，需先用红色记号笔在导电杆及 M6 螺母上打上防松标记，防止拆除外部连接线过程中，导电杆发生转动现象。然后拆除 a、x、X 接线端时，先用开口扳手将里面的 M6 螺母固定好，然后用 T 型扳手将外面的 M6 螺母松开。最后拆除电压互感器时松开电压互感器的安装螺栓。

续表

序号	作业项目	作业内容及标准
6	拆卸	2. 拆解修复或更换 　　取油样的拆解是从油样活门处取油样送化验室化验，根据油化验结果决定是否进行油处理或报废，放油是用 19mm 扳手拆卸蝶阀盖板上紧固螺母，取下盖板，并将滤油机进油管连同接头安装在蝶阀上。用手拧开蝶阀罩，用扳手打开蝶阀阀门，启动滤油机将变压器油抽至储油桶内。高压 A 套管是用用 30 mm 扳手拆卸 25 kV 高压套管（A 瓷瓶）上导电螺母，并依次取下螺母、垫圈、衬垫、铜套和封环；并用 19 mm 扳手拆卸高压套管的法兰盘紧固螺栓，取下法兰盘及套管。吸湿器是用 14 mm 扳手拆卸吸湿器与连管法兰盘上固定螺栓，将吸湿器取下，并取出其中的变色硅胶。油箱盖是用 14 mm 扳手拆卸油箱盖紧固螺栓，用天车挂钢丝绳吊下箱盖。端子内连线是用 10 mm 扳手分别拆卸一次线圈（X 端）、二次线圈（a1x1 端）内部引线连接螺母，松开连线。一次线圈内引线夹是用用 14 mm 扳手拆卸铁心装配于箱体的固定螺母，用 4 根等长的 ϕ6 mm 钢丝绳通过吊环安装于铁心装配的专用吊装孔中，用天车缓慢将互感器器身吊出油箱，注意吊出时不得碰伤铁心与线圈，并放置于专用油盘内
7	组装	器身用四根等长的 ϕ6 mm 钢丝绳通过吊环安装于铁心装配的专用吊装孔中，用天车缓慢将互感器器身吊入油箱，注意吊入时不得碰伤铁心与线圈，用 14 mm 扳手安装铁心装配于箱体的固定螺母。 　　一次线圈内引线夹用 17 mm 扳手安装一次线圈引线夹件上的胶木螺母、螺杆。 　　端子内连线用 10 mm 扳手分别安装一次线圈（X 端）、二次线圈（a1x1 端）内部引线连接螺母。 　　油箱盖组装时盖上箱盖，必要时橡胶密封圈涂少量的乐泰胶，用 14 mm 扳手紧固油箱盖的紧固螺栓。 　　高压 A 套管安装法兰盘及套管，用 19 mm 扳手安装高压套管的法兰盘紧固螺栓。用 30 mm 扳手安装 25 kV 高压套管（A 瓷瓶）上导电螺母。 　　吸湿器用 14 mm 扳手安装吸湿器与连管法兰盘上固定螺栓。 　　注油用油管将滤油机出油口及专用接头安装于蝶阀上，用扳手打开蝶阀阀门，启动滤油机将合格的变压器油注入油箱中，直到油位达到油位表相应室温的刻度为止，关闭蝶阀阀门，拆卸油管与接头，安装好蝶阀盖板及紧固螺栓，最后将蝶阀罩拧上

续表

序号	作业项目	作业内容及标准
8	功能试验	电压互感器在一次加电压后,二次是否有电压输出,且电压比是否正确,需要注意的是二次侧绕组严禁短路
9	完工确认	作业完毕后,应做到"工完、料净、场地清"
10	填记纸质记录	
11	填管理信息系统	

任务扩展

测量牵引电机的绝缘电阻时,绝缘摇表的使用有什么要求?

质量监控单（教师完成）

工单实施栏目评分表

评分项	分值	作答要求	评审规定	得分
任务资讯	15	回答问题清晰准确，能够紧扣主题，没有明显错误项	对照标准答案，错误一项扣5分，扣完为止	
任务规划	15	任务规划周密、可实施，没有细节错误	参照标准答案，错误一项扣2分，扣完为止	
任务实施	50	有具体实施方案，各步骤清晰正确	A类错误点一次扣3分，B类错误点一次扣2分，C类错误点一次扣1分	
任务扩展	5	实施方案清晰正确	A类错误点一次扣2分，B类错误点一次扣1分	
其他	15	日志和问题项目填写详细、能够反映实际工作过程	没有填或者填写太过简单，每项扣2分	
合计得分				

职业能力评分表

评分项	等级	作答要求	等级
知识评价	A/B/C	A：能够完整准确地回答任务扩展的所有问题，准确率在90%以上 C：对基础知识掌握得非常差，任务扩展和答辩的准确率在50%以下	
能力评价	A/B/C	A：熟悉各个环节的实施步骤，完全独立地完成任务，并有能力辅助其他同学完成规定的工作任务，工作实施快速，准确率高（任务规划和任务实施正确率在85%以上） C：未完成任务或只完成了部分任务，有问题没有积极向老师和其他同学请教，工作实施拖拉，不积极，各个部分的准确率在50%以下	
态度素养评价	A/B/C	A：不迟到、不早退，对人有礼貌，善于帮助他人，积极主动地完成规定工作任务，工作台整洁有序，能正确回答老师提问 C：未完成任务或只完成了部分任务，有问题没有积极向老师和其他同学请教，工作实施拖拉不积极，不能准确回答老师提出的问题	

注：作答结果介于 A、C 之间的，等级评定为 B。

教师评语栏

实训八 LMZ3-0.72型高压电流互感器检查及试验

工作任务单

工单编号	GD-DGJC01	工单名称	LMZ3-0.72型高压电流互感器检查及试验
面向专业	铁道机车类专业	职业岗位	设备维护检查与试验
考核点	LMZ3-0.72型高压电流互感器检查及试验		
工单简介	该任务主要完成LMZ3-0.72型高压电流互感器维护检查与试验,以现场实际作业项目为引导,采用标准化作业方式,使学生不仅掌握现场LMZ3-0.72型高压电流互感器检查与试验的标准化作业过程,同时可树立较强的安全生产意识		
设备环境	操作台、拆装工具套装等		
教学方法	采用教师操作示范辅助讲解,学生动手实际操作的方式		
用途说明	本工单可用于机车电机电器实训课程的教学实训		
注意事项	注意工具使用的安全性		
参考资料	1.《HXD_{1C}型电力机车用户手册》 2.《HXD_{1C}型电力机车检修手册》		
备注	1. 如实填写检修记录并及时在管理信息系统中回填 2. "检"表示质量检查员对作业过程进行检查监控 3. "📷"表示作业人员拍照留存		

实施人员信息

姓 名		班 级		学 号		电 话	
隶属组		组 长		岗位工		伙伴成员	

任务目标

实施该工单的任务目标如下：

【知识目标】

（1）掌握高压电流互感器的结构、技术参数等

（2）掌握高压电流互感器的工作原理

（3）掌握高压电流互感器的作用

【能力目标】

（1）能够根据实物认知高压电流互感器的主要结构

（2）能够阐述高压电流互感器的工作过程

（3）能够根据高压电流互感器作业流程进行实操训练

【素养目标】

（1）提高团队协作的能力

（2）培养精益求精的工匠精神

工具清单

序号	名　称	规格型号	单位	数量	备注

物料清单

序号	物料名称	物料号	单位	数量	备注

作业步骤

序号	作业项目	作业内容及标准			
1	高压电流互感器保养	1. 日常保养说明 1）目视检查及清洗 检查外观检查表面应完好。如表面污渍较重，可用洁净水或 5% 左右（可根据具体情况调整）普通洗洁净清洁表面并擦拭干净，达到表面清洁，无积尘或污垢。 2）紧固检查 检查电流互感器与安装底板的连接是否紧固。			
		2. 长期备用的保养说明 1）目视检查及清洗 定期，建议三个月，可用洁净水或 5%左右（可根据具体情况调整）普通洗洁净清洁表面并擦拭干净，达到表面清洁，无积尘或污垢。 2）紧固检查（已装车产品） 定期（建议半年）检查电流互感器与安装底板连接应紧固。 3）性能检测 如产品长期未使用（一般定义约超过 12 个月）应做预防性试验： （1）用 500 V 兆欧表测量二次绕组间及对地绝缘电阻，二次绕组间及对地绝缘电阻≥100 MΩ。 （2）检查坚固二次引线连接件是否有松动及表面氧化接触不良现象，必要时清除氧化层，涂抹导电膏，达到接线端子无氧化层连接可靠			
2	高压电流互感器安装与调试	1. 安装 电流互感器的安装步骤如下。			
		序号	部件名称	安装步骤	注意事项
		1	高压电流互感器	高压电流互感器卧倒安装在支撑板上，通过 4 个 M6 的螺栓紧固连接，安装孔中心距为 87.7 mm×87.7 mm	注意一次电缆穿入电流互感器的方向。 支撑板要平整。 （特殊工具：扳手） M6 螺栓扭矩为 5 N·m
		2	接线盒盖	打开接线盒盖	

续表

序号	作业项目	作业内容及标准				
2	高压电流互感器安装与调试	续表				
		序号	部件名称	安装步骤	注意事项	
		3	x接线盒	引出线需用截面积为 1 mm² 以上的铜导线与相应标记的接线端子连接。接地电流互感器二次侧端子：S1、S2。二次端子 S2 需可靠接地。接好接线盒上 M8 的接地螺栓	M6 螺栓扭矩为 5 N·m M8 螺栓扭矩为 10.5 N·m	
		4	接线盒盖	恢复接线盒盖	接线盒内应干燥，端子接线可靠	
		2. 调试 (1) 调试前的检查步骤如下：				
		序号	部件名称	调试前检查步骤及方法	注意事项	
		1	接线盒	检查引出线连接是否正确，接地是否紧固	每根引出线需与电流互感器二次侧端子一一对应，即接在同一个接线端子上	
		2	电流互感器	检查电流互感器浇注体有无破损，接线盒是否附有金属异物或其他杂物	电流互感器表面应无破损，表面干燥无灰尘，接线盒内应干燥、无金属异物	
		3	二次绕组	检查二次绕组是否断路	二次绕组不得断路	
		4	二次绕组	检查二次绕组间及对地绝缘电阻	二次绕组间及对地绝缘电阻≥100 MΩ	

续表

序号	作业项目	作业内容及标准			
2	高压电流互感器安装与调试	（2）调试及退出调试步骤如下：			
		序号	部件名称	步骤及方法	结果/指示说明
		1	电流互感器	一次加电流后，二次是否有电流输出，且电流比是否正确	电流比是否正确
		2	电流互感器	退出调试时关掉所有电源，将测量仪表拆下	
3	高压电流互感器功能试验	功能试验方法如下：			
		序号	部件	方法	注意
		1	电流互感器	一次加电流后，二次是否有电流输出，且电流比是否正确	变比是否正确
		2	电流互感器	退出调试时关掉所有电源，将测量仪表拆下	
4	完工确认	作业完毕后，应做到"工完、料净、场地清"			
5	填记纸质记录				
6	填管理信息系统				

任务扩展

高压电流互感器调试前需检查哪些部位？

质量监控单（教师完成）

工单实施栏目评分表

评分项	分值	作答要求	评审规定	得分
任务资讯	15	回答问题清晰准确，能够紧扣主题，没有明显错误项	对照标准答案，错误一项扣5分，扣完为止	
任务规划	15	任务规划周密、可实施，没有细节错误	参照标准答案，错误一项扣2分，扣完为止	
任务实施	50	有具体实施方案，各步骤清晰正确	A类错误点一次扣3分，B类错误点一次扣2分，C类错误点一次扣1分	
任务扩展	5	实施方案清晰正确	A类错误点一次扣2分，B类错误点一次扣1分	
其他	15	日志和问题项目填写详细、能够反映实际工作过程	没有填或者填写太过简单，每项扣2分	
合计得分				

职业能力评分表

评分项	等级	作答要求	等级
知识评价	A/B/C	A：能够完整准确地回答任务扩展的所有问题，准确率在90%以上 C：对基础知识掌握得非常差，任务扩展和答辩的准确率在50%以下	
能力评价	A/B/C	A：熟悉各个环节的实施步骤，完全独立地完成任务，并有能力辅助其他同学完成规定的工作任务，工作实施快速，准确率高（任务规划和任务实施正确率在85%以上） C：未完成任务或只完成了部分任务，有问题没有积极向老师和其他同学请教，工作实施拖拉，不积极，各个部分的准确率在50%以下	
态度素养评价	A/B/C	A：不迟到、不早退，对人有礼貌，善于帮助他人，积极主动地完成规定工作任务，工作台整洁有序，能正确回答老师提问 C：未完成任务或只完成了部分任务，有问题没有积极向老师和其他同学请教，工作实施拖拉不积极，不能准确回答老师提出的问题	

注：作答结果介于A、C之间的，等级评定为B。

教师评语栏

参考文献

[1] 中国铁路总公司. HXD$_3$型电力机车检修技术规程（C1~C4修）[M]. 北京：中国铁道出版社，2015.

[2] 中国铁路总公司. HXD$_3$型电力机车检修技术规程（C5修）[M]. 北京：中国铁道出版社，2015.

[3] 中国铁路总公司. HXD$_1$型电力机车检修技术规程（C5修）[M]. 北京：中国铁道出版社，2015.

[4] 中华人民共和国劳动和社会保障部. 国家职业标准-电力机车电工[M]. 北京：中国铁道出版社，2007.

[5] 中华人民共和国劳动和社会保障部. 国家职业标准-电力机车钳工[M]. 北京：中国铁道出版社，2007.

[6] 汪亚军，王大军，宋捷. HXD$_3$型电力机车实用指导书[M]. 北京：中国铁道出版社，2010.

[7] 西安铁路局. HXD$_3$型大功率交流电力机车应急故障处理[M]. 北京：中国铁道出版社，2010.

[8] 谢家的，祁冠峰. 电力机车电器[M]. 北京：中国铁道出版社，2014.

[9] 张铁竹，王秀清. 交流传动机车牵引与控制[M]. 成都：西南交通大学出版社，2014.

[10] 李向超，王秀清. 列车电机电器[M]. 北京：中国铁道出版社有限公司，2021.

[11] 乔宝莲. 电力机车电器[M]. 北京：中国铁道出版社，2008.

[12] 张龙. 电力机车电机电器[M]. 成都：西南交通大学出版社，2019.